本书为国家社科基金西部项目"中国道教经籍的译介与传播研究"的最终成果，项目编号11XZJ008，结项证书号：20181834。

本书的出版受到西南交通大学2018年度研究生教材（专著）建设项目支持。

道经英译史

俞森林 著

上海三联书店

目　录

前　言

鲁迅先生曾言："中国的根柢全在道教。"作为一位外语人，何不发挥自身的外语专长，把中国"土特产"——中国道教文化推介到海外去？出于这一朴素愿望，蒙恩师潘显一先生不弃，2007 年进入四川大学道教与宗教文化研究所学习，从此踏上道经译介研究之旅。2011 年读博期间，有幸获得国家社科基金项目"中国道教经籍的译介与传播研究"（11XZJ008）。2012 年，顺利完成博士论文《中国道教经籍在十九世纪英语世界的译介与传播研究》，2015 年，该文作为项目的阶段性成果由巴蜀书社出版。2017 年完成项目的最终成果《道经英译史》，并以"良好"等级结题。

《道经英译史》从历时性的视角，以敦煌文献的发现、马王堆汉墓帛书和郭店楚简的出土等重要考古发现为分界线，将以英语为媒介的道教经籍译本和相关研究文献按"起步阶段（十九世纪）""发展阶段（二十世纪初至二十世纪 70 年代前）"和"繁荣阶段（二十世纪 70 年代以后）"三个历史阶段进行考察。以历史为经，以道经英译的主要代表人物为纬，系统梳理三个历史阶段道教经籍英译的历史背景、总体特色，主要代表人物及其主要成就，旨在厘清英语世界道教经籍译介的历史脉络、译介成就，整理出道教经籍英译文献要目，为海外道教史研究、海外汉学研究、典籍翻译研究提供较为明晰的脉络和较为翔实的参考资料线索。

十九世纪以前，西方人眼里的中国是"孔夫子的中国"，儒家经籍首先成为他们译介与研究的主要对象。直到十九世纪初，中国道教在西方一直被贬为迷信,被认为是与基督教不相容的偶像崇拜而遭受排斥。本书第一章"重儒轻道:19 世纪前中国经籍在西方的译介",从十五世纪前的中西交流入手,到耶稣会士来华与中国儒家经籍西传,考察十九世纪前中国经籍西译的"重儒轻道"特色,并详细分析了此时西方重儒轻道之缘由。

十九世纪是西方资本主义在全世界获得统治地位的世纪,是西方自我意识高涨的世纪,是西方殖民势力对包括中国在内的东方进行大肆侵略与扩张的世纪。1807 年,新教传教士马礼逊来华,开始了新教在华的传教活动。他于 1812 年选译了《三教源流搜神大全》中的"道教源流",是为英语世界中国道教经籍译介之滥觞。1868 年,湛约翰的首个《道德经》英文译本出版;1881 年,巴尔福的首个《南华真经》英文译本出版;理雅各的英译《道书》于 1891 问世……。本书第二章"19 世纪:道经英译之滥觞",梳理道教经籍英译的第一阶段,即十九世纪道经英译的背景、概况,重点关注《道德经》首位英译者湛约翰,《南华真经》英译第一人巴尔福,理雅各与《道书》,外交官翟理斯与中国道教经籍译介,以及《道德经》的首位美国译者保罗·卡鲁斯。此阶段所译道教经籍数量甚微,但对道经英译而言具有开创之功,为二十世纪西方道教经籍译介的发展与繁荣作了文献及人才上的准备。

十九世纪末二十世纪初,西方文明因工业与科学的发展而导致道德与精神上的真空,越来越多的人为此担忧,开始转向非正统的教派以寻求救赎。这种精神与文化上的觉醒也激发了西方对于东方的兴趣。他们将目光转向东方,希望在东方宗教中找到一种新的普世价值。二十世纪上半叶爆发的两次世界大战,标志着西方理性文化的终结和机器文明的崩溃。中国道教所倡导的那种植根于自然、追求和谐的普世价值,成为医治欧洲信仰危机的良药。与此同时,二十世纪初敦煌文献的发现,斯坦因、伯希和等从敦煌文献中掠走大量珍贵资料,为西方从事道教研究和道经译介提供了便利。二十世纪 20 年代,《道藏》走出宫观,为中外道教研究提供了更大的便利。在此背景下,道经译介进入发展阶段。本书第三章"20 世纪 70 年代前:道经英译之发展",从敦煌文献的发现、《道藏》走出宫观两方面考察了本阶段道经译介的背景,在此基础上,梳理了此阶段道经英译的概况,本章重点介绍翟林奈、韦利、吴鲁强、戴维斯、魏鲁男、李约瑟等的道经英译成就。

　　尽管道教经籍的译介肇始于十九世纪初,但西方对于道教这个古老宗教的近距离体验却是在二十世纪下半叶方才开始。二十世纪70年代末中国的改革开放使得中国正式进入国际大舞台。国力的逐渐强盛和世界影响力的逐步增强吸引了更多的国际关注,对中国的研究成为世界的重要课题。加之,在改革开放前的几十年里,英语世界的中国道教研究学者,由于条件所限,无法进入中国内地,只能在中国台湾、香港进行交流考察,而对拥有道教之根基的中国大陆知之甚少。随着改革开放的深入,一批批海外道教研究学者得以进入中国大陆对中国道教进行实地研究与考察,这就为海外中国道教研究提供了良好的条件。二十世纪70年代湖南长沙马王堆汉墓帛书的出土,以及二十年后湖北省荆门郭店楚简出土,不仅引起中国国内老学研究的繁荣,在英语世界亦掀起了道经译介与研究的又一个高潮。1977－1988年期间,另有4种版本的《道藏》问世,且发行数量可观,《道藏》从此走出宫观,走入寻常百姓家,中国历史上《道藏》屡编屡损的历史悲剧从此一去不复返了。这对于道教研究及道经译介来说,无疑是一大福音。本书第四章"20世纪70年代以后:道经英译之繁荣",从《道藏》重印及有关工具书的出版、马王堆帛书和郭店楚简出土,考察道经译介走向繁荣的背景,在此基础上,梳理了本阶段道经英译的概况及特色。本章重点介绍了克利里、祁泰履、柏夷、利维亚·科恩、康儒博、柯素芝、芭芭拉、马绎、康思奇等的道经英译成就。

　　值得一提的是本书后的三个附录。附录一"道经英译要目总览"为笔者多年搜集整理而成的"知见书目",它既是笔者在本书中进行分析与研究的重要文献基础,更可向本书读者提供一份重要的文献目录。虽不能保证其全面性和穷尽性,但笔者希望,此书目能够为今后的进一步研究提供一份重要的文献线索。附录二"英汉对照传教士及汉学家名录"和附录三"汉英对照传教士及汉学家名录",可以方便读者阅读本书,同时,也是一份西方道教研究史上的重要学者名录,对于了解从事汉学研究的海外学者,亦有帮助。本书的参考文献,亦为一份道经译介研究的文献目录。

民族文化的传播离不开凝聚民族文化之结晶的典籍译介。西方对中国道教文化的了解与接受也是从道教经籍的译介开始的。对于研究领域来说,中国道教经籍是研究中国道教必不可少的"原材料",任何一位从事中国道教研究的学者都必须从研读中国道教经籍入手,海外道教学者自然亦不例外。因此,摸清中国道教经籍在海外的译介与传播状况为进行海外道教研究的基础工作。本书有助于从学术上把握海外道教研究的"原料"来源。没有对中国道教经籍在海外译介状况的充分把握,中国道教研究是不完整的。

英语世界的道教经籍研究是从自身文化发展的需要出发,从"他者"的视角来解读中国道教经籍,有其自身的学术传统和规范。通过本研究,对英语世界道教经籍的译介与研究进行系统梳理,厘清英语世界道教经籍研究与译介的历史脉络,将英语世界的道教经籍研究方法和研究成果介绍到国内,有助于国内同行借鉴,实现世界道教学界的跨文明对话,促进更科学、更全面的中国道教学术研究和道教理论体系的构建。

新中国成立以来,尤其是经过改革开放 40 年的发展,中国已进入世界舞台中央。但要成为真正的世界强国,文化软实力必不可少。要让中国文化走出去,必须知己知彼,必须了解他人对中国文化的研究与接受现状。道教作为中国之根柢,是中国文化的重要组成部分,亦不能置之度外。英语和汉语,一是世界使用国家最多的语言,一是世界使用人数最多的语言。英语世界道教经籍的译介与传播,也是世界两大文化间跨文明对话的重要组成部分。只有全面、透彻、准确、客观地研究中国道教文化在海外的传播与影响,才能从宏观上制定更加切合实际的对外文化交流方略,使以道教为根柢的中国文化真正走向世界。

在本书的编写过程中笔者得到许多学界前辈和朋友的大力支持与帮助,在本书即将出版之际,一并表达对他们的诚挚谢意。特别感谢我的导师潘显一先生,是先生的谆谆教诲引我进入道经译介的殿堂,让我得以在道经译介的大海中徜徉。2014 年,受时任加拿大女王大学语言文学文化系教授苗建时先生(James Miller)之邀访学一年。苗建时教授不仅给予我研究方法上的指导,还为我的研究提供了诸多方便,尤其是在资料获取方面,让我收获满满;师兄张崇富教授在课题进行期间为我提供了多方指导,还抽出宝贵的时间为本书作序。

在本书编写期间,也得到硕、博士生的大力相助。本书"魏鲁男与《抱朴子·内篇》英译"一节由硕士生冯丽平撰稿,"独立学者克利里的《道经译文集》"及"柏夷与《早期道经》"由博士生范鹏华撰稿,"康儒博与《神仙传》译介"一节由硕士生代欣撰稿,"马绎与《淮南子》英译"一节,由硕士生陈云会撰稿。博士生范鹏华、梁勇、于云飞、苏竹筠、黄信等对本书稿进行了反复校审。在此一并致谢。

此书历时十年方得成稿,尽管笔者力图展现道经英译的全景图,但因资料及学力所限,纰漏之处,祈望学界前辈及同仁不吝指正。

序　言

　　欣闻森林兄大作即将由上海三联书店出版,森林兄嘱我作序,同门之谊,盛情之下,虽然文债缠身,亦不敢推脱,正好借此机会认真细读学习。

　　翻开书稿,一股清新之风扑面而来,令我心生欢喜!透过这本书,我看到了道教研究学术薪火的传承与光大,这也正是我欢喜的原因之一。四川大学的道教学术研究可以上溯至蒙文通先生,蒙文通先生慧眼如炬,辑校道书,发凡思想,独步学林;此后,卿希泰先生秉承川大经史并重的史学研究传统,以铮铮之铁骨,学术报国之志,育天下之英才,成皇皇之巨著,挽绝学于既倒。"汤用彤学术奖"对卿先生贡献的总结极精准,其颁奖词称:"道家之学问虽发轫于吾国,却成风于西方。及公为之,肆力学问,思动鬼神,拨去其华,得其本根,吾国之学,绝而复新。"诚哉斯言!多谢命运之神的眷顾,森林兄和我有幸成为潘显一教授的学生,最终忝列为川大宗教所第三代学子,得以专攻卿先生所复新的绝学,幸甚至哉!特别感恩川大宗教所极佳的学术环境和老师们的悉心培养,尤其是我们的导师潘显一教授。老师呕心沥血,倾其所有,以慈父一般的爱,用学术薪火之光,点燃了我们!老师门墙桃李、含蕊吐芳、遍及四海,这一学术薪火之光,在森林兄那里已然是炎炎巨焰、耀眼夺目!年轻学者的成长,无一不是站在前人和巨人的肩膀之上,唯有如此才能看得更高更远。森林兄的这部《道经英译史》正是在前人研究的基础上,大大拓展了道教研究的领域和范围,故而令人欢欣鼓舞。

　　对读者来说,我认为本书有以下"闪光"之处值得关注:

首先,本书选择海外"道经"的翻译与研究作为研究对象,体现了作者理论与方法上的高度自觉。众所周知,治道教难,难就难在对道经的研究。道经研究,是一切道教研究的基础。然而,道经历来被视为云篆天书,道炁所化,玄奥难懂。道经的这种宗教性具有"不可化约性"(irreducibly),因此任何普通的时空框架和世俗的研究方法(如一般文献学、目录学、版本学方法),在面对道经的秘传性或"非历史性"(ahistorical)的特点时,研究很难奏效。因此,本书探讨英语世界的学者对道经的这种"不可化约性"的研究,的确抓住了海外道经研究的关键和核心,故而价值不可估量。本书书名为《道经英译史》,跟作者五年前出版的博士论文《中国道教经籍在十九世纪英语世界的译介研究》相比,已经明显体现出了理论和方法的演进和提升。英语世界的道教经籍研究乃是"他者"的眼光,有其自身的学术传统和规范,因此,本书对英语世界道教经籍的译介与研究进行系统的梳理,厘清英语世界道教经籍研究与译介的历史脉络,将英语世界最好研究方法和研究成果介绍到国内,有助于中西学术界跨文明对话,加强对西方的深刻理解,有助于增强文化自信,进一步建构具有中国特色的理论体系和话语体系。

其次,森林兄的这部《道经英译史》堪称跨学科交叉研究的开创性的著作,必将开创新的学术研究增长点。本书涉及学科极为庞杂,遍涉道教学、翻译学、汉学、文献学等学科,对研究者的要求极高,既要求研究者有极高的外语水平和翻译能力,又要求作者有极深的国学研究修养和能力,极高的中西融通能力。森林兄恰好同时具备了这几种能力:英语科班出生,长期担任西南交通大学外国语学院翻译专业的硕士生导师和博士生导师,同时又在川大宗教所深造得道教和文献研究之精髓,其学术背景完美匹配了该项研究论题。另外,值得一提的是该书稿"十年磨一剑"才得以面世。早在攻博阶段,森林兄就专注于海外道经的研究,2011年喜获国家社科基金项目"中国道教经籍的译介与传播研究"立项,去年以良好等级结题,获得了结项专家们的一致好评。为了搜罗海外的道经研究原著,森林兄还于2014年远赴加拿大女王大学做访问学者,在国外搜罗了大量的一手资料,为此项研究奠定了坚实的基础。本书稿在充分吸收专家们意见的基础上,又经过两年的认真打磨，如今才得以付梓，作者认真严谨的态度可见一斑。这一新的学术增长点，在西南交通大学，在森林兄的带领下，各种小语种如德语、法语、日语等语种的学者，正在不断跟进和拓展海外道教研究，如果某一天西南交通大学海外道教研究团队奉献出什么更有分量的学术成果，我一定不会感到惊讶。

　　第三，本书的道经英译的历史分期颇有创建。本书分三个历史阶段，"起步阶段（十九世纪）""发展阶段（二十世纪初至二十世纪 70 年代前）"和"繁荣阶段（二十世纪 70 年代以后）"，以历史为经，以主要代表人物为纬，系统梳理了三个历史阶段道教经籍英译的历史背景、总体特色、主要代表人物及其主要成就。这一历史分期的归纳，体现了作者力图"辨章学术，考镜源流"的远大学术抱负和学术野心。作者清晰地梳理出道教经籍译介的历史脉络、译介成就，以及道教经籍英译文献要目，为海外道教史研究、海外汉学研究、典籍翻译研究提供较为明晰的脉络和较为翔实的参考资料。本书也很好地体现出作者对英语道经研究学术源流和思想脉络的整体关照和把握。

　　当然，本书优点多多，不再一一详述。限于篇幅，本书不可能对所有英译道经的研究面面俱到，一些未竟的事宜，比如澳大利亚的道经的研究、以及非英语国家学者的英语研究著作该如何归类，还有一些遗漏的学者如苏海涵、田海、柯若朴等人，我相信这些都是留待森林兄将来继续拓展研究的论题。

　　无论如何，这本书将会成为今后人们探讨海外道教研究无法绕开的一本著作。对此，我深信不疑！

　　是为序。

张崇富
四川大学道教与宗教文化研究所

引　言

道教与道经

　　道教于东汉末年由天师张道陵创立,距今已有近两千年历史。它尊奉老子为教主,以"道"为最高信仰,以追求长生久视、得道成仙、济世救人为目标。它植根于道家,糅合中国古代神话传说、巫文化、神仙方伎、阴阳五行谶纬之学,是中国土生土长的宗教,"它和儒、释一起构成我国传统文化的三大支柱"[①],"对我国封建社会的政治、经济、文学艺术、哲学、音乐、医药养生、化学、天文学以及社会习俗、民族心理、民族性格、民族关系和民族凝聚力等各个方面,都产生过深刻影响"[②],"是理解中国人以及中国文化,特别是理解中国民众文化的关键"[③]。

　　道经,为道教经典或道教经籍的简称,古称"云笈""天章""宝文""神书""玉纬""金函""仙经""丹书""道书"等。在道教中有着举足轻重的地位,与"道""师"合称为道教"三宝"。《洞玄灵宝三洞奉道科戒营始》云:

　　　　经者,圣人垂教,叙录流通,劝化诸天,出生众圣,因经悟道,因

---

① 卿希泰主编.《中国道教史(修订本)》,成都:四川人民出版社,1996年,第1页。
② 同上。
③ [日]酒井忠夫.《道教》第一卷《序言》,上海:上海古籍出版社,1990年,第1页。

悟成真,开度五亿天人,教化三千国土,作登真之径路,为出世之因缘,万古常行,三清永式,结飞玄之气,散太紫之章,或凤篆龙书,琼文宝箓,字方一丈,八角垂芒,文成十部。三乘奥旨,藏诸云帙,闭以霞肩,使三洞分门,四辅殊统,寔天人之良药,为生死之法桥,使众生普超五浊之津,俱登六度之岸者也。①

道经数量浩如烟海。现存明代编纂的道经总集《正统道藏》和《万历续道藏》共 5485 卷,加上明《道藏》未收的道经以及明代以后新出的道书,数量应不下万卷。

道经内容包罗万象,包含中国古代政治、历史、科技、宗教、经济、文化、军事等方面的大量文献资料。马端临《文献通考》云:

> 按道家之术,杂而多端,先儒之论备矣。盖清静一说也;炼养一说也;服食又一说也;符箓又一说也;经典科教又一说也。②

明《道藏》所收诸子著作为数不少,包括《老子》《庄子》《列子》《韩非子》《墨子》《孙子》《公孙龙子》等,还有许多对道经的注疏及研究著作。仅《道德经》注疏而言,明《道藏》中所收录的就达 50 余种。

道经中有大量关于道教发展史的史籍。其中有关于历代道教传记的《列仙传》《神仙传》《洞仙传》《历世真仙体道通鉴》等;有关于道教仙真谱录的《汉天师世家》《清微仙谱》《七真年谱》等;有关于道教山志、宫观志的《茅山志》《天台山志》等;有关于道教的碑传集《甘水仙源录》,关于游记的《长春真人西游记》等等。

道经中还有许多医药类典籍。仅明《道藏》就有诸如《黄帝内经》《养性延命录》《千金要方》《本草衍义》《石药尔雅》等此类书籍 20 余种。

天文历象、占卜术数类书籍在道经之中亦占有一定比例。如《太上洞神五星占》《盘天经》《甘石星经》等有关天文历象的经籍;《黄帝龙首

---

① 《洞玄灵宝三洞奉道科戒营始》卷二,写经品,三家本《道藏》,第 24 册,第 749 页。
② 《文献通考》卷二百二十五,北京:中华书局,1986 年,第 1810 页。

经《玉匣记》等有关占卜数术的经籍;《黄帝宅经》《堪舆完孝录》等有关堪舆的书籍。

道经中还有许多文学艺术典籍。明《道藏》中收录有《玉音法事》(3卷)和《大明御制玄教乐章》(1卷)两部道教乐谱;《太平经》卷 84 有《大人存思六甲图》、卷 99 有《乘云登龙图》、卷 100 有《东壁图》,卷 101《西壁图》等绘画作品;《洞玄灵宝玄门大义》论述书法理论,《洞玄灵宝三洞奉道科戒营始》等经籍涉及古代建筑、雕塑和服饰等内容。道教历史上有不少高道的作品集,如陶弘景的《陶隐居集》、吴筠的《宗玄先生文集》、杜光庭的《广成集》、王喆的《重阳全真集》、张宇初的《岘泉集》等,都是优秀的文学作品。步虚词和青词等为道教所独创的文学形式,道经中的神话传说等美妙想象和斋醮奏章表文等,也对中国古代文学的内容及形式产生了巨大的影响。[①]

除明代正续《道藏》所收道经之外,还有大量道经未被收录。因此,道经还包括明《道藏》未收录,但与道教关系密切的“藏外道书”以及民间道经写本。自明中叶以来,道教的传播趋于民间化。民间流传的道经抄本、内丹养生功法秘诀、劝善书等数量众多,许多道书为明《道藏》所未收录。法国道教学者施舟人(Kristofer Schipper)曾在台湾搜集民间道书抄本数千卷。19 世纪西方传教士所译介的道经大都以民间流传的写本为底本。

20 世纪初在敦煌发现的敦煌文献中与道教有关的抄本约有 500余件。其中有道家诸子、道教经典、科仪、类书、论著、诗词、变文等道书写本约 100 余种,其中大约一半未被明《道藏》收录。有些道经,如《老子化胡经》《老子想尔注》《太平经目录》《叶静能诗》《大道通玄要》等,为元代焚经之祸后缺佚的重要经籍,对道教史的研究具有非常重要的价值。

1973 年,湖南长沙马王堆出土了大量帛书;1993 年湖北省荆门郭店楚简出土,发掘出大量珍贵古籍,其中亦有《老子》等重要的道经。这些考古发现,对于研究道经、道教教义和方术的起源,有着极为重要的

---

① 周少川.“简论道教典籍的产生与流传”,《阴山学刊》(社会科学版),1995(3):71—79。

文献价值。也正是这些经籍的出土,在国内外掀起了一波又一波道经研究热潮。

总之,道经流传历史悠久,卷帙浩繁,内容丰富,蕴含着博大精深的中华传统文化,对古老中华民族的政治生活、社会生活、家庭生活及宗教活动等等均产生广泛而深刻的影响。其文献学、版本学方面的意义亦不可小觑。研究道经及其译介是研究中国道教最基础的工作。

道经英译的历史分期

西方学界对中国道教的研究肇始于道经的译介,其历史分期与欧美汉学的分期基本一致。

关于西方汉学的历史分期,学界存在一定分歧。何寅和许光华主编的《国外汉学史》将东西方汉学历史融为一体,分为"国外汉学的滥觞和酝酿(从古代至 18 世纪)""国外汉学的确立和发展(19 世纪至 20 世纪初)"及"从传统'汉学'到现代'中国学'(20 世纪 20 年代以来)"三个阶段①。张西平教授主张分为"游记汉学""传教士汉学"及"专业汉学"三个时期。② 陈荣捷(Chan Wing-tsit,1901—1994)先生将欧美学术界对中国的研究分为"16 至 18 世纪""19 世纪""20 世纪初至第二次世界大战"以及"第二次世界大战之后"四个时期③。

道教及道经的译介与研究是汉学研究的重要组成部分。现今可考西方最早道经译介的历史可追溯到 18 世纪,真正的起步是 19 世纪初。而英语世界对道经的译介相对较晚,美国更晚。中国道教及道经的译介与研究,可划分为三个历史阶段:(1)19 世纪的起步阶段;(2)20 世纪初至 20 世纪 70 年代的发展阶段;(3)20 世纪 80 年代以后的繁荣阶段。

在陈荣捷先生所言欧美汉学研究的第一时期,即 16 至 18 世纪,欧

---

① 何寅、许光华.《国外汉学史》,上海:上海外语教育出版社,2000 年。
② 张西平.《传教士汉学研究》,郑州:大象出版社,2005 年,第 2 页。
③ 陈荣捷.《中国哲学文献选编》,南京:江苏教育出版社,2005 年,第 12—14 页。

美汉学主要是以来华的天主教传教士,尤其是耶稣会士有关中国的报道为主。在此时期的来华耶稣会士眼中,中国是一个强大的理性文明国度,政治制度完善、妇女地位很高;但认为中国人迷信、纵欲,科学知识落后者,亦不乏其人。这期间亦有一些商人,尤其是荷兰人对中国进行过介绍。在他们眼中,中国人是邪恶无耻的化身。16世纪后半叶开始的"礼仪之争"持续长达百年。欧洲人急于弄清楚中国人到底是无神论者还是自然神论者,敬孔祭祖是否为宗教。论争双方各执一词,为证明自己的观点,纷纷对中国典籍进行研究和译介,从中寻找论据来说服罗马教庭及其他欧洲人。18世纪的欧洲兴起"中国热",中国的庭园、装饰、器具、建筑等成为欧洲人欣赏和模仿的对象。欧洲的"重农学派"及"百科全书派"学者把中国作为模范来鼓吹他们的理想。这些都在客观上促进了欧洲人对中国的介绍与研究,促进了中国经籍在欧洲的译介与传播,促进了中学西传。但此间的译介与传播的重心为被视为中国正统以及中国国教的儒家经典,而对道经的译介几近空白。因此,可以说,18世纪前,除对老子《道德经》略知一二之外,道经尚未进入西方人的视野。

19世纪,即欧美汉学研究的第二个时期,为中国道教及道经译介的起步阶段。自19世纪初开始,新教传教士开始进入中国,耶稣会士亦重新来华。他们编纂字典,翻译中国经典,许多人在传教之余也向欧洲人介绍中国,提供关于中国的第一手资料。19世纪初,欧洲的大学及研究机构开始设立汉学讲席,职业汉学家应运而生。1814年,法国的法兰西学院设立了欧洲首个汉学讲席,由雷慕沙(Abel Rémusat,1788—1832)任第一位汉学教授。1837年,英国伦敦大学开始设立汉学讲席,由基德牧师(Samuel Kidd,1799—1843)担任首任汉学教授。1855年,荷兰莱顿大学也设立了汉学讲席。此时的许多学报和期刊也开始登载汉学研究成果。法国出版的《亚洲学报》(*Journal Asiatique*),荷兰莱顿大学的《通报》(*T'oung Pao*),均为重要的汉学研究期刊。自19世纪初开始,法国、英国、俄国等国开始译介道经。其中,最有成就亦最具代表性的欧洲汉学家为雷慕沙、儒莲(Stanislas Julien,1797—1873)、理雅各(James Legge,1814—1897)、巴尔福

(Frederic Henry Balfour，1846—1909)、翟理斯（Herbert Allen Giles，1845—1935)等。法国是道经译介起步阶段的重镇。由于理雅各、翟理斯等英国学者的卓越成就,19 世纪中后期,欧洲的道经译介重镇由早期的法国拓展至英国。正如张西平教授所言,"专业汉学诞生后,传教士汉学依然很发达,马伯乐说 18 世纪是传教士汉学的世纪,其实 19 世纪同样也是传教士汉学的世纪"[①]。

19 世纪所译介的道经无论是数量还是种类均非常少,但它对 20 世纪以后道经译介的发展与繁荣奠定了重要的基础。是为道经译介之滥觞。

20 世纪初,欧洲汉学进入第三个历史时期。此为道经译介的第二个阶段,即发展阶段。欧洲的许多学者开始以社会史方法来研究中国史。1900 年,法国汉学家沙畹(Edouard Chavanners，1865—1918)在法兰西学院开始讲授中国历史,开创了以批判方法研究中国历史之先河。他将《史记》翻译成法文,并译介了西突厥史料以及有关法显、玄奘的事迹。沙畹的学生葛兰言(Marcel Granet，1884—1940)将社会学方法用于中国宗教研究,他于 1922 年出版的《中国的宗教》一书（*La religion des Chinoise*）由莫里斯·弗里曼(Maurice Freedman)翻译成英文。该书将涂尔干(E. Durkheim，1858—1917)的社会学理论应用于古代中国社会研究。

20 世纪 30 年代,德国福兰阁(Otto Franke，1863—1946)出版《中华历史》一书,将近代史学方法引入对中国历史研究。马克斯·韦伯(Max Weber，1864—1920)从比较历史视角来研究中国宗教思想、官僚制度与经济发展,其专著《中国的宗教》对 20 世纪西方汉学研究产生了重大影响。

在道教及道经译介方面,20 世纪初敦煌文献的发现,20 年代《道藏》正式走出宫观等重大事件,加上 19 世纪所奠定的基础,对道教及道经译介产生了重大影响。但是,直到 20 世纪 70 年代以前,由于历史原因,中国大陆与西方少有往来,西方人了解中国主要是以中国台湾及香

---

① 张西平.《传教士汉学研究》,郑州：大象出版社,2005 年,第 2 页。

港为窗口,对占主体的中国大陆知之甚少。因此,笔者将 20 世纪初至
20 世纪 70 年代前视为海外道经译介的第二阶段,即道经译介与研究
的发展阶段。

20 世纪 70 年代发生了几件对道教研究及道经译介影响重大的事
件。首先是中国与美国建立正式外交关系,中国亦于这个时期恢复在
联合国的席位,从此开始站在世界舞台的中央。始于 20 世纪 70 年代
末的改革开放,标志着中国迈开了主动融入世界的步伐。这为道经在
西方的译介创造了良好的外部环境。1973 年马王堆汉墓帛书出土及
1993 年郭店楚简的出土,在国内外掀起了道经研究与译介的又一波
热潮。

第二次世界大战后,随着美国的崛起,西方汉学中心逐渐从欧洲拓
展到美国。美国汉学界能够获得充足的经费资助来从事中国学研究,
取得了愈来愈丰富的研究成果。但是,此时美国的中国研究主要集中
于中国的政治、经济、外交等方面,思想层面则以儒家为主,对中国道教
及道经的译介与研究为此阶段的副产品。自 20 世纪 50 年代开始,哥
伦比亚大学狄百瑞(William Theodore de Bary, 1919—2017)开始提
倡人文通识教育,陈荣捷的《中国哲学文献选编》正是顺应此时代潮流
的产物。在这个阶段,以法国、日本、美国为代表的世界的三大道教研
究中心已经形成。

进入 21 世纪,西方对于中国道教研究的成果更是层出不穷。本世
纪所出版的《道教手册》《道藏通考》及《道教百科全书》等重量级研究成
果是西方道教研究繁荣的重要标志。因此,20 世纪 70 年代以后为道
经译介与研究的第三阶段——繁荣阶段。

第一章　重儒轻道：19 世纪前中国经籍在西方的译介[①]

第一节　15 世纪前的中西交流

　　中国与西方的交流源远流长，至少可上溯至中国汉朝及欧洲罗马帝国时代。最早往来者多为无名商贾或水手，他们大都是一些"学识贫乏""翰墨缘浅"之人，经他们所传至欧洲的关于中国的知识，大多"不很正确"，且其见闻多流于口头，无从流传。希腊罗马的学者、著述家笔下的中国知识，流传于世者也为数有限。东罗马帝国与波斯帝国长年战乱，加上阿拉伯的强盛，欧洲与中国之间的直接交流为阿拉伯人所阻断。关于中国，直到 13 世纪中叶，都是由阿拉伯学者记录下来的。往来于丝绸之路上的中西商旅把有关欧洲的信息经由阿拉伯带到中国，又把有关中国的信息经由阿拉伯带到欧洲。直到元代以前，西方人心目中的中国是遥远、朦胧而神秘的。最初他们只知道在遥远的东方有一个产"丝"的地方，于是把那地方叫做"赛丽斯"（Sirus），后来又知道名叫"契丹"（Cathay），再后是"奇那"（China）。直到忽必烈的骑兵横扫欧洲大陆时，他们才知道中国的真实存在。蒙古人建立横跨欧亚的

[①] 本章参考本人的博士论文及专著《中国道教经籍在十九世纪英语世界的译介研究》第一章
"十九世纪前西方对中国道教及其经籍的了解与认识"，成都：巴蜀书社，2015 年。

大帝国，使得中欧之间的交流更为通畅便利，促进了欧洲与中国间的直接交流。罗马传教士及法兰西王等所派的使节，先后来到漠北，为欧洲人带回了有关中国北方的知识。13 世纪中叶至 14 世纪中叶的百余年间，众多的商贩、使臣、旅行家及早期传教士不绝于途。他们往来于东西之间，不仅大大活跃了中西文化交流，还留下一些有关中国的珍贵记录。

1245 年，65 岁高龄的天主教方济各会会士柏朗嘉宾（Jean de Plan Carpin，1182—1252）奉教皇英诺森四世（Innocent IV，1195—1254）之命，率队从法国里昂启程出使中国元朝，来到都城哈拉和林，试图劝说元朝皇帝接受洗礼并与基督教国家建立盟邦关系。柏朗嘉宾归国之后，向教廷提交的报告《蒙古史》（*L'Ystoria Mongalorum*）介绍蒙古及中亚的情况，对蒙古人的宗教信仰情况也作了少量的评价。① 但柏朗嘉宾此行的主要目的并非传教，而是要打探蒙古人的军事实力以及他们向基督教统治下的西方进攻的计划②。因此，柏朗嘉宾虽为方济各会传教士，但他在本书中并没有以传教士的眼光，而是以一位特使的视角介绍蒙古人所进行的战争、征服的地区、武器装备情况以及如何对付蒙古人的入侵等。

1253 年，法王路易九世派传教士鲁布鲁克的威廉（William of Rubruk）携国王信函出访蒙古，返回欧洲之后根据自己的见闻撰写了《东行记》③（*The Journey of William of Rubruk to the Eastern Parts*，1253—1255，又译为《蒙古帝国之行》）。该书共 38 章，是作者从康士坦丁堡（Constantinople）出发到达哈拉和林与蒙古帝国大汗相见然后返回的黎波里（Tripoli）沿途的见闻，书中简要介绍了蒙古人的佛教信仰状况。该书比意大利人马可·波罗（Marco Polo，1254—1324）早半个

---

① 耿升、何高济译．"中译者序言"，《柏朗嘉宾蒙古行纪、鲁布鲁克东行纪》，北京：中华书局，1985 年版，第 5—6 页。

② 耿升、何高济译．《柏朗嘉宾蒙古行纪、鲁布鲁克东行纪》，北京：中华书局，1985 年版，第 12 页。

③ 同上，第 177 页。

世纪向欧洲人介绍有关中国的信息。[①]

1275 年,威尼斯商人马可·波罗来华,在中国居留长达 17 年,其足迹遍及中国的大江南北、长城内外。13 世纪末,《马可·波罗游记》问世。在马可·波罗眼里,中国富庶繁荣,文化昌明,地大物博,神奇富饶,建筑壮丽,香料堆积如山,白帆遮天蔽日,遍地都是金银财宝。游记里所勾勒的"契丹(Cathay)",虽粗略且不完整,但他所描绘的东方中国令许多欧洲人神往。马可·波罗笔下的中国成了许多欧洲人理想中的天国。[②]《马可·波罗游记》的问世,使得中国内地的相关知识更为具体详细,但此时的中国在欧洲人的心目中仍然神秘莫测。

当时,中国元朝亦派使者西去,中西之间有了官方互动。这使得罗马教廷认为在中国广泛传教的时机已经成熟。1289 年,方济各会教士让·孟高维诺(Jean de Montecorvino,1247—1328)奉罗马教皇尼古拉四世(Nicolas IV,1227—1292)之命前往中国传教,1307 年被教皇任命为中国教区第一任总主教。几乎与孟高维诺同时的另一位意大利圣方济各会修士鄂多立克(Friar Odoric,1265—1331)于 14 世纪初也来华传教。他返回威尼斯之后,口述《东游录》,对曾访问过的中国各都市称赞有加。[③] 1342 年,让·马黎诺里(Giovanni dei Marignolli,约 1290—?)等到访元朝大都,回国后著《马黎诺里奉使东方录》,即《马黎诺里游记》,其中有关于中国的见闻。[④]

此时来华的西方人往往来去匆匆,大多未曾像马可·波罗那样在中国长期居住,也不像后期来华的耶稣会士那样有较高的文化素养。他们所描述的大多是中国地理和见闻,传到欧洲的有关中国的信息,或道听途说,或流于肤浅,远非中国基本面貌的反映,更没有对中国文化进行思考和研究。他们带给欧洲人的依然是模

① 何芳川.《古代中西文化交流史话》,北京:商务印书馆,1998 年,第 98—99 页。
② 当时的欧洲人并不知道契丹即中国,在当时的地图上,契丹与中国为两个部分,直到 1602 年,鄂本笃(Bento Goes)想寻访《马可·波罗游记》中的契丹,而到达中国的甘肃,方知契丹即中国。
③ 何芳川.《古代中西文化交流史话》,北京:商务印书馆,1998 年,第 100—101 页。
④ 同上,第 102 页。

糊、表面而神秘的中国。这些关于中国的报道较为零散，除《马可·波罗游记》等少数著述之外，多数并未引起欧洲人太多的注意。即使是在中国生活时间较长的马可·波罗，因其商人出身，他所介绍给欧洲的中国文明仍以物质生活为主，对于中国思想的传播实非商人所能为。

元朝以后，中西方的交通几乎断绝。到明末，欧洲人的地理知识丰富起来，航海技术大大提高，客观上为新航路的开辟创造了条件。随着15世纪末新航路的开辟，带着贸易目的的欧洲商贾和寻觅传教新天地的耶稣会士绕过好望角东来。他们通过口述笔录，把在中国的所见所闻传至欧洲诸国，加之此时印刷术的发达，欧洲对于中国的知识顿然增广。[①]

新航路开辟以后，最早来华者以西班牙人、荷兰人、葡萄牙人和意大利人为主。法国人直到康熙二十六年（1687年）才开始来华，虽比西班牙、荷兰、葡萄牙、意大利人要晚，但他们在传教事业上很快就扮演了重要的角色。在对中国的研究方面，他们在利玛窦（Matteo Ricci，1552—1610）、汤若望（Johann Adam Schall von Bell，1591—1666）、南怀仁（Ferdinand Verbiest，1623—1688）等人的基础之上，后来居上，成为研究中国的主要力量。

耶稣会士是当时欧洲反宗教改革的突击队，于16—17世纪渗透到印度、中国和日本。他们首次详细地了解了东方的思想和文化，并将其带回欧洲。尽管他们的目的是将"异教徒"教化为上帝的信徒，但这些来自耶稣会的牧师们并非顽固不化、心胸狭窄的传道者，他们受到过文艺复兴时期人文主义思想文化的教育和熏陶，对中华文明有着特别高的评价。他们曾就试图皈依的当地人的信仰和行为向欧洲发回了详细、系统的报告，用拉丁语翻译了一些儒家典籍，并以《中国哲人孔子》（*Confucius Sinarum Philosophic*）为书名于1687年在巴黎出版。17世纪后半期，这些报告和翻译在欧洲广泛流传，由他们传输到西方的观念对该时期欧洲人的思想产生了深刻的影响，对于启蒙时期的意识形

[①] 石田干之助.《欧人之汉学研究》，朱滋萃译. 北京：北平中法大学，1934年，第6—7页。

态及一些主要观念的形成起到重要作用。[①]

第二节　耶稣会士来华与中国儒家经籍的西传

　　"物质交流的辉煌灿烂确易令人横生意气,但中西两种文化之间真正发生关系却应该以思想的交流为底蕴。"[②]东西方思想在启蒙时期遭遇的故事,尤其是西方与中国的交流,应该从地理大发现以及随之而来的欧洲经济、政治力量在 15—16 世纪的扩张讲起。

　　16 世纪前,中西交流史上虽有过诸如丝绸之路,景教东传,柏朗嘉宾、鲁布鲁克等欧洲传教士出使蒙古,马可·波罗的中国之行及《马可·波罗游记》出版等等重大事件,然此时东来之西方人多为具有冒险精神的商人及旅行家,他们"重在黄金世界之获得"[③],在文化上鲜有贡献可言。西方对于中国的认识与了解仍为只鳞片甲,尚未超出马可·波罗笔下那些带有神秘色彩的描述。此前的欧洲人甚至连丝绸之国、契丹和中国这几个名称的内在联系都未分辨清楚,直到耶稣会士来华之后欧洲人才终于弄清契丹与中国原来是一个国家[④],对中国的儒释道等传统文化更是一无所知。

　　1498 年,达·伽马(Vasco da Gama,1460—1524)绕过非洲南端的好望角成功到达印度,西方与东方的关系从此翻开新的一页。1499年,达·伽玛从东方带回大批丝绸、瓷器、香料、象牙和宝石等返回葡萄牙。这深深刺激了西方殖民者对东方的贪欲之心,他们纷纷沿着达·伽马走过的路线东来。大航海时代正式来临。此时欧洲的一部分国家已进入资本主义原始积累时期,伴随着航海技术的发展及通往东方航

---

① 柯杰明.《东方启蒙:东西方思想的遭遇》,于闽梅,曾祥波译,上海:上海人民出版社,2011年,第 57 页。

② 张国刚等.《明清传教士与欧洲汉学》,北京:中国社会科学出版社,2001 年,第 64 页。

③ 方豪."17/18 世纪来华西人对我国经籍之研究",《方豪六十自定稿》,台北:台湾学生书局,1969 年,第 185 页。

④ 何芳川.《古代中西文化交流史话》,北京:商务印书馆,1998 年,第 150 页。

路的开辟,西方殖民势力开始向东方大肆扩张。葡萄牙、西班牙、荷兰、法国、英国等国殖民者先后叩击中国之门。1511 年,葡萄牙人侵占了马六甲。他们于 1517 年闯入中国广州,要求来华贸易,遭到明朝政府的拒绝。但葡萄牙人并未就此罢休,约 1555 年,在中国澳门成功建立殖民活动据点。1565 年,西班牙人占领菲律宾群岛,并以马尼拉为据点,开始了中国—马尼拉—拉丁美洲的大帆船贸易。1626 年,西班牙人在台湾登陆。达·伽玛首航一百年之后,荷兰人亦绕过非洲好望角进入印度洋。1624 年,荷兰殖民者侵占台湾。

16 世纪的欧洲宗教改革运动,使中世纪统一的罗马教会产生分裂。1517 年,德国马丁·路德(Martin Luther,1483—1546)发动宗教改革运动,创立了路德派。与此同时,法国的约翰·加尔文(Jean Calvin,1509—1564)创立了加尔文派。新旧教派之间展开了残酷的斗争。地理大发现和西方殖民势力的向东扩张也为宗教对外传播创造了条件,罗马教廷也开始把目光投向东方。1534 年,圣依纳爵·罗耀拉(St. Ignacio de Loyola,1491—1556)在巴黎创立耶稣会(Societas Jesus),并于 1540 年获得教皇承认,随即开始海外传教。此后,大批天主教传教士与欧洲殖民者一道,开始到海外开辟新天地,来华的耶稣会士便成为罗马教廷在华建立和扩大自己势力范围的工具。

1552 年,沙勿略(Francois Xavier,1506—1552)来到广东上川岛,成为最早来华的耶稣会传教士,但因明朝政府严格的海禁未能成功进入内陆。明嘉靖三十二年(1553 年)葡萄牙人进入澳门,耶稣会士接踵而至,随葡萄牙商船来到澳门开展传教活动。多明我会(Missionary of Dominicans)的加斯帕尔·达·克鲁斯(Fr. Gaspar da Cruz)于 1556 年抵达广州并试图在广州建立传教团,但以失败告终,后不得不返回马六甲。1578 年,耶稣会派到远东的教务巡视员范礼安(Alexandre Valignani,1538—1606)留居澳门 10 个月,曾数度尝试进入中国内陆,最后还是只能望岩兴叹①。1580 年,意大利人罗明坚(Michel

---

① 范礼安尝试进入中国内陆数次未果,曾依澳门修院的窗口远眺内陆,叹曰:"岩石! 岩石! 你何时可以开裂?"

Ruggieri，1543—1607）获准进入广东肇庆，成为首位进入中国内地传教的耶稣会士。

然而，真正为耶稣会在华传教打下基础者为另一位来自意大利的耶稣会传教士利玛窦。他于 1583 年到达广东肇庆，开始了在华 28 年的传教生涯。"利玛窦之入中国，实开中西交通史之新纪元。"[1]利玛窦对"西学东渐"和"中学西传"均功不可没，堪称"明季沟通中西文化之第一人"。利玛窦之后，一批批欧洲传教士陆续来华。至明末清初，耶稣会传教士已深入中国宫廷。

这些来华耶稣会士在传教过程中发现，儒教才是中国的"国教"，儒生集团在中国占统治地位，基督教必须与儒家相结合，才能得到广泛传播。为了消解基督教教义与儒家思想之间冲突，利用儒家经典为基督教传教服务，以利玛窦等为代表的传教士实行"补儒""合儒"策略，主动与中国士大夫来往，认真阅读研究并翻译出版中国儒家经典[2]。

1688 年，为迎合康熙皇帝，以利于法国与葡萄牙在争夺在华势力范围中占优势，方便他们在中国开展传教活动，法国国王路易十四（Louis XIV，1638—1715）派遣洪若翰（Jean de Fontaney，1643—1710）、李明（Louis le Comte，1655—1728）、刘应（Claude de Visdelou，1656—1737）、白晋（Joachim Bouvet，1656—1730）和张诚（Jean-François Gerbillon，1654—1707）等 5 名耶稣会士以"国王数学家"的身份来华。他们都是法兰西学院的硕学大德，而当时康熙皇帝雅好西学，对这些来华的法国传教士礼敬有加。这批来华传教士因此有机会全面参与中国社会生活。张诚曾八次陪同康熙皇帝出巡蒙古，并在中俄签订尼布楚条约时担任通译；白晋和后期到达的雷孝思（Jean Baptiste Regis，1663—1738）等人曾勘测绘制了 27 幅中国地图。到 18 世纪，来华的法国人亦日渐增多。

自 16 世纪开始，西方对中国的了解与研究因传教士东来而进入了一个崭新的阶段。来华的耶稣会士在充当殖民者开路先锋和进行文化

---

① 方豪.《中西交通史》，长沙：岳麓书社，1987 年，第 691 页。
② 谢天振等.《中西翻译简史》，上海：外语教学与研究出版社，2009 年版，第 227—228 页。

侵略的同时，客观上促成了中国经籍的西传。他们来中国的主要任务是劝诫中国人皈依天主教。为达到此目的，他们意识到自己必须先了解中国，了解中国人的思想观念。他们编写词典、教材，翻译《四书》《五经》，撰写有关中国的著述和关于中国的报告，源源不断传回欧洲。

1582 年，罗明坚将《三字经》译成拉丁文寄回罗马[①]。

1593 年，利玛窦将《四书》的主要部分翻译成拉丁文，呈给梵蒂冈教皇，以备后来的耶稣会士学习《四书》之用。

1626 年，利玛窦的继任者比利时人金尼阁（Nicholas Trigault，1577—1629）把《五经》翻译成拉丁文在杭州刊印。

1662 年，意大利传教士殷铎泽（Prospero Intorcetta，1625—1696）和郭纳爵（Ignatius de Costa，1603—1666）将《大学》译成拉丁文在建昌刻印，译本题名《中国的智慧》（*Sapientia Sinica*）。

殷铎泽翻译的《中庸》，书名为《中国政治道德学》（*Sinarum Scientia Politico-moralis*），于 1667 年和 1669 年分别刻于中国广州和印度果阿（Goa）。

1687 年，比利时传教士柏应理（Philippe Couplet，1623—1693）在巴黎出版《中国哲学家孔子》（*Confucius Sinarum Philosophus*）一书，中文书名为《西文〈四书〉直解》，亦名《汉学拉译》（*Scientia Sinensis Latine Exposita*）。该书以木刻版印刷，包括中文原文、译文和字字对应的拉丁文翻译和拉丁化的拼音，虽名《四书》，实缺《孟子》。

1687 年，奥地利传教士白乃心（Jean Grueber，1623—1680）出版《中国杂记》（*Notizie Varie dell Imperio della Cina*），书末附有《孔子传》及《中庸》译文。

1711 年，比利时人卫方济（François Noël，1651—1729）以拉丁文翻译的《四书》及《孝经》和《幼学》，由布拉格大学图书馆印行。该译本从书名到文本内容都采取逐字翻译的方式，如将《大学》翻译成《成年人之学》，《中庸》译为《不变之中道》等。

---

① 裴化行.《天主教十六世纪在华传教志》，北京：商务印书馆，1936 年，第 191 页。转引自张西平：《中国与欧洲早期宗教和哲学交流史》，北京：东方出版社，2001 年，第 234 页。

1770 年,法国巴黎出版了宋君荣(Antoine Gaubil,1689—1759)的《书经》法译本。

1834 年至 1839 年,法国传教士雷孝思将《易经》译成拉丁文,书名为《中国最古之书易经》(*I-King,Anqiquissimus Sinarum liber*)。

在著述方面,据张国刚先生[①]考证,16 世纪欧洲第一部涉及中国的书籍是葡萄牙人托梅·皮雷斯(Tome Pires)于 1512—1515 年间编写的《东方诸国记》(*A Suma Oriental de Tome Pires*)。该书为作者根据他在南洋各地所搜集的材料编写而成,是葡萄牙人撰写的第一部较为完整的东方地理志。

1570 年,克鲁斯去世后不久,其《中国情况详介专著》(*Tratado em que se contam muito por extenso as cousas da China*)出版。此为在欧洲出版的首部专门介绍中国的著作。当代英国汉学家雷蒙·道森(Raymond Dawson)认为,《中国情况详介专著》是"有史以来有关中国最值得注意的著作之一"[②]。

1575 年,西班牙奥古斯丁会士马丁·德·拉达(Martin de Rade)奉西班牙菲律宾总督之命率团访问中国福建,返回马尼拉之后撰写了一份关于中国的报告。此报告包括《出使福建记》和《记大明的中国事情》两部分,书中提到中国的宗教与祭祀、和尚、道士、尼姑等。与拉达一同来访的米格尔·德·洛尔卡(Miguel de Loarca)亦著有一部《中华帝国实录》。该书与拉达的著作一道被门多萨(Juan González de Mendoza)反复引用。

1585 年,门多萨神父的《中华大帝国史》(*Historia de las cosas más notables,ritos y costumbres del gran reyno de la China*)在罗马出版。这是继《马可·波罗游记》之后又一部较为详细介绍中国的畅销书。

1615 年由金尼阁(Nicolas Trigault,1577—1629)修改刊行的利玛窦遗著《基督教远征中国史》(*De christiano expeditione apud Sinas*

---

① 张国刚.《明清传教士与欧洲汉学》,北京:中国社会科学出版社,2001 年,第 235 页。
② 雷蒙·道森著,常绍民、明毅译.《中国变色龙——对于欧洲中国文明观的分析》,北京:中华书局,2006 年,第 42 页。

suscepta ab Societate Jesu．Exp．Mattaei Ricci）①出版。随着此书在欧洲的出版与翻译，中国成为一个道德理想国，"孔夫子的中国"形象在欧洲确立，"对十七世纪的欧洲来说，他们此时在中国发现的不仅仅是广袤的土地或发财的机会，更是一种文明，一种有着独特而优越的政治伦理和文化制度的伟大国度"②。

1642年，曾德昭（Alvarez de Semedo，1585—1658）的《大中国志》（*Imperio de la China*）在西班牙马德里出版，该书于1655年被翻译成英文。《大中国志》分两大部分，第一部分共31章，记述中国诸省、中国人的服饰、语言文字、考试制度、风俗习惯、宗教信仰、军队情况、政治制度等；第二部分共13章，记录耶稣会士在华传教的事迹。③

1654年，卫匡国（Martino Martini，1614—1661）的《鞑靼战记》（*De Bello tartarico historia*）拉丁文版在安特卫普出版，后被翻译成法、德、荷、英、意、葡、西等多种欧洲文字。1658年，其编年体历史著作《中国上古史》（*Sinicae historiae decas prima*）在德国慕尼黑出版。该书共十卷，记述上自远古神话和中国人的世界起源观，下至夏、商、周、秦，至西汉哀帝元寿二年，书中将中国与欧洲的历史人物进行比拟，称老子为"中国的伊壁鸠鲁"。④

1667年，基歇尔（Athanasius Kircher，1602—1680）的《中国图说》（*China illustrata*）在荷兰阿姆斯特丹出版。该书拉丁文版全名为《中国宗教、世俗和各种自然、技术奇观及其有价值的实物材料汇编》。本书介绍了中国及亚洲各地的宗教信仰，各种人文与自然的奇异事物，并附有数十幅精美的绘画，被称为"当时之中国百科全书"，引起了欧洲人对中国问题的兴趣，成为18世纪欧洲"中国热"的前奏曲。⑤

葡萄牙籍耶稣会传教士安文思（Gabriel de Magalhães，1609—

---

① 又名《中国札记》，《利玛窦札记》。
② 周宁.《中国形象：西方的学说与传说》，北京：学苑出版社，2004年，第176页。
③ ［葡］曾德昭著，何高济译.《大中国志》，北京：商务印书馆，2012年。
④ 黄时鉴.《插图解说中西关系史年表》，杭州：浙江人民出版社，1994年，第467页。
⑤ ［德］阿塔纳修斯·基歇尔著，张西平、杨慧玲、孟宪谟译.《中国图说》，郑州：大象出版社，2010年。

1677)①用葡萄牙文撰写的《中国十二绝》(*Doze excellencias da China*)由柏应理带回欧洲。柏应理在返欧旅途中将该书翻译成法文,于 1688 年以《中国新志》(*Nouvelle relation de la Chine*)为题在法国巴黎出版,同年在英国出版了该书的英文译本。

法国传教士李明的《中国近事报道》法文本(*Nouveaux Memoires sur l'etat present de la Chine*)于 1696 年在巴黎出版,1697—1699 年期间在伦敦出版了多个英文版。

法国传教士撰有非常详细的有关中国的报告寄回法国:

出版于 1702—1776 年间的《耶稣会士中国书信集》成为法国及欧洲人了解与研究中国的重要窗口。

1735 年,杜赫德(Jean Baptiste du Halde,1674—1743)编纂的《中华帝国志》(*Description geographique,historique,chronologique,politique et physique de l'Empire de la Chine et de la Tartarie chinoise*)法文本在法国巴黎出版,旋即轰动欧洲;几年内法文本出版三次,英文本两次,还出版了俄文译本和德文译本。该书精选了 27 位耶稣会士的报告,进行分类编排,其内容十分广博,被称为 18 世纪欧洲关于中国知识的百科全书。

冯秉正(Joseph-Francois-Marie-Anne de Moyriac de Mailla,1669—1748)编译的《中国通史》(*Histoire generale de la Chine*)共 12 卷,于 1777—1784 年在法国巴黎出版。

据张国刚先生根据费赖之(Louis Aloys Pfister,1833—1891)的《在华耶稣会士列传及书目》中所提供的信息统计,17 至 18 世纪在华耶稣会士已刊布的著述多达 550 种,加上未刊布者,总数达到 751 种。其中涉及中国宗教及其历史者 15 种,约占 1.6%,涉及儒学经典及诸子哲学者 32 种,约占 2.2%,译文 55 种,占 7.5%。② 此时,无论是翻译、著述,还是关于中国的报道,其对中国的描述呈现一种由浅入深,由点及面,由全景式概述到专题性研究的趋势。这些著述成为欧洲人有

---

① 安文思于 1648 年到达中国北京,在中国生活了 29 年。
② 张国刚.《明清传教士与欧洲汉学》,北京:中国社会科学出版社,2001 年,第 97 页。

关中国知识的重要来源。随着这些传教士关于中国的著述在欧洲出版与流传，西方对中国的了解逐渐加深，对中国的态度也发生了重大变化。他们由诧异到深思，由单纯猎奇到理性的褒贬。这在客观上促进了西方对中国的了解，促进了中国经籍的西传，在中西文化交流史上发挥了重要的作用。法国启蒙思想家伏尔泰、狄德罗、卢梭、孟德斯鸠，重农学派魁奈，德国哲学家莱布尼茨、作家歌德等对中国的浓厚兴趣，也正是受到当时所翻译的中国典籍及与中国相关著述的启发。这也为19世纪的汉学作为一门学科在西方的确立打下了坚实的基础。正如日本学者石田干之助在其《欧人之汉学研究》一书中所言：

> 一五八〇年有罗明坚，一五八三年有利玛窦，各自来澳门，在中国印上第一步的足迹。两人底中国研究，实始于那时；从来欧人于中国所记，……大多不过载录旅中见闻，以及事业成绩报告之类，至于研究中国，还是很隔膜的；略近具体研究，正是这时期的事情；而这便是以新来的传教师们作先锋的。耶稣会教士等的来中国，于中国宗教史，学艺史上，有极重要意义，早为人所周知。又，这以欧西的中国知识的发展，划分空前的一时期而论，必得认为最重要事件。[1]

综观16—18世纪耶稣会士所撰写的关于中国的著述和所翻译的中国经典，我们不难发现，他们向欧洲介绍的重点是中国的儒家学说，他们译介的重点是中国的儒家经籍，对于中国道家道教则甚少言及。

第三节　19世纪前西译之道经

如前所述，19世纪前西译之中国经籍以儒家为主。据费赖之的

---

[1] ［日］石田干之助著，朱滋萃译．《欧人之汉学研究》，北京：北平中法大学，1934年，第147—148页。

《在华耶稣会士列传及书目》统计,参与西译儒家经籍的耶稣会士中有名有姓者达 34 人次,而在道经译介方面,除未正式出版的《道德经》拉丁文手稿之外,其他几近空白。

据唐纳德·拉赫(Donald F. Lach,1917—2000)考证,最早向西方报道有关中国老子、庄子和道教的是 1590 年在澳门出版的一本拉丁文著作,其作者不详。该书收录了来华耶稣会传教士的一些报告,其中有老子、庄子及道教的介绍。此书后来被哈克鲁伊特(Hakluyt)翻译成英文,收入《大航海》(*Principal Navigation*)一书①。

据载,卫方济(Francois Noel,1651—1729)曾于 17 世纪将《道德经》翻译成拉丁文。费赖之在《在华耶稣会士列传及书目》中言及卫方济曾翻译《道德经》之事:"宋君荣神甫所译《唐书》注有云:'老子所撰《道德经》,卫方济神甫曾有译文,当时曾将译文寄回法国'"②,但费赖之未提及译稿寄送法国的时间以及寄送法国之后译稿的具体去向。

法国传教士马若瑟 1707 年 10 月 25 日的建昌信札"言儒教,藏巴黎国家图书馆,新藏编 156 号。巴黎国家图书馆有一写本,在新收书籍中编 156 号。拉丁文,中有若瑟撰述之《论中国事物》,共五页。《道德经说》,共二页"③。

法国传教士殷弘绪(François-Xavier d'Entrecolles,1662—1741)在 1706—1719 年间任法国传教会第三任会督时有"中国故事四编译文收入杜赫德《中华帝国全志》,卷三,其第四编言庄子鼓盆事,疑均出自《今古奇观》"。④

1883 年,理雅各在《英国评论季刊》(*British Quarterly Review*)发表"《道德经》(*The Tao Teh King*)"⑤一文,对 19 世纪及以前中国道教及《道德经》在欧洲的译介情况进行了详细梳理。文中说,大约在 18 世纪前半

---

① Lach, Donald F. *Asia in the Making of Europe*, Chicago: University of Chicago Press, 1965, p. 809.
② [法]费赖之著,冯承钧译.《在华耶稣会士列传及书目》,北京:中华书局,1995 年,第 421—422 页。
③ 同上,第 536 页。
④ 同上,第 552 页。
⑤ Legge, J. 1883. "*The Tao Teh King*", *British Quarterly Review*, 78.

叶至少已有一种《道德经》全译本，该译本由一人或多人完成，未公开出版。理雅各在该文注释中，对此译本的来龙去脉进行了详细介绍：

德庇时（Sir John Francis Davis, 1795—1890）在其介绍中国的著作中最早提及在皇家学会（the Royal Society）有一个《道德经》的拉丁文译本，后来此译本转移至印度事务局，理雅各在伦敦印度事务局目睹过此译本。译稿为对折本（a manuscript of folio size），保存完好，书法极佳，有中文原文和拉丁文译文，大多数章节后附有评论。译稿共 345 页，首页为用大字书写的拉丁文标题"Liber Sinicus, *Tao Teh Kim* inscriptus, in Latinum idioma versus"，标题之后有以下字样："Textus undecim ex libro *Tao Teh Kim* excerpti, quibus probatur Smae Trinitatis et Dei incanati mysteria Sinicae genti olim nota fuisse"，亦以大字书写；前 91 页为第 1、14、4、22、10、28、27、24、20、21、25 等 11 章的翻译及评论，接下来为第 2 章及此 11 章之外其他 70 章的译文。

译稿首页标有"白立把（Matthew Raper）呈送，1788 年 1 月 10 日带回英国并呈交皇家学会"（presented by Matthew Raper, Esq., F. R. S., January 10, 1788）字样，末尾标注"*Jos. de grammont, missionaries apostolicus, ex-Jesuita, offert Illmo Dno Paper E. Societate Regia Londinensi.*"。理雅各推测，此为前耶稣会士格拉蒙特（Joseph de Grammont）所记。从译稿中，无法推测此译稿的译者及翻译的具体时间。理雅各认为，此译本除了作为一种令人新奇且有趣的遗物之外，无甚出版价值，因为已有儒莲及其他译者的译本问世了。译稿对中文发音采用葡萄牙语标注。

理雅各在此文稿的注释中也提及华特斯（Watters）曾提到黑格尔在维也纳见过另一《道德经》译本。但理雅各认为，从黑格尔关于《道德经》的说法来看，不能确定此译本是否真的存在。为此，理雅各也向穆勒博士（Friedrich Müller）求证，并无此译本存在。因此，他认为黑格尔可能弄错了。

理雅各在《道书》（*Taoist Texts*）前言中再次提及此译稿。他说，虽然自 13 世纪起，已有罗马天主教所派出的传教士来华，但所留文献资料甚少。他所见最早的《道德经》西文译本是在英国伦敦印度事务局所藏的一件《道德经》拉丁文译稿。此译稿为时任皇家学会会员的白立把从一位前耶稣会士格拉蒙特（P. de Grammont）处得到，白立把返回英国时，于 1788 年 1 月 10 日呈交皇家学会。但此译稿的译者是何人，却无从得知。理雅各说，此稿译者翻译此书的主要目的是想证明古代中国人亦曾知晓基督教三位一体及上帝化身之奥秘。理雅各仍坚持认为，从总体上讲，此译稿无甚价值，其第 115、116 页上对老子《道德经》第 72 章的诠释在当时业已问世的译本中比较少见①。但理雅各并未说明译者是如何诠释该章的。

庄延龄（Edward Harper Parker，1849—1926）在他的《中国宗教研究》一书中也提到该译稿，但收藏地点与理雅各不同。庄延龄所见之译稿藏于英国皇家学会图书馆（Library of the Royal Society），而非伦敦印度事务局。庄延龄推测，此译本可能出自前耶稣会士傅圣泽（Jean-Francois Foucquet，1663—1740）之手②。费赖之的《在华耶稣会士列传及书目》中提到的法国耶稣会士傅圣泽所著的第四种著作即为其翻译的《道德经评注》。③ 庄延龄在此书中推测，伏尔泰对中国道教所进行批评指责就是以从此书中所获得的有限知识为基础的④。

前述《道德经》译本是笔者迄今所见有确切记载的 19 世纪前欧洲最早的道经译本，均出自早期来华耶稣会士之手。这些传教士出身的译者大多倾向于从中国传统经典中寻找基督福音曾经来华传播的蛛丝马迹，以证明基督教的普适性。正如雷慕沙所言：

> 诸教师中最盼在中国文字中发现基督教之秘迹者，莫逾傅圣泽，彼谓其眩惑之极至于迷乱。不特以中国诸经中载有明白预言，

---

① Legge, James. 1891. Preface to *The Texts of Taoism*, in *The Sacred Books of the East*, F. Max Muller (Ed.), vols. XXXIX, XL. Oxford: Oxford University Press, pp. xii‑xiii. 至于该译本的译者是如何解释该章，理雅各未作进一步说明。

② Parker, Edward Harper. 1910. *Studies in Chinese Religions*. London: Chapman and Hall, Ltd. p. 92.

③ [法]费赖之著，冯承钧译.《在华耶稣会士列传及书目》，北京：中华书局，1995 年，第 559 页。

④ Parker, Edward Harper. 1910. *Studies in Chinese Religions*. London: Chapman and Hall, Ltd. p. 92.

而且以为有时在其中发现基督教之根本教理。竞谓中国古籍中之某山，即是耶稣被钉于十字架之山。誉文王周公之词，即是誉救世主之词；中国之古帝，即是《圣经》中之族长。[1]

据张西平先生考证，曾研究过道教的最后两位来华耶稣会士为韩国英（Pierre Martial Cibot，1727—1780）和钱德明（Jean-Joseph-Marie Amiot，1718—1793）。韩国英曾介绍过道教内丹术，钱德明对道教给予较高评价。他们认为，道教本为可与儒教相媲美的出色教派，但因其信徒中的中华民族中最为卑劣之徒为数不少，道教因此名誉扫地，遭到高雅之士的鄙视。他们认为道是一种神秘学，是一种巫术理论和一种招魂术[2]。这是当时欧洲人从耶稣会士那里了解到的中国道教的形象，这种形象影响深远，直到19世纪仍然存在。

20世纪早期来华的新教传教士马礼逊（Robert Morrison，1782—1834）、米怜（William Milne，1785—1822）、德庇时（Sir John Francis Davis，1795—1890）、麦都思（Walter Henry Medhurst，1796—1857）等亦未对老子的历史和思想有正确的记述，他们对待道教的观点与中国儒家经典中的观点无异。他们大多认为，《道德经》中可以发现三位一体及上帝化身之奥秘，隐藏着基督教的教义。直到雷慕沙亲自检视《道德经》，情况才开始发生变化。

第四节　重儒轻道之缘由

法国道教学者索安（Anna Seidel，1938—1991）[3]曾指出，道教虽然是中国传统文化的基本元素之一，但在西方受到关注并开始研究的时间却最晚。直到1950年马伯乐（Henri Maspero，1883—1945）的遗

---

① 转引自：［法］费赖之著，冯承钧译.《在华耶稣会士列传及书目》，北京：中华书局，1995年，第556页。
② 张西平.《中国与欧洲早期宗教和哲学交流史》，北京：东方出版社，2001年，第327—328页。
③ 又译石秀娜、安娜·塞德尔。

著经戴密微(Paul Demiéville，1894—1979)整理发表，人们才开始对道教进行真正意义上的学术性研究。西方对道经的译介比严格意义上的学术研究大约要早一百年，但仍然比译介儒家经籍要晚得多。索安认为，之所以如此，是因为人们"在思想上存在一种盲点，而非对事实的了解有障碍"。中国形象在 17—18 世纪的欧洲是通过传教士来塑造的，这些传教士往往受到他们在中国的儒家老师们影响，将道教视为"迷信"，并对其加以蔑视。在传教士看来，道教与基督教根本不能相提并论。因此，对于道经，甚至到 19 世纪，除《道德经》《庄子》《南华真经》《列子》等少数道家经典被译介之外，其他道经鲜受关注。①

具体而言，19 世纪前的西方"重儒轻道"有以下原因：

第一，儒家经典是传教士学习中文，解决语言问题的最佳教材。传教士来华的首要目的当然不是为了学习与传播中国文化。他们的"使命"是向中国人传播基督教。要在中国这个语言文化与欧洲截然不同的国家从事传教活动，首先要解决的问题是语言问题。语言问题不解决，就不可能与中国人进行基本的沟通，更不用说向中国人传播"福音"了。他们发现，中国人接受启蒙教育是从学习《四书》《五经》等儒家经典开始的。因此，儒家经典便成为他们解决语言问题的最佳教材。一方面，来华传教士将学习和研究中国儒家经典作为他们自己学习汉语的重要手段，与此同时，他们将中国经典翻译成西方诸语言，作为后来者了解中国，学习中文的教材。

利玛窦曾将《四书》译为拉丁文，微加注释，要求"凡传教师之入中国者，皆应取此书译写而研究之"；金尼阁谓"其曾编有其他书籍数种，以备吾人易习此土语之用"；1711 年卫方济整理出版的《中国典籍六种》中之所以收入《孝经》，原因是当时《孝经》是中国官方指定的科举必试科目，因而在中国文人中知名度较高，影响较大，有必要向欧洲介绍；柏应理翻译《中国贤哲孔子》以《四书直解》为底本，此书是张居正为年幼的皇子编写的启蒙读物。②

---

① [法]索安著，吕鹏志、陈平译.《西方道教研究编年史》，北京：中华书局，2002 年，第 1 页。
② [法]费赖之著，冯承钧译.《在华耶稣会士列传及书目》，北京：中华书局，1995 年，第 46 页。

通过《四书》《五经》学习中文，既可学到规范的语言，又可了解儒家学说的基本精神，实乃一举两得。利玛窦之所以在中国获得巨大名声，"能相当正确地说和写汉语"和"有惊人的记忆力，能背诵《四书》"为其中两个重要原因①。

第二，研习儒家经典也是来华传教士与他们的传教对象——中国士大夫交流之所需。他们重视研究与译介中国儒家经籍，首先是为了结交中国文人和官员及至中国皇帝，借以在中国站稳脚跟，从而打入上层，并最终进入宫廷，争取让中国皇帝受洗。他们相信，一旦皇帝皈依天主教，在中国传教便不会再有什么困难，把中国变成天主教国家的目标便指日可待。

为了与中国士大夫接触，他们想出多种办法。除了展示他们所掌握的科学技术和知识技能，介绍西方在科学技术上取得的成就，以表明欧洲并不比中国落后之外，他们研习儒家经典的另一个重要原因是为了表明欧洲人完全有资格同中国文人探讨学问，从而破除士大夫中习见的闭塞保守、夜郎自大的心理，以博得中国士大夫对西方和基督教的好感。利玛窦为避免引起中国文人的反感，他甚至将传教意图完全遮掩起来，与他的传教对象热烈讨论中国经典，闭口不谈基督教，待双方建立信任后，方在适当时机提出皈依问题②。

第三，以利玛窦为代表的早期来华传教士所采取的"合儒"传教策略，是促使他们把关注点集中于中国儒家经籍的另一重要原因。罗明坚、巴范济（Francesco Pasio，1554—1612）、利玛窦等早期耶稣会士在来华传教之初，沿袭其前辈在日本传教的经验，剃光须发，身披袈裟，把自己打扮成僧人，并相信这是文化吸收最为有效的办法。但后来发现中国是以儒教立国，僧人在中国的地位低下，真正在中国占统治地位的是儒家，受中国人尊敬的是儒生而非僧人，与中国人交往要尽量使用儒家经典里的术语。于是便重新蓄起须发，戴起儒士方巾，摇身一变成为"洋进士"。

为了证明"耶儒相通"，来华传教士竭力从中国古代经典中寻找

---

① 许明龙.《欧洲十八世纪"中国热"》，北京：外语教学与研究出版社，2007年，第11页。
② 同上。

与基督教教义吻合或相近的东西。他们深知,其所传播的天主教与中国根深蒂固的传统文化之间差异巨大,要让中国人接受,必须在天主教和儒教之间找到共同点或至少找到相似之处,让中国人相信他们所传播的天主教与中国人所熟知的儒家文化系出同源。在他们心目中,中国是"孔夫子的中国",中国文化就是儒家文化,他们应学习的经典就是儒家经典。此后,来华耶稣会士大都走这一"融通阐发"路线,儒家经典为其来华前的必修功课及来华后译介与传播的重点。

在某些传教士眼中,中国经典不但与基督教教义完全吻合,而且是基督教最古老的文字记载,他们竟然宣称从中国古代经典中找到了诺亚、洪水、圣母玛丽亚。利玛窦以基督教义附会儒学,用儒家思想论证基督教教义,力倡"儒耶同质"说,借用儒家术语解释基督教中的"天主""上帝"。当他从中国儒家经籍中发现诸如"上帝""事天""敬天""畏天"等词语时,欣喜之情难以抑制,经过精心的演绎推理,得出结论:"吾天主乃古经书所称上帝也……上帝与天主,特异以名也。"(利玛窦:《天主实义》,上卷,第2篇)

第四,发端于17世纪初,持续时间长达百年的"礼仪之争"是儒家及儒家经籍在西方译介的加速器。

利玛窦去世之后,由龙华民(Nicolas Longobardi,1559—1654)接替他来负责耶稣会中国传教区的教务。对于中国的敬孔祭祖是否为宗教仪式,中国的基督徒可否参加敬孔和祭祖,或者说,祭祖祀孔是否属于偶像崇拜,以及基督教的"Deus"(拉丁文"创世神")一词在翻译成中文时应译为"上帝"还是"天主"等问题上,龙华民与利玛窦发生分歧。如果敬孔祭祖的性质是宗教的,那就违犯了《摩西十诫》之前二诫[1]。以利玛窦为代表的耶稣会士,从有利于天主教在华传播着眼,主张中国

---

[1] 《摩西十诫》第一条:我是耶和华——你的上帝,曾将你从埃及地为奴之家领出来,除了我之外,你不可有别的神;第二条:不可为自己雕刻偶像,也不可做什么形象仿佛上天、下地,和地底下、水中的百物。不可跪拜那些像,也不可事奉它,因为我耶和华——你的上帝是忌邪的上帝。恨我的,我必追讨他的罪,自父及子,直到三四代;爱我、守我诫命的,我必向他们发慈爱,直到千代。(《出埃及记》)

人的敬孔祭祖是世俗的、非宗教性的，祭拜祖先只是子女对祖先怀念的一种表达而已，与宗教信仰无关；"上帝"和"天"与基督教的"Deus"内涵相当。因此，允许皈依天主教的中国人保留这种习俗，对于他们参加敬孔祭祖活动可不予阻拦。而以龙华民为代表的耶稣会士，尤其是方济各会（Missionary of Franciscans）、多明我会（Missionary of Dominicans）、巴黎外方传教会（French Society of Foreign Missions）的传教士们则认为，中国人的敬孔祭祖在性质上是宗教的，应严禁入教的中国教徒参加。对于"Deus"的中文译名，只有新的汉文名词如"天主"，才能合法地用来翻译"Deus"这个词。

"礼仪之争"起初只局限于在华的耶稣会士之间，围绕儒家展开，后来由教内发展到教外，并从中国扩展到欧洲，成为全面讨论中国的一场大论战，引起许多非教会人士的关注。其主要分歧在于对孔子的膜拜是纪念先贤还是祈求神祇，对祖先的祭祀是寄托哀思、恪尽孝道，还是视祖先为神，祈求保佑、降福的问题上。为辨明敬孔是否迷信，解决可否敬孔的问题，必须了解孔子其人其事其学说，以及孔子在中国历史上和中国现实生活中的地位与影响；为回答可否祭祖的问题，需要了解中国人的宗教观、伦理道德观，尤其是中国人以孝悌为本的儒家宗法观；为解决"Deus"一词的翻译问题，对立双方要对此作出令人信服的论述，进而驳倒对方，既要从宏观上对中国人从古到今的宇宙观和宗教观作一番爬梳，还要从微观上对出现在经典中的"天"字作出合理的解释。

为申辩自己的立场，维护自己的传教路线，论争双方或派人返欧洲，向罗马教廷及欧洲社会申诉自己的观点，或著书立说，直接将儒家经典翻译成西文，或撰写研究著作，介绍中国宗教文化与哲学思想，介绍自己所了解的中国，以便争取到更多的同情与支持。这在客观上加速了中国儒家经籍在西方的译介与传布。

第五，中西截然不同的宗教观是导致重儒轻道的深层原因。来华的耶稣会士们发现，在中国，无论是皇帝，还是其他文武百官，都以儒家理论为指导，儒教是中国的国教（state religion），是中国人信仰的正统宗教，儒教在中国占据着统治地位。而道教是与佛教类似的迷信邪说，佛道在中国属于异端，是腐蚀中国人初时拥有之纯真信仰的虚伪教派。

与传教士联系较为紧密的中国儒士阶层普遍对当时已经式微的佛道持一种轻蔑与贬抑的态度,他们因此认为中国的儒释道三教存在敌对。他们从西方对宗教的理解出发,不了解中国三教融合的宗教现状以及中国人灵活包容的宗教态度。出于自己传教的需要及宗教背景,他们将中国人以儒家文化为主导的文化观与基督教的一神信仰相结合,从而导致了道教和佛教是两个不值得考虑,与儒教水火不容的"虚假教派"的认识。①

第六,欧洲启蒙运动有适合中国儒家思想传播的土壤。儒家思想在欧洲有市场,也是儒家经籍的译介受到追捧并被大量译介的重要动力。17—18 世纪的欧洲各国相继掀起反封建专制和宗教束缚的启蒙运动,他们认为,人们迄今为止处于黑暗之中,应该用理性之光驱散黑暗,把人们引向光明。"礼仪之争"过程中,传教士翻译了大量的儒家经典,撰写了关于中国儒家的文章、报告、著作。一些启蒙思想家与传教士有密切交往。中国儒家学说与启蒙思想家们所倡导的开明与理性产生了共鸣,正好为其所用。欧洲人在惊叹中国的物质文明的同时,将中国社会和制度理想化,在他们眼里,中国是一个"圣人的国度",是一个在社会、政治和道德方面都远远胜于西方的理想社会。尤其对于伏尔泰(François Voltaire,1694—1778)、卢梭(Jean-Jacques Rousseau,1712—1778)、狄德罗(Denis Diderot,1713—1784)等欧洲启蒙思想家们来说,中国的儒家思想是他们与欧洲中世纪的神学进行斗争的工具,他们在中国儒家典籍中能够找到与启蒙运动相吻合的精神。儒家的自然理性成为莱布尼茨走出神学的主要依据;伏尔泰高举孔子仁爱大旗,以儒学为武器攻击基督教及其教会②:

> 我认识一位哲学家,在他的书房里悬挂着一幅孔子画像,他在这幅画像下边题了四句诗:唯理才能益智能,但凭诚信照人心;圣人言论非先觉,彼土人皆奉大成。

---

① 张国刚.《传教士与欧洲汉学》,北京:中国社会科学出版社,2001 年,第 113—114 页。
② 伏尔泰.《哲学辞典》,北京:商务印书馆,1991 年,第 322 页。

这位贤哲就是孔子，他是唯一从不骗人的立法者。在整个地球上，自他以来谁曾提出过更好的行为准则？治国如治家，而治家的最佳方法莫过于以身作则。

在伏尔泰看来，中国的道德哲学以及与之相应的政治体系具有与生俱来的优越性；尤其对中国的政治体系，伏尔泰颇为欣赏，认为它建立在理性原则之上，摆脱了贵族世袭制。儒家的成功之处在于它提供了一种道德、社会秩序的基础，这一因素所起到的作用要比在欧洲有效得多。他认为在中国可能找到宽容的宗教信仰所开之花，它是一种没有教条、没有牧师的纯粹的自然神论。但他对中国佛教和道教却持一种轻蔑的态度。

此外，道教自身在中国社会的历史地位及现状也是耶稣会士重儒轻道的外部原因。在中国，"独尊儒术"古已有之，《四书》《五经》被历代统治者奉为中华文化的基本典籍，儒家思想历来占据中国文化的正统地位。汉武帝"罢黜百家，独尊儒术"，宋明理学以批判佛老异端、继承儒家道统为旗帜。加之，自明朝中叶以降，"道教走完了向上发展阶段，进入其衰落时期。从此以后，道教首领渐次失去以往的尊贵显荣，而渐感处境艰难；道教肌体也已失去自我更新的活力，理论教义不再有创新；教团组织日益分散缩小，宫观也日趋破败"①。明穆宗吸取明世宗崇道过滥的教训，开始打击、抑制道教，使道教失去皇室支持，开始民间化，使得道教与民间宗教，甚至迷信的边界不清；满清入关后接受佛教，道教备受官方冷落，并受到官方严格防范和约束。

耶稣会士来华，时值明神宗万历年间。基于上述客观现状，他们对中国道教亦大都持贬抑态度。《利玛窦中国札记》在描述明代道教的状况时说："本朝（明朝）的始祖洪武皇帝规定了为了国家的好处，应该保留这三大教"，但"却严格从法律上规定儒家的教派应优先于其他两种，只有儒家才能委以管理公众事务的行政权"。②

① 卿希泰.《中国道教史》修订本（第四卷），成都：四川人民出版社，1996年，第1页。
② 利玛窦、金尼阁著，何高济等译.《利玛窦中国札记》，北京：中华书局，1983年，第113页。

《利玛窦中国札记》对道教大加贬低：

> 第三种教派叫老子(Lauzu)，源出一位与孔子同时代的哲学家。据说他出生之前的怀胎期曾长达八十年，因此叫他作老子，即老人哲学家。他没有留下阐述他的学说的著作，而且好像他也没有想要建立独立的新教派。然而，在他死后，某些叫做道士(Tausu)的教士把他称作他们那个教派的首领，并且从其他宗教汇编了各种书籍和注疏，都是用很华美的文体写成的。这些信士也有自己的修道院，过独身生活。他们也买人作徒弟，这类人也和前面所述的那种(即佛教)是一样地低下而且不老实。……他们的书籍叙说着各种胡言乱语。[1]

> 《道教》的每个教派都以自己的方式塑造了神的三位一体，从而看来似乎是谬说的始祖或谎言之父还没有放下他冒充神圣的野心。……从这类胡说，人们可以很容易得出结论，在他们的谵语里注入了多少欺骗。[2]

索安认为，分不清道教和中国民间宗教的差异是传教士对于中国道教认知的另一"盲点"。在他们眼中，道教即为那些所有不属于佛教的宗教现象，为老庄哲学世俗化和堕落之后的残留。在来华传教士看来，这种误解在中国精英阶层中根深蒂固，因此去除中国人的迷信，使中国人皈依基督教，从而打造一个全新的"儒教"中国是他们的梦想。这种对中国道教的误解传播甚广，连《不列颠百科全书》第14版中的"道教"词条也持此态度[3]。

为了完成传教"使命"，来华的传教士要走上层路线，取得儒生及政府的支持，他们把注意力集中在中国儒家经籍，在中国经籍译介方面"重儒轻道"便在情理之中。

---

① 利玛窦、金尼阁著，何高济等译.《利玛窦中国札记》，北京：中华书局，1983年，第109页。
② 同上，第111页。
③ [法]索安著，吕鹏志、陈平译.《西方道教研究编年史》，北京：中华书局，2002年，第1页。

第二章　19 世纪：道经英译之滥觞①

　　比起儒家经籍，道经在西方的译介经历了一个非常缓慢的过程。直到 19 世纪 20 年代，雷慕沙发表《道德经》选译和介绍，道教才开始正式进入西方人的视野。

　　18 世纪 60 年代，以英法为代表的西方主要资本主义国家开始工业革命，其经济、军事、科技及综合国力逐渐超过此时闭关锁国的中国。对资源和海外市场的需求成为西方列强觊觎东方的原动力。19 世纪初，伴随着英国殖民扩张，英国新教传教士开始进入中国。19 世纪 40 年代以来的两次鸦片战争及其后的数次西方对华侵略战争，均以中国失败而告终。一系列不平等条约的签订，给予西方列强以政治、通商及传教自由，越来越多的传教士、外交官和商人开始登陆中国大陆。为了政治、经济及传教所需，全面深入了解与研究中国被提上议事日程，他们所关注的视野亦不再局限于儒家。

　　19 世纪，大部头东方经典的翻译工作也开始了，其中以马克斯·缪勒的《东方圣书》(Sacred Books of the East)和理雅各的《中国经典》(The Chinese Classics)影响最大。

　　欧洲汉学的兴起也是促使道经开始受到越来越多关注的原因之一。1814 年，法国设立欧洲首个汉学讲席。19 世纪下半叶，英国伦敦大学、牛津大学、剑桥大学等先后成立汉学研究中心，开设汉学讲席。

---

① 本章参考本人博士论文及专著《中国道教经籍在十九世纪英语世界的译介研究》第二——四章，成都：巴蜀书社，2015 年。

汉学讲席的创设,标志着欧洲的中国研究正式进入高等学府,走上学院化道路,这就为包括道经在内的中国经籍的译介与传播创造了良好的条件。

19 世纪,欧洲人对中国道教的态度依旧负面。但一个不争的事实是,道经的译介明显地增多了。正如理雅各所言,直到 19 世纪,道经才得到它应有的关注①。法国是 19 世纪最早开始译介道经的国家,19 世纪下半叶英国后来居上,在道经译介方面的影响力一度超过法国,这种强劲的势头一直持续到 20 世纪初。

随着近代西方科学技术,尤其是印刷业的发展,以及西方学术团体的建立,报刊杂志应运而生。英国是世界上期刊业起步最早,最为发达的国家之一。早在 17 世纪中叶,在英国就有几种杂志经常刊登有关中国历史、社会、科技和宗教方面的文章,《博学者著作》(*The Works of the Learned*)是其中最有影响的一种。该杂志曾经登载过许多与"礼仪之争"有关的文章和报道,对中国文化在英国及欧洲的传播起到了积极作用。1665 年 6 月,英国皇家学会亨利 · 奥登伯格(Henry Oldenberg, 1619—1677)创办《伦敦皇家学会哲学汇刊》(*Philosophical Transaction of the Royal Society of London*,简称《哲学汇刊》)。这是世界上历史最为悠久的刊物。该刊长期刊登耶稣会士在华工作报告、书信、调查、评论等有关中国的文章。1731 年,爱德华 · 凯夫(Edward Cave, 1691—1754)在伦敦创办了《绅士杂志》(*The Gentleman's Magazine*)。凯夫对中国的事物很感兴趣,经常在该刊刊登有关中国的消息和文章。1736 年,凯夫把杜赫德的《中华帝国全志》翻译成英文在《绅士杂志》刊登②。

与早期英国汉学家大多出身于来华传教士一样,许多与汉学关系密切的英国早期刊物,尤其是在华创办的刊物,也都源于教会出版物和机构。1807 年,英国新教传教士马礼逊受英国伦敦会派遣来华,拉开

---

① Legge, James. 1891. Preface to *The Texts of Taoism*, in *The Sacred Books of the East*, F. Max Muller (Ed.), vols. XXXIX, XL. Oxford: Oxford University Press, p. xiii.

② 熊文华.《英国汉学史》,北京:学苑出版社,2007 年,第 207 页。

了新教来华传教之序幕。为了更好地完成其在华传教"事业"，他们非常重视利用当时的科学技术译书、兴学和办报。他们深知，媒体的作用是他们在各种宗教仪式和活动中的讲经布道所无法比拟的。通过在中国境内外创办中外文报刊作为传教的重要媒介是新教传教士与耶稣会士在华传教方式上的一个重要区别。

1815 年 8 月，马礼逊和米怜①在马六甲创办《察世俗每月统记传》（*Chinese Monthly Magazine*，1815—1821），这是新教传教士所创办的第一份中文月刊。1817 年 5 月，马礼逊和米怜在马六甲创办《印支搜闻》（*The Indo-Chinese Gleaner*）。这是来华新教传教士所创办的首份英文期刊。据方汉奇先生统计，截止至 1890 年，在华传教士创办的报刊数量达 76 种之多②。到 19 世纪与 20 世纪之交，外国人在中国共创办报刊近 200 种，占当时中国已有报刊的 80% 以上③。其中与中国关系较为密切并有一定影响的英文期刊除《印支搜闻》之外，还有《亚洲学报》（*Journal Asiatique*，1822—1938）、《中国丛报》（*The Chinese Repository*，1832—1851）、《皇家亚洲文会北中国支会会刊》（*Journal of the North China Branch of the Royal Asiatic Society*，1858—1948）、《教务杂志》（*The Chinese Recorder*，1868—1941）、《中日释疑》（*Notes and Queries on China and Japan*，1868—1870）、《凤凰》（*The Phoenix，A monthly Magazine for China，Japan & Eastern Asia*，1870—1873）、《中国评论》（*China Review*，1872—1901）、《远东杂志》（*Revue de l'Extreme-Orient*，1882— ）及《通报》（*T'oung Pao*，1890— ）等等。

这些期刊在向中国人传播基督教的同时，也译介中国经籍，介绍中国的历史、地理、政治、经济、法律、军事、风俗、宗教等，在客观上促进了中国文化的对外传播，促进了西学东渐和中学西传。

---

① 米怜，英国伦敦会传教士，1813 年来华，曾与马礼逊合作翻译《圣经》旧约。后受马礼逊委派到马六甲设立出版发行基地。1815 年 8 月，在马六甲创办了第一份中文月刊《察世俗每月统纪传》。该刊共出版 7 卷，于 1821 年停刊。1818 年，米怜曾在英华书院任职。

② 方汉奇.《中国近代报刊史》（上），太原：山西人民出版社，1981 年，第 19 页。

③ 谭树林. 早期来华基督教传教士与近代中外文期刊，《世界宗教研究》，2002(2)：81。

第一节　19世纪欧洲汉学的确立

　　19世纪的欧洲，新型大学体制、研究机构和学术刊物相继诞生，以经验主义与实证科学为指导思想的学术标准开始形成并得到普遍接受，欧洲的社会科学领域开始了学术规范化、科学化的过程。与此同时，随着欧洲政治形势和商业关系的发展，西方国家的殖民者、外交官、商人和传教士纷纷来到中国，各国急需培养大批懂中文，了解中国历史和地理知识的人才。现实的需要促进了欧洲汉学的发展。以1814年11月法兰西学院汉学教席的创设为标志，欧洲的汉学研究正式确立。此后逐渐趋向成熟，最终形成法国、俄国和英国三个主要的欧洲汉学中心。

　　1814年，法国率先在法兰西学院设立了汉语和鞑靼—满语语言和文学教席，由雷慕沙任首位讲席教授。1822年法国亚洲学会成立，《亚洲》杂志创刊。

　　1837年，俄国喀山大学设立汉语教席，1855年转至圣彼得堡。此时的俄国是除法国之外第二个欧洲汉学研究最重要的中心，其他国家远远落在后面。

　　19世纪下半叶，意大利的一些大学设立了汉学教席或教职的临时席位，但未能形成汉学研究的流派。

　　德国在慕尼黑大学的巴伐利亚科学院设立了汉语临时教职。19世纪末在莱比锡和柏林也设立了汉语教席。1877年，德国仿照法国成立东方语言学院，设立了一个永久性汉语教席。

　　1876年，荷兰政府在莱顿大学设立了汉语语言和文学教席，由施莱格（Gustaaf Schlegel，1840—1903）主持。在他的带领下，该机构发展成为欧洲一流的汉学中心之一。他与巴黎同行考狄（Henri Cordier，1849—1925）一起创办了国际著名的汉学杂志《通报》①。

　　来华的英国新教徒，在中国编辑出版了《中国丛报》（*Chinese*

---

① 〔德〕傅吾康著，陈燕、袁媛译.十九世纪的欧洲汉学，见《欧洲汉学史简评》，第119—129页。

Repository，1832—1851)、《中国评论》(*China Review*，1872—1901)和《教务杂志》(*The Chinese Recorder*，1868—1941)等重要汉学杂志。

从19世纪中期开始，随着中国海关的开放，欧洲领事机构、大清国海关外国领事处相继成立，一些外交官员纷纷来华，许多后来的汉学家就是在外交或领事部门开始从事汉语研究的，著名者有英国的威妥玛(Thomas Francis Wade，1818—1895)、翟理斯、法国的沙畹(Émmanuel-Édouard Chavannes，1865—1918)、德国的福兰阁(Otto Franke，1863—1946)和佛尔克(Alfred Forke，1867—1944)等。

19世纪欧洲汉学最杰出、最经久不衰的成果是在翻译、词典和其他工具书编写等方面。翻译的对象仍然是以儒家经典为主。对道经的翻译与此前相比，规模虽有扩大，但数量及种类依然有限。

在《道德经》的译介方面，雷慕沙有开创之功。1823年，雷慕沙发表了"老子的生平及著作"(Memoir on the Life and Works of Lao-Tseu)一文，宣称在道教中可以找到基督教"三位一体"的蛛丝马迹。雷慕沙还宣称，道教中亦能发现毕达哥拉斯和柏拉图的思想。1825年，雷慕沙在《亚洲文汇》(*Asiatic Miscellanies*)第一卷(p.88)中写道：

> 研究他(老子)的著作改变了我此前对他的所有成见。他不是那一伙为了寻求长生不死及寻找升天之法而玩弄骗术、妖术、占星术者们的鼻祖，他是一位真正的哲学家、一位独具慧眼的道德家、一位能言善辩的宗教家、一位精明的形而上学者。他与柏拉图的思想与措辞非常相似，其风格有着柏拉图的崇高，还有些许晦涩。此外，他的哲学思想中充满和善，他谴责冷酷与暴力。关于宇宙之起源，他的观点中带有高贵与崇高精神的印记，并非滑稽可笑的无稽之谈，亦非缺乏理性。《道德经》的思想与毕达哥拉斯学派以及柏拉图的观点惊人的一致。①

因汉语水平所限，雷慕沙未将《道德经》全部翻译，仅仅翻译了《道德

---

① Legge, J. 1883. "*The Tao Teh King*", *British Quarterly Review*, 78, pp. 75 - 76.

经》中的五章。雷慕沙认为,要准确翻译《道德经》之"道"非常困难。他将"道"译为 logos(逻各斯),认为此词(logos)包含三重意义:绝对存在、理性及言说。他认为,此翻译虽不算理想,但可以最大限度接近"道"之原义。他将"道"描述为原动力与造物者、元理性、形成世界的智力,道如同精神统领身体一样统领世界。在他看来,钱德明等宣称在《道德经》中发现三位一体的说法无甚依据,但他却犯了另一个"同样伟大的"错误①:确信《道德经》第十四章"视之不见名曰夷,听之不闻名曰希,搏之不得名曰微"三句中"夷""希""微"的发音暗含希伯来文的"耶和华"(Jehovah)。他的这一"发现",曾经一度在欧洲的东方学者中产生了不小轰动。

雷慕沙的继任者是他的学生儒莲。1842 年,儒莲在库辛(Victor Cousin,1792—1867)的推荐下,将《道德经》全部译出,此为《道德经》的首个法文全译本。此译本以河上公本为底本,为法汉对照本,附有丰富的注释。在译本序言中,儒莲对雷慕沙的观点进行了修正。他认为,《道德经》中并不存在耶稣会士们所想象的"三位一体",也没有雷慕沙所谓的"耶和华"。他对雷慕沙"道"的解释亦提出质疑。儒莲将"道"译为 voie(相当于英语的 way,即道路),他根据《道德经》第一章将其阐释为 porte(相当于英文的 gate,门)。儒莲的法文译本在欧洲汉学领域有开创之功,他是首位力图为读者呈现中国人所理解的真实的《道德经》的欧洲学者,他的译本对当时的欧洲学者产生了重大影响。谢林(F. W. J. Schelling,1775—1854)在他的《神话哲学》(*Philosophy of Mythology*)一书中谈到雷慕沙和儒莲时写道:

> "道"并非像翻译的那样意为"理性"(reason),悟道非对理性之学习。"道"意为"门",悟道意为体悟从"无"(non-existence),从潜在的"有"通向现实之"有"的伟大之门。整个《道德经》的目的在于通过各种各样的表述来展示伟大的、无以超越的"无"。②

① Legge, J. 1883. *"The Tao Teh King"*, *British Quarterly Review*, 78, p. 77.

② 转引自: Pohl, Harl-Erinz. 2003. "Play-thing of the Times: Critical Review of the Reception of Daoism in the West". *Journal of Chinese Philosophy* 30: 3&4 (September/December 2003), pp. 469 – 486.

　　自19世纪60年代至20世纪初，《道德经》的西文译本如雨后春笋般涌现。湛约翰(1868)、巴尔福(1884)、理雅各(1891)、保罗·卡鲁斯(1898)的英文版，普兰克内尔(1870)、史陶斯(1870)、格里尔(1910)以及卫礼贤(1911)的德文版，阿尔莱(1891)的法文版等相继问世。

　　19世纪的欧洲也开始了《庄子(南华真经)》的译介。1881年，巴尔福的首个《庄子》英文译本问世，这也是《庄子》的首个西文译本。1888年，德国语言学家贾柏莲(Hans Georg von der Gabelentz，1840—1893)研究了《庄子》的语言问题，是为西方道经科学研究的开端。1889和1891年，翟理斯、理雅各的《庄子》英文译本先后出版。

　　总的来说，至19世纪末期，欧洲的汉学同以前相比，显示出更高的学术水平。大多数学者在转向汉语以前已经接受过拉丁文、希腊古典历史比较语言学、希伯来文、梵文等方面的专业训练。这些领域的校勘学、翻译法以及其他研究方法已经取得了很大的进展，这些学者迫切希望运用这些方法去研究中国。类似于印度学、埃及学等其他语言学的研究学科的名词，"汉学"(Sinology)一词在19世纪末期首次在欧洲出现。该词由希腊文logos(意为"语言")和拉丁文sinae(意为"中国")组合而成，指"运用语言学方法，从中文史料来研究中国、中国历史和文明"[1]。

第二节　19世纪的英美汉学

　　中国和英国地理上相距甚远，18世纪前两国未有过官方往来。

　　1583年，英国女王伊丽莎白曾派遣商人约翰·纽伯里(John Newberry)携一封致中国明朝万历皇帝的信，由海路出发前往中国，希望与中国开展贸易。但因船队中途受挫，此信未能到达万历皇帝手中。

　　1637年，英国商船抵达广州，企图与中国建立直接通商关系，但未

———————————

① [德]傅吾康著，陈燕、袁媛译．十九世纪的欧洲汉学，见《欧洲汉学史简评》，第119—129页。

能获得中国的许可。直到1684年，英国东印度公司才得以在广州和澳门设立商馆，开展对华贸易。

随着英国与亚洲国家的双边贸易猛增，仅靠设在中国广州的东印度公司作为与中国开展贸易的基地已经不能满足其需要，英国急切需要与中国建立正式的经贸与外交上的关系。

此时的中国大清王朝，封建帝王制度完善，是一个占世界人口约1/3的农业帝国。由于大清帝国对外实行闭关政策，英国政府和商人曾几次尝试打开中国的大门，却一直遭到冷遇，未能成功。

1793年，英国政府派遣马戛尔尼（George Macartney，1737—1806）以为乾隆皇帝八十大寿祝寿为名率使团带着英王乔治三世给乾隆皇帝的国书和丰厚的礼物前来中国，向乾隆皇帝提出正式通商、互派使臣、租借领地，允许英国圣公会教士到中国传教等要求，希望与当时的中国政府建立外交关系，以方便商业贸易的拓展。但他们的要求均遭到乾隆皇帝拒绝。这是英国历史上首次正式向中国派出使节，拉开了中英两国政府官方交往的序幕。马戛尔尼和他的使团成员回到英国后，撰写了大量关于此行的回忆录。

1816年，阿美士德（William Pitt Amherst，1773—1857）率领使团再次来华。敦请清廷多开商埠，进行自由贸易，与中国建立通商关系；但因双方在礼节上的分歧，阿美士德使团未能谒见嘉庆皇帝，此行又以失败告终。

伴随着英国的海外殖民扩张，英国国教会（church of England）也开始积极筹划他们的海外传教事业。他们成立了基督教知识传播会和非洲与东方教会等海外传教组织。1795年，英国国教会又与长老会（Presbyterian Church）、公理会（Congregational Church）合作成立了伦敦传教道会（London Missionary Society，简称伦敦会）。英国传教士首先与英国殖民者一道，长驱直入印度开展传教活动，其海外传教事业也由此应运而生。

1807年，英国伦敦会传教士罗伯特·马礼逊绕道美国纽约来到中国广州，成为首位来华的英国新教传教士。此后，越来越多的英国传教士陆续来华。

1840—1842 年的鸦片战争以中国失败而告终，迫使中国清朝政府与英国签订丧权辱国的《南京条约》，割让香港给英国，开放广州、福州、厦门、宁波和上海为通商口岸；英国人在条约所涉及的口岸和相关城市获得了居住、旅行、经商、传教、采访等权利。1856—1860 年的第二次鸦片战争后，清政府又被迫与英国签订了《天津条约》和《北京条约》，中国沿海和长江沿岸进一步开放，外国人可以在所开放的口岸自由出入。

两次鸦片战争后，在对中国大肆进行经济掠夺的同时，西方传教士、外交官和商人纷纷来华。在此背景之下，19 世纪下半叶，英国汉学掀开新的一页，来华的英国传教士知名者近百人，来华的英国外交官中身兼学者的有 40 余人[①]。这些来华传教士和外交官开始对中国的政治、经济、历史、地理、语言、文学进行深入研究，并有许多著述问世。他们还创办中西文报刊，成立出版机构。

随着对汉语人才的需求增加，英国国内也开始成立汉学机构。1825—1828 年间，马礼逊创办伦敦东方语言学校，汉语为其课程之一。1837 年，伦敦大学设立了英国汉学史上第一个汉学讲席；1876 年牛津大学设立中文讲席，由理雅各出任首位汉学教授；1888 年，剑桥大学设立汉学讲席，由威妥玛担任汉学教授。这些机构既满足了英国国内汉语学习的需要，解决了国内汉语人才的需求问题，也培养出了以阿瑟·韦利（Arthur Waley，1889—1966）为代表的英国汉学研究第二代传人。

19 世纪的英国，涌现出一批重要的汉学家。理雅各、翟理斯和德庇时被称为英国汉学的三大星座；理雅各还与顾赛芬（Séraphin Couvreur，1835—1919）和卫礼贤（Richard Wilhelm，1873—1930）并称为"汉籍欧译三大师"。在道经译介方面，英国在 19 世纪下半叶一度超越法国。

20 世纪前，来华传教士一直是汉学研究的主要力量。而 19 世纪之前，英国从未向中国派出传教士，其主要原因在于英国国教会与罗马天主教会之间有着重重矛盾。1529 年，在欧洲宗教改革的大背景下，

---

① 马祖毅、任荣珍著.《汉籍外译史》，武汉：湖北教育出版社，1997 年，第 10 页。

亨利八世以教皇反对他与王后离婚为由,开始与罗马教廷断绝关系。1533 年,在亨利八世的操纵之下,英国议会通过法令禁止向罗马教廷纳贡,取消罗马教廷的最高司法权和其他特权,并于 1534 年通过《至尊法案》(*Supremacy Act*)正式宣布脱离罗马教廷,建立英国国教会,英国从此彻底断绝与罗马教廷的关系,成为一个新教国家。

也正是因为英国国教会与罗马天主教会之间的矛盾,英国才没有派出传教士来华传教。英国人从欧洲耶稣会士的报告及著述、商人或旅行家们的来华见闻录以及同样没有到过中国的他国学者的著作中获得有关中国的知识与信息。来华耶稣会士的一些有关中国的著述大都有英文译本在英国出版,《中华帝国志》《鞑靼征服中国史》《中国新史》《中国现状新志》等著作在英国均有英文译本。但其在英国受欢迎的程度远低于在法国、德国、意大利等国。英国人也从来华耶稣会士那里接触到《大学》《中庸》《论语》等儒家经典的拉丁文译本及其转译本。凭着他们从欧洲大陆间接获得的关于中国的知识,加上来华经商的英国人对中国的不好甚至恶劣的印象,长期以来,英国对中国抱持怀疑、贬斥和讥讽态度。丹尼尔·笛福(Daniel Defoe,1660—1731)曾在他的名著《鲁滨逊漂流记》(*Robinson Crusoe*)中恣意诋毁中国和中国人就是一个很好的例证①。

在此大背景下,19 世纪前英国的汉学落后于欧洲大陆的法国、俄国、德国、意大利等国乃情理之中的事。除了 17 世纪被称为"牛津才子"的英国汉学研究第一人的托马斯·海德(Thomas Hyde,1636—1705)以及 18 世纪威廉·琼斯(William Jones,1746—1794)之外少有治汉学者。在英国,懂汉语者寥寥无几,汉学研究人才更是匮乏。1792 年,马戛尔尼率领使团访华时,在英国国内竟找不到一名称职的汉语通

---

① 该小说第二卷讲述鲁滨逊离开荒岛,前往远东经商。他经过暹逻、孟加拉等地来到中国,经由南京北上,来到中国北京,他在北京逗留了数月,采购了许多中国货物。在鲁滨逊眼里,中国除了长城和瓷器之外,别无长物。他认为,北京是个非常糟糕的城市,中国人的生活实际上比美洲土人更差。小说作者借鲁滨逊之口这样评价中国人:"我必须承认,我回国后听到人们谈论中国许多美妙的事物,诸如权力、财富、恢宏、庄严和贸易等等,这使我感到惊奇。因为我看到和认识的是一群卑劣的牧人或无知而利欲熏心的奴隶,生活在一个只适于统治这些人的政府管辖之下"。(参见《十八世纪欧洲中国热》,第 295—296 页)。

事为使团服务，身为副使的老斯当东（Sir George Leonard Staunton，1737—1801）不得不带着儿子去意大利那不勒斯中国学院从华人学员中物色人选。马戛尔尼在总结此次访华时认为，失败的主要原因是翻译水平过低。

德庇时在1822年出版的《中国小说选》序言中说：

> 在英国同胞们所取得的知识进步中，唯独与中华帝国有关的题目，所取得的进展简直微不足道；与此同时，法国人差不多从一个世纪以来，就一直在勤勉与成功地进行着研究。这无疑形成了鲜明的对比。造成英法之间差距的原因之一在于，法国的传教士，作为罗马教皇与法王路易十四的特使，作为耶稣会会员，早就有机会踏上中国领土，亲身接触和领略中国文化的魅力；而英国人始终还只是间接地有所耳闻，如同隔岸观花，若明若暗。①

直到19世纪，英国汉学才真正确立并得到发展。这既是英国推进对华关系的需要，也是由于英国国力在全球的迅速扩张所致。此时的中国，因礼仪之争愈演愈烈，最终导致清政府的禁教。这使得耶稣会士在华活动遭到近乎毁灭性的打击，但这也让英国看到了新教来华机会。1807年，马礼逊来到中国广州，成为首位来华的英国新教传教士。初期新教传教士来华传教受到来自各方面的压力：英国政府由于担心新教传教士会影响英国在华贸易，并不支持他们来华，而在华的天主教会并不欢迎英国新教这个竞争者；中国政府也将新教传教士视为异端，认为他们比鸦片更可怕。在起初得不到任何支持的情况下，他们只能在私下传教或者只能学习语言，静待良机出现。此外，这些最初来华的新教传教士还必须面对缺乏必要的语言资料，没有图书资料，甚至没有字典可用等技术层面的困难。

熊文华先生将19世纪的英国汉学分为两个阶段：19世纪初至19世纪40年代为第一阶段；19世纪40年代以后为其第二阶段。19世纪

---

① 转引自：何寅、许光华.《国外汉学史》，上海：上海外语教育出版社，2000年，第191页。

道经在英语世界的译介与此大致一致,可分为 19 世纪 60 年代以前的沿袭与探索阶段和 60 年代以后渐趋成熟阶段。[①]

19 世纪初期,新教传教士刚刚进入中国,他们沿用以前耶稣会士的传教经验,倾向中国儒家,研究中国经籍的目的是为了学习汉语,翻译《圣经》,为其传教服务。研究特点也有与西方基督教教义相比附的倾向。他们研究和译介中国经籍,目的在于更好地为新教在华的传教服务。这个阶段的另一大特点,在于其实用主义特色更为突出,最初是出于为英国的东印度公司与中国进行贸易培养懂中文人才的需要。1854 年,英国与中国清廷正式建立外交关系之后需要懂中文的外交官员。因此可以说,19 世纪上半叶的英国汉学研究带有更为浓郁的为其商业与外交服务等实用主义色彩。这种局面直到 19 世纪下半叶才有所改观,其汉学研究的学院特色才开始逐渐显现。[②]

19 世纪上半叶与下半叶的一个重大差别在于中国的主权问题。此前的清政府拥有绝对主权,外国传教士未经中国政府许可不能随意进入中国传教。鸦片战争之后,随着一系列不平等条约的签订,中国政府丧失其主权,对传教士为代表的外国人无权进行控制,他们可以自由出入中国沿海及内地。

19 世纪下半叶,英国在华的经济利益和外交利益扩大,对通晓汉语、熟悉中国事务人才的需求增加,于是,越来越多英国大学增设与中国有关的课程,官方和民间也开始设立研究中国的机构。一批批研究中国的人才开始涌现,他们出版了大量研究中国的著述,并把研究成果直接应用于英国政府的对华政策制订。英国人研究中国的目的就不仅仅是为了培养懂得中国语言的人才及传教需要,而且是要为英国政府对华贸易及外交决策服务。因此,他们对于中国典籍的研究也就逐渐摆脱简单的宗教比附,而以更为科学的态度对中国经籍进行更为客观深入的研究。此时的道教,虽仍然被贬斥为迷信,但是,他们还是认为《道德经》等早期道家经籍甚为纯洁与高雅。认为道教是迷信,是一种

① 熊文华.《英国汉学史》,北京:学苑出版社,2007 年,第 1 页。
② 何寅、许光华.《国外汉学史》,上海:上海外语教育出版社,2000 年,第 153 页。

堕落后的道家，并对其加以贬斥者不乏其人，其代表人物有庄延龄、罗伯特·道格拉斯（Robert K. Douglas，1838—1913）等。

19世纪下半叶，英国汉学研究的规模与体系也开始显现，汉学研究受教会的影响逐渐减弱，开始步入世俗化的轨道，并取得了较大发展，研究人员的数量增加，研究手段逐渐更新，出现了一些超越传教时期知名度的汉学家和研究著作，汉学研究逐步成熟。这为20世纪的学术化研究打下了坚实的基础，在人才和工作条件方面为下阶段质的飞跃做好了准备。

19世纪的英国的汉学家主要有两类：一是传教士，如马礼逊和理雅各等；另一类是外交官，如威妥玛和翟理斯等。这些传教士和驻华外交官员长期生活在中国，有机会与中国民俗和中国社会进行广泛深入接触。他们中多数人通晓汉语甚至会讲一两种汉语方言或少数民族语言，对于中国国情有比较深入的了解。傅兰雅（John Fryer，1839—1928）是英国汉学界的另类硕儒大家。他不仅研究普通中国人的宗教生活或者信仰问题，还把研究范围扩大到中国历史、政治、社会、外交、贸易、语言和文学，甚至涉及考古和疆域问题。

据方豪先生考证，第一位英国汉学家为乾隆年间来华的乔治·斯当东（Sir George Leonard Staunton，1737—1801）①。他于1792年作为马戛尔尼率领的英国使团副使来华。斯当东访华结束返回英国后，把他的见闻写成《英国使团觐见中国皇帝纪实》（*An Authentic Account of an Embassy from the King of Great Britain to the Emperor of China*）一书。该书于1797年出版，为英国和欧洲读者提供了传教士渠道之外的第一手资料，引起社会各界的广泛关注，并被多次翻译、重印和引用，增强了中国在西方人心目中的正面形象。

乔治·斯当东之子多马·斯当东（George Thomas Staunton，1781—1858）（亦称"小斯当东"）也是一位著名的旅行家和东方学家。他与父亲乔治·斯当东一起随马戛尔尼使团来华，在旅行途中跟赫脱

---

① 方豪."英国汉学的回顾与前瞻"，《方豪六十自定稿》，台北：台湾学生书局，1969年，第1546页。

南先生(Mr. Huntner)和通事柏仓先生(Mr. Plumb)学习汉语;作为使团中唯一会讲汉语的英国人,在到达热河时,他就能够用汉语与乾隆皇帝进行简单对话,这令乾隆皇帝龙颜大悦。返英后,小斯当东进一步学习汉语,他于1798年受聘成为英国东印度公司广州分公司书记官,几年后升任总管。小斯当东曾翻译过《大清律例》,两年后他的译本被翻译成法文并被广泛引用。1823年,小斯当东与亨利·托马斯·科尔布鲁克(Henry Thomas Colebrooke,1765—1837)合作,创建了皇家亚洲学会。

继斯当东之后,马礼逊和德庇时两位"新教来华的开山祖师"堪称英国汉学的先驱。德庇时18岁时就开始在广州的英国东印度公司任职,1816年,他曾作为英国使团成员之一访问过北京。1833年,德庇时被任命为英国驻华商务监督署商务监督,鸦片战争之后担任过英国驻华全权钦差大臣。德庇时在华生活了20年,对中国研究颇深,著有《中国诗歌论》《中国见闻录》《交战时期及媾和以来的中国》《中国人:中华帝国及其居民概述》等,尤以《中国人:中华帝国及其居民概述》一书在英国最富盛名。他还翻译过很多中国诗词及小说,但在道经译介方面少有建树。

另一位新教传教士马士曼(Joshua Marshman,1768—1837)也是早期英国新教传教士中的开创性人物之一。他受英国浸礼会(Baptist Churches)指派,于1799年到印度塞兰坡(Serampore)传教。马士曼从未到过中国,但对中国却情有独钟。他努力学习中文,曾与一位精通中文的亚美尼亚基督徒合作将《圣经》翻译成中文,于1822年在印度出版。马士曼还先后与其他传教士合作,将一些中国古典文学作品翻译成英文。他还根据自己对《论语》的翻译,撰写了一本《汉语语法要略》(*Clavis Sinica or Elements of Chinese Grammar*),该书于1814年在印度塞兰坡出版。实际上,该书的大部分篇幅是对《论语》中一些例句的分析。马士曼是一位在中国境外从事《圣经》汉译、研究汉语并向英语世界译介中国古籍成就卓著的英国传教士。1810年,他获得美国布朗大学神学博士学位,1837年12月病逝。

1823年,在英王乔治四世赞助下,英国成立了不列颠爱尔兰皇家亚洲学会。其宗旨为研究科学、文学和艺术与亚洲的关系。皇家亚洲学会在中国设有华北分会和上海分会，是英国远东研究组织的中心。1834 年，《大英皇家亚细亚学会会报》创刊，该刊曾于 1834 年起连载了北宋王黼(1079—1126)的《宣和博古图》的英译文，1836 年刊登了清代马辅的《绎史》，标志着该学会与汉学研究建立了密切关系。1858 年又发行《皇家亚细亚华北分会会报》①。

　　在英国，首先设立汉学讲席的是伦敦大学。早在 1825—1828 年间，马礼逊就曾办过伦敦东方语言学校，汉语为其课程之一。1837 年，在小斯当东的倡议下，伦敦大学设立了英国汉学史上第一个汉学讲席，由基德牧师(The Reverend Samuel Kidd，1799—1843)担任首任汉学教授，标志着英国汉学新阶段的到来。然而，在 1843 年基德牧师去世之后，伦敦大学汉学讲席因找不到继任者而中止，直到 1873 年聘请毕尔(Samuel Beal，1825—1889)担任教授②，该讲席才得以恢复。1900 年，中国协会开办中文专科学校，1904 年，该学校并入伦敦大学，使得伦敦大学的中文教学更具规模。据称，至 1912 年伦敦大学已有 3 个中文班共 30 余名学生③。1917 年，伦敦大学东方学院正式开学。同年，《东方学院学报》创刊，伦敦大学在汉语教学与研究方面有了更大的发展。该学院于 1936 年起更名为"东方和非洲研究学院(School of Oriental and African Studies)"，通称亚非学院。

　　1876 年，牛津大学设立中文讲席，由理雅各出任首任教授。理雅各在牛津大学主持汉学讲席 22 年，讲授中国历史、文学、社会及宗教，培养了众多汉学人才。在牛津大学担任汉学教授期间，理雅各完成了《道德经》《庄子》等道经翻译，收入《东方圣书》出版。

　　1888 年，剑桥大学设立汉学讲席，聘请外交官出身的威妥玛担任首任汉学教授。1892 年，威妥玛去世后，由翟理斯继任。为了满足学生学习中国文学的需要，翟理斯编写了《中国文学史》，培养出了以阿

---

① 何寅、许光华.《国外汉学史》，上海：上海外语教育出版社，2000 年，第 153 页。

② 毕尔发表于 1862 年的《古佛典四十二章经》被学界称为"开中国佛教文献研究之先河"。

③ 马祖毅，任荣珍.《汉籍外译史》，武汉：湖北教育出版社，1997 年，第 10—11 页。

瑟·韦利为代表的英国汉学研究传人。

19 世纪的英国也收集了丰富的中文典籍资料。伦敦大英博物馆、皇家亚细亚学会、伦敦传道会等机构均有大量的中国典籍收藏。伦敦大英博物馆东方部收藏了汉籍约 5 万册,其中的敦煌写本堪与法国巴黎国家图书馆媲美。马礼逊在返回英国时,曾带回近 2 万册中文书籍捐赠给伦敦大学。

英国大学汉学讲席的设立,标志着英国汉学研究职业化的开始,并渐趋成熟。但由于英国政府推行殖民政策和实利主义,讲席的主要任务是为了培养驻华外交官、海关人员、教会人员等,其学术化倾向远逊于其实用性。英国大学生师从理雅各、翟理斯等汉学大家学习汉语,主要是慕其曾经在华的辉煌业绩,希望将来也像他们一样去中国做传教士或外交官。这种状况直到 20 世纪中叶才有所改变。但是,对于道经的译介与传播而言,理雅各、翟理斯、道格拉斯等人的成就,在 19 世纪下半叶的欧洲首屈一指。继法国的雷慕沙、儒莲之后,道经译介在欧洲掀起又一个高潮。这个高潮一直延续至 20 世纪初。

18 世纪末,美国刚刚摆脱英国殖民统治,成立美利坚合众国。当以马礼逊为代表的新教传教士来华进行传教活动时,美国正忙于向北美大陆西部扩张领土,无暇顾及太平洋西岸的中国。到 19 世纪中期,美国已将其领土从大西洋延伸到太平洋。

与 19 世纪前的欧洲一样,"在 19 世纪的大部分时间内,美国人是通过传教士的眼睛来观察中国的"①。

1829 年 9 月公理会派遣裨治文(Elijah Coleman Bridgman, 1801—1861)来华。他于 1830 年 2 月抵达中国广州,成为首位美国来华传教士。1832 年 5 月,裨治文在马礼逊倡议下,由同孚洋行(Olyphant & Co.)为其提供经费和印刷场所,创办《中国丛报》(*The Chinese Repository*,另译为《中国文库》,旧译为《澳门月报》),裨治文亲任主编。《中国丛报》在 1832 年至 1851 年约 20 年间共计出版 20 卷,刊载了鸦片战争前后 20 年间中国的政治经济、语言文字、风俗文化

① 转引自:马祖毅、任荣珍.《汉籍外译史》,武汉:湖北教育出版社,1997 年,第 15 页。

相关的调查资料。此后，来华的美国传教士越来越多，他们创办《中国丛报》《教务杂志》等期刊。美国浸信会牧师叔未士（Rev. J. L. Shuck，1812—1863）选译了《搜神记》部分内容在1841—1850年《中国丛报》连载。这是美国最早的道经译介。1896年，美国哲学家保罗·卡鲁斯（Paul Carus，1852—1919）的《道德经》译本问世，这是第一个由美国人翻译的《道德经》译本。

1842年，美国传教士卫三畏（Samuel W. Williams，1812—1884）、裨治文与外交官顾盛（Caleb Cushing，1800—1879）、伯驾（Peter Parker，1804—1888）等人组织成立了首个研究东方国家的机构——美国东方学会（American Oriental Society），从此拉开了美国汉学研究的序幕。该学会以传播关于东方的知识，促进对东方语言和文学的研究为宗旨，主要研究埃及、两河流域、印度和中国文化。协会成立两年后，美国政府派顾盛为全权代表来华，趁英国强迫中国签订《南京条约》之际，迫使清政府与其签订《望厦条约》。这是中美之间第一个不平等条约。该条约中的领事裁判权、片面最惠国待遇及美国人自由进出中国口岸等条款为大批美国传教士来华提供了法律上的保证。1851年，《美国东方学会杂志》创刊。之后不久，《美国东方学丛刊》及《美国东方学翻译丛刊》先后问世。

1870年，耶鲁大学在卫三畏主持下建立了第一个汉语教研室，率先开设中文课。此后，加州大学、哈佛大学、哥伦比亚大学等也开始设立汉语教研室，开设汉语课程。

1883年成立的美国现代语言学会、1884年成立的美国历史协会、1888年成立的国外传教联谊会、1898年成立的美国亚洲协会等研究团体均直接或间接地推动了美国汉学的发展。但19世纪美国的汉学还处在起步阶段，与欧洲的法、英、俄、德等汉学相对发达的国家相比，还远远落后。美国汉学的历史与美国资本主义扩张、美国的远东战略以及对华政策密切相关，从一开始就与欧洲所重视的对中国古典文化、中国历史研究截然不同。到20世纪，尤其是第二次世界大战之后，美国逐渐成为世界最发达的汉学研究中心之一。

第三节　19 世纪道经英译概览

在道经译介方面，19 世纪的英国出现了不少杰出的汉学家。其中有英语世界首位译介道经的新教传教士马礼逊、首部《道德经》英译者湛约翰（John Chalmers，1825—1899）、道经文献学研究第一人伟烈亚力（Alexander Wylie，1815—1887）、《南华真经》(《庄子》)首位英译者及 19 世纪英译道经种类最多者巴尔福、牛津大学首任汉学教授理雅各、外交官庄延龄和翟理斯等。

一、《道德经》

西方对道经的译介首先是从《道德经》开始的。虽然，在 19 世纪前西方对道教及《道德经》已有所了解，但更多的是将道家与道教对立起来，认为《道德经》为代表的道家经典，包括《庄子》《列子》最为纯洁，堪与古希腊哲学及基督教媲美，并试图从《道德经》中寻求与古希腊哲学，尤其是与基督教相通之处，从而证明基督教及古希腊哲学在中国早已有迹可循，从中可以找到适宜基督教传播的土壤。如果从研究的角度来讲，19 世纪对道经以比较研究为主。虽然，这种传统早在 19 世纪之前即已开始，并延续至 20 世纪乃至现在，但这种倾向在 19 世纪最为典型、最具代表性。

正如迈克尔·拉法革（Michael LaFargue）和包如廉（Julian F. Pas）在"论《道德经》翻译"一文所言：

> 在西方，直至十九世纪《道德经》才被发现，此时的儒家已经失去了往日在西方至高无上的地位，在此背景之下，《道德经》被发现一点都不足为奇，相反，这是一个很好的信号。因为，至此以后，西

方开始了与《道德经》的蜜月期，而这种蜜月期至今仍未结束。[1]

自 1868 年湛约翰推出《道德经》的首个英文译本，至 1899 年金斯密的《道德经》英译本在《中国评论》发表，短短 30 年，共有 12 个英文译本问世。其译介频率之高，势头之强劲，几乎每隔两年就有一个新的英文译本诞生。康思奇教授称《道德经》在西方的翻译已经成为一个"产业"，其新译本正以"每月更新一次的速度"推出[2]。

1868 年，湛约翰的《"老哲学家"老子关于玄学、政治及道德的思考》(Speculations on Metaphysics，Polity，and Morality of "The Old Philosopher"，Lao-Tsze)在英国伦敦出版。湛约翰称，他在翻译时参考了儒莲的法文译本，但他在译本中的评注比儒莲译本要少得多。在该译本的译者序言中湛约翰将老子与德国哲学家谢林进行了对比，认为，用"Word"（言说）来翻译《道德经》之"道"比译成"Reason"（理性）或"the Way"更佳。

1868 年 6 月至 12 月《教务杂志》连载了华特斯(T. Watters)的"老子：中国哲学研究"(Lao-tze：A Study in Chinese Philosophy)一文[3]。该文共分七部分。第一部分首先对《道德经》在中国的地位及其在西方的认知、翻译与传播情况进行了简要回顾，第二部分介绍了老子的生平，第三部分介绍了《道德经》的传承及结构、字数、文体风格、中文注疏情况等，第四部分是对"道"的内涵的阐释，第五、六、七三个部分分别从物理、政治及伦理道德三个层面对《道德经》的思想进行了分析。

1876 年，牛津大学开始设立汉学讲席，由理雅各担任汉学教授。理

---

① LaFargue, Michael & Pas, Julian. 1998. "On Translating the *Tao-te-ching*," in *Lao-tzu and the Tao-te-ching*, Livia Kohn and Michael LaFargue (eds). New York: State University of New York Press, p. 277.

② Komjathy, Louis. "Daoist Texts in Translation", p. 1. http://www. daoistcenter. org/ Articles_files/Articles_pdf/Texts. pdf.

③ Watters, T. "Lao-tzu: A Study in Chinese Philosophy". *The Chinese Recorder and Missionary Journal*. Vol. 1. No. 3, Jun. 1868, pp. 31 - 32; No. 4. Aug. 1868, pp. 57 - 60; No. 5. Sep. 1868, pp. 82 - 86; No. 6. Oct. 1868, pp. 107 - 109; No. 7. Nov. 1868, pp. 128 - 132; No. 8. Dec. 1868, pp. 154 - 160.

雅各在牛津大学担任汉学教授期间,翻译了《道德经》。理雅各翻译的《道德经》连同其所译的《庄子》《太上感应篇》等道经收入德裔英国东方学家、宗教学家马克斯·穆勒(Friedrich Max Müller,1823—1900)主编的《东方圣书》(*Sacred Books of the East*)第 39、40 卷,于 1891 年出版。

1877 年,塞缪尔·约翰逊(Samuel Johnson,1709—1784)的《东方宗教及其与世界宗教之关系》(*Oriental Religions and Their Relation to Universal Religion*)一书出版。塞缪尔·约翰逊在本书中翻译了《道德经》大约三分之一的内容,但他并未按照《道德经》原有的章节顺序进行翻译,而是完全按照自己的理解排列各章。从该书的脚注中可以推断,约翰逊是根据儒莲、史陶斯(Victor von Strauss,1808—1899)和湛约翰等的译本编译而成,并非依据中文原文为底本进行翻译。①

1879 年,原英国驻华外交官道格拉斯(Robert K. Douglas,1838—1913)在伦敦和纽约出版《儒教与道教》(*Confucianism and Tauism*)一书。道格拉斯在该书第二、三章分别阐释了《道德经》的主要思想,老子的“道”“天”等概念,此两章中大量引用的《道德经》原文,均为道格拉斯本人对《道德经》的选译,应视为《道德经》的节译。

1883 年,理雅各在《英国评论季刊》(*British Quarterly Review*)发表关于道教的文章,一场关于老子其人和《道德经》其书之真伪的论战在英语世界展开。庄延龄在谈到此次论战时说,理雅各这位令人敬畏的资深武士在战场上的出现,标志着为一场道教大战而擦亮攻防武器之开始②。

1884 年,巴尔福《道书:伦理的、政治的、思辨的文本》(*Taoist Texts: Ethical, Political and Speculative*)在上海和伦敦出版,此为《道德经》的又一英文译本。有意思的是,艾约瑟(Joseph Edkins,1823—1905)在阅读此译本后认为,道教的“夷希微”三位一体可能源于巴比伦的 Anna, Hea, Moulge 或者 Hinna, Nouah, Bel。同年,翟理斯在《教务杂志》第 15 卷第 7—8 月号上发表其对巴尔福译本的评论。

---

① Johnson, Samuel. *Oriental Religions and Their Relation to Universal Religion*. 2 vols. Boston: J. Osgood, 1877. pp. 872 - 3.

② Parker, Edward Harper. *Studies in Chinese Religions*. London: Chapman and Hall, Ltd. 1910. p. 81.

翟理斯在文中对巴尔福译本提出尖锐批评的同时，也对湛约翰的《道德经》译本大加指摘。翟理斯在文中对老子其人和《道德经》其书的真伪提出质疑，认为《道德经》并非老子本人所作。湛约翰于同年11月在《教务杂志》"读者来信"栏目对于翟理斯的指摘以牙还牙，进行了毫不客气的反驳。翟理斯与湛约翰之间关于老子与《道德经》的笔墨官司持续了一段时间之后，艾约瑟、庄延龄、理雅各等也纷纷参战，这场战火从《教务杂志》延烧至《中国评论》，围绕老子其人和《道德经》其书的真伪的攻防一直持续至20世纪初。

从《道德经》是一本伪书，其中仅有部分为老子所言，但更多并非出自老子之口这一观点出发，翟理斯于1886年对他认为《道德经》中出于老子的部分进行了翻译，以《老子语录》（*The Remains of Lao Tzu*）为题发表于香港的《德臣报》（*China Mail*）第14卷。此后，翟理斯对其进行了修改，以《老子语录：重译》（*The Remains of Lao Tzu：Retranslated*）为题在《中国评论》（*China Review*）第14卷第6期发表。

1888年，艾约瑟的《道德经》译文在《中国评论》杂志第5—6期发表，题为《道德经》（*The Tau-te-king*）。1894年，华尔特·戈恩·欧德（Walter Gorn Old）在印度马德拉斯（Madras）出版其《道德经》译本，书名为《关于美德之道的经典，或老子〈道德经〉的一个译本》（*The Book of The Path of Virtue，or a Version of the Tao Teh King of Lao-tsze*）。1895年，G·G·亚历山大（G. G. Alexander）以《伟大的思想家老子》（*Lao-tsze，The Great Thinker：With a Translation of his Thoughts on Nature and Manifestations of God*）为题，在伦敦出版其《道德经》译本。

理雅各的《道德经》译本出版于1891年。在此译本中，他避免将基督教神学强加于《道德经》之中。但他在序言中宣称，与正确的基督教教义相比，老子在诸多方面是错误的，因此，基于老子思想的任何思想流派产生退化亦不可避免，基于《道德经》的道教就是一个典型例证。理雅各与当时大多数人的观点类似，认为道教是纯正的道家退化后的产物。

1896年，美国哲学家保罗·卡鲁斯在《一元论者》（*The Monist*）杂志第2卷发表其译本"老子《道德经》"（Lao-Tsze's *Tao-Teh-King*）。两年后该译本在芝加哥以单行本出版。这是第一个由美国人翻译并在美国正式出版的《道德经》译本。与此前的诸多译本相比,卡鲁斯译本的最大特色在于,它不仅在译文之前对老子其人其书进行了深入细致的介绍,给出了《道德经》的中文原文,英文译文,以及中英文逐字对照,还给出了《道德经》每个汉字的读音。译本还专门对各章中的重要字词和相关背景以注释的形式进行了详细说明。此译本不仅方便西方读者学习和理解《道德经》,也是一本汉语学习的好教材。1988 年,不懂中文的美国作家斯蒂芬·米切尔(Stephen Mitchell)的《道德经》译本即以此译本作为其参考译本之一。

1898 年,麦克兰根(P. J. Maclagen)的英译《道德经》(*The Tao Teh King*)在《中国评论》第 23、24 卷发表;1899 年,金斯密(Thomas W. Kingsmill,1837—1910)翻译的《道德经》英文译文在《中国评论》第 24 卷发表。

此阶段的《道德经》的译介,存在明显的与基督教进行比附之倾向。这种倾向一直持续至 20 世纪初。

附:19 世纪《道德经》英文译本[①]

1 1868 John Chalmers, *The Speculation on Metaphysics*, *Polity and Morality of "The Old Philosopher"*, *Lau-tsze*. London: Trubner.

2 1870 M. A. Watters, *Lao-tze*: *A Study in Chinese Philosophy*. Hong Kong.

3 1884 Frederick Henry Balfour, *Taoist texts*: *Ethical*, *Political and Speculative*. Shanghai: Kelly and Walsh; London:

---

① 本目录参考了以下目录:(1)严灵峰编著,《周秦汉魏诸子知见书目》(第一卷),台湾:中正书局,1978 年/民国六十四年,第 503—510 页。该目录罗列了从 1868 年到 1970 年间的有关老子翻译及研究的英文书目 90 种;(2)Archie J. Bahm. 1996. *Tao Teh King by Lao Tzu. Interpreted as Nature and Intelligence*. Fremont, California: Jain Publishing Company. 该目录罗列了 1868—1992 年《道德经》英译本目录,共计 94 种;(3)Michael Lafargue and Julian Pas. 1998. On Translating the *Tao-te-ching*. Livia Kohn and Michael LaFague, eds. *Lao-tzu and the Tao-te-ching*. New York: State University of New York Press. pp. 299 - 301. 该目录罗列了《道德经》英译本 45 种。

Trubner.

4 1886 Herbert A. Giles, "The Remains of Lao Tzu", *China Mail*, Vol. XIV, pp. 231 - 280, Hong Kong; London: John Murray.

5 1888 Joseph Edkins, "The Tau-te-king", *China Review*, No. 5 and 6. 1888.

6 1888 Adolf Kolmodin, *Lao Tzu*.

7 1891 James Legge, "Tao-Teh-King", *Sacred Books of the East*, Vol. XXXIX, pp. 47 - 124, Oxford University Press, London; *Sacred Books and Early Literature of the East*, Vol. XII, pp. 32 - 74, Parke, Austin and Lipscomb, New York and London, 1917, 1927.

8 1894 Walter Gorn Old, *The Book of The Path of Virtue, or a Version of the Tao Teh King of Lao-tsze*. Theosophical Publishing society, Madras.

9 1895 G. G. Alexander, *Lao-tsze, The Great Thinker: With a Translation of His Thoughts on Nature and Manifestations of God*. London: K. Paul, Trench, Trubner & Co.; "*Tao-Teh-King* or Book of the Values of Tao". *Sacred Books and Early Literature of the East*, Vol. XII, pp. 15 - 31, New York and London: Parke, Austin and Lipscomb, Inc. 1917.

10 1896 Paul Carus, "Lao-Tsze's *Tao-Teh-King*", *The Monist*, Vol. VII, pp. 571 - 601. *Laotze's Tao-Teh-King: Chinese and English with Introduction*. Chicago: Open Court Publications, 1898. *The Canon of Reason and Virtue* (a second translation). Open Court Publishing Co., La Salle, Ill., 1903, 1913, 1927, 1937, 1954.

11 1898 P. J. Maclagen, "The *Tao Teh King*", *The China Review*, Vol. XXIII, pp. 1 - 14, 75 - 85, 125 - 142, 191 -

207,261 - 264；Vol. XXIV，pp. 12 - 20,86 - 92.

12 1899　Thomas W. Kingsmill, "*Tao Teh King*", *Shanghai Mercury*；
The China Review，Vol. XXIV，pp. 149 - 155,185 - 194，
"Lao-Tse"，*Journal N. C. B. R. A. Soc.*，XXVII，1906.

二、《南华真经》(《庄子》)

除《道德经》的英译之外，在 19 世纪英语世界诞生了三个《庄子(南华真经)》的英文译本，其译本数量仅次于《道德经》。

1881 年，巴尔福在上海、横滨和伦敦出版《南华真经》(*The Divine Classic of Nanhua*)一书。这是英语世界的首个《庄子》全译本。巴尔福在译本前的补论(excursus)中，对儒家和道家及其观点分别进行了评介，并对儒道进行了对比。在译文之前的附注(note)中，巴尔福详细介绍和评析了《南华真经》的主要思想，对其中的"道""无为""造化""真""天""真人""德"等关键词的翻译进行了解释，译文中还加入了丰富的注释。在该译本中，译者多处表达了这样的观点：老子之前的道家最为纯洁、崇高，但自庄子起，道家开始失色，汉以后彻底退化了①。理雅各在其《道书》(*The Texts of Taoism*)前言中对于巴尔福的《南华真经》翻译作了较为中肯的评价，他认为，巴尔福从翻译最难的中国经典之一开始他的中国经典翻译事业，可算是初生牛犊不怕虎②。也正是由于他的"大胆"，巴尔福译本遭到翟理斯的批评。翟理斯在《中国评论》1881 年第二卷撰文，指出并纠正了巴尔福翻译中的诸多错误③。此译本对《庄子》在英语世界的译介而言具有开创之功，但也许是因为巴尔福译本的错误较多，或许是因为此译本年代久远，"早已绝版"，"难以

---

① 参见：Balfour, Frederic Henry. 1881. *The Divine Classic of Nan-hua*；*Being the Works of Chuang Tsze*，*Taoist Philosopher with an Excursus*，*and Copious Annotations in English and Chinese*. Shanghai & Hongkong：Kelley & Walsh. p. xxvi.

② Legge, James. 1891. *The Texts of Taoism*. In F. Max Müller. *Sacred Books of the East*，Volume XXXIX. London：Oxford University Press，p. xix.

③ 参见：*The China Review*，Vol. 11，No. 1(1882 Jul.)，pp. 1 - 15。

见到"，而"不敢妄评"①，此译本问世之后，并未引起很大反响，后来的《庄子》译者也少有人提及并参考此译本。但巴尔福的译本毕竟开启了《庄子》在英语世界甚至在西方译介的先河，其后的翟理斯、理雅各译本的出现，很大程度上是因为他们发现了巴尔福译本之不足。

翟理斯英译本《庄子：神秘主义者、道德家和社会改革家》（*Chuang Tzu*：*Mystic*，*Moralist*，*and Social Reformer*）于 1889 年出版。从该英译本前言中我们得知，翟理斯在英译时参考了郭象的《南华真经注疏》、吕惠卿的《庄子注》、林希逸《南华真经口义》、王敔的《庄子解义》、奚侗的《庄子补注》等注本。翟理斯的译本语言流畅，在他的译本中，庄子的形象和智慧都充满了魅力，读者能够从中充分领略庄子哲学之精华，这在英语世界引起了极大的关注，产生了很大的影响。该译本后来被多次再版重印。英国唯美主义作家王尔德（Oscar Wilde，1854—1900）和德国哲学家马丁·布伯（Martin Buber，1878—1965）深受此译本的影响。马丁·布伯还据翟理斯英译本把《庄子》转译成了德文。

1891 年，理雅各的《庄子》译本作为马克斯·穆勒主编的《东方圣书》第三十九、四十卷出版。理雅各在译本前言中指出，他在翻译时参考了《庄子翼》《庄子独》《庄子音》《庄子雪》《南华真经解》等中文注疏。理雅各的《庄子》译本内容完整，忠实准确，附有详细的前言、注释和索引，为《庄子》英文译本中的经典之作。它成为后来的《庄子》研究者的重要参考书，也是后来的《庄子》译者必须参考的译本之一。

三、其他道经

《道德经》和《庄子》（《南华真经》）为 19 世纪道经英译的主流。除此之外，其他一些道经也有英文译本问世。

1807 年 9 月 4 日，基督教新教来华传教第一人、英国伦敦会传教士马礼逊的《中国通俗文选》（*Horae Sinicae*：*Translations from the popular literature of the Chinese*）一书于 1812 年在伦敦出版。马礼逊

---

① 汪榕培等.《庄子：汉英对照》，长沙：湖南人民出版社，1999 年，第 35 页。

在该书中选译了《三教源流搜神大全》中的"道教源流"①部分。这是笔者所见 19 世纪西方译介最早的道经,比雷慕沙翻译《太上感应篇》(1816)早 4 年。

1830 年,《太上感应篇》的英文译文在澳门出版的报纸《澳门杂录》(*Canton Register*)上发表。这是《太上感应篇》在英语世界的首个译本。

1839 年 2 月《中国丛报》(*The Chinese Repository*)②第七卷第 10、11 两期连载了《神仙通鉴》评介,此文整篇充满了作者对《神仙通鉴》及中国道教的贬抑之词③。

1841 年 2 月至 6 月,《中国丛报》第 10 卷第 2 至 6 期连载了叔未士④选译的"天妃或妈祖婆:中国水手崇奉的女神"(Sketch of Teen Fe, or Matsoo Po, the goddess of Chinese seamen)⑤、"观音:中国人的慈悲女神"(Sketch of Kuanyin, the Chinese Goddess of Mercy)⑥、"玉皇上帝:中国神话中最高神祇之一"(Sketch of Yuhwang Shangte, one of the highest deities of the Chinese mythology)⑦,所选译内容均出自《搜神记》。同年,德庇时的著作《中国概述》(*Sketches of China Partly during an inland journey of four months, between Peking, Nanking, and Canton; with notices and Observations relative to the present war*)在伦敦出版。德庇时在该书中介绍了法国

---

① Morrison, Robert. 1812. *Horae Sinicae: Translations from the popular literature of the Chinese* London: Black and Parry. pp. 55 - 64.

② 《中国丛报》为 1832 年 5 月由美国人裨治文主编在广州出版发行的英文期刊,1851 年停刊,共计 20 卷,每月出一期。内容以中国的政治、经济、军事、历史、地理、宗教、文化、习俗等为主,并对亚洲各地略作介绍。

③ Rewiew of *the Shin Seen Tung Keen*, A General Account of the Gods and Genii. *The Chinese Repository*. Vol. VII. February, 1839. No. 10. pp. 505 - 525, & Vol. VII. March, 1839. No. 11. pp. 553 - 568.

④ 叔未士为美国浸信会牧师,于道光十六年(1836 年)抵达中国澳门,后转赴香港,为第一位来华的美籍浸信会传教士。

⑤ Shuck, J. L. Sketch of Teen Fe, or Matsoo Po, the goddess of Chinese seamen. *The Chinese Repository*. Vol. X. February, 1841. No. 2. pp. 84 - 87.

⑥ Shuck, J. L. Sketch of Kuanyin, the Chinese Goddess of Mercy. *The Chinese Repository*. Vol. X. April, 1841. No. 4. pp. 185 - 191.

⑦ Shuck, J. L. Sketch of Yuhwang Shangte, one of the highest deities of the Chinese mythology. *The Chinese Repository*. Vol. X. June 1841. No. 6. pp. 185 - 191.

汉学家儒莲的《太上感应篇》法译本，他认为此译本为道教的主要经典之一，并将其中的故事翻译成英文①。

1850 年 6 月《中国丛报》第 19 卷第 6 期发表了裨治文"中国一些与自然力有关的神的记述"（Mythological account of some Chinese deities，chiefly those connected with the elements. Translated from the *Siu Shin Ki*.）②。本文摘译了《搜神记》对掌管自然力的神故事，这些神包括：五雷神、电母、风伯、雨师、海神、险道神、门神、青衣神、灵官马元帅、司命灶神等。

1867 年，伟烈亚力出版《中国文献纪略》。这是英语世界的第一部有关中国图书的目录学著作。该书按照《四库全书》"经""史""子""集"四部分类法，以《钦定四库全书总目》为基础，述录约两千种中文著作。书中将道经收入"子"部。该书成为当时的欧洲汉学研究者"普通中国文献的唯一指南"，也成为诸如史密斯（D. E. Smith，1860—1944）、萨顿（G. Sarton，1884—1956）、李约瑟（Joseph Needham，1900—1995）等科学史家的重要参考书目。李约瑟称《中国文献纪略》为"迄今仍是研究中国文献的最好的英文入门书"③。

《教务杂志》1874 年第 5 卷第 4—5 期连载了俄国汉学家薄乃德（E. Bretschneider）的《长春真人西游记》英文译文④。在此之前，已有两个《长春真人西游记》西文译本。其一是由时任俄国东正教驻北京布道团（俄罗斯馆）道院长巴拉第（Archimandrite Palladius，1817—1878）于 1866 年在俄国出版的俄文版，为《长春真人西游记》的首个西文译本。薄乃德对其高度评价，他认为，该译本译文正确无误，还以丰

① Davis，John Francis. *Sketches of China*；*Partly during an inland journey of four months，between Peking，Nanking，and Canton*；*with notices and Observations relative to the present war*. London：Charles Knight & Co.，1841，pp. 218 - 244.

② Bridgman，J. G. Mythological account of some Chinese deities，chiefly those connected with the elements. Translated from the *Siu Shin Ki*. The Chinese Repository. Vol. xix. June 1850. No. 6. pp. 312 - 317.

③ 转引自：汪晓勤.《中西科学交流的功臣——伟烈亚力》，北京：科学出版社，2000 年，第 120 页。

④ 参见 Brerschneider，E. Notes on Chinese Medieval Travellers to the West. *The Chinese Recorder and Missionary Journal*，Vol. V. No. 4 - 5，1874，pp. 173 - 199，237 - 252。

富的注释对其中的一些段落和表达法进行补充说明,表现出巴拉第对中国文献的充分熟悉,尤其在历史地理名词的翻译方面,巴拉第译本是很好的范本。其二是由法国人鲍梯出版于1867年的法文本。此译本以《海国图志》的原文为底本。薄乃德认为,该译本只是一个简短而糟糕的节译,译本中有许多误译,整个译本晦涩难解。薄乃德未将文中丘长春所作的诗文译出,译者对原文中有关道教的对话也省去未译,对多处译者认为"不大有趣"的内容只是简要勾勒其情节,未逐句照译。但薄乃德对于《长春真人西游记》中与历史、地理相关之处全部译出,并附有详尽的注解。

1879年,道格拉斯的《儒教与道教》第四、六、七章分别对《列子》《庄子》《太上感应篇》《阴骘文》进行了简介和选译。同年,巴尔福在《中国评论》第8卷发表了《太上感应篇》《赤文洞》《心印经》《大通经》英译文;1880—1881年第9卷发表了《清静经》《素书》《胎息经》《〈淮南鸿烈〉第一段》(即《淮南子》第一篇,原道训,作者注)英文译文;1881年7月第10卷发表了《阴符经》英文译文。1884年,巴尔福将上述9部道经,连同他翻译的《道德经》作为单行本以《道书:伦理的、政治的、思辨的文本》(*Taoist Texts, Ethical, Political and Speculative*)为题在伦敦和上海印行。

1891年,马克斯·穆勒主编的《东方圣书》第三十九、四十卷除了收录理雅各所译的《道德经》和《庄子》之外,还收入了理雅各翻译的《太上感应篇》(*The T'ai Shang Tractate of Actions and Their Retributions*),另以附录形式在《道书》之后附《清静经》(*Khing Käng King, or the Classic of Purity*)、《阴符经》(*Yin Fû King, or Classic of the Harmony of the Seen and Unseen*)、《玉枢经》(*Yü Shû King, or Classic of the Pivot of Jade*)、《日用经》(*Zäh Yung King, or Classic of the Directory for a Day*)等4篇短道经的英文译文。

四、19世纪道经英译之特色分析①

19世纪英译道经之重要特色在于,译者将《道德经》《庄子》连同其他道经,均视为道教经籍。他们把老子和庄子之后的道教视为老庄之堕落。巴尔福所译《庄子》标题为《南华经》就是一例。进入20世纪以后的英语世界,尤其是华裔汉学家,如陈荣捷、林语堂等,大多将《道德经》《庄子》视为中国传统哲学经典,而非真正意义上的道经。

相较于法国,英语世界较为有系统地译介道经虽起步稍晚,但发展迅速。自19世纪下半叶首部《道德经》和《南华真经》的英文译本出版以来,涌现出湛约翰、巴尔福、理雅各、翟理斯、保罗·卡鲁斯等一批有世界影响力的译者,他们很快就占据了道经译介领域的制高点,19世纪的英国很快成为继法国之后道经译介的重镇。

从1812年英国传教士马礼逊选译《三教源流搜神大全》至1899年金斯密翻译《道德经》,19世纪英语世界译介道经20种,共有39个英文译本。分布情况如表2-1:

表2-1　19世纪英语世界所译道经统计表(按道经种类统计)

序号	道经名	译本数量	译者及翻译时间
1	《道德经》	12	湛约翰(1868);塞缪尔·约翰逊(1877);道格拉斯(1879);巴尔福(1884);翟理斯(1886);艾约瑟(1888);理雅各(1891);华尔特·戈恩·欧德(1894);G. G. 亚历山大(1895);保罗·卡鲁斯(1896);麦克莱根(1898);金斯密(1899)
2	《太上感应篇》	5	佚名(1830);德庇时(1841,选译);巴尔福(1879);道格拉斯(1879);理雅各(1891)
3	《南华真经》《庄子》	3	巴尔福(1881);翟理斯(1889);理雅各(1891)

① 本节内容参考《中国道教经籍在十九世纪英语世界的译介研究》第二章第六节,成都:巴蜀书社,2015年,第122—132页。

序号	道经名	译本数量	译者及翻译时间
4	《清静经》	2	巴尔福(1880);理雅各(1891)
5	《阴符经》	2	巴尔福(1881);理雅各(1891)
6	《心印经》	1	巴尔福(1879)
7	《大通经》	1	巴尔福(1879)
8	《赤文洞》	1	巴尔福(1879)
9	《素书》	1	巴尔福(1880)
10	《胎息经》	1	巴尔福(1881)
11	《淮南子》(选译)	1	巴尔福(1881)
12	《玉枢经》	1	理雅各(1891)
13	《日用经》	1	理雅各(1891)
14	《阴骘文》	1	道格拉斯(1879)
15	《搜神记》(选译)	1	叔未士(1841—1850)
16	《三教源流搜神大全》(选译)	1	马礼逊(1812)
17	《神仙通鉴》(评介)	1	佚名(疑为裨治文或卫三畏)(1839)
18	《长春真人西游记》	1	薄乃德(1874)
19	《列子》(选译)	1	道格拉斯(1879)
20	《文帝全书》	1	莱昂(1889)

　　从译本数量分布来看,这20种道经中,《道德经》的译本有12个,约占译本总数的三分之一。其他道经中,有两种以上译本的只有《太上感应篇》《庄子》(《南华真经》)《清静经》和《阴符经》4种,其余15种道经只有1个译本。

　　在种类分布方面,19世纪英语世界所译介的道经可分为三类:

　　一类是源于先秦道家的《道德经》和《庄子》(《南华真经》)。这类经籍成为此时期译介的主流,译本数量约占所译道经的 40%,并有理雅各、翟理斯等的经典译作问世。《道德经》和《庄子》之所以受到英语世界如此多的关注,主要是因为,他们发现从《道德经》中可以找到基督教三位一体的蛛丝马迹。在他们看来,《道德经》的道与西方的上帝都是对世界本源的一种神秘化、宗教性的解释,尽管现在看来这种解释未免给人以牵强附会之感。他们认为,庄子是老子的传人,与道家一脉相承,值得关注。然而,《庄子》的译本数量远比《道德经》少,这其中主要原因应该在于其文本本身。《道德经》篇幅短小,而《庄子》为长篇大论,受语言能力所限,要把《庄子》理解并翻译出来,没有一定的汉语功力是无法担此大任的。理雅各在评价巴尔福的首个《庄子》译本时用了"Bold"(胆大妄为)一词,这足以说明,即使是理雅各这位曾翻译过《四书》《五经》的大汉学家,对他而言,翻译《庄子》也非易事。

另一类为民间流行的诸如《太上感应篇》《阴骘文》《阴符经》等道教劝善书及修养方法的道经。尤其是《太上感应篇》在明清时期民间非常流行,有"民间道教圣经"之称①。从性质而言,道教劝善书宣扬天人感应,抑恶扬善,与西方传教士所熟悉的《圣经》律法书相近,因此成为此时期传教士译者们乐于关注的对象。

第三类为《搜神记》《三教源流搜神大全》《神仙通鉴》《长春真人西游记》等道教神仙传记。这些传记的内容涉及道教仙真,对于英语世界了解中国的神仙信仰意义重大。长期以来,西方世界将道教作为一种偶像崇拜加以贬斥。他们译介此类经籍,与其一神信仰不无关系,尤其是在《神仙通鉴》的评介中,在这点上表现最为突出。对于《长春真人西游记》,他们更看重其对于西域的地理、民俗等史料价值。

表 2-2　19世纪英译道经统计表(按译介时间统计)

序号	经名	译者	译介时间
1	《三教源流搜神大全》(选译)	马礼逊	1812

---

① 张思齐. 德国道教学的历史发展及其特点,《西南民族大学学报》(人文社科版),2007(12),88。

序号	经名	译者	译介时间
2	《太上感应篇》	佚名	1830
3	《神仙通鉴》(评介)	佚名（疑为裨治文或卫三畏）	1839
4	《太上感应篇》	德庇时	1841
5	《搜神记》(选译)	叔未士	1841
6	《道德经》	湛约翰	1868
7	《长春真人西游记》	薄乃德	1874
8	《道德经》	塞缪尔·约翰逊	1877
9	《道德经》	道格拉斯	1879
10	《太上感应篇》	巴尔福	1879
11	《太上感应篇》	道格拉斯	1879
12	《心印经》	巴尔福	1879
13	《大通经》	巴尔福	1879
14	《赤文洞》	巴尔福	1879
15	《阴骘文》	道格拉斯	1879
16	《列子》(选译)	道格拉斯	1879
17	《清静经》	巴尔福	1880
18	《素书》	巴尔福	1880
19	《南华真经》(《庄子》)	巴尔福	1881
20	《阴符经》	巴尔福	1881
21	《胎息经》	巴尔福	1881
22	《淮南子》(选译)	巴尔福	1881
23	《道德经》	巴尔福	1884
24	《道德经》	翟理斯	1886
25	《道德经》	艾约瑟	1888
26	《南华真经》(《庄子》)	翟理斯	1889
27	《文帝全书》(摘译)	莱昂	1889
28	《道德经》	理雅各	1891

续　表

序号	经名	译者	译介时间
29	《太上感应篇》	理雅各	1891
30	《南华真经》(《庄子》)	理雅各	1891
31	《清静经》	理雅各	1891
32	《阴符经》	理雅各	1891
33	《玉枢经》	理雅各	1891
34	《日用经》	理雅各	1891
35	《道德经》	华尔特·戈恩·欧德	1894
36	《道德经》	G. G. 亚历山大	1895
37	《道德经》	保罗·卡鲁斯	1896
38	《道德经》	麦克莱根	1898
39	《道德经》	金斯密	1899

　　从表 2-2 可以看出,19 世纪英译道经的时间多集中在 19 世纪 40 年代以后,尤其是在 1868 年湛约翰的首个《道德经》英文译本出版以后。19 世纪 40 年代以前,只有马礼逊选译的《三教源流搜神大全》中的"道教源流"和 1839 年发表于《中国丛报》的《神仙通鉴》评介。严格意义上讲,19 世纪 40 年代以前,真正意义上的道经英译尚未开始。40 年代以后,道经译介的数量大增,尤其是《道德经》几乎是每隔两年就有一个新译本问世,从中可以看出以《道德经》为代表的道经在英语世界已出现升温的势头,这种势头一直持续至 20 世纪以后,甚至现在仍有新的译本不断问世。19 世纪道经译介的时间分布趋势与熊文华先生对英国汉学分期一致。以马礼逊为首的英国新教传教士于 1807 年开始来华,他们在来华的初期,需要解决的首要问题是汉语学习问题。马礼逊及米怜在来华之初,主要忙于做一些在华传教的准备工作,包括编写词典,翻译《圣经》,编写汉语学习教材等。马礼逊所选译的《三教源流搜神大全》中的"道教源流"部分就是他们所编写的《中国通俗文选》中的一部分。这些来华的传教士应该对 18 世纪前来华的耶稣会士的传教经验及其著述有过深入了解,他们无论是汉语学习,还是译介中国

经籍,也都是从儒家开始的。传教士汉学家理雅各首先翻译的是儒家的《四书》《五经》,而对道经的译介直到 19 世纪 80 年代回国后方才开始。

表 2-3　19 世纪英译道经统计表(按译者统计)

序号	经名	译者	译介时间
1	《道德经》	G. G. 亚历山大	1895
2	《道德经》	艾约瑟	1888
3	《太上感应篇》	巴尔福	1879
4	《心印经》		1879
5	《大通经》		1879
6	《赤文洞》		1879
7	《清静经》		1880
8	《素书》		1880
9	《南华真经》《庄子》		1881
10	《阴符经》		1881
11	《胎息经》		1881
12	《淮南子》(选译)		1881
13	《道德经》		1884
14	《道德经》	保罗·卡鲁斯	1896
15	《长春真人西游记》	薄乃德	1874
16	《道德经》	道格拉斯	1879
17	《太上感应篇》		1879
18	《阴骘文》		1879
19	《列子》(选译)		1879
20	《太上感应篇》	德庇时	1841
21	《道德经》	华尔特·戈恩·欧德	1894
22	《道德经》	金斯密	1899

序号	经名	译者	译介时间
23	《道德经》		1891
24	《太上感应篇》		1891
25	《南华真经》《庄子》		1891
26	《清静经》	理雅各	1891
27	《阴符经》		1891
28	《玉枢经》		1891
29	《日用经》		1891
30	《三教源流搜神大全》（选译）	马礼逊	1812
31	《道德经》	麦克莱根	1898
32	《道德经》	塞缪尔·约翰逊	1877
33	《搜神记》（选译）	叔未士	1841
34	《太上感应篇》	佚名	1830
35	《神仙通鉴》（评介）	佚名（疑为裨治文或卫三畏）	1839
36	《道德经》	翟理斯	1886
37	《南华真经》《庄子》		1889
38	《道德经》	湛约翰	1868
39	《文帝全书》	莱昂	1889

从表2-3可知,19世纪参与道经翻译的译者共19人,传教士为该时期道经译介与传播的主力。但与18世纪以前不同之处在于,此时期的译者队伍中除了传教士之外,还有外交官、商人及其他行业的人员,但仍然没有专门从事汉学研究的学者。这一时期译介道经的目的主要是为传教服务。但无论出于何种动机,客观上这对中国道教及道经的传播,对西方了解中国,以及中西文化交流起到了很大的作用。这些译者中的一些人,如理雅各、翟理斯等,退休回国之后,成为欧洲汉学研究的先驱,并挑起了培养汉学人才之大任,培养了诸如韦利等伟大的汉学家。传教士出身的理雅各1873年返英两年后开始担任牛津大学

中国学讲席的首任中文教授。也正是在他担任汉学教授期间,他英译的《道书》(*Texts of Taoism*)于 1891 年作为马克斯·缪勒①主编的《东方圣典》第 39 卷、第 40 卷由牛津大学出版社出版。庄延龄曾任英驻华公使馆翻译生、领事等职,1895 年退休后返英。他于 1896 年担任利物浦大学学院汉文讲师,1901 年受聘为曼彻斯特维多利亚大学汉语教授。他所著《中国宗教研究》(1910)对西方 19 世纪前的道教研究状况进行了较为详细的梳理,书中所附 1788 年至 1903 年的道教研究文献目录对于了解和研究 19 世纪前西方道教及道经译介与研究状况有重要的参考价值。巴尔福 1870 年来华经商,后弃商从文,担任过《通闻西报》《华洋通闻》《字林西报》②(*North-China Daily News*)等报刊主笔,同时从事道经的翻译。他将《太上感应篇》《阴符经》《清静经》等道经译成英文在《中国评论》杂志发表,英译《南华真经》(1881)是英语世界的首个英文全译本。

就研究内容及所用方法而言,他们大多站在基督教或西方哲学立场,将道经与西方宗教和哲学相比附,其牵强与误读,甚至有意曲解随处可见,也有不少对中国道教及其经籍的贬低。19 世纪英语世界(包括整个西方)大都将以《道德经》为代表的先秦道家经典作为宗教典籍,从宗教视角进行诠释。他们试图从道经中寻找与基督教教义相同或相似的证据。这种处理方法虽容易造成西方读者的误解,但在西方读者对中国道教及其经籍鲜有了解的时代,反而更有助于道经在他们中间的传播与接受。

19 世纪上半叶英语世界道经译介的另一大特点在于,此时期的译

---

① 马克斯·缪勒是他所处时代的印度学和佛学的最权威学者。他在莱比锡大学学习梵文,在巴黎布赫诺夫从事佛学研究,1854 年,他被任命为牛津大学东方宗教学教授,执此教席直到去世。在折衷主义和普救说的视野之下,通过对宗教的比较研究,缪勒对 19 世纪末 20 世纪初欧洲人日益扩展的对佛教和印度教的了解起到了无可估量的影响。他最重要和影响最深远的遗产毫无疑问是由他从 1874 年开始编纂的《东方圣典》,此书将东方思想带给有史以来最为广泛的西方读者群。(柯杰明,2010:113—114)

② 《字林西报》原名《北华捷报》,由英国商人奚安门创办于 1850 年 8 月 3 日,1951 年 3 月 31 日停刊。原为周报,1864 年 6 月改为日报。该报是上海最早的英文报纸。英国记者詹美生(R. Alexander Jamieson)、华美德(Marquis L. Wood)、傅兰雅和美国传教士林乐知曾先后担任过该报总编。

介者所采用的道经底本一般都是从法语或其他欧洲语言转译，这一点以湛约翰所翻译的《道德经》最为突出。而到了 19 世纪下半叶，自巴尔福翻译《南华真经》开始，英语世界的道经译介已逐步摆脱转译，开始直接以中文为底本进行翻译。他们对于道经的获取主要有两个来源，一是源于上层或官方的图书资料，主要是《道德经》《南华经》之类的早期道家经籍，另一类则是源于民间的一些劝善书之类的小册子。这也难怪，彼时的研究者认为，道教中除了《道德经》之外皆为迷信。

19 世纪的英语世界共 19 人参与了道经译介。其中，传教士充当了道经译介的主要力量。除了传教士之外，外交官、商人及其他行业的人员也参与其中。正是经过这些译介先驱的不懈努力，中国道教文化才得以在西方逐渐开始传播。

在这些先驱中，马礼逊是 19 世纪英语世界的首位道经译介者；湛约翰翻译了英语世界的首部《道德经》；伟烈亚力是英语世界道经文献学研究第一人；巴尔福弃商从文，担任报刊杂志主笔的同时从事道经译介，他翻译了英语世界首个《南华真经》译本，是 19 世纪英译道经种类最多者；传教士出身的理雅各是牛津大学首任汉学教授，正是在他担任汉学教授期间，他的英译《道书》问世；庄延龄曾任英国驻华外交官，退休回英后先后担任利物浦大学学院汉文讲师和曼彻斯特维多利亚大学中文教授；外交官出身的翟理斯曾任剑桥大学汉学教授，不仅翻译了《道德经》和《庄子》，还培养出诸如阿瑟·韦利这样的伟大汉学家；保罗·卡鲁斯是首位翻译《道德经》的美国人。

第四节　《道德经》首位英译者湛约翰

湛约翰（John Chalmers，1825—1899）毕业于阿伯丁大学（Aberdeen University）。1852 年 1 月，湛约翰加入伦敦会，同年 6 月，受伦敦会派遣抵达香港，协助理雅各管理英华书院，同时在此任教。1858 年，理雅各离开香港返回英国期间，湛约翰代理雅各负责伦敦会香港分会教务工作。1859 年，湛约翰赴广州负责新教传教会广州传教站的重建,1879 年返回香港,正式接替理雅各负责伦敦会香港分会事务。1899 年,湛约翰在回国休假结束绕道加拿大返回中国的途中,因支气管疾病和心脏病在仁川(Chemulpo)病逝。

自 1852 年到达香港起,湛约翰就以高度的热情投入中国语言文化的学习与研究,直到他生命的最后一刻。他的汉学研究成果涉及语言、文学、历史、哲学、宗教、政治及风俗习惯等领域。尤其是 1859—1879 年在广州的 20 年间,湛约翰翻译了英语世界首个《道德经》译本(1868),编辑出版了《广州方言袖珍词典》(*A Pocket Dictionary of the Canton Dialect*)(1872)、《康熙字典撮要》(*The Concise Kanghsi Dictionary*)(1877)、《汉字结构》(*An account of the structure of Chinese characters under 300 primary forms：after the Shwoh-wan, 100 A. D., and the phonetic Shwoh-wan, 1833*)(1882),还撰写了一些有关中国文学、文化的短论以及一些宗教小册子。[①] 湛约翰还参与"委办版"(Delegate's Version)《新约圣经》的修订工作,1897 年出版了《新约圣经》修订版的暂订本,即湛-舒版(The Chalmers-Schaub Version)。

在道经译介方面,湛约翰作为英语世界首位《道德经》全译者而被载入道经译介的史册。

1868 年,湛约翰的《道德经》英文全译本《"老哲学家"老子关于玄学、政治及道德的思考》在英国伦敦出版。这既是英语世界首个《道德经》英文译本,也是英语世界较早介绍道家学说的专著。根据译本前言,该译本主要是由湛约翰独立完成,但为了弥补其中之不足,湛约翰在翻译时参考了儒莲的法文译本。他对"道"未加翻译,但他认为,将"道"翻译成"the Word"(言说,相当于 Logos)比"Reason"(道理)或"the Way"(道路)要好。湛约翰的译本对其他以英语为母语,尝试进行道教研究的传教士大有帮助。理雅各认为,湛约翰的英文译本简洁、精巧,但应摆脱儒莲的影响,湛约翰本人完全有能力充分讨论他自己的

---

① 段怀清.《中国评论》时期的湛约翰及其中国文学翻译和研究,《世界汉学》,2006(1)：120。

"老哲学家"之思想[1]。卡鲁斯认为，该译本可读性很强，与儒莲的译本一致，但仍有改进余地[2]。

湛约翰在道经译介方面的成就不仅仅是翻译《道德经》，他也是当时对中国的研究较为深入，成果丰硕的来华传教士之一。据统计，1872—1888 年近 20 年间，湛约翰仅在《中国评论》上就发表过各类研究中国的论文 31 篇。其中的"论道家（Tauism）"发表于《中国评论》1872 年第 1 卷第 4 期。该文对中国古代思想传统中儒释道并存现象作了介绍，把老子思想与孔子及其思想进行了比较，还介绍了道家思想、其发展历史及主要代表人物等。

湛约翰在道经译介方面值得一提的成就是他与翟理斯的论辩。他曾与艾约瑟、理雅各等一道，以《中国评论》杂志为主阵地，与翟理斯就老子其人及《道德经》其书的真伪问题展开过激烈的交锋。1886 年，为回应翟理斯关于老子其人和《道德经》其书的怀疑，湛约翰与艾约瑟和庄延龄发表了一篇对话性文章"《道德经》在流传"（The *Tau Teh King* Remains）于《中国评论》第 14 卷第 6 期。在这篇回应文章中，湛约翰、艾约瑟和庄延龄针对翟理斯的观点逐一进行了驳斥。

第五节　《南华真经》英译第一人巴尔福

巴尔福（Frederic Henry Balfour，1846—1909）是一位弃商从文的英国汉学家。他于 1870 年来华经营丝绸和茶叶，后从事文学和新闻工作。自清同治十二年（1873 年）起，他曾先后担任《通闻西报》（*Shanghai Evening Courier*）、《华洋通闻》（*The Celestial Empire*）等英文报刊主笔。清光绪七年至十一年（1881—1885 年），担任上海《字林西报》（*The North China Daily News*）总主笔，同时翻译道经。1909 年

---

[1] Legge，J. 1883. "*The Tao Teh King*", *British Quarterly Review*，78，p. 78.

[2] Carus，Paul. 1898. *Lao-tze's Tao-The-King*：*Chinese-English*，*with Introduction*，*Transliteration*，*and Notes*. Chicago：The Open Court Publishing Company. p. 44.

巴尔福在意大利佛罗伦萨去世。

巴尔福是 19 世纪英语世界译介道经种类最多的汉学家。他不仅重译了《道德经》，还翻译了 9 部较短的道经，是英语世界译介《南华真经》第一人。

一、英译《南华真经》

1881 年，巴尔福翻译的《南华真经》（*The Divine Classic of Nanhua*）在上海、横滨和伦敦出版。这是《南华真经》（《庄子》）在英语世界的首个全译本。巴尔福在其译文前的补说（excursus）中评介了儒家、道家及其主要思想，并将儒道进行了对比，称道家为儒家的对手，将儒家比作"中国的苏格拉底学派"（the Socratic school of China），称老子为其同时代的赫拉克利特（Heraclitus）[1]；他认为儒家为"中国的理性主义者"（Rationalists of China），道家为"自然主义哲学家"（Naturalistic philosophers）[2]。在补论中，巴尔福详细介绍与评析了《南华真经》，并在译文中加入了丰富的注释。巴尔福认为，只有老子之前的道家才是最纯洁（pure）、最崇高的（sublime），道家在庄子时代开始失色（tarnished），汉以后彻底退化了（degenerate，degraded）[3]。但这并不意味着道家已经堕落到无药可救的地步，没有改进的希望了。因为就在其走下坡路之时，源于印度的外国宗教——佛教于汉明帝时被引入中国，使得中国的宗教发生了革命性变化。自从佛教引入中国以来，道教就与之很大程度上相互融合了，普通民众将二者混为一谈，他们根据需要参与这两种宗教的活动，对二者根本不加区别。作为外国宗教的佛教对中国曾产生如此之大的影响，这让巴尔福联想到，同样作为外国宗教的基督教能否成功改变中国人的信仰体系呢？他认为这

---

① Balfour, Frederic Henry. 1881. *The Divine Classic of Nan-hua*; *Being the Works of Chuang Tsze*, *Taoist Philosopher with an Excursus*, *and Copious Annotations in English and Chinese*. Shanghai & Hongkong: Kelley & Walsh. p. xiv.

② ibid. p. xxi.

③ ibid. p. xxvi.

是一个需要时日才能解决的问题。在当时看来，他认为曙光初现，但对其前景并不看好。因为要让深深植根于中国宗教传统的中国人相信，西方信仰了几百年甚至可以说上千年的宗教中有他们现有宗教中没有的真理与美，这是一件非常困难的事。欧洲人习惯朝前看，而东方人习惯往后看。但是，西方人认为就19世纪而言，他们现有的道路更好，但同时应该知道，在"过去广袤无垠的蓝天下"，同样也有知识与智慧①。这应该是巴尔福翻译《南华真经》的原因所在。

巴尔福在译文之前的附注中②简要介绍了《南华真经》的主要思想，并对其中的"道""无为""造化""真""天""真人""德"等关键词及其翻译进行了专门解释。

西方学者对"道"的翻译可谓五花八门。有"宇宙的终极理想统一体"（the Ultimate Ideal Unity of the universe）、"支配精神与物质之法则"（the Law which governs mind and matter）、"表象背后的现实"（the Reality behind appearances）、"道路"（the Way）、"道理"（Reason）（相当于希腊哲学中的逻各斯）、"智慧"（Wisdom）、"创世的内在法则与动力"（the inherent Principle and motive power in Creation）以及柏拉图哲学中的 Αυτοτοαυτο。巴尔福认为，上述观点均有其正确之处，但它们是解释，而不是翻译。巴尔福认为，庄子之道是寂静无声的（silent）、无所不包的（all-pervasive），表面上无为，但其实充满着能量，相当于"自然"（Nature），与美国词典学家伍斯特所说的灵魂（Soul）或宇宙运行之法则（active Principle of the Universe）异曲同工；道是一种与我们周围所见之物截然不同的一种力量或原因。巴尔福在他的译文中对道的翻译进行了区别，当翻译为"Way"时，意为"自然之道"（Way of Nature），自然的过程、方法和准则；译为"Reason"时，与"理"同义，是内化于万物，创生、蓄养万物的力量，是万物存在的法则；译为"Doctrine"时，指关于自然之奥秘、法则的真义。思辨的道

---

① Balfour, Frederic Henry. 1881. *The Divine Classic of Nan-hua*; *Being the Works of Chuang Tsze*, *Taoist Philosopher with an Excursus*, *and Copious Annotations in English and Chinese*. Shanghai & Hongkong: Kelley & Walsh. p. xxxii.

② ibid. pp. xxxiii－xxxviii.

家之法则可以概括为"合于道"（Conformity with Nature）。庄子把对这一伟大目标追求称为最高的智慧。

对于"无为"的翻译也有多种。毕尔牧师误译为"unselfishness"（无私），另一位汉学家译为"spontaneity"（自发）。巴尔福认为"无为"应该就是其字面意义，他主张译为"inaction"（不采取行动）。应用于治国时，就是"不干涉"（non-interference）。"造化"的最佳翻译应为"create"（创造）；"真"在《南华真经》的"渔父"中意为"精诚之至"，有时可与"性""天"互换，译为"reality"（现实，真实）；"天"字通常有"自然""无心"之意，常译为"nature"（自然）；他主张将"真人"译为"divine men"；"德"在伦理学上译为"Virtue"（美德），在物理学上译为"Energy"（能量），道为体，德为用。

除了译文之前的补论之外，为了帮助读者理解《南华真经》，巴尔福还在译文中以丰富的注释对其相关背景进行了补充说明。

对于巴尔福的《南华真经》翻译，理雅各在其《道书》前言中作了较为中肯的评价。理雅各认为，巴尔福从翻译最难的中国经典之一（此处指《庄子》）开始他的中国经典翻译，有点初生牛犊不怕虎（bold）[1]。正是由于他的"大胆"，他的译本遭到翟理斯的批评，翟理斯在文中以汉英对照方式，指出并纠正了巴尔福译本中的诸多错误[2]。然而，巴尔福作为第一位揭开《庄子》神秘面纱的人，其功劳实属不小。作为首个译本，尽管有诸多不足，但对于后来者不无裨益，可以在此基础上更上一层楼[3]。理雅各本人在翻译《庄子》时就不时参考了巴尔福的译本。

翟理斯在《中国评论》上撰文对巴尔福在英语世界的第一个《庄子》译本进行了批评。他说，巴尔福的中文功底太差，根本就不能胜任翻译[4]，他自己的译本才算是《庄子》这部杰作的第一个英文译本。

---

[1] Legge, James. 1891. *The Texts of Taoism*. In F. Max Müller. *Sacred Books of the East*, Volume XXXIX. London：Oxford University Press，p. xix.

[2] 参见：*The China Review*，Vol. 11，No. 1(1882 Jul.)，pp. 1 - 15。

[3] Legge, James. 1891. *The Texts of Taoism*. In F. Max Müller. *Sacred Books of the East*, Volume XXXIX. London：Oxford University Press，p. xix.

[4] Giles, H. A. "Introduction to *Chuang Tzu*，*Mystic*，*Moralist*，*and Social Reformer*，*Translated from the Chinese*"，London：Bernard Quaritch，1889，p. xvii.

巴尔福译本根本不能算是真正严肃的翻译。① 是巴尔福这个译本刺激着他把《庄子》从头到尾进行了研读②。翟理斯于 1890 年出版了《神秘主义者，道德家，社会改革家——庄子》③，意在弥补巴尔福译本的不足。

二、其他道经英译

1879 年，巴尔福在《中国评论》第 8 卷发表英译《太上感应篇》(*The Book of Recommences*)、《心印经》(*The Imprint of the Heart*)、《大通经》(*The Classic of Universal Understanding*)和《赤文洞》(*Classic of the Red-streaked Cave*)④。

在《心印经》英译导言中，巴尔福对其作者进行了考察：

《心印经》的撰者及造作时间不详，但有迹象表明其造作时间相对较晚。该经在道经里有着重要的地位。其标题"心印经"带有佛教意味，但它是关于道教炼养的理论及实践内容，属于后期道教炼丹有关的经籍，而非早期道教自然主义阶段的经籍。巴尔福认为，《心印经》的佛教痕迹，证明该经的造作时间应为汉代以后。

1880—1881 年，巴尔福在《中国评论》第 9 卷发表了《清静经》(*The Book of Purity and Rest*，1880)、《素书》(*The "Su Shu", or Book of Plain Words*，1880)、《胎息经》(*The "Tai-Hsi" King; or The Respiration of the Embryo*，1881)、《〈淮南鸿烈〉第一章》(*The Principle of Nature; A Chapter from the "History of Great Light"*, *by Huai-Nan-Tsze, Prince of Kiang-Ling*，1881)。

巴尔福在《清静经》译文的导言中提到，他从生活在直隶马鞍山

---

① Giles, H. A. *Autobibliographical*, *etc.*, Add. MS. 8964 (1). Cambridge University Library, p 52.

② 转引自 Playfair, G. M. H. "An Expounder of Dark Sayings", *Journal of North-China Branch of Royal Asiatic Society*, 1889/90, p. 226。

③ 参见翟理斯相关章节。

④ 巴尔福的《心印经》《大通经》和《赤文洞》三经的英文译文以"短文三篇"("Three Brief Essays")为题发表在《中国评论》(*China Review*)第 8 期，第 380—382 页。

(the Horse-saddle Mountain)悬崖上一座小庙里一位名叫实山的僧人处得到该经,亲眼目睹了清静无为的修行者。这增加了这篇短短的道经译文的神秘色彩①。

《素书》译文之前有黄石公圯桥授张子房《素书》的故事②。巴尔福认为,《胎息经》是老子《道德经》第六章的扩充与引申,并介绍了此章的大意③。

1881 年 7 月,《中国评论》第 10 卷发表了巴尔福的《阴符经》(*The "Yin-Fu" Classic; or, Clue to the Unseen*)译文。在译文的序言中,巴尔福认为,《阴符经》是道教重要经籍之一,传说为黄帝或他的六位大臣之一所作。最早为之作注者据说是姜子牙。如果此说属实,则此经至少在商朝,即公元前 12 世纪时就已经存在。此经包含了道教的根本与精髓。对于此经经名的翻译,巴尔福作了特别说明。"符"意为印(seal),可以分为两部分:在该印的一半是我们周围世界的可见现象,这一切,我们均可以看见,但因其图解不完整,我们还需要该印的另一半,即包含天的道理或看不见的世界的那一半,才能理解万事万物既有秩序的缘由。《阴符经》将此符印的两半合在了一起,它能让我们感知万事万物之间的和谐,给我们呈现了世界的奥秘,可见(the seen)与不可见(the unseen)之间的暗合,在我们未得到启示之前,我们对其一无所知。巴尔福翻译《阴符经》所依据的版本是署名明崇祯时期河南人张仕纯(Chang Shih-ch'un)的注本。

巴尔福所译的上述 9 部道经,连同他翻译的《道德经》于 1884 年作为单行本在伦敦和上海出版。书名为《道书:伦理的、政治的、思辨的

---

① 参见:*The China Review*, Vol. 9, No. 2,1880, pp. 83 - 85;另见:Balfour, F. Henry, *Taoist Texts: Ethical, Political, and Speculative*, London: Trubner & Co. Ludgate Hill; Shanghai: Kelley & Walsh, 1884, pp. 70 - 73。

② 参见:*The China Review*, Vol. 9, No. 3,1880, pp. 162 - 167;另见:Balfour, F. Henry, *Taoist Texts: Ethical, Political, and Speculative*, London: Trubner & Co. Ludgate Hill; Shanghai: Kelley & Walsh, 1884, pp. 95 - 102。

③ 参见:*The China Review*, Vol. 9, No. 4,1881, pp. 224 - 226;另见:Balfour, F. Henry, *Taoist Texts: Ethical, Political, and Speculative*, London: Trubner & Co. Ludgate Hill; Shanghai: Kelley & Walsh, 1884, pp. 63 - 65。

文本》(*Taoist Texts*：*Ethical*，*Political and Speculative*)。1975年，
该书在纽约再版。

从《道德经》译本前言得知，巴尔福是经过多年的深思熟虑之后才
决定重译《道德经》的。在他之前，已有儒莲、湛约翰、史陶斯、普兰克内
尔和理雅各等一流学者翻译过《道德经》。但在巴尔福看来，前述译者
所译之《道德经》主要缺陷在于，没有一个译本是完全以道家注疏的底
本来翻译的。他认为，前述这些译本中充斥着儒家成分，这对老子而言
是不公平的。事实上，法国汉学家儒莲亦持此态度，他认为以儒家立场
来诠释《道德经》有歪曲老子原意的风险。这些注疏对于那些希望完整
理解老子，恰当理解老子学说的人来说是无益的[①]。儒家为理性主义
的，而道家则是自然主义的。对于儒家而言，道家属于异端，而持此观
点的注疏者，不可能是最好的诠释者。巴尔福认为，儒家注疏《道德
经》，不是从哲学家的角度，而是从语法学家的角度，他们从句法结构而
不是从哲学角度来解释《道德经》的涵义；他们根据儒家自己的经典而
不是根据道家经典来解释《道德经》，他们将《道德经》粗浅易见的表面
意义与其隐含神秘之义混为一谈[②]。因此，巴尔福依据吕纯阳的注本[③]
为底本来翻译《道德经》。他重译《道德经》，旨在摒除儒家注疏者的影
响。同时，巴尔福也坦承，要做到这一点，确实需要付出很大努力。他
需要抛开那些已经得到朱熹、王弼、理雅各、儒莲等中外知名学者认为
清晰明了、正确无误的文本，另辟蹊径，做看似牵强、晦涩的解释，开此
先河绝非易事。但他始终坚信，他所做的翻译，是在老君门徒(吕祖)的
指导下进行的，虽然许多原本清楚明了的段落因受神秘主义的影响而变

---

① 参见Legge，James. 1891. *The Texts of Taoism*. In F. Max Müller. *Sacred Books of the East*，Volume XXXIX. London：Oxford University Press，p. xvi。

② 对于此种观点，理雅各在其《道教经典》前言中进行了反驳。参见Legge，James. 1891. *The Texts of Taoism*. In F. Max Müller. *Sacred Books of the East*，Volume XXXIX. London：Oxford University Press，p. xvii。

③ 对于巴尔福所采用的底本问题，翟理斯认为"既虚假又荒谬"(both spurious and ridiculous)，理雅各亦提出质疑："托名吕岩的道经有许多，我本人20多年前就有一本1690年重印，题为《纯阳真人道德经释义》的书，与巴尔福所钟爱的底本大相径庭。"参见：Legge，James. 1891. *The Texts of Taoism*. In F. Max Müller. *Sacred Books of the East*，Volume XXXIX. London：Oxford University Press，p. xvii。

得含糊不清,但这正是为了阐释《道德经》的真正意涵所迈出的一大步。①

巴尔福在其序言中还对湛约翰的首部《道德经》英文译本进行了评价,认为湛约翰翻译的《道德经》"有用,但太过直白"。②

巴尔福的《道德经》译本发表后,时任英国驻华外交官翟理斯在 1886 年《中国评论》3—4 月号上撰文对巴尔福和湛约翰的译本进行了猛烈抨击。翟理斯同时也对儒莲和理雅各进行批评,并对《道德经》本身的真实性提出质疑。翟理斯认为《道德经》毫无疑问是伪书,它确实包含许多老子的话语,但大部分非老子所言。理雅各在《中国评论》1888 年 1—2 月号撰文对翟理斯进行反驳,他坚信,《道德经》是老子本人所作。③

除了译介道经之外,巴尔福还撰有《远东浪游》(*Waifs and Strays from the Far East*)(1876),《中国拾零》(*Leaves from My Chinese Scrapbook*)(1887),《北京口语中的成语对话》(*Idiomatic Dialogues in the Peking Colloquial*)等著作。1889 年在伦敦出版的《世界宗教体系》(*Religious Systems of the World*)一书中收入他撰写的"道教"一文④。

第六节　理雅各与《道书》

英国汉学家理雅各(James Legge,1815—1897),出生于苏格兰一个富商家庭,1822 年与米怜(William Milne,1785—1822)之子美魏茶(William Charles Milne,1815—1863)就读于同一小学。1829 年,理雅各中学毕业之后又与美魏茶一起先后就读于阿伯丁国王学院

---

① 参见：Balfour, F. Henry. 1884 *Taoist Texts*：*Ethical*，*Political*，*and Speculative*，London：Trubner & Co. Ludgate Hill；Shanghai：Kelley & Walsh, pp. 1 - 2。

② 参见：Balrour, Frederic Henry. 1881. *The Divine Classic of Nan-hua*；*Being the Works of Chuang Tsze*，*Taoist Philosopher with an Excursus*，*and Copious Annotations in English and Chinese*. Shanghai & Hongkong：Kelley & Walsh, p. xvi。

③ Legge, James. 1891. *The Texts of Taoism*. In F. Max Müller. *Sacred Books of the East*，Volume XXXIX. London：Oxford University Press，pp. xiv - xv。

④ 参见：郑天星.英国的道教研究,李养正编《当代道教》,第 414 页;胡孚琛.《中华道教大辞典》,第 1737 页。因资料收集所限,笔者未见此文。

(King's College, Aberdeen)和阿伯丁大学。美魏茶之父米怜在华的传教经历以及他们父子之间的书信给理雅各留下深刻印象。1837年，理雅各在海勃瑞神学院（Highbury Theological College）接受神学训练期间便萌生到中国传教的意愿。1839年，理雅各进入伦敦大学，师从伦敦大学首任汉学教授基德牧师学习汉语。同年8月他受英国伦敦布道会派遣，起程来华传教。因当时清政府禁止欧洲传教士进入中国内地传教，他只好暂住马六甲。在马六甲期间，他曾先后担任伦敦圣教书会（Religious Tract Society）记者和顾问、英华书院①（the Anglo-Chinese College）院长约翰·埃文斯的助理等职。约翰·埃文斯院长去世之后，理雅各代行其院长之职。在工作之余，理雅各努力学习汉语和中国文化，并开始《圣经》汉译和汉籍英译工作。1841年11月，理雅各正式担任英华书院院长。第一次鸦片战争失败后，清政府被迫与英国签订《南京条约》，割让香港给英国。1843年，英华书院由马六甲迁至香港，理雅各继续担任院长。1855年，理雅各担任由英华书院印刷所印行、当时香港的第一份中文报纸《遐迩贯珍》的第三任主编。1873年，理雅各退休返英，继续从事中国研究。1875年，牛津大学开始设立汉学讲席，成为继伦敦大学之后开设中国语言文学课程的第二所英国大学。1876年10月，理雅各成为牛津大学首位汉学教授。

理雅各是"西方汉学研究中里程碑式的人物"②。他终其一生悉心研读中国典籍，翻译中国儒、道、佛经籍，是英语世界系统研究和翻译中国古代经典第一人。1841年，理雅各受查顿（William Jardine，1784—1843）和颠地（Lancelot Dent，1799—1853）资助，在王韬、洪仁玕等人的协助下，开始翻译中国经典。在理雅各看来，"孔子是中国古代著作

---

① 英华书院是米怜在中国牧师梁发的协助下于1818年创办的一所传播基督教福音、培训西籍和华籍传教士的学校，设有英语、汉语和神学理论等课程。马礼逊、米怜、柯大卫和麦都思等新教传教士曾先后担任过该校的教学与管理工作。该校于1843年迁往中国香港，1844年更名为英华神学院（The Theological Seminary of the London Missionary Society in China），1856年，因经费不足、人员短缺而停办，但依靠教会维持还继续授课直至1858年。为现香港大学的前身。

② 岳峰.《架设东西方的桥梁——英国汉学家理雅各（James Legge，1814—1897）研究》，福建师范大学博士论文，2003年，第118页。

的保存者,中国黄金时代箴言的诠注者和解释者",孔子"以最好的和最崇高的身份,代表人类最美理想","只有透彻掌握中国的经书,亲身考察中国圣贤所建立的道德、社会和政治生活基础的整个思想领域,才能被认为与自己所处的地位和承担的职责相称"。① 1861 年,理雅各所译《中国经典》(*The Chinese Classics*)第一卷在香港问世。理雅各投身中国经典翻译五十载。在这 50 年里,除《尔雅》之外,他翻译了儒家十三经以及中国道家和佛家的主要经典②。正是他对中国经典的译介,使西方得以较为全面系统地了解中国经典与中国文化。

理雅各英译的中国经典"是一项具有深远意义的汉学系统工程,无论从汉籍研究、中外文化交流、中英翻译,还是从英国汉学研究来看其影响都是旷日持久的。16 世纪后曾经有一些西方传教士英译过儒家经典,然而多数只停留在小范围个人操作,把《四书》和《五经》完整地译为英文向西方读者系统介绍的,唯有理雅各一人"③。其所译中国经典自问世至今虽然已逾百年,但仍被视为中国经典的标准英文译本。

理雅各所译中国经典,文献考证严密广泛,治学态度严谨,注释丰富翔实。其显著特点之一是每一译本都有长篇的前言和注释,对所翻译的经典进行介绍、解释、考据和评价;有的译本前言部分的篇幅甚至大大超过原作,如《论语》译本中注释的篇幅几乎占了整个译本的三分之二。

艾约瑟认为,理雅各所译的《中国经典》"开创了汉学研究新纪元";翟理斯也认为,"理雅各的译作是迄今为止对汉学研究的最大贡献,必将长期为后人所铭记、研究";翟理斯之子翟林奈说:"五十余年来,使得英国读者皆能博览孔子经典者,吾人不能不感激理雅各氏不朽之作也。"理雅各因其所译《中国经典》赢得了世界声誉:他与法国汉学家顾赛芬(Séraphin Couvreur,1835—1919)、德国汉学家卫礼贤(Richard Wilhelm,1873—1930)并称为"汉籍欧译三大师";他与翟理斯、德庇时

---

① James Legge: *The Chinese Classics*. Vol. I. p. 95.
② 理雅各翻译了《大学》《中庸》《论语》《孟子》《诗经》《书经》《易经》《礼记》《春秋》《孝经》等儒家经典,以及《道德经》《庄子》《太上感应篇》《法显传》等道家道教经籍。
③ 熊文华.《英国汉学史》,北京:学苑出版社,2007 年,第 63—64 页。

并称为英国汉学三大星座；他被中国学者称为"英国汉学界的玄奘"①。
1875年，理雅各因其卓越的汉籍翻译成就成为国际汉学界最高荣
誉——"儒莲奖（Prix Stanislas Julien）"的首位得主。②

美国学者吉瑞德（Norman J. Girardot）指出，理雅各结束了西方
学者对中国文献业余水平的研究，开始了专业化的汉学研究③。据谢
天振先生统计，理雅各的《中国经典》在牛津大学出版社至少重印9次，
其《四书》单行本付印11次，《论语》单行本付印6次。④ 1983年，多弗
尔出版社还出版了他的英译《论语》《大学》《中庸》的合订本。理雅各的
《周易》英文译本被收入湖南人民出版社1993年出版的"汉英对照中国
古典名著丛书"，1994年在美国、英国和澳大利亚同时出版发行的《周
易》英译本（*I Ching The Classic Chinese Oracle of Change*）就是在综合
理雅各、卫礼贤及其他权威本的基础上完成的。它被海外视为最权威
的英译本，该译本于1995年再版⑤。

除翻译中国经典之外，理雅各还有大量关于中国的著述，如《中国
人的鬼神概念》（1852）、《孔子的生平与学说》（1867）、《孟子的生平与学
说》（1875）、《帝国时代的儒学》（1877—1878年《中国评论》第6卷第
3—6期连载）、《中国的宗教：儒教和道教与基督教之比较》（1880）⑥、
《佛国记：法显的印度和锡兰取经之行》（1886）、《西安府的景教碑》
（1888）等。1882年，理雅各为《不列颠百科全书》第9版撰写了"老子"
条目。

---

① 刘固盛、吴雪萌.西方基督教背景下的《老子》诠释，《江汉论坛》，2011（4）。
② 儒莲奖（法语：Prix Stanislas Julien）是为纪念法国著名汉学家儒莲而特设的国际学术大
奖，在国际汉学界具有重要影响。该奖项始于1875年，由法国法兰西学院每年在世界汉
学范围内评选一位成就突出的学术大师授奖。我国的语言学家王静如、哲学家冯友兰、国
学大师饶宗颐、敦煌学家潘重规、史学家廖伯源、北大史学教授杨保筠、西夏王国文字破译
者李范文等曾获该奖。
③ Girardot, N. J. *The Victorian Translation of China*：*James Legge's Oriental
Pilgrimage*. Berkeley：University of California Press，2002. p. 9.
④ 谢天振等.《中西翻译简史》，北京：外语教学与研究出版社，2009年，第229页。
⑤ 王晓路.《中西诗学的对话——英语世界的中国古代文论研究》，成都：巴蜀书社，2000年，
第3—4页。
⑥ 理雅各在此书中首次采用"Tao"来翻译"道"，"Taoism"来翻译道家和道教。将《道德经》
译为 *The Tao Te King* 亦始于理雅各。

在道家道教研究方面,理雅各是西方道教研究传统的开创者之一①,是"十九世纪下半期道教研究的典范人物"②。他不仅翻译了 7 种道经,还对中国道教进行过卓有成效的研究。1880 年,理雅各在《中国的宗教:儒教和道教与基督教之比较》一书中对中国道教进行了初步讨论。1883 年,他在《英国评论季刊》发表了一篇关于《道德经》及其重要性的文章③。自 19 世纪 80 年代后期开始,理雅各与翟理斯就老子其人和《道德经》其书的真伪问题展开了长期的争论。在这场论争中,理雅各暂居上风,他的观点赢得更多学者的支持。1891 年,理雅各翻译的《道书》收入《东方圣书》第 39 卷和第 40 卷,其中收有《道德经》《庄子》《太上感应篇》《阴符经》《清静经》《日用经》《玉枢经》等。这是他道经译介集大成之作,对维多利亚时代后期的道教及其经籍在西方的译介与传播作出了重要贡献。

一、英译《道德经》

理雅各对道经的译介与研究是从《道德经》开始的。1880 年《中国的宗教:儒教和道教与基督教之比较》一书对中国道教及《道德经》已有所涉猎;发表在 1883 年 7 月《英国评论季刊》的一篇论述《道德经》及其重要性的文章是他这时期的代表作。理雅各的《道德经》译本首见于1891 年的《东方圣书》中的《道书》。

从《道德经》译本前言中可知,在着手翻译《道德经》之前,理雅各做了许多中西文文献方面的准备工作。他参考了 1804 年的四库重印本(*Sû-kâu reprint in* 1804)及《十子全书》(*The Complete Works of the Ten Philosophers*)。其译本依据《河上公章句》中的老子原文及注疏,其篇章划分和许多章节的标题均以此本为基础。同时,理雅各也参考

---

① [美]吉瑞德著,段怀清,周俐玲译.《朝觐东方:理雅各(James Legge, 1814—1897)评传》,桂林:广西师范大学出版社,2011 年,第 315 页。

② [美]吉瑞德著,段怀清,周俐玲译.《朝觐东方:理雅各(James Legge, 1814—1897)评传》,桂林:广西师范大学出版社,2011 年,第 323 页。

③ Legge, J. "*The Tao Teh King*". *The British Quarterly Review*, 1883, pp. 74 - 107.

了王弼的《老子》注，焦竑的《老子翼》（儒莲称其为"迄今所有对老子的
理解最为广泛、最为重要的著作"）以及清代的《老子》注本等共 64 位作
者对《老子》要旨的论述，其中，有 3 位皇帝、20 位道士、7 位僧人、34 位
文人。这足见理雅各翻译《道德经》时所做的文献准备之充分。

在译本前言，理雅各回顾了《道德经》翻译的历史与现状。他指出，
直到 19 世纪，道经才得到它应有的重视。13 世纪，罗马天主教最早派
出传教士来华，但所留文献资料甚少。最早的《道德经》译本是由一位
叫白立把的人带到英国，1788 年 1 月 10 日呈交给皇家学会。该手稿
保存完好，但译者身份无从考证。该译者的主要目的是要证明古代中
国人也知晓三位一体及上帝化身之奥秘。

1807 年，新教传教士开始来华，但直到 1868 年，湛约翰才出版了
他的《道德经》英文译本《"老哲学家"老子关于玄学、政治及道德的思
考》。1823 年，雷慕沙以其《老子的生平与思想：一位承认毕达哥拉
斯、柏拉图及其弟子思想的公元前六世纪中国哲学家》激起了欧洲学者
们的兴趣。雷慕沙的弟子儒莲在 1842 年出版了《道德经》首个法文全
译本。当时，《道德经》被认为是"中国文献中最深奥、最抽象、最难懂
的"。理雅各认为，湛约翰之《道德经》译本虽然也很完整，但他的评注，
无论是其原创性的还是直接来自中文的资料，都远逊于儒莲。1870
年，普兰克内尔和史陶斯的两个德文译本在德国莱比锡出版。虽然两
者截然不同，但都显示了其原创性和高超的翻译能力。

在对早期西方《道德经》的译介作了回顾之后，理雅各对《道德经》
的作者、《道德经》中的关键词及意义进行了探讨。理雅各运用了儒莲
的文本方法，以及塞缪尔·约翰逊和缪勒的比较方法。

如何更好地理解与翻译老子的"道"等关键词？当时对"道"的翻译
五花八门，曾被翻译成理性（Rationality）、最高智慧（Supreme
Intelligence）、逻各斯（Logos）、言说（Word）、方法（Way）、自然
（Nature）等等。德国人史陶斯与托纳（Tornay）甚至将其翻译成"上帝
（God）"。理雅各认为，在语言学、文本语境和阐释意义上，"道"最好翻
译成"Course"，如同水道那样的导引渠。理雅各试图将他所主张的这
种译法与儒莲所译"道路（Way）"加以区分。他认为，所谓的 Course

(道)是"行为的过程或者生活的方式"以及"引导过程的方法或准则",对《道德经》标题的恰当翻译应为《关于正确的道路及其特征的神圣经典》(*Sacred Text of the Right Course and Its Characteristics*)。①

关于"道"的哲学内涵,理雅各认为,"道"对人的行为而言,指"关于谦卑的谆谆教诲",类似于基督的以德报怨。老子的"无为"并非"绝对的沉寂",亦非印度教徒或佛教徒式的禁欲主义,而是谦卑的自然行为,这种行为"并不带有任何目的",或者说没有任何对个人私利的关切。

理雅各认为,《道德经》最为晦涩难解,所有章节中没有一个专有名词来具体指某一位圣贤,但老子为阐明自己的观点却引用了一些先贤之言。老子认为,在遥远的古代,他看到了他所谓的最高理想的"道"得以实现。在《道德经》第 17 章,老子告诉我们,在最好的时代,人们不知道有统治者的存在("太上,不知有之"②),当统治者成功地将事情办妥当了,仅仅说"我们本来就是如此"(功成事遂,百姓皆谓我自然)。显然,在老子看来,人们最初所处的是一种幸福的无知状态(a condition of happy innocence),相当于基督教所谓的乐园(a paradisiacal state)。

理雅各是西方较早以文献学视角考察老子及其《道德经》的真伪、版本及分章问题的西方学者。在《道德经》译本前言,理雅各阐明自己对老子其人和《道德经》其书的真伪问题的观点,并对翟理斯的观点进行批判。对于《道德经》是否真有其书,老子是否真有其人的问题,理雅各的回答是肯定的。他认为,此前几年,如果探讨此问题,会显得多此一举。但 1886 年,英国外交官翟理斯与湛约翰在《中国评论》3—4 月号上提出了此问题。鉴于此,理雅各提出了他关于老子其人其书真实存在的证据:

老子生年约为公元前 604 年,其卒年未有记载。据司马迁的《史记》所载,老子是周朝皇家图书馆馆长(守藏史),哀于周室衰微,遂决心

---

① [美]吉瑞德著,段怀清,周俐玲译.《朝觐东方:理雅各(James Legge,1814—1897)评传》,桂林:广西师范大学出版社,2011 年,第 32—46 页。

② 《永乐大典》本作"不知有之",吴澄本亦然,意为"人们不知道它的存在",而任继愈先生的《老子绎读》中则认为是"下知有之",任先生解释为"人们仅仅知道它的存在。两者意思恰恰相反,此处理雅各应采纳的是前者。

隐退。行至函谷关时被关令尹喜认出，要求老子在隐居之前留下著作，于是老子将他对道及其特征的见解写下来，共 5000 余言，分为两部分。他将手稿交与关令尹喜之后继续前行，后不知其所终。此段记述虽然离奇，但有一点是确定无疑的：老子写了《道德经》，分两部分，共 5000 余言。从司马迁的引述可知，司马迁本人对《道德经》是非常熟悉的，也熟知其作者的许多细节。

理雅各还列举了关于老子其人其书存在的其他证据：

《庄子》《列子》《韩非子》《淮南子》等著作中均引用过《道德经》的许多段落。他们明确地说许多段落是出自老子。《道德经》的 81 章中，有 71 章被韩非子和刘安全部或部分引用过。

班固《汉书》第 32 章关于司马迁的传记中说：司马迁"论大道而先黄、老而后六经"，黄、老即指黄帝和老子，此说证明司马迁非常熟悉《道德经》。

汉代刘歆编撰的皇家图书目录（应是指《汉书·艺文志》）中的道家部分共收录 37 位注者的 993 种论著，其中 4 种老子注本之一即为刘歆父亲刘象所著。隋代皇家藏书目录（应指《隋书·经籍志》）中收入了多种老子注本，其中的第一种便是河上公本，第二种是王弼本。

关于《道德经》的分章问题，理雅各经考证后认为，所有版本的《道德经》都分为两部分，前者为道经，后者为德经。但对于主题的划分却不完全统一。通常按照河上公的划分，分为 81 章（道经 37 章，德经 44 章）。另一位较早的注疏家严遵将《道德经》分为 72 章，理雅各认为这种划分毫无疑问是出于某种神秘主义的考虑。理雅各说，不能错误地认为他的这种划分是在某种程度上削减了内容，连一贯精确严谨的伟烈亚力也持这种观点，其实，他并没有削减其内容，而是按照他自己的方式将河上公的一些章节合成一章，有时将一些语序进行了调整而已。

理雅各还对《道德经》的字数进行了考证。他说，司马迁云《道德经》5000 余言，意味着它多于 5000 字，少于 6000 字。河上公本有 5350 字，有一抄本 5590 字；王弼本 5683 字，有一抄本为 5610 字；另外两个早期的本子分别有 5720 和 5635 字。《道德经》如此简洁，主要是因为其风格简约，许多地方省略了语助词（particles）的缘故。

对于老子其人和《道德经》其书之真伪,理雅各最后的结论是:"《道德经》是他所知的最古老的著作,该书的来源及文本最为真实可靠。"[1]

二、英译《庄子》

理雅各《道书》(*Texts of Taoism*)中除了他的《道德经》的译文外,还有《庄子》的英文全译(*The Writings of Kwang Zou*)。理雅各的《庄子》译文"内容完整,译笔忠实准确,还附有详细的前言、注释和索引,成为后世译者和《庄子》研究者的重要参考文献"[2]。

理雅各指出,外国人中研究庄子的人比研究老子的人少得多。他于1879年开始从事《庄子》翻译时,尚无人出版过《庄子》译本。据此推断,理雅各应为最早从事《庄子》翻译的西方学者,比巴尔福出版他的《南华真经》译本还早两年。但正式出版《庄子》西文译本者为巴尔福(1881年)。理雅各在其序言中对巴尔福《南华真经》英文译本进行了评价。他认为,巴尔福从翻译最难的中国经典之一开始他的中国经典翻译事业,可算是初生牛犊不怕虎(bold)[3]。由于他的"大胆",翟理斯在《中国评论》上撰文批评他的译本并指出他的诸多翻译错误。但理雅各认为,作为第一个揭开《庄子》神秘面纱之人,巴尔福功莫大焉。理雅各承认,他本人在翻译《庄子》时就参考了巴尔福的译本。

就在理雅各出版其《庄子》译本的前一年(1890年),翟理斯已出版了他的《庄子》全译本,题为《神秘主义者,道德家,社会改革家——庄子》。据理雅各介绍,翟理斯的《庄子》译本出版时,理雅各的初稿已经完成。虽然翟理斯的译本精妙简洁,但理雅各坚持独立完成,并未参考翟理斯的译本;仅在他的译本付印期间,他才经常将自己的译文与翟氏的译本进行对照,从中获益匪浅。他相信,细心、出色的读者能够从中

① Legge, James. 1891. *The Texts of Taoism*. In F. Max Müller. *Sacred Books of the East*, Volume XXXIX. London: Oxford University Press, p. 10.

② 谢天振等.《中西翻译简史》,北京:外语教学与研究出版社,2009年版,第233页。

③ Legge, James. 1891. *The Texts of Taoism*. In F. Max Müller. *Sacred Books of the East*, Volume XXXIX. London: Oxford University Press, p. xix.

发现它们的差异所在。

理雅各在翻译《庄子》时参考了《十子全书》中的《南华真经》，还参阅了《庄子翼》《庄子雪》《庄子音》《南华真经解》《庄子独》等中文文献。

理雅各还对《庄子》进行了文献学考证：汉代皇家图书目录称《庄子》52篇，到了隋朝，《庄子》的版本达到近20种。现存最早的注本是由郭象完成的。另一位注疏者为向秀，但未能完成，郭象对这一注本进行了变更，并根据自己的观点完成了该注本。经过向秀和郭象二人之合力，原来的52篇仅剩下33篇了。理雅各认为，如果现在来考证另外19篇遗佚的时间与缘由，实属徒劳。在严遵注的《道德经》中，可以发现许多出自《庄子》的引文明显带有他自己的印记，这些在现存的《庄子》中已经没有了。《庄子》能够有如此大部分被保存至今，我们就应该知足了。苏轼曾对《庄子》第28篇和31篇的真伪提出过质疑，也有人质疑过第15篇和第16篇。

对《庄子》分章问题，理雅各也有自己的见解：《庄子》的33篇分为内篇、外篇和杂篇三部分。第一部分共7篇，第二部分共15篇，第三部分共11篇。内篇为《庄子》最重要的部分，每一篇的标题为该篇的主题，一般认为是庄子本人所加。外篇为内篇之补充或辅助，该部分的15篇被称为前7篇之翼。这15篇的标题不是庄子本人所加，它们只不过是取自每一篇起始段落中的名词或短语而已。一般认为这些标题最早是由郭象所加。杂篇中的11篇也是第一部分的补充。理雅各认为，要弄清楚究竟为什么要将这11篇与其前15篇加以区别，这是一件不容易之事。理雅各在英译《庄子》时采用了焦竑的分段法。

理雅各还考察了《南华真经》的来源：庄子为战国时期宋国人，出生于蒙（今河南商丘）。公元742年，庄子的出生地被改称南华，皇帝下令将庄子封为"南华真人"，他的著作因此被称为《南华真经》。

三、英译《太上感应篇》及其他道经

《太上感应篇》为道教劝善书，收入《道藏》第三十卷，由原文、注文、赞辞三部分组成。中文原文仅1274字。南宋李昌龄为之作注，他搜集儒、释、道三家有关天人感应、因果报应、惩恶劝善的历史故事、遗文轶事、民间传说,阐释原文主旨,特别是发挥"存天理,灭人欲""道存乎一心"等理学家观点,加以印证,将字数扩大到十万有余。南宋宰相郑清之,用四字意韵文形式为之作赞,画龙点睛,阐明每节的主题思想。①

《太上感应篇》以善恶报应思想为主旨,以道教的戒律和儒家的伦理道德为内容,宣扬忠孝仁义、修功积德,不做非义背理、为恶缺德之事②。其开篇云:

> 太上曰:祸福无门,唯人自召,善恶之报,如影随形。

结尾曰:

> 故吉人语善、视善、行善,一日有三善,三年后必降之福。凶人语恶、视恶、行恶,一日有三恶,三年后必降之祸。

理雅各的《太上感应篇》译文于1891年与他所译《道德经》和《庄子》一起收入马克斯·穆勒主编的《东方圣书》。

在理雅各之前,西方已有多人对《太上感应篇》进行过译介。1828年,儒莲发表了《太上感应篇》的法文译文。同年,克拉普洛特将《太上感应篇》从满文翻译成德文。1830年,《太上感应篇》的英文译文在《澳门杂录》上发表。这是《太上感应篇》在英语世界的首个译本。

理雅各认为,《太上感应篇》与《道德经》和《庄子》之间在风格方面的反差巨大。《道德经》让人窥见的不是一个宗教,而是一个哲学性的发人深思的主题,《庄子》所包含的是对老子思想独到的辩护,是一些说理性故事。《太上感应篇》则是一种说教或者通俗的小册子。它没有艰深的理论探讨,而是对诸多善人和善行的特征以及恶人及恶行特征的陈述,以此力劝人们多行善,少作恶。

---

① 陈士强主编.《中国学术名著提要·宗教卷》,复旦大学出版社,1997年,第894页。
② 任继愈.《中国道教史》,上海:上海人民出版社,1990年,第485—486页。

　　理雅各之所以翻译《太上感应篇》并将其收入《东方圣书》，是因为它在中国非常流行。《太上感应篇》在中国有数种不同版本，关于《太上感应篇》的注疏也为数不少，通常对每个段落都附以数百个故事和图片进行解释，就连散发此经也被视为一大功德。

　　《太上感应篇》的著者不详，对其造作时间，理雅各赞同伟烈亚力的观点，认为该经可能作于宋代。关于《太上感应篇》标题的翻译，理雅各认为唯一的难点在于"太上"两字。儒莲法译本对其未加翻译，但注解为"太上老君"。对于儒莲的注释，理雅各认为这只是对"太上"两字通行的解释，其正确性毋庸置疑，但这两字出自《道德经》第 17 章①，他认为应该理解为"道教最高及最古老的形式"。

　　除了《道德经》《庄子》《太上感应篇》的翻译之外，出版于 1891 年的《道书》中还另以附录形式收录了理雅各翻译的《清静经》（The Classic of Purity）、《阴符经》（Classic of the Harmony of the Seen and the Unseen）、《玉枢经》（The Classic of the Pivot of Jade）、《日用经》（Classic of the Directory for a Day）等 4 篇较短的道经。

第七节　外交官翟理斯与道经译介

　　翟理斯（Herbert Allen Giles，1845—1935）是 19 世纪下半叶至 20 世纪初著名的英国汉学家。1867 年，翟理斯以英国驻华使馆翻译生身份来华，先后任职于英国驻汕头、厦门、宁波和上海使馆，担任过英国领事馆翻译、副领事、领事。1893 年，翟理斯返回英国，结束了长达 26 年的在华外交官生涯。1897 年，他接替威妥玛担任剑桥大学第二任汉学教授，在此职位上工作了 35 年，直到 1932 年退休。1904 年，他成为皇家亚洲学会华北分会荣誉会员。

　　翟理斯自幼好学，知识渊博，一生笔耕不辍，著作等身。他终其一

---

① "太上，不知有之"，意为人们不知道它的存在。根据任继愈先生的解释，此处的"太上"应为"最好的统治者"，而不是指太上老君。

生为传播中国语言、文学、文化而努力，是一位地地道道的中国通。他研究范围甚广，涉及中国语言、文学、历史、哲学、宗教、绘画等诸多领域，还编写了许多语言教材。

翟理斯在西方汉学史上创下了多个第一：他编写的《华英字典》（*Chinese-English Dictionary*）（1892）在同类工具书中收词最多，成为几代外国学生学习汉语的必备工具书；《中国文学史》（*A History of Chinese Literature*）（1897）是第一部用英文撰写的中国文学史[①]；《中国名人传记辞典》（*A Chinese Biographical Dictionary*）（1898）是第一部用英文撰写的中国人物传记词典；《中国绘画史导论》（*An Introduction to the History of Chinese Pictorial Art*）（1905）是第一部中国绘画史。

翟理斯对汉字和汉语语音及其拼写系统也有深入的研究。他于1912年对威妥玛拼音方案进行了改进，最终确立的威妥玛—翟理斯拼音系统经久不衰，被英美许多大学及众多学者沿用至今。

在中国经籍译介方面，翟理斯成就卓著。他翻译了从《三字经》到《洗冤录》，从《佛国记》到《庄子》的众多中国经典；他英译的《聊斋志异》（*Strange Stories from a Chinese Studio*）至今仍被视为最为全面的英文译本；他编写的《古文选珍》（*Gems of Chinese Literature*）（1884）首次给英语世界的读者展示了中国散文、诗歌的魅力。

翟理斯关于中国的著述还包括：

《老子语录》（*The Remains of Lao Tzu*）[②]（1886），《庄子：神秘主义者、道德家和社会改革家》（*Chuang Tzu，Mystic，Moralist，and Social Reformer*）（1889，1926），《古代中国的宗教》（*Religions of Ancient China*）（1905），《中国的文明》（*The Civilization of China*）

[①] 俄国汉学家瓦西里耶夫是第一个对中国文学特别是中国古代典籍注疏进行批评性研究的欧洲学者。他早在1880年就编写出版的《中国文学史概论》是世界第一部中国文学史著作。该书涉及中国儒家经典、佛教典籍、农书、兵书、诗歌、戏曲、章回小说，亦有中国道教典籍。

[②] 对于此书名，也有人译作《老子的遗产》。根据其内容，笔者认为，应为《老子语录》较为接近作者翟理斯之原意。因为在翟理斯看来，《道德经》里的内容不全是老子的，只有《韩非子》《淮南子》等引述过的才是老子的内容。

(1911)，《中国和中国人》(*China and the Chinese*)(1912)，《儒教及其对手》(*Confucianism and its Rivals*)(1915)等。

有鉴于他对汉学的杰出贡献，翟理斯在1897和1911年两度荣获法兰西学院所颁发的欧洲汉学最高奖项——儒莲奖。1897年，他被阿伯丁大学授予荣誉法学博士学位，1924年被牛津大学授予荣誉文学博士学位。

方豪先生对翟理斯作了这样的评价：

> 学风总括地讲，是稳健的高等的英国式的，足以代表十九世纪后半期到二十世纪初期英国的汉学，他的《华英大辞典》与他的名字同负盛名，但这部书的价值却不免有问题，至少在词条方面遗漏太多，但其编纂的苦心及给予世人的便利是值得纪念与钦佩的。到了晚年，他还努力于大辞典的第三次修订，不敢稍有懈怠，惜终未能如愿。[1]

翟理斯在道经英译方面贡献突出。他对老子其人和《道德经》其书的真伪提出质疑，并因此引发了英语世界持续数十年的论争。他的《庄子》英译本受到西方汉学界高度评价。

一、《老子语录》

1886年，翟理斯的《老子语录》(*The Remains of Lao Tzu*)发表于香港的《德臣报》(*China Mail*)第十四卷，第231—280页，并于同年以《老子语录：重译》为题发表于《中国评论》(*China Review*)第十四卷第6期。在文中，翟理斯对老子其人及《道德经》其书的真伪问题提出质疑。他说：

> 对于老子，除了他曾经生活过，思想过，教导过之外，我们对他

----

[1] 方豪."英国汉学的回顾与前瞻"，《方豪六十自选集》，第1547页。

几乎一无所知。他教给人类"道"，据称写过一本书，而且我们认为我们拥有那本书（《道德经》）。

翟理斯进一步提出，对于老子其人其书，孔子、左丘明、孟子在其著述中未曾提及，活跃于公元前 4 世纪的庄子，是历史上最伟大的道家权威，他引述过《道德经》中的格言，但从未提到过《道德经》一书，且其措辞与《道德经》不同；另有一些《道德经》的格言，庄子在引述时说是出自黄帝，《道德经》中还有一些格言出自他人。

韩非子著作中引述过的诸多格言，在《道德经》中也能找到，虽意义相同，但说法各异。很多格言在韩非子那里有意义，而在老子那里则变得很荒谬。而韩非子的许多格言在《道德经》中也难觅其踪。韩非子曾两次提及"一本书"，但并未言明此书即为《道德经》，这完全有可能是某种关于老子学说的书。我们现有的《道德经》都是按章节划分的，但韩非子并未按照章节的顺序，他以第 38 章开头，接下来是第 12 章、第 43 章、第 59 章、第 60 章、第 46 章、第 14 章、第 1 章等。他甚至将一章中的一部分与另一章的一部分混在一起，但这样看上去并不显得不协调，恰恰相反，《道德经》中的这种类似的地方反而显得不协调，而且，《道德经》中的某些句子是韩非子自己的评论。

与韩非子类似，公元前 2 世纪的淮南子花了长长的篇幅阐述老子的学说，他的阐释大量源自《庄子》，但从未提及老子一书。司马迁《史记》中有"老子五千文"之说，但从司马迁的行文来看，他未曾亲眼目睹过此书，他对老子的记述还有一些超自然色彩，如果当时有此书存在的话，司马迁不可能没有见过。

经过几百年的沉寂之后，公元 200 年左右，老子的著作被"发现"，并被反复传印，但从未有人考证过其真伪。后来产生的道教，在翟理斯看来，是一种落后的迷信，它利用了老子之名及老子的学说，创立了一种宗教。在唐代，此书被冠以"经"，成为《道德经》。

翟理斯认为，《道德经》文本本身也有一些证据来证明它是一本伪书：《道德经》中多处重复，对于此种字数有限的经籍而言，不大可能容许有重复的空间；在《道德经》中，老子多处引述"圣人"之言，对于道家

而言,应是老子本人所说,从《道德经》本身来看,却是引述某位更早的
先知的话;现存《道德经》中的一些字在《说文》中都没有收录。

翟理斯认为,问题不在于老子是否著过一本书(对此问题,他倾向
于否定回答),而是"老子是否著有一本名为《道德经》的书"? 翟理斯对
此问题的回答也是否定的。他坚持认为《道德经》是一本伪书,其中有
一些是老子的话,但更多并非出自老子之口。

基于上述立场,翟理斯详细考察了《韩非子》和《淮南子》中与《道德
经》相同的内容,对湛约翰、巴尔福、理雅各的翻译进行了评判,并提出
自己的见解。[①] 对于翟理斯的观点,理雅各、湛约翰、艾约瑟、庄延龄等
对其进行了严厉的驳斥。[②]

翟理斯将他认为非老子之言排除,对余下的部分进行了翻译,命名
为"老子语录"。

二、《庄子：神秘主义者、道德家和社会改革家》

如前所述,1881 年,巴尔福的《南华真经》英译本出版后,翟理斯
在《中国评论》撰文,对其进行了猛烈批评,称其中文水平太差,根本
就不能胜任其翻译[③],巴尔福的《庄子》译本根本不能算作是真正严肃
的翻译。[④] 因此,有必要对《庄子》从头到尾进行研读,并对其重新
翻译[⑤]。

在此背景下,翟理斯的《庄子》英文译本《庄子：神秘主义者、道德
家和社会改革家》(*Chuang Tzu*： *Mystic*， *Moralist*， *and Social*

---

① 翟理斯在 3 年后出版的《庄子》英文译本序言中再次重申了此观点。参见 H. A. Giles. 1980.
Chuang Tzu： *Taoist Philosopher and Chinese Mystic*, Unwin Paperbacks, pp. 13 - 15。

② 参见 The Tau Teh King Remains, *China Review*, vol. 14, No. 6. 1886 (Jun.). pp. 323 -
333。

③ Giles, H. A. 1889. "Introduction to *Chuang Tzu*, *Mystic*, *Moralist*, *and Social
Reformer*, *Translated from the Chinese*", London： Bernard Quaritch, p. xvii.

④ Giles, H. A. *Autobibliographical*, *etc.*, Add. MS. 8964 (1). Cambridge University
Library, p 52.

⑤ Playfair, G M. H. 1889/90. "An Expounder of Dark Sayings", *Journal of North-China
Branch of Royal Asiatic Society*, p. 226.

Reformer)于 1889 年出版。此译本先后于 1926 年出版第二版,1961 年由 George Allen and Unwin 重印,1980 年,由 Unwin Paperbacks 以《庄子:道家哲学家和中国神秘主义者》(*Chuang Tzu*: *Taoist Philosopher and Chinese Mystic*)为书名再次出版。这是继巴尔福译本之后,英语世界的第二个《庄子》全译本。理雅各在《道书》(1891)序言中曾提及他译完《庄子》之后曾读过此译本,并对它作过评价。

翟理斯的《庄子》译本包括概论、译文和索引,在译文之前有时任牛津大学科博学院(Keble College)和麦德林学院(Magdalen College)讲师的奥利·莫尔(Aubrey Moore,1848—1890)牧师的一篇文章。在该文中,莫尔根据翟理斯的译本,对《庄子》第 1—7 篇的思想进行了评述。莫尔在文中对庄子的思想与古希腊哲学家赫拉克利特(Heraclitus,约公元前 540 年—前 480 年)的哲学思想进行了对比,探讨了庄子思想与赫拉克利特之间的异同。

在译本概论部分,翟理斯提到他在英译时参考了以下六个注本:(1)郭象的《南华真经注疏》;(2)吕惠卿的《庄子注》;(3)林希逸的《南华真经口义》;(4)王敔的《庄子解义》;(5)奚侗的《庄子补注》;(6)明清林西中(Lin Hsi-chung)的注本。

翟理斯说,他在翻译时始终牢记林西中的话:应该按照庄子本人的意思去阐释庄子,而不是按照老子、孔子或佛家的立场观点去解释庄子。

翟理斯翻译了《庄子》的全部 33 篇,在每篇之前,对该篇的主要论点进行了概括,并以中国传统注疏的方式,在文中加注。翟理斯经过考证后认为,《庄子》第 28 篇《让王》、第 29 篇《盗跖》、第 30 篇《说剑》、第 31 篇《渔父》为伪托之作,第 33 篇《天下》为早期编者所加之总结,并非庄子本人之作。

翟理斯的《庄子》译本语言流畅,在他的译本中,庄子形象和智慧都充满了魅力,使英国读者充分领略庄子哲学之精华。译本出版后,在英语世界产生了较大的影响,引起极大的关注。英国唯美主义作家王尔德(Oscar Wilde,1854—1900)和德国哲学家马丁·布伯均受该译本的影响。马丁·布伯以翟理斯的英文译本为底本把《庄子》转译成了德文。1890年2月8日，在《演说家》(*The Speaker*)杂志第1卷第6期，王尔德以"一位中国圣人"(A Chinese Sage)为题发表书评，对翟理斯的《庄子》译本进行了评价。[①] 王尔德在这篇书评中称，他的思想与庄子产生了共鸣，他并非简单地停留在对庄子思想的表面认同，而是心契于庄子"无为"思想之神髓，并将庄子的"无为"思想应用于他的社会批评与文艺批评之中。受庄子对人类文明以及社会批评的影响，王尔德自己的价值判断也因此变得更加清晰坚定。通过翟理斯《庄子》英文译本，庄子的思想与西方知识阶层开始在精神深处进行对话。[②]

英国作家毛姆(William Somerset Maugham，1874—1965)对翟理斯《庄子》译本喜爱有加。他说，在下雨天身心俱懒之时，捧读翟理斯所译的《庄子》，常使人心绪飘摇，像涨潮时激起的浪花，种种意味油然而生，任自己独自在老庄世界里沉浮。[③]

白挨底(George MacDonald Home Playfair，1850—1917)认为，翟理斯成功地把《庄子》"展现在一个对于庄子的语言一无所知的阶层面前，精确地传达了原作的主旨"，"翟理斯的译笔明白晓畅。原文对于中国读者而言或许晦涩难懂，但译文对于英国读者而言，则易懂多了"[④]。但是，他的译本"有时也有误导性"，《庄子》原文一些原本很复杂的中文表达法，翟理斯却用一个简单的词来表达，原文中从未出现"上帝"一词，"但在翟理斯的译文中，"God"(上帝)却随处可见"[⑤]。

对于翟理斯译本的这种处理方式，理雅各也颇有微辞。理雅各认为，翟理斯的译文总体非常好，但"天"这一概念的翻译是他的一大败笔。儒家之"天"，类似于基督教的"Heaven"(天)，必须与道家之"天"区别开来。道家的"天"表示一种寂静但有着强大影响力的人格化的

① Giles，H. A. *Autobibliographical*，*etc.*，Add. MS. 8964(1). Cambridge University Library，p. 52.

② 葛桂录.《中英文学关系编年史》，上海：上海三联书店，2004年，第112—113页。

③ 毛姆.《中国小景·雨》，转引自张弘.《中国文学在英国》，广州：花城出版社，1992年，第71至72页。

④ Playfair，G. M. H. "An Expounder of Dark Sayings"，*Jorvnal of North-China Branch of Royal Asiatic Society*，1889/90，p. 227.

⑤ ibid.

道。如果将"天"翻译成"God"（上帝）只会使道家之意义变得模糊而费解。在翟理斯的《庄子》译本里，"上帝"到处可见。他的这种处理方式比巴尔福将"道"翻译成"Nature"（自然）更令人难以接受。翟理斯希望在他的英译中严格使用与中文术语相对等的英文表达。但要达到这一目的需要一个前提，那就是在两种语言中能够找到对等的表达。而眼前的问题，恰恰就在于在英汉两种语言中无法找到与"天"对等的表达法。无论老子还是庄子都没有使用我们基督教意义上的"God"。如果将道家的"天"翻译成基督教的"God"，就不能让英语读者正确理解《庄子》的真正涵义①。

但这毕竟瑕不掩瑜，正如《剑桥大学评论》（*The Cambridge Review*）刊发的翟理斯的讣告中所说，翟理斯的"《庄子》译本是一本非常杰出的译著，它的魅力远远超出了汉学界"②。

第八节　道经的首位美国译者保罗·卡鲁斯

保罗·卡鲁斯（Paul Carus，1852—1919），德裔美国哲学家、作家、编辑家、比较宗教学家。1852 年出生于德国伊森博格，1884 年移民美国，是美国最早对佛教和东方哲学感兴趣的学者之一，出版了许多关于东方哲学的著作。他编辑杂志《广庭》（*Open Court*）和《一元论者》（*The Monist*），鼓励用比较方法研究宗教，强调每个宗教的积极内容，主张超越宗教派系之争，以无派别的普遍方法去寻求宗教真理。他认为，"为了净化我们的宗教观念，没有比宗教的比较研究更好的办法了"③。保罗·卡鲁斯早年在德国受过教育，有严谨的治学传统，对中国哲学和印度佛学

---

① Legge, J. 1891. *The Texts of Taoism*. In F. Max Müller. *Sacred Books of the East*, Volume XXXIX. London: Oxford University Press, pp. 16 – 18.

② Obituary: Professor H. A Giles, *The Cambridge Review*, Feb 22,1935.

③ Carus, P. 1897. *Budhism and its Christian Critics*, Chicago: Open Court, p. 310. 转引自柯杰明著，于闽梅、曾祥波译.《东方启蒙：东西方思想的遭遇》. 上海：上海人民出版社，2011 年，第 125 页。

均有浓厚的兴趣，译有《道德经》《太上感应篇》①和《阴骘文》。

1896年，保罗·卡鲁斯的译本"老子《道德经》"（Lao-Tsze's Tao-Teh-King）发表在《一元论者》（The Monist）杂志第 II 卷第 571—601 页。1898年，其单行本《老子道德经》（Lao-tze's Tao-The-King：Chinese-English，with Introduction，Transliteration，and Notes）在美国芝加哥由广庭出版公司出版。1913年，广庭出版公司出版该译本的修订第二版，书名为 The Canon of Reason & Virtue（字面意义：《理性与美德的经典》）。2000年，该译本由美国圣马丁出版社出版，书名改为《老子的学说——道德经》（The Teaching of Lao-Tzu．The Tao Te Ching）②。

卡鲁斯的《道德经》译本③共有六部分：

第一部分为导论，介绍老子及其哲学，包括老子生平，老子哲学思想，伦理思想，老子之前及之后的道教，《道德经》现有版本及《道德经》的汉语标音等；第二部分是老子《道德经》中文文本，包括司马迁《史记》中的老子传和老子《道德经》中文原文；第三部分是老子《道德经》英文译文，与中文部分相对应，译文也包括司马迁《史记》中的老子传和《道德经》的英文翻译；第四部分为司马迁《史记》老子传和《道德经》的汉英逐字对照。如此编排，是希望有助于读者借助中文原文对译本中的英文译文进行核实或修正；第五部分为注释与评论，对《道德经》各章中的重要字词和相关背景进行了详细说明及评论；第六部分为索引，该部分以英文为主线，按照字母顺序排列，罗列了《道德经》中主要的字词所对应的汉语及所出现的章节。

与这一时期的其他译本相比，卡鲁斯译本不仅在译文之前对老子其人其书进行了深入细致的介绍，还给出了中文原文、英文译文。更为特别的是，卡鲁斯对《道德经》译本的中英文进行了逐字对照，标出了每个汉

---

① 与铃木大拙合译。铃木大拙是日本禅学大师，曾任卡鲁斯的助手，与其合译《道德经》与《太上感应篇》，本名铃木贞太郎，因喜欢《道德经》第四十五章"大巧若拙"，遂改名铃木大拙。

② 笔者未见此译本。刘固盛、吴雪萌在"西方基督教背景下的《老子》诠释"（《江汉论坛》，2011.4）一文中提到他们手中所持为该版本。

③ 本书所介绍的内容以卡鲁斯1898年译本为蓝本。

字的读音。不仅方便读者了解《道德经》的思想，也是一本汉语学习的好教材。

卡鲁斯对老子及《道德经》给予了很高评价，称老子为"老哲学家"（the old philosopher），是人类最了不起的思想家之一。卡鲁斯认为《道德经》是关于理性与美德的经典。1913 年出版其修订第二版时，卡鲁斯直接将书名改为《理性与美德的经典》。他认为，《道德经》不仅对中国人有着深远的影响，它也可以与佛教经典、基督教的《新约》相媲美。老子的学说与佛教、基督教教义尽管差异很大，但它们之间也有诸多相似之处。正因为如此，《道德经》才成为一本不可或缺之经典，对宗教感兴趣者，不可不读。[1]

卡鲁斯对与老子出生地名中的"曲""仁""厉""苦""楚"等进行了独特的解读。他认为，这些地名的安排有其神秘之处。他引用道格拉斯的观点说，老子出身地"曲仁"意为"被压迫的仁"（oppressed benevolence），"厉"意为"残忍"（cruelty），"苦"意为"苦难"（bitterness），"楚"意为"痛苦"（suffering）。他认为，这是一种神奇的巧合。道格拉斯补充道：

> 如果这些地方象《毁灭之城》和《名利场》那样神秘的话，这些地名用来描述一位因混乱时代而辞去官职，离开朋友的圣人的出生地就再恰当不过了。[2]

鉴于老子所非难的"压迫"与"假仁慈"，以及他不得不忍受的"苦难"，这些地名令人震惊，如果这些地名不存在的话，它们就暗示着老子的出生及其生活是一个神话。这种巧合虽然非常有趣，但对于那些不了解汉语中语义双关这种相当普遍的特征的欧洲人来说，是难以窥见其奥妙的。

卡鲁斯并不怀疑老子其人和《道德经》其书的真实存在。他认为，

---

[1] Carus，Paul．1898．*Lao-tze's Tao-The-King*：*Chinese-English*，*with Introduction*，*Transliteration*，*and Notes*．Chicago：The Open Court Publishing Company．p. 3.

[2] 转引自：Carus，Paul．1898．*Lao-tze's Tao-The-King*：*Chinese-English*，*with Introduction*，*Transliteration*，*and Notes*．Chicago：The Open Court Publishing Company．p. 4。

完成于公元前91年的《史记》中有关老子的生平文字虽然简短,仅248字,但却充满着有趣且非常重要的关于老子的可靠记录。鉴于此,卡鲁斯在本书中附上了《史记》中的老子传记及其英文译文。与翟理斯观点相反,卡鲁斯认为,在司马迁之前,列子、庄子、韩非子、刘安等都提到并引述过老子及《道德经》,这些事实恰好证明老子其人其书的真实存在。

关于《道德经》中的"道",卡鲁斯认为,"道"为老子哲学之基石,它是一个宏观、综合的概念,指"路径、道路、方法或做事方法",是表达一件事情的方法或者一个"词"。因此,其主要意思为"理性"(reason)。作为动词,"道"有"行走,讲话、争辩或说理"之意。在宗教层面,"道"意谓"Word"(言说)或"有逻辑的思想"。要对"道"进行翻译是一件困难的事,可以将其翻译为"word"(言词),或"path"(道路),或"Logos"(逻各斯);或干脆像湛约翰、理雅各、史陶斯那样直接将其翻译成"Tao"。卡鲁斯认为,最简单,最普通的英语对应表达应该是"reason"(理性),但为了提醒其读者该词的多重含义,他将此词的首字母大写①。"德"为老子的伦理体系,是对道的模仿,理想的德在于成为无名之朴。

卡鲁斯说,通常人们把老子称为道教的创始人,但他对此表示怀疑。因为,一方面,似乎在老子之前就有道教的存在,另一方面,对于现今有众多道教宫观的现代道教而言,老子的哲学太过深奥。道教声称老子是《道德经》的降授者,但道士之中能够领会《道德经》意义者却是凤毛麟角。老子之于道士,如同基督之于基督徒,佛陀之于佛教徒。老子之前道教就存在之证据在于,《道德经》中有许多以"故"开头的引语,但从未言及出自何人,老子只是为旧瓶装新酒而已。

关于老子与孔子的差异,卡鲁斯说,老子主张非道德教化来改变人心,而孔子主张教人以礼;老子主张依靠自己,而孔子主张寻求帝王之支持;老子主张独立自然,孔子则主张家长式管理;老子是无政府主义者,但并不反对帝王,而是反对过多管理,而孔子是君主制主义者,主张

---

① 庄延龄在其《〈道德经〉还活着》一文中也表达了此种观点,他将《道德经》的第一章第一句"道可道非常道"翻译为"The Tau (reason) which can be tau-ed (reasoned) is not the Eternal Tau (Reason)",庄延龄说,他之所以把"Reason"加上括弧,是因为他认为不能用Reason作为"道"的翻译,但这是他能找到的作为"道"作名词和动词时最接近的表达法。

细节管理,让管理者深入每个家庭成员的内心及人们的私人事务;老子有一种神秘主义倾向,他更看重智慧而非知识,而孔子更看重知识,希望通过学习获得智慧;老子重简单朴素,非繁文缛节,而孔子希望通过适当的礼节来影响人的心灵。

关于老子之后的道教,卡鲁斯认为,虽然《道德经》不是通俗著作,但老子却得到广泛的敬仰。普通民众所信仰的道教与老子的道教有所不同,这是很自然的,因为老子反对学问及对学问的炫耀,普通人的道教则反对所有的知识及真正的科学与智慧。在道教文献中,《庄子》是最富哲理的,而《太上感应篇》和《阴符经》最为通俗流行。继老子之后的道教徒积极投入炼制使人长寿的金丹,他们企图将贱金属炼制成金,这是十分荒唐的事。道教有时遭到政府的压制,有时受到政府的保护,但在中国,普通民众普遍信仰道教,它在中国的影响力一直以来未曾减弱过。

有关《道德经》的现有版本,卡鲁斯根据焦竑的报告进行了考察。《道德经》有 64 种版本,其中道教徒注本 20 种,佛教徒注本 7 种,文人学者注本 34 种。卡鲁斯的译本是在对他所持有的 5 种版本进行对照的基础上完成的。这 5 种版本是:《老子道德经》,王弼注,宇惠校,东京:须原屋出版(2 卷);《老子道德经》,苏辙注,木山校,东京:松山堂出版(2 卷);《老子讲义》,西村著,东京:二书房刊行;《老子道德经》(英汉对照),东京:哲学馆发行;《老子道德经》,儒莲 1842 年法文全译本(*Lao T'seu Tao Te King*. Le livre de la voie et de la vertu, etc. Par Stanislas Julien. 1842)。

关于卡鲁斯《道德经》译本的合作者问题,1934 年,韦利在其译本前言中指出,卫礼贤对《道德经》的阐释为当时最佳,卡鲁斯译本次之。[①] 在脚注中,韦利补充提到另一位译者铃木大拙(Daisetz Teitaro Suzuki),他在 1897—1908 年间担任过卡鲁斯的助理编辑。但在卡鲁斯 1898 年的译本所署的译者中,却没有署铃木大拙的名字,只在其导论部分提到他尤其要感谢铃木大拙先生,一位来自日本镰仓市(Kamakura)的

---

① 参见:Waley, Arthur. 1935. *The Way and Its Power. A Study of the Tao Te Ching.* Boston: Houghton Mifflin, p. 13。

禅学大师,他帮助卡鲁斯对各种版本进行对比,并协助完成了汉英逐字对照部分。1906年,铃木大拙与卡鲁斯合作翻译过《太上感应篇》,该译本也在芝加哥的广庭出版公司出版。1913年,卡鲁斯出版修订本《理性与美德的经典》时,增加了铃木大拙的名字。为何第一版中未署铃木大拙为译者之一,而在第二版时增加他为译者,尚待进一步考证。

卡鲁斯翻译此书的目的之一是让人人都能轻松理解《道德经》,也为从事比较宗教研究的学生提供一个不仅在意义上忠实,而且在所有特征,尤其是在简洁、通俗的文体方面也同样忠实的版本。卡鲁斯希望他的译本在语言允许的范围内,尽可能从字面上再现原文;同时,他希望此译本尽可能明白易懂,使英语读者阅读他的英文译本就如同受过教育的中国人阅读《道德经》原文一样。① 这是卡鲁斯期望达到的理想效果。

对于《道德经》所引诗句的韵律,译者卡鲁斯希望尽可能再现,同时尽可能与原文一样简单明了。他并不奢望他的译文比老子的原文更优美,但希望至少在不改变意义的前提下能够押韵。

卡鲁斯对《道德经》中的大多数格言(aphorism)都附以语言学和哲学的注释,包括其词源、字面意义及其哲学阐释。大多数西文《道德经》译本都使用了"Tao"来翻译其标题,而卡鲁斯在1903年的第二版《理性与美德的经典》(*The Canon of Reason & Virtue*)中却用了"Reason"(理性)来翻译"道"。在序言中,卡鲁斯对道进行了诠释,他认为,"道"相当于"Way",意为路径和方法,"道"相当于希腊语中由hodos派生的methodos,"道"与希腊哲学的Logos用于《新约》中时的宗教意义相似,"老子"意为"老哲学家但同时也指古代的首领(Ancient Chief)"。

卡鲁斯认为,他的译本是站在巨人的肩膀上,是在对前人的译本进行充分比较的基础上对原文所作的重译。因此,他自信,他提供给读者的译本比此前的译本有很大的改进,此译本的出版有其充分的价值。

---

① Carus, Paul. 1898. *Lao-tze's Tao-The-King: Chinese-English, with Introduction, Transliteration, and Notes*. Chicago: The Open Court Publishing Company. p. 46.

尽管在 20 世纪 50 年代前已有 9 个英文译本问世①，但卡鲁斯的英译本又于 1909，1913，1927，1954 年等多次再版，直到 2000 年，美国圣马丁出版社还以《老子的学说——道德经》(*The Teaching of Lao-Tzu. The Tao Te Ching*)为书名出版，足见其受欢迎的程度。韦利在其《道德经》译本导言中对卡鲁斯的《道德经》译本称赞有加，认为其译本是仅次于卫礼贤译本的最佳译本。1959 年，铃木大拙曾赞扬卡鲁斯的译文说：尽管卡鲁斯之后，《道德经》已有过多种英文译本问世，但卡鲁斯博士的译本仍为最佳译本之一。② 卡鲁斯的译本至今在美国仍有较大影响力，为许多学者进行老子《道德经》翻译和研究时所参考的重要译本之一。

　　对于卡鲁斯的《道德经》翻译，美国基督教公理会来华传教士明恩溥(Arthur H. Smith，1845—1932)牧师说：

———————————

① 据欧文·阿尔德雷奇(1994)统计，这 9 个英文译本是：

(1) I. W. Heysinger, 1903. *The Light of China; the Tao teh king of Lao Tsze... An accurate metrical rendering, translated from the Chinese text*. Philadelphia: Research Publishing Company.

(2) C. Spurgeon Medhurst. 1905. *The Tao Teh King. A Short Study in Comparative Religion*. Chicago: Tehosophical Book Concern.

(3) Dwight Goddard, 1919. *Laotzu's tao and wu wei; translation by Wwight Goddard. "Wu wei", an interpretation by Henri Borel, translated by M. E. Reynolds*. new York: Brentano's, 2nd ed. rev. and enl. *A new translation by Bhikshu Wai Tao and Dwight Goddard. Interpretive essays by Henri Borel. Outline of Taoist philosophy and religion by Dr. Kiang Kang-Hu*. Santa Barbara, Cal.: D. Goddard, 1935.

(4) Charles Henry Mackintosh. 1926. *Tao... a rendering into English verse*. Chicago: Theosophical Press.

(5) Sum Nung An-Young. 1938. *Lao Tzi's Tao ... the Bible of Taoism*. [introduction by Merton S. Yewsdale] New York: March & Greenwood.

(6) A. K. Ritselman. 1936. *Tao-teh-king (The Way of Peace), 600 B. C*. Palo Alto, Cal.: The School of Simplicity. (7) Lin Yutang. 1942. "Book of Tao" in *The Wisdom of China and India*. Revised as *The Wisdom of Laotse*. New York: Modern Library, 1948.

(8) Witter Bynner. 1944. *The Way of Life*. New York: The Hohn Day Company.

(9) Frederick B. Thomas. 1948. *The Tao teh of Laotse. A New Version of the Chinese Classic*. Oakland, Cal.: no pub.

② Jackson, Carl T. 1968. "Paul Carus on Oriental Culture", *Journal of the History of Ideas*, (29): 85.

不言而喻，要翻译《老子》这样一部著作，需要精通中文，这是一项非常艰巨的任务。卡鲁斯博士的成功翻译，是一件了不起的事。……卡鲁斯博士的翻译比理雅各或湛约翰博士的翻译更为成功。[①]

S·华塔士教授（S. Watase）评价说：

几年前我阅读过此译本，你的译本将会受到所有这位哲学家（即老子，笔者注）研究者的高度赞赏。当我阅读《道德经》原文和英文译文时，译文对《道德经》原文的高度简洁性的保持令我惊叹不已。[②]

《哈特福德邮报》（*The Hartford Post*）评论道：

我们将此译本与另外三个译本——两个英文译本，一个德文译本——进行了比较，这个译本毫无疑问是最令人满意，最为实用，公众所能得到的价格最为便宜的版本。[③]

卡鲁斯不仅翻译了《道德经》，他还与日本学者铃木大拙合作翻译了《太上感应篇》和《阴骘文》。与《道德经》译本一样，卡鲁斯的《太上感应篇》（*T'ai-shang Kan-ying P'ien*. *Treatise of the Exalted One on Response and Retribution*）译文也有中文原文、字对字英文翻译、注释以及其后的道德教化故事。该译本有一个批判性及描述性的序言，采用对照形式，一页为中文原文，另一页逐字英译。在中文文本下面是其英文翻译及其注释。这是直接从中文原文翻译的第一个英文译本。此前已有儒莲的法文译本，后由道格拉斯由法文转译为英文。

---

① Carus，Paul. 1909. *Philosophy As a Science*：*A Synopsis of the Writings of Dr. Paul Carus*. Chicago：The Open Court Publishing Company. p. 82.

② ibid.

③ ibid.

　　卡鲁斯的《阴骘文》(*Yin Chih Wen. The Tract of the Quiet Way*)英文译本是第一个西文译本。《阴骘文》译本没有附中文原文,也没有采用逐字对译的方式。但与《太上感应篇》一样,其后也附有一些道德教化故事。该译本也有译者注,并附有索引。

　　对于卡鲁斯的《太上感应篇》和《阴骘文》英文译本所依据的底本信息,笔者无从查考,但从其后的道德教化故事可以推断,其中文底本应是当时社会上较为流行的版本之一。

第三章　20世纪70年代前：
道经英译之发展

第一节　敦煌文献的发现

　　敦煌文献,亦称敦煌遗书、敦煌古文献、敦煌文书,是指在敦煌莫高窟发现的中国中古时期纸质写本和印本文献。敦煌文献的发现与明清档案、甲骨文及居延汉简的发现,并称中国近代古文献的四大发现。

　　敦煌位于甘肃省最西端,曾经是丝绸之路上繁荣的国际都会之一。自汉代至隋唐,中西交往非常频繁,敦煌曾经汇聚了东西方多种文化。自北宋开始,由于政治、经济、文化中心南移,陆上丝绸之路逐渐为海上丝绸之路所取代,远离政治、经济、文化中心的敦煌,其作用日益降低,甚至渐渐被人们遗忘,凿于敦煌城东南鸣沙山麓的莫高窟一直未引起关注,直至敦煌藏经洞的发现,敦煌莫高窟才开始进入世人的视野。

　　清光绪二十六年五月二十六日(公元 1900 年 6 月 22 日),道士王圆箓(法号法真)同一杨姓伙计在清理第十六窟甬道的积沙时,偶然发现内有一洞(即第十七窟),存有成捆的古代文物和遗书。自此,"一座给二十世纪的学术研究带来丰富素材的文化宝库就这样被发现了,一个在中国考古学史上难得的惊人发现就这样被一个完全不懂得考古为何物的道士发现了"①。不知其价值的王道士为了换取功德钱,经常拿一些佛经写卷和绢画送给附近的官绅以及过往的官僚士大夫。藏于敦煌的一些文物就此陆续散落各地,去向不明。

1907 年 3 月,英籍匈牙利人斯坦因(Aurel Stein,1862—1943)到敦煌莫高窟"考察"。在翻译蒋孝琬的协助下,斯坦因利用王道士对文献的无知和对宗教信仰的虔诚,骗得其信任,以 4 个马蹄银(约合 200 两银子)"购"得敦煌遗书 29 箱,运回英国。1908 年 2 月,通晓汉文的法国人伯希和来到敦煌。他获得王道士许可进入藏经洞内挑选其中"背面有非汉文的卷子、带有写经题记的卷子、估计未入佛藏的卷子和非佛教的典籍与文书"②,花了 500 两银子从王道士手中"购买",并运回巴黎。此后,清学部电令陕甘总督何彦升将所余经卷悉数购买运至北京,但官府草率从事,收取未尽,加上途中何彦升、李盛铎、刘廷琛等官僚截留,王道士私藏等,斯坦因、伯希和劫余之经卷文献并未全数取回北京,仍有大量写本散佚或落入当地民众手中。此后日本人橘瑞超、吉川小一郎,俄国人奥尔登堡(S. F. Oldenburg,1863—1934)等也先后来到敦煌并获取了一些卷子。大批敦煌遗书因此散落世界各地。

敦煌是丝绸之路上的佛教圣地,所发现的四万余件抄本中大部分是佛教典籍。敦煌文献中也有一些佛教以外的道教、景教、摩尼教经典,有中国传统的经史子集、官私档案、医药天文、诗词俗讲等,目前主要藏于英国、法国、中国、俄罗斯、日本及其他国家的一些图书馆和博物馆。斯坦因劫夺的文献约一万件,冠以 S. 进行编号,藏于英国伦敦大英图书馆;伯希和劫夺的部分共六千余件,藏于法国巴黎国立图书馆东方写本部,冠以 P. 进行编号。

敦煌文献内容广博、弥足珍贵,对中古时期中国和中亚的历史学、考古学、语言学、文字学、民族学、宗教学、文学、艺术、书志学、历史地理学和科技史等各个领域的研究均产生了重要影响,世界许多国家都设有研究机构和组织从事敦煌文献研究,发表了许多研究论文和专著,使

---

① 荣新江.《敦煌学十八讲》,北京:北京大学出版社,2001 年,第 56 页。
② 同上,第 72 页。

得"敦煌学"成为 20 世纪国际上的一门显学。

唐代奉老子为远祖，尊崇道教，敦煌也建有开元观、神泉观等道观，抄写了大量的道经，敦煌文献中也因此藏有丰富的道教文献，道经抄本共有八百余件，大多抄写于南北朝末至唐代，这些抄本中有道家子书、道教经书、科仪、类书、论著、诗词、变文等。其中许多抄本为《道藏》所未收，可弥补明《道藏》的缺佚。

在敦煌道经抄本中《道德经》的数量非常多，其中无注五千字本《老子道德经》①占压倒性多数。此外，还有河上公注、老子想尔注、李荣注、成玄英义疏、唐玄宗注疏，以及佚名注六种《道德经》注疏。其中《老子想尔注》和成玄英《义疏》为《道藏》所未收。大渊忍尔博士所编《敦煌道经》目录之第三篇《道德经类》中，收录《老子》抄本 62 件，其中有五千字无注本 25 件（伯希和本 11 件、罗振玉《贞松堂西陲秘籍丛残》本 5 件、书道博物馆藏本 2 件、列宁格勒东方民族研究所本 1 件）②。

敦煌道经抄本中，数量最多的是《太玄真一本际经》，共 103 件，与其他道经抄本相比，占压倒优势③。《本际经》成于隋代，为道士刘进喜造作，始为五卷，道士李仲卿增补为十卷，属灵宝经系统，是了解佛道关系的重要资料。

敦煌抄本中《老子化胡经》和《老子变化经》未被《道藏》收录。老子化胡说早在东汉桓帝时就出现了。西晋道士王浮根据传说，编成《老子化胡经》，称老子出关，西越流沙，入夷狄为佛，教化胡人。敦煌抄本中保存了不止一种《化胡经》，其中有十卷本《化胡经》的序、卷一、二、八、十和《太上灵宝老子化胡妙经》，是研究佛道关系的重要素材，也是研究

① 无注五千字本俗称葛本，据传为葛玄撰，故名。其主要特点如下：第一、正文限定在五千字（实际是 4499 字）范围内；第二，如伯希和 P2329 号所示，其开头有序，题为《道德经序诀》；第三，在伯希和 P2329 号本的序跋中有这样一句：太极左仙公序系师定河上真人章句；第四，在前引伯希和本等的前言之后，附有估计为师弟之间授受《老子》正文时的盟文。（（日）福井康顺等监修，朱越利等翻译.《道教》（第三卷），上海：上海古籍出版社，1992 年，第 161 页）。

② （日）福井康顺等监修，朱越利等翻译.《道教》（第三卷），上海：上海古籍出版社，1992 年，第 160 页。

③ 同上，第 168 页。

唐朝对外关系史的重要参考资料。

"十九世纪末、二十世纪初,欧洲列强从中国西北地区古代遗址中掠走了大量的文物和文献资料,其中尤以敦煌莫高窟藏经洞和吐鲁番盆地中墓葬、洞窟、城址所得到的古代文献最为重要,各国探险队所得各不相同,因此决定了各国此后东方学研究也各具特色,甚至在某种程度上左右着欧美东方学,特别是汉学的格局。"①

斯坦因攫取并带回英国的敦煌文献中有丰富的梵文、藏文、于阗文、粟特文、回鹘文和汉文文献,因此带动了英国东方学许多门类的发展。1914 年,英国博物馆的汉籍保管员翟林奈开始着手整理斯坦因带回的汉文文献,陆续发表了一些文献的整理和翻译成果。其首篇文章《〈敦煌录〉译注》(Tun Huang Lu:Notes on the District of Tun-huang)发表于《英国皇家亚洲学会会刊》1914 年号。此文受到当时留学美国的胡适的激烈批评(胡氏的批评和翟氏的重译均载《英国皇家亚洲学会会刊》1915 年号。不过,当 1926 年胡适到英国博物馆查找敦煌禅宗文献时,反而得到翟氏的特别关照)。翟氏发表的重要论著还有:《敦煌六世纪:英国博物馆藏斯坦因收集的汉文写本简记》(1944),《斯坦因收集品中的汉文纪年写本》(1935—1943)等。1957 年,翟林奈退休时,出版了他的《敦煌汉文写本注记目录》(1957)。除整理敦煌文献之外,翟林奈一生中也翻译了为数不少的道经②。

韦利是敦煌文献的又一受益者。他于 1913—1930 年间供职于英国博物馆,1931 年出版了斯坦因所获敦煌绢纸绘画目录。他于 1956 年发表《有关敦煌地区伊朗神祠的一些记载》,揭示了唐五代敦煌地区祆教流行的情况。1960 年,韦利又出版了部分敦煌变文的译注③。

崔瑞德(D. Twitchett)教授在 1950—1970 年间,充分利用敦煌文献,陆续发表了一系列研究中国唐史的文章,这些文章成为他撰写《唐代财政制度》(Financial Administration under T'ang Dynasty, London, 1963,

---

① 荣新江.《敦煌学十八讲》,北京:北京大学出版社,2001 年,第 146 页。
② 详见本书第三章第四节"子承父业的翟林奈及其道经译介"。
③ 韦利所译之道经,详见本书第三章第五节"韦利及其道经译介"。

2nd ed. 1971)和编纂《剑桥中国史》(*Cambridge History of China*)的重要基础。崔瑞德教授还根据敦煌文献资料编写了《中古中国的印刷与出版》(*Printing and Publishing in Medieval China*，New York，1983)一书。

英国汉学家麦大维(D. L. McMullen)、杜德桥(G. Dudbridge)、巴瑞特(T. Barrett)等，都在研究唐代儒学、礼法、小说、民间宗教、道教时使用过敦煌文献。以英国图书馆魏泓(S. Whitfield)为主导进行了敦煌写本的电子版工程(International Dunhuang Project)，部分英藏敦煌文献已经在网上公开，供研究者免费注册浏览。

在法国，伯希和在敦煌藏经洞中有目的拣选的文献，带给了法国汉学界丰富的汉学研究素材。因为伯希和所获得的敦煌文献，法国法兰西学院于1909年特别设立"西域语言、历史和考古讲席"，由伯希和主持。伯希和由此得以与他的老师，时任法兰西学院汉学讲席教授的沙畹并立于法国最高学坛。1921年，接替沙畹法兰西学院汉学讲席教授的马伯乐(Henry Maspero，1893—1945)利用敦煌文献研究中国道教，从中发现了南朝道士宋文明佚书《道教义渊》。沙畹的弟子葛兰言以社会学方法研究中国古代神话和历史传说而闻名；此外，沙畹的弟子石泰安和康德谟在法国道教研究方面亦成就卓著。1966年，石泰安出任法兰西学院中国社会研究讲座教授，主讲中国道教。在他们的影响和教育下，法国的一批道教研究学者成长起来，其中著名者有施舟人、索安、苏远鸣、劳格文、穆瑞明等。华裔法国学者吴其昱也刊布了敦煌道教佚经《太玄真一本际经》。第二次世界大战以后的一段时间里，最有成就者当属戴密微(Paul Demiéville，1894—1979)教授，他继承了沙畹所开创的法国汉学传统，在利用敦煌文献研究汉学方面取得了丰硕的成果。戴密微的弟子谢和耐(Jacques Gernet，1921—2018)利用敦煌文献所作的社会经济史研究为法国汉学开辟了一个新的领域。

在美国汉学界，梅维恒教授对敦煌通俗文学的研究成就不凡。他翻译了四种敦煌变文，出版了两本专著，探讨变文这种文学体裁和形式的来源和传播，以及它对中国白话小说和戏剧的影响。石泰安的弟子司马虚是把法国道教研究引入美国的重要人物，他本人主要研究上清派和茅山宗。

《老子想尔注》是敦煌文献所保存下来的《老子道德经》六种注疏本

之一,未收入明《道藏》。过去人们虽知其名,却不明其实。敦煌文献中的《老子想尔注》是现存文献中确定无疑的孤本,珍贵的抄本[1],与敦煌发现的大量无注五千字本互为表里,对《老子》及道教研究产生了重大影响。它使人们重新认识了敦煌文献的重要性[2],给道教研究开拓了崭新的局面,带来了巨大的开端[3]。1956 年,香港饶宗颐先生的《老子想尔注校笺》出版。饶宗颐的论述所依据的文献是斯坦因 S6825 号抄本,其首部缺,末尾存,约保存 580 行。饶著《老子想尔注校笺》成为柏夷(Stephen R. Bokenkamp)《早期道经》(*Early Taoist Scriptures*,1999)中所译《老子想尔注》的重要参考资料。

第二节　《道藏》走出宫观

道经总集是为《道藏》。它是道教文献的大集成,同时也是祖国传统文化的一大宝库,为道教研究的第一手资料。关于道经书目,《汉书·艺文志》已有著录,而正式将道经汇集成"藏","始自六朝,历唐宋金元递有增辑"[4]。南朝刘宋时,陆修静广集道书,编写《三洞经书目录》,共 1228 卷,为道教史上的首部经书目录。唐开元年间,唐玄宗下令搜访天下道经,编成《一切道经》,即《开元道藏》,收道经 5300 卷。北宋真宗时,张君房奉命编修《大宋天宫宝藏》,共 5481 卷,首次在福州闽县刻板印刷,史称《万寿道藏》或《政和万寿道藏》。金章宗时,编刻《大金玄都宝藏》,共 6455 卷。元朝初年,全真道士宋德方主持编刻《大元玄都宝藏》共计 7800 余卷。历朝历代编修的《道藏》,修而复亡,亡而复修,唯明《正统道藏》及《万历续道藏》存世。

《正统道藏》成于明正统十年(1445 年),先后由四十三代天师张宇

---

① (日)福井康顺等监修,朱越利等翻译.《道教》(第三卷),上海:上海古籍出版社,1992 年,第 166 页。
② 同上,第 165 页。
③ 同上,第 167 页。
④ 引自涵芬楼《道藏》"重印《正统道藏》缘起"。

初和通妙真人邵以正主持编修,共 5305 卷,480 函。《万历续道藏》成于万历三十五年(1607 年),由五十代天师张国祥主成其事,凡 180 卷,32 函。正续《道藏》共收道经 1476 种,共 5485 卷,分装成 512 函,按"三洞四辅十二类"分类法编排。

涵芬楼《道藏》"重印《正统道藏》缘起"谓《正统道藏》及《万历续道藏》"经厂刊版,率用旧规。传至有清,旧庋大光明殿,日有损缺",光绪庚子年(1900 年)八国联军入侵北京,"存版尽毁",各地宫观所藏之印本,因战乱而存者甚少,唯北京白云观所藏的明版《道藏》为唯一保存较为完好者。但是,明版《道藏》原本存世稀少,且由道观珍藏,一般人难窥其真面目。"明清二代,颁赐各处宫观《道藏》甚多。以历经兵灾,见存者寥寥可数,《道藏经》遂成秘籍。"①19 世纪及以前,国外道经译介者,无论是道教研究还是道经译介,鲜有提及《道藏》,足见目睹《道藏》者寥寥,道经译介数量有限,与《道藏》未走出宫观不无关系。

据鲍菊隐②考证,1918 年,时任教育总长及藏书家(bibliophile)傅增湘从他本人的藏书中选出部分结集出版,题为《道藏本五子》。民国十二年(1923 年)十月,由田文烈、李盛铎、赵尔巽、康有为、张謇、董康、张元济、梁启超、钱能训、熊希龄、江朝宗、黄炎培和傅增湘等 13 人发起重印《正统道藏》。时任民国政府总统徐世昌"慨出俸钱",支持此项宏举,请教育总长傅增湘总理其事。以北京白云观藏《道藏》原本为底本,补以他观所存,由上海涵芬楼影印,商务印书馆出版,称为"涵芬楼本"。至民国十五年(1926 年)四月出齐,共印 350 部,每部 1120 册。据陈国符先生《道藏源流考》考证,《道藏精华录》绪言云:

　　大总统徐世昌借北京白云观《道藏》缩为石印六开小本,每梵
本二叶,并为一叶,始将梵本改为线装本,每部实价八百银元。请
前教育总长傅增湘总理其事。摹影校勘,始一九二三年十月,迄一

① 陈国符.《道藏源流考》,北京:中华书局,1963 年,第 182 页。
② Boltz, Judith M. 1987. *A Survey of Taoist Literature*, *Tenth to Seventeenth Centuries*. Berkeley: Institute of East Asian Studies, University of California: 2 - 3.

九二六年四月。由上海涵芬楼影印。凡印三百五十藏。每藏一千
一百二十册。[①]

涵芬楼本《道藏》问世之后,《道藏》从此走出宫观,为道教研究提供
了便利。"及北京白云观《道藏》影印行世,学者始得读《正统道藏》及
《万历续道藏》矣。"[②]

另据法国远东学院研究员索安在《西方道教研究编年史(1950—
1990)》中考证:

> 1910 年前后,巴黎国家图书馆得到明代正统《道藏》(《大明道
> 藏经》,公元 1444—1445 年印)的两套残缺摹本(印于公元 1598
> 年),在奉皇帝之令收集中国各地道书并由皇家发起付梓印行的众
> 多版本中,这是最后一部道藏。这部《大明道藏经》及其续编——
> 印于万历年间(1607 年)的《续道藏经》,构成了最广泛也最可靠的
> 道教研究资料。对它的研究在中国曾被忽略,直至 1911 年,才有
> 一位对《道藏》的宗教内容感兴趣的中国学者首次发表了《道藏经》
> 的笔记。而同一年戴遂良神父(Léon Wieger,1856—1933)已用
> 法文拟定了第一份《道藏》目录,沙畹(1913、1919)和伯希和(1913)
> 研究并翻译了带回巴黎的摹本中的道经。1926 年,上海商务印书
> 馆将藏于北京白云观的经折本道藏以摄影石印术复制并出版。[③]

施舟人先生在与台湾《光华画报》记者王家凤女士谈到《道藏》
时说:

> 民国十五年,上海涵芬楼翻印了几百部明版《道藏》,价钱很
> 贵,当时一般中国大学买不起,结果大部分被日本、欧美学术界买

---

① 陈国符.《道藏源流考》,北京:中华书局,1963 年,第 181—182 页。
② 同上,第 182 页。
③ [法]索安著,吕鹏志、陈平等译.《西方道教研究编年史》,北京:中华书局,2002 年,第 11
页。

走了。那时候，《道藏》被研究出来的还不到百分之十，日本、法国……很多人研究，才愈来愈多人注意①。

正如索安所言，"要不是中国、日本和西方的学者都有条件使用这一版本的《道藏》，马伯乐对中国文化中有关道教诸方面的研究以及后来的一切发现恐怕都难以问世"②，20世纪以来的道经译介由发展走向繁荣，也将成为无源之水、无本之木。

早在1911年，已有法国人戴遂良③的《道藏引得》（*Catalogue du Canon Taoiste*）问世。这是最早的一部研究道藏的索引体工具书，以"编号解题目录"为主，附以"分类表""经名引得""撰人引得"等。

翁独健（1906—1986）先生认为，戴遂良的《道藏引得》存在以下四方面缺点：第一，其出版（1911）在《道藏》影印之先，于影印本的《道藏》已不大适用；第二，《引得》只以道经的西文名称依字母顺序排列而成，对经名的简称和异称一概不及，"撰人引得"复时有漏略，这于《引得》的功能已经失去了许多；第三，"编号解题目录"中遗漏了好几种道藏中所收的道经。其原因在于他未曾勘对原书，只是以《道藏目录详注》为依据，所以详注未录者他也未录；第四，《目录》中未曾勘对原书，还闹了不少错误。④

鉴于上述缺点，翁先生认为，戴遂良的《道藏引得》"虽然比《详注》进步了，还不能算是一部完备的工具书"。为了给"《道藏》预备一个比较适用的工具书"，翁独健决定编写《道藏子目引得》（*Havard-Yenching Index Number of Texts in Tao-tsang*）。该书于1935年7

---

① 转引自：郑天星. 国外的道藏研究，《国外社会科学》，2002，（03）。
② ［法］索安著，吕鹏志、陈平等译.《西方道教研究编年史》，北京：中华书局，2002年，第11页。
③ 关于戴遂良（亦译魏哲、威格尔）博士，福井文雅在《欧美的东洋学和比较论》一书中介绍说："博士把老子、庄子、列子译成了法文，而且他还撰写了有关中国宗教、思想等方面的专著，并把全部《道藏》的目录第一次整理出来，加以出版。"（见福井文雅：《欧美の东洋学と比较论》，隆文馆，1991年。转引自刘正：《海外汉学研究——汉学在二十世纪东西方各国研究和发展史》，武汉：武汉大学出版社，2002年9月版，第174页。)
④ 翁独健.《道藏子目引得》，北京：哈佛燕京学社，1935年，第i—ii页。

月,由哈佛燕京学社在北平出版。此书为西方汉学界常用的道藏检索工具书,大大方便了《道藏》检索。全书依据明正统《道藏》和万历《续道藏》,加上元《道藏阙经目录》和清末编成的《道藏辑要》,包括"分类引得""经名引得""撰人引得""史传引得","编制精审,资料独详,是一部手边必备工具书"。①《道藏子目引得》的出版是《道藏》走出宫观之后的又一重要成果,对于道经译介的发展与繁荣,功不可没。

1949 年,道藏史家陈国符教授(1912—2000)的《道藏源流考》由中华书局出版,后有 1963 年的增订版,1986 年第二次印刷。1983 年,台北明文书局出版《道藏源流续考》。陈先生的《道藏源流考》及《道藏源流续考》的出版,对道经在西方的译介亦有助推作用。

《道藏》重印之前,西方对中国道教的研究大多依赖《老子》《庄子》等未收入《道藏》的版本。此前,沙畹凭借巴黎国家图书馆两部不完整的《道藏》,为走出传统道教研究迈出了重要一步。沙畹的弟子马伯乐的传世之作《道教与中国宗教》(1967)一书的出版很大程度上得益于 1926 年《道藏》的重印。20 世纪 30 年代,涵芬楼《道藏》和翁独健先生所编《道藏子目引得》均为马伯乐在其道教研究中所利用的重要资料。马伯乐曾哀叹《道藏》中的无数经书年代不明,他对其中的道经进行了考证,并确定了众多经书的年代,就经书的产生草拟了第一份连贯的编年史。法国汉学家贺碧来(Isabelle Robinet, 1932—2000)考察了公元 4 世纪时的 140 余篇上清经,并从《道藏》中整理出上清经约 260 篇。司马虚(Michel Strickmann, 1942—1994)对《道藏》的 94 篇道经中考定出降授给杨羲的原始经书,以及 5 世纪时陶弘景编撰的经书。劳格文(John Lagerwey)通过考察在年代已经确定无疑的经书中是否被提及的方式,考定了 79 部《道藏》中的道经。龙彼得的《宋代收藏道书考》对宋代皇家及私人书目中著录的道经进行了考察,列出了一个详细的目录,还对自宋初到明代的《道藏》史做了简明而权威的梳理。②

---

① 郑天星. 国外的道藏研究,《国外社会科学》,2002,(03)。
② [法]索安著,吕鹏志、陈平等译.《西方道教研究编年史》,北京:中华书局,2002 年,第 11—15 页。

1943 年，李约瑟利用《道藏》中的金丹术史料进行研究，《道藏》成为《中国科学技术史》的重要文献资料来源。

1986 年，倪豪士（William H. Nienhauser，Jr，1943）主编的《印弟安纳中国传统文学指南》（*The Indiana Companion to Traditional Chinese Literature*）由美国印弟安纳大学出版社出版。该书收录柏夷的"道教文献，第一部分"（Taoist Literature，Part I）和鲍菊隐的"道教文献，第二部分"（Taoist Literature，Part II）两篇关于道教文学的文章，对道经和《道藏》的历史进行了梳理。

1987 年，由林达西·琼斯（Lindsay Jones）担任总主编的《宗教百科全书》（*Encyclopedia of Religion*）出版。该书收录了鲍菊隐撰写的"道教文献"条目（Taoist Literature）。该条目对道经及《道藏》进行了简要介绍。同年，鲍菊隐的《十至十七世纪道教文献概论》（*A Survey of Taoist Literature：Tenth to Seventeenth Centuries*）出版。该书对《道藏》的历史以及《道藏》所收各类道经，如降经仪式、仙道传记、地理志、碑铭、史志、文集、语录、注疏、类书等进行了历时性探讨，"将有关公元十至十七世纪的道教研究向前大大推进了一步"①。

第三节　20 世纪上半叶道经英译概览

如果说 19 世纪是英国的世纪，那么 20 世纪便是美国的世纪。进入 20 世纪以后，英国在世界的影响力逐渐衰退，代之而起的是美国这个英语世界的后起之秀，经过两次世界大战以后，美国逐渐成为世界超级大国，拥有政治经济及文化等领域至高无上的国际影响力。与此同时，美国加强对中国的研究，关于中国研究的机构层出不穷，培养或吸引了大批道教研究学者进入美国，产出一大批重要的道经译介与研究成果，道教研究中心随之从英语世界的英国移至美国。进入 20 世纪以后，美国已取代英国成为英语世界的道教研究重镇，在中国道教研究及

---

① ［法］索安著，吕鹏志、陈平等译.《西方道教研究编年史》，北京：中华书局，2002 年，第 15 页。

道经译介方面,形成美国、法国、日本三足鼎立的格局。

在 19 世纪所打下的学术传统、文献翻译及人才培养的基础上,20 世纪初,发现了敦煌文献。在斯坦因、伯希和等掠取中国道教文献的同时,西方正式开始了对中国道教及其经籍的研究。20 世纪 20 年代,《道藏》走出宫观,使得西方对中国道教,尤其是对道经有了更为全面的认知,为道经在西方的译介准备了更为丰富的原材料。

19 世纪末 20 世纪初,人们越来越关注西方文明因工业与科学的发展而导致的道德与精神上的空虚。许多人开始转向非正统的教派以寻求救赎。这种精神与文化上的觉醒也激发了西方对于东方的兴趣,他们将目光转向东方,希望在东方宗教中找到一种新的普世观点。20 世纪上半叶所爆发的两次世界大战,标志着西方理性文化的终结和机器文明的崩溃[1],西方人对其工业文明愈加感到绝望。而中国道教所倡导的那种植根于自然,追求和谐的普适价值,使其成为医治欧洲日益严重的信仰危机的良方。道家道教反对战争,提倡和谐的主张,引起那些意图抛弃西方中心主义学者的共鸣,在他们看来,中国的道家道教思想对于消弭人类占有的冲动、缓和人类社会冲突具有时代性意义[2]。正如卫礼贤所言,第一次世界大战是西方文明终结及机器文明崩溃的标志,来自中国的道家道教文化是拯救西方文明的良药,他认为老子的微言大义已经开始被引入欧洲文化的肌理[3]。

19 世纪也是西方在海外大肆扩张的世纪。1878 年的柏林会议批准欧洲人在世界上进行殖民活动的权利。这种对外侵略,一方面助长了欧洲至上主义,同时也使得西方人对非欧洲宗教传统持一种开放的态度。此时的中国道教,与亚洲的其他宗教相比,吸引力虽仍然相对较小,但自此时起,关于中国道教的著述越来越多,通过这些著述,道教的

---

[1] 辛红娟.《〈道德经〉在英语世界:文本旅行与世界想像》,上海:上海译文出版社,2008 年,第 21 页。

[2] 同上。

[3] Ostwald, H. G. 1985. *Tao Te Ching: The Book of Meaning and Life*. London: Routledge & Kegan Paul. p.10。转引自:辛红娟.《〈道德经〉在英语世界:文本旅行与世界想像》,上海:上海译文出版社,2008 年,第 11 页。

教义开始引起越来越多的注意。道教因其缺乏教条性的内容而被认为是世界普遍宗教的可能模板。美国哲学家保罗·卡鲁斯极力倡导宗教宽容，提倡西方与亚洲宗教间的对话。他在《道德经》译本中宣称他从《道德经》中发现了《道德经》与基督教教义的诸多相似之处；G. G.亚历山大的《道德经》译本也认为《道德经》体现出一种宗教的普遍智慧。

对于道教态度的转变，不仅仅局限于学者及东方学家。这一时期的一些文学家及哲学家对中国道教也产生了兴趣，他们的作品对于西方了解中国产生了重大作用。这些作家中有德国作家赫尔曼·黑塞（Hermann Hesse，1877—1962）、奥地利小说家卡夫卡（Franz Kafka，1883—1924）、美国作家赛珍珠（Pearl S. Buck，1892—1973）、埃德加·斯诺（Edgar Snow，1905—1972）等等。托尔斯泰（Алексей Николаевич толстой，1882—1945）、马丁·布伯（Martin Buber，1878—1965）、海德格尔（Martin Heidegger，1889—1976）以及荣格（Carl Gustav Jung，1875—1961）等都对中国道教有过不同程度的兴趣。托尔斯泰、布伯及海德格尔都曾计划着手翻译道教经典，布伯在1910年翻译的《庄子》对当时的德国思想界产生过重大影响。20世纪20年代，卫礼贤翻译的《易经》和《太乙金华宗旨》（The Secret of the Golden Flower）进一步引起欧洲人对道教的兴趣。

另一位使中国道教在西方人心目中的形象产生重大转变的人物是马伯乐。他一改高延（J. J. M. de Groot，1854—1921）、佛尔克（Alfred Forke，1867—1944）以及葛兰言等仅仅把道教研究局限于道教文本的不足，将道教研究范围进行拓展，首次对中国道教进行了更为全面的研究。马伯乐也改变了西方过去简单地将道教视为道家蜕化变质后的产物，对道教进行负面评价的传统。他致力于厘清作为哲学的道家与作为宗教的道教之间的传承与互动关系。这使得中国道教在西方人的眼中发生了重要改变，并从此改变了西方长期以来所形成的中国是儒家文化占统治地位的观念。马伯乐的观点被越来越多的欧洲、美国、亚洲及澳大利亚的学者发扬光大。自1968年起，欧洲有了定期召开的道教学术会议。在首届欧洲道教大会上，以施舟人教授为首的欧洲学者决定编辑并翻译《道藏》，由此开始了长达近 30 年的欧洲"《道藏》工程"。

在此期间，陈荣捷、冯友兰等华人学者，以及许多中国及日本学者开始对中国道教进行更为严格意义上的学术研究。正是他们的学术成就使得中国道教首次融入世界比较宗教史研究。在康德谟（Max Kaltenmark，1910—2002）、顾立雅（Herrlee Glessner Creel，1905—1994）、尉迟酣（Holmes Welch，1924—1981）等学者的带动下，道教也以各种方式进入更加广泛的学术及文化领域。也正是他们，将研究成果应用于普通大众，并注意到道教在道德、精神治疗等方面对西方的潜在作用。此后，越来越多的道教经籍被西方翻译并阅读，人们从更多的角度对道教进行全面考察。他们不再视道教为愚昧原始的迷信或不可言喻的神秘主义，而是将其视为可以在从相对主义到生态哲学等方面进行对话的伙伴。

进入 20 世纪，英语世界的《道德经》译介更加热络。据陈荣捷先生统计，在 1943 年至 1963 年的 20 年间，几乎每隔一年就有一种新的《道德经》译本问世，其中半数是在美国出版①。中国台湾学者严灵峰《周秦汉魏诸子知见书目》罗列了从 1868 年到 1970 年间有关《道德经》翻译及研究的英文书目 90 种，其中有 78 种为 20 世纪所译②。1989 年，荷兰学者克努特·沃尔夫（Knut Walf）教授对《道德经》西文译本进行的统计发现，自 1816 年至 1988 年，共有 252 种西文译本问世，涉及 17 种欧洲语言，其中英文译本 83 种，译介数量居西文译本之首。根据丁巍《老子典籍考：三千五百年来世界老学文献总目》统计，《道德经》西文译本中，英文译本多达 182 种③。阿奇·巴姆（Archie J. Bahm）教授在其《道德经》译本中列举了新墨西哥大学兹摩曼图书馆管理员克拉

---

① 转引自：辛红娟.《〈道德经〉在英语世界：文本旅行与世界想象》，上海：上海译文出版社，2008 年，第 16 页。

② 严灵峰编著.《周秦汉魏诸子知见书目》（第一卷），台湾：中正书局，1978 年/民国六十四年，第 503—510 页。

③ 转引自：辛红娟.《〈道德经〉在英语世界：文本旅行与世界想象》，上海：上海译文出版社，2008 年，第 11 页。

克·默林(Clark Melling)整理的 1868—1992 年间的 94 种《道德经》英文译本。其中，20 世纪以后的译本多达 85 种①。迈克尔·拉法革和包如廉(Julian Pas)所列举的 1993 年以前的 45 种重要《道德经》译本中，有 36 种出自 20 世纪②。对于《道德经》究竟有多少译本，无人能够说出其准确数字。但我们从上述学者的统计数据中至少可以窥见《道德经》在 20 世纪英语世界译介之盛况③。

进入 20 世纪，新的《庄子》英文译本也不断涌现：

1933 年，冯友兰选译的《庄子·内篇》(*Chuang Tzu：A New Selected Translation with an Exposition of the Philosophy of Kuo Hsiang*)由上海商务印书馆出版。1964 年，该译本在纽约重印，1989 年由北京外文出版社出版。冯友兰翻译了《庄子》内篇的全部内容，还选译了郭象注的部分内容，这一译本在英语世界曾产生较大影响。

1939 年，阿瑟·韦利的《古代中国的三种思维方式》一书在伦敦出版。韦利选译了《庄子》中的部分故事，以此来说明庄子的思想。同年，胡泽灵(Hu Tse-Ling)将《庄子》的《天下篇》(*The World*)翻译成英文在成都出版。

1942 年，林语堂在《中国和印度之智慧》(*Wisdom of China and India*)一书第二部分《中国之智慧》中选译了《庄子》内七篇中的《逍遥游》《齐物论》《养生主》《人间世》《德充符》《大宗师》等六篇，以及外篇中的《骈拇》《马蹄》《胠箧》《在宥》《秋水》等五篇。同年，修中诚(E. R. Hughes)以《庄周：自由诗人》(*Chuang Chou，the Poet of Freedom*)为题翻译了《庄子》的部分篇目，收入伦敦出版的《古代中国哲学》一书，该书在 1973 年再版。

1960 年，美籍华裔学者陈荣捷选译了《庄子》中的四篇，收入狄百

---

① Bahm，Archie J. 1996. *Tao Teh King by Lao Tzu：Interpreted As Nature and Intelligence*，California：Jain Publishing Company，pp. 121 - 129.

② LaFargue，Michael & Pas，Julian，1998. "On Translating the Tao-te-ching"，in Kohn，Livia & LaFargue，Michael，eds. *Lao-tzu and the Tao-te-ching*. Albany：State University Press，pp. 299 - 301.

③ 因《道德经》译本数量众多，因篇幅所限，此处不一一列举。详情请参见相应文献。

瑞等编《中国文化传统资料汇编》(*Sources of Chinese Tradition*)。

1963 年,魏鲁男(James R. Ware)以《庄周的格言》(*The Sayings of Chuang Chou*)为题在纽约出版其《庄子》译本。这是 20 世纪英语世界的首个《庄子》全译本,华兹生(Burton Watson)认为此译本用词生涩,其解释缺乏说服力。

1964 年,华兹生翻译的《庄子》(*Chuang Tzu, Basic Writings*)内篇在纽约出版。四年后,翻译出版了《庄子全集》(*The Complete Works of Chuang Tzu*)。

1968 年,阿基利斯·冯(Achilles Fang)翻译了《庄子》的《秋水》篇,发表于《起源》杂志(*Origins*)。

1974 年,冯家富(Feng Gia-fu)与简·英格里希(Jane English)合作翻译了《庄子》内篇(*Chuang Tsu, Inner Chapters*)。

1981 年,葛瑞汉出版了《庄子》选译本。译者根据自己的研究,对《庄子》的篇目及段落顺序进行了重新编排,并对其中部分内容进行了删减。葛瑞汉认为,此译本包含了《庄子》原书近五分之四的内容,可以算作《庄子》的全译本。该译本尤其注重分析和呈现《庄子》的哲学思想,常被英语世界的中国哲学研究学者征引[1]。

华兹生在其英译《庄子全集》(*The Complete Works of Chuang Tzu*)序言中提到,"《庄子》可以让其译者充当多种角色:他可以是严肃的(solemn),也可以是轻松的(quizzical),可以是狂想的(rhapsodic),也可以是反常的(paradoxical),可以一会儿以疯疯癫癫的语气讲话,一会儿变成一只千足虫(millipede),一会儿是一位絮絮叨叨的海神,一会是一位深思默想的人物(skull)。"[2]《庄子》在英语世界有过多种诠释:曾被作为一部神秘主义著作、哲学著作,主张无政府的自由放任主义,是语言学分析,认识论上的怀疑主义,一部严肃的文学著作,或者仅仅是一部纯纯粹粹的嬉戏之作。对于一些西方评论家们来说,《庄子》

---

① 徐来.《〈庄子〉英译研究》,复旦大学博士论文,2005 年,第 11 页。

② Watson, B. 1968. *The Complete Works of Chuang Tzu*, New York: Columbia University Press, p. xi.

具有很大的哲学上的意义。爱莲心（Robert Allinson）将《庄子》描绘成
"一部顶级的哲学杰作"①，陈汉森则认为《庄子》看似疯疯癫癫，实似
"哲学花蜜"②。还有人认为，《庄子》是一部充满讽刺与智慧之作，也有
人视其为文字游戏③。葛瑞汉试图用现代分析哲学的语言来翻译《庄
子》。他的这种做法曾受到诟病。乔纳森·赫尔曼认为，《庄子》的各种
英文译本之间的差别如此之大，以至于有时会认为它们不是译自同一
原作④。

　　在20世纪以后的英语世界，就道经的译介数量和种类而言，相较
于19世纪，除《道德经》和《庄子》（《南华真经》）这两部在19世纪被视
为所谓"纯正"的源于先秦道家的道经仍为英语世界译介的主流之外，
受到关注和译介的道经种类明显增多，《道藏》本身进入译介与研究视
野，施舟人发起的欧洲"《道藏》工程"也在此期间启动。

　　此阶段道经英译的重要的特点在于，道教外丹相关的道经受到愈
来愈多的关注。这与西方科学思想的成熟当然不无关系，而更为直接
的因素应是受李约瑟《中国科学技术史》的影响，以李约瑟、戴维斯、魏
鲁男、席文等为代表的西方科学界开始关注和译介道经中与外丹相关
的经籍，因为他们在研究中发现，道经里蕴藏着丰富的科学成分。李约
瑟在其《中国科学技术史》中大量译介道教丹经。美国化学家戴维斯与
吴鲁强合作，在美国《科学》杂志发表《周易参同契》《金丹四百字》《悟真
篇》等的英文译文；德国汉学家卫礼贤的德文译本《太乙金华宗旨》于
1929年在德国出版后不久，该译本的英文译本在美国问世；此外，魏鲁
男的首个《抱朴子·内篇》英文全译本亦在此时问世。

　　现将本阶段英译的主要道经列表如下：

_____

① Allinson, R. E. 1989. *Chuang-Tzu for Spiritual Transformation*, Albany: State University of New York Press.
② Hansen, C. 1992. *A Daoist Theory of Chinese Thought*, New York: Oxford University Press, p. 265.
③ Wu Kuang-ming. 1990. *The Butterfly as Companion: Meditations on the First Three Chapters of the Chuang Tzu*, Albany, NY: State University of New York Press.
④ Herman. J. R. 1996. *I and Tao: Martin Buber's Encounter with Chuang Tzu*, Albany, NY: State University of New York, p. 3.

出版时间	所涉经籍	译(作)者	文献出处
1903	《道德经》	海星格	Heysinger，I. W. 1903. *A Chinese Philosopher*：*THE LIGHT OF CHINA. The Tao Teh King of Lao Tsse*，604 - 504 *B. C.* Philadelphia：The Research Publishing Company.
1903	《道德经》	庄延龄	Parker，E. H. 1903. "*Tao Teh King*，or ' Providential Grace ' Classic " *The Dublin Review*，July，1903：360 - 376，and January，1904：155 - 177；E. H. Parker，*China and Religion*，pp. 271 - 301，Dutton，New York，1905；*Studies in Chinese Religion*，pp. 96 - 131，Dutton，New York，and Chapman and Hall，London，1910.
1904	《道德经》	包雷	Borel，Henri. 1904. *Wu wei. A phantasy based on the philosophy of Lao tse*. tsl fr dutch Meredith Ianson. London.
1904	《道德经》	华尔特·欧德	Old，Walter Gorn. 1904. *The Simple Way，Laotze，the "Old Boy," A New Translation of the Tao-Teh-King*. Philip Wellby，London.
1904	《道德经》	翟林奈	Giles，Lionel. 1904. *The Sayings of Lao Tzu：Translated from the Chinese*，with an Introduction. John Murray，London.
1905	《道德经》	麦都斯	Medhurst，C. Spurgeon. 1905. *Tao Teh King，A Short Study in Comparative Religion*. Theosophical Society，Chicago.
1906	《太上感应篇》	保罗·卡鲁斯、铃木大拙	Teitaro Suzuki & Carus，Paul. 1906. *T'ai-Shang Kan-Ying P'ien：Treatise of the Exalted One on Response and Retribution*. Chicago：The Open Court Publishing Co.；London：Kegan Paul，Trench，Trubner & Co. Ltd.

出版时间	所涉经籍	译(作)者	文献出处
1906	《阴骘文》	保罗·卡鲁斯、铃木大拙	Suzuki，D. T.，and Paul Carus. 1906. *Yin chih wen：The Tract of the Quiet Way*. La Salle，IL：Open Court.
1906	《庄子》选译	翟林奈	Giles，Lionel. 1906. *Musings of A Chinese Mystic：Selections from the Philosophy of Chuang Tzu*. London：John Murray.
1912	《列子》	翟林奈	Giles，L. 1912. *Taoist Teachings：Translated from the Book of Lieh-Tzu*，London：John Murray.
1916	《道德经》	密尔斯	Mears，Isabella. 1916. *Tao Teh King*. London：Theosophical Publishing House.
1919	《道德经》	德怀特·戈达德、包雷	Goddard，Dwight. and Henri Borel，1919. *Lao Tsu's Tao and Wu Wei*. Brentano's New York.
1920	《道德经》	安德森	Anderson，A. E.，1920. "The *Tao Teh King*；A Chinese Mysticism". *University Chronicle*，Vol. XXII，pp. 395 – 403，University of California，Berleley.
1923	《道德经》	韦斯	Weis，J. G.，1923. *Lao-Tze's Tao-Teh-King*. Typewritten copy in British Museum，London.
1924	《淮南子·招隐士》	何可思	Erkes，E. 1924.（tsl，ed，annot.）The chao-yin-shi. 'Calling back the hidden scholar' by *huai-nan-tzu*. *Asia Major* 1 119 – 124.
1924	《道德经》	佚名	*The Simple Way of Lao Tsze*. Shrine of Wisdom，Fintry，Brook，Godalming，Surry，England，1924，1941，1951.
1927	《道德经》	迈克因斯	MacInnes，T. 1927. *The Teachings of the Old Boy*. J. M. Dent，Toronto.
1928	《道德经》	史顿	Inouye，Shten. 1928. *Laotse，Tao Teh King*. Daitokaku，Tokoyo.

出版时间	所涉经籍	译(作)者	文献出处
1929	《道德经》	格雷斯·特布尔	Turnbull, Grace H. 1929. （comp） Tongues of fire. A bible of sacred scriptures of the pagan world. N.Y. 157-166.
1930	《道德经》	阿尔弗雷德·马丁	Martin, Alfred W. 1930. （comp） *Seven great Bibles*. N.Y. See chap 5, An older contemporary of Confucius and his book; -Lao-tze and the *Tao Teh-king*.
1931	《道德经》	毕恩来	Bisson, T. A. 1931. Lao-tsu and the *Tao Te Ching*. CJ 15 120-127.
1931	《长春真人西游记》	阿瑟·韦利	Waley, Arthur. 1931. *The Travels of an Alchemist: The Journey of the Taoist Ch'ang Ch'un from China to the Hindukush at the Summons of Chingiz Khan Recorded by His Disciple Li Chih-Ch'ang, Translated with an Introduction*. London: George Routledge & Sons.
1931	《太乙金华宗旨》	卫礼贤	Wilhelm, Richard. 1931. （tsl） *Das Geheimnis der Goldenen Blüte, ein chinesisches Lebensbuch*. München (1929) enl ed Zürich and Leipzig (1939) Engl tsl Cary F. Baynes: *The secret of the golden flower: a Chinese book of life*. London (1931).
1932	《周易参同契》	吴鲁强、戴维斯	Wu Lu-ch'iang, and Tenney L. Davis. 1932. "An Ancient Chinese Treatise on Alchemy Entitled *Ts'an T'ung Ch'i*." *Isis* 18: 210-89.
1933	《庄子》（选译）	冯友兰	Fung You-lan. 1933. *Chuang Tzu: A New Selected Translation with an Exposition of the Philosophy of Kuo Hsiang*. Shanghai: Commercial Press.
1933	《淮南子》（选译）	莫安仁	Morgan, Evan. 1933. *Tao, The Great Luminant: Essays from Huai Nan Tzu*. Shanghai: Kelly and Walsh.

续 表

出版时间	所涉经籍	译（作）者	文献出处
1934	《庄子·天下篇》	冯友兰、查平·波特	Fung Yu-lan, and Porter, Lucius Chapin, tr., "*Chuang Tzu* Chapter 33: T'ien hsia p'ien", in *Aids to the Study of Chinese Philosophy*, comp. Lucius Chapin Porter. Yenching University, 1934 (pp. 43–48).
1934	《道德经》	阿瑟·韦利	Waley, Arthur. 1934. *The Way and its Power: A Study of the Tao Te Ching and its Place in Chinese Thought*. Boston: Houghton Mifflin.
1934	《列仙传》（选译）	吴鲁强、戴维斯	Wu, Lu-ch'iang, and Davis, T.L. 1934. Translation of Ko Hung's biography in *Lieh-hsien-chuan*, in *Journal of Chemical Education* 517–520.
1936	《道德经》	比丘外道、德怀特·戈达德	Bhikshu Wai Tao & Dwight Goddard. 1936. "*Tao-Teh-King*". *A Buddhist Bible*. Thefford, Vermont.
1936	《道德经》	胡泽灵	Hu Tse-ling. 1936. *Lao Tzu, Tao Teh Ching*. Canadian Mission Press, Chengtu, Szechwan.
1936	《道德经》	基泽曼	Kitselman II, A. L. 1936. *Tao teh king (The Way of Peace) of Lao Tzu*. The School of Simplicity, Palo Alto, California.
1937	《道德经》	初大告	Ch'u Ta-kao. 1937, 1942, 1948, 1973. *Tao Te Ching*. New York: Routledge Chapoman & Hall.
1938	《道德经》	欧阳心农	Sum Nung Au-Young. 1938. *Lao Tze's Tao Teh King*. March and Greenwood Publishers, New York.
1939	《悟真篇》	戴维斯、赵云从	Davis, Tenney L., and Chao Yün-ts'ung. 1939. "Chang Po-tuan of T'ien-t'ai, his *Wu Chen P'ien*, Essay on the *Understanding of the Truth*: A contribution to the Study on Chinese Alchemy". *Proceedings of the*

出版时间	所涉经籍	译(作)者	文献出处
			American Academy of Arts and Sciences 73：97 – 117.
1939	《庄子·天下篇》	胡泽灵	Hu Tse-Ling. 1939. tr., The World (*Chuang-tzu*, T'ien hsia p'ien). Ch'eng-tu: the author.
1939	《列子·杨朱篇》	赖发洛	Lyall, Leonard E. "Yang Chu Chapter of *Lieh Tzu*", *Tien-hsia Monthly* (September, 1939).
1939	《庄子》(选译)	阿瑟·韦利	Waley, Arthur. 1939 (2nd 1946, 3rd 1953,4th 1963). *Three Ways of Thought in Ancient China*. London：George Allen & Unwin Ltd.
1939	《道德经》	吴经熊	Wu Ching-Hsiung. "Lao Tzu's Tao and Its Virture". *T'ien Hsia Monthly*, Nov. 1939, pp. 401 – 423, Dec. 1939, pp. 498 – 521, Jan. 1940, pp. 66 – 69, Shanghai; *Journal of Oriental Literature*, Vol. 4 (1951), pp. 2 – 33, Oriental Literature Society, University of Hawaii, Honolulu, 1939.
1940	《金丹四百字》	戴维斯、赵云从	Davis, Tenney L., and Chao Yün-ts'ung. 1940. "Four Hundred Word Chin Tan of Chang Po-tuan". *Proceedings of the Americanacademy of Arts and Sciences*73：371 – 76.
1941	《抱朴子·内篇》	陈国符、戴维斯	Ch'en Kuo-fu, and Davis, T. L., "Inner Chapters of *Pao P'u Tzu*", *Proceedings of the American Academy of Arts and Sciences*, Vol. 74, No. 10 (December 1941).
1941	《抱朴子·内篇》-第 1—3 章	法菲尔	Feifel, Eugene. 1941 – 46. "*Pao-p'u tzu nei-p'ien*". Parts 1 – 3. *Monumenta Serica*, 6(1941)：113 – 211;9(1944)：1 – 33;11(1946)：1 – 32.

出版时间	所涉经籍	译(作)者	文献出处
1942	《道德经》	林语堂	Lin Yutang，"The Wisdom of Laotse". *Wisdom of China and India* ，pp. 583 - 624，Random House，New York，1942.
1942	《庄子》（选译）	林语堂	Lin Yutang，"The Wisdom of Zhuangzi". *Wisdom of China and India* ，pp. 625 - 694，Random House，New York，1942.
1942	《道德经》	修中诚	Hughes，Ernest R.，"*Tao Te Ching*"，*Chinese Philosophy in Classical Times*，pp. 141 - 164. J. M. Dent and Sons （Everyman Library 973），London，1942,1950.
1944	《道德经》	宾纳	Bynner，Witter，*The Way of Life According to Lao-Tsu*. John Day，New York，1944.
1945	《道德经》河上公章句	何可思	Erkes，Eduard. 1945 - 49. "Ho-Shang-Kung's Commentary on Lao Tse". *Artibus Asiae*，Vol. VIII (1945)，pp. 119 - 196，Vol. IX (1946)，pp. 197 - 220，Vol. XII (1949)，pp. 221 - 251. Ascona，Switzerland.
1946	《道德经》	赫尔曼	Ould，Herman. 1946. *The Way of Acceptance*，A New Version of Lao Tse's *Tao Te Ching*. A. Dakers，London.
1948	《道德经》	托马斯	Thomas，Frederick B. 1948. *The Tao Teh of Laotse*. Oaknand，California.
1948	《太上卫灵神化九转丹砂法》	王靖献、史普纳	Spooner，Roy C.，and C. H. Wang. 1948. "The Divine Nine Turn Tan Sha Method, a Chinese Alchemical Recipe". *Isis* 38：235 - 42.
1948	《神仙传》等	翟林奈	Giles，Lionel. 1948. *A Gallery of Chinese Immortals：Selected Biographies Translated from Chinese Sources*. London：John Murray.

出版时间	所涉经籍	译(作)者	文献出处
1949	《道德经》	奥德伯顿	Poynton, Orde. 1949. *The Great Sinderesis*, being a translation of the *Tao Te Ching*. The Hassell Press, Adlaide, Australia.
1950	《道德经》河上公章句	何可思	Erkes, Eduard. 1950. *Ho-shang-kung's Commentary on Lao-tse*. Ascona: Ascona Switzerland: Artibus Asiae Publishers.
1953	《道德经》	郑麐	Cheng Lin. 1953. *The Works of Lao Tzyy: Truth and Nature*. World Book Co., Lrd., Taipei.
1954	《道德经》	戴闻达	Duyvendak, Jan Julius Lodewijk. 1954. *Tao Te Ching: The Book of the Way and Its Virtue*. London: John Murray.
1955	《道德经》	布兰克尼	Blakney, R.B. 1955. *The Way of Life: Lao Tsu*. The New American Library (Mentor Book 129), New York.
1958	《道德经》	阿奇·巴姆	Bahm, A. 1958. *Tao Teh King: Interpreted as Nature and Intelligence*, New York: Ungar.
1959	《道德经》	史陶斯	Strauss, Victor von. 1959. *Lao-Tse Tao Te King*. Zurich: Manesse Verlag.
1959	《三十六水法》	赵天钦、何丙郁、李约瑟	Tshao Thien-chhin, He Bingyu, and Joseph Needham. 1959. "An Early Medieval Alcheimcal Text on Aqucous Solutions" (the Sanshi Liu Shui Fa, Early Sixth Century).: *Ambix* 7: 122.
1960	《列子》	葛瑞汉	Graham, A.C. 1960. *The Book of Lieh-tzu: A Classic of the Tao*. Reprint: New York: Columbia University Press, 1990.
1961	《道德经》	吴经熊	Wu, John C.H. 1961. *Lao Tzu: Tao Teh Ching*. New York: St. John's University Press.

续 表

出版时间	所涉经籍	译(作)者	文献出处
1962	《淮南子》(第十一章)	华立克	Wallacker, Benjamin. 1962. *The Huai-nan-tzu, Book Eleven: Behavior, Culture and the Cosmos*. New Haven: American Oriental Society.
1963	《道德经》	陈荣捷	Chan, Wing-tsit. 1963. *A Source Book in Chinese Philosophy*. Princeton: Princeton University Press.
1963	《道德经》	陈荣捷	Chan, Wing-tsit. 1963. *The Way of Lao Tzu (Tao-te ching)*. Indianapolis: Bobbs-Merrill.
1963	《淮南子》(节译)	陈荣捷	Chan, Wing-tsit. 1963. *A Source Book in Chinese Philosophy*. Princeton: Princeton University Press.
1963	《列子》(节译)	陈荣捷	Chan, Wing-tsit. 1963. *A Source Book in Chinese Philosophy*. Princeton: Princeton University Press.
1963	《庄子》(节译)	陈荣捷	Chan, Wing-tsit. 1963. *A Source Book in Chinese Philosophy*. Princeton: Princeton University Press.
1963	《道德经》	刘殿爵	Lau, D. C. 1963. *Lao Tzu Tao Te Ching*, translated with an introduction. Baltimore, MD: Penguin Books Ltd.
1963	《庄子》(节译)	魏鲁男	Ware, James R. 1963. *The Sayings of Chuang Chou*. New York: The New American Library of World Literature, Inc.
1964	《庄子》(内篇)	华兹生	Watson, Burton. 1964. *Chuang Tzu: Basic Writings*. New York: Columbia University Press.
1965	《庄子》	托玛斯·默顿	Merton, Thomas. 1965. *The Way of Chuang Tzu*. New York: New Directions.

出版 时间	所涉经籍	译(作)者	文献出处
1965	《道德经》	尉迟酣	Welch, Holmes. 1957. *Taoism*: *The Parting of the Way*. Boston: Beacon Press. Revised 1965.
1966	《黄帝内经》	艾尔莎·威斯	Veith, Ilza. 1966. *The Yellow Emperor's Classic of Internal Medicine*. Berkeley: University of California Press.
1966	《抱朴子·内篇》	魏鲁男	Ware, James. 1966. *Alchemy, Medicine and Religion in the China of AD* 320: *The Nei-p'ien of Ko Hung*. Cambridge, Mass.: MIT Press.
1967	《太乙金华宗旨》	目幸黙仙	Miyuki Mokusen. 1967. "The 'Secret of the Golden Flower': Studies and Translation". Inaugural Dissertation, Jung Institite (Zürich).
1968	《庄子·秋水》	方志彤	Fang, Achilles. "Chuang-tzu's Autumn Flood", *Origins*, 3rd ser., 11 (October 1968): 24–54.
1968	《庄子》	华兹生	Watson, Burton. 1968. *The Complete Works of Chuang-tzu*. New York: Columbia University Press.
1969	《庄子·齐物论》	葛瑞汉	Graham, A.C. 1969–70. "Chuang-tzu's Essay on Seeing Things as Equal". *History of Religion* 9: 137–59. Reprinted in Roth 2003,104–29.
1969	《淮南子》(选译)	莫安仁	Morgan, Evan, trans. 1969. *Tao the Great Luminant*: *Essays from Huai Nan Tzu with Introductory Articles Notes Analyses*. New York: Paragon Book Reprint.
1970	《性命法诀明指》(藏外道书)	卢观羽	Lu Kuan-yü. 1970. *Taoist Yoga*: *Alchemy and Immortality*. London: Rider.

续 表

出版时间	所涉经籍	译(作)者	文献出处
1971	《道德经》	班尼特·西姆斯	Sims, Bennett. 1971. *Lao-Tzu and the Tao Te Ching*. Franklin Watts, New York.
1972	《道德经》	冯家富、简·英格利希	Feng, Gia-fu, and English, Jane. 1972. *Tao Te Ching/Lao Tzu*. Knopf, New York.
1973	《纯阳吕真人药石制》	何丙郁等	Ho Peng Yoke, Beda Lim, and F. Morsingh. 1973. "Elixir Plants: The Ch'uan-yang Lu Chen-jen Yao-shih Shih [Pharmaceutical Manual of the Adept Lu Ch'uan-yang]." In *Chinese Science*, edited by Shigeru Nakayama and Nathan Sivin, 2: 153 - 202. Cambridge: MIT Press.
1974	《庄子》(郭象《庄子》注第一篇)	安仁德雷普	Arendrup, Birthe. 1974. "The First Chapter of Guo Xiang's Commentary to *Zhuang zi*: A Translation and Grammatical Analysis." *Acta Orientalia* 36: 311 - 415.
1974	《庄子·内篇》	冯家富、简·英格利希	Feng, Gia-fu and English, Jane, tr. 1974. *Chuang Tsu*, *Inner Chapters*. New York: Knopf.
1975	《道德经》	阿莱斯特·克劳利	Crowley, Aleister. 1975. *The Tao Teh King*. Thelema Publications, Kings Beach, California.
1975	《道德经》(德文转译)	卡尔-施密特	Schmidt, Karl Otto. 1975. *Tao-Teh-Ching: Lao Tzu's Book of Life* (translated from German by Leone Muller). CSA Press, Lakemont, Georgia.
1975	《养性延命录》	斯威特金	Switkin, Walter. 1975. *Immortality: a taoist text of microbiotics*. San Francisco: M. S. Dakin Company.
1976	《道德经》	阿莱斯特·克劳利	Crowley, A. 1976. *Tao The Ching*, ed S. Skinner, London: Askin.

出版时间	所涉经籍	译(作)者	文献出处
1976	《百问篇》	霍曼	Homann, Rolf. 1976. *Pai Wen P'ien or the Hundred Questions: A Dialogue between Two Taoists on the Macrocosmic and Microcosmic Systems of Correspondences.* Leiden: E. J. Brill.
1976	《道德经》	严灵峰	Yen, Ling-feng. 1976. *A Reconstructed Lao Tzu*, translated from Chinese by Chu Ping-yi and edited by Ho Kuang-mo. Taipei: Ch'eng Wen Publishing Co.
1977	《道德经》	杨有维等	Ch'en Ku-ying [Chen Guying]. 1977. *Lao Tzu: Text, Notes, and Comments.* Translated by Rhett Y. W. Young and Roger T. Ames. San Francisco: Chinese Materials Center.
1977	《道德经》	冯家富、简·英格利希	Feng, Gia-fu and English, Jane. 1977. *Lao Tsu*. New York: Random House.
1977	《道德经》	林发财	Lim, Paul Joseph. 1977. *A Translation of Lao-tzu's Tao-te-ching and Wang Pi's Commentary.* Ann Arbor: University of Michigan, Center for Chinese Studies.
1977	《道德经》	邢幼田	Hsuing, Y. T., *Lao Tze, Tao Te Ching. Chinese Culture.* Vol. 18, June, 1977, pp. 1 - 48. Institute for Advanced Studies, China Academy, Taiwan.
1978	《抱朴子外篇》	孙立哲	Sailey, Jay. 1978. *The Master Who Embraces Simplicity: A Study of the Philosopher Ko Hung*, A. D. 283 - 343. San Francisco: Chinese Materials center.
1979	《太平经》	芭芭拉	Kandel, Barbara. 1979. *Taiping Jing: The Origin and Transmission of the "Scripture on General Welfare": The History of an Unofficial Text.* Hamburg: Deutsche Gesellschaft für Natur-und Völkerkunde Ostansiens.

出版时间	所涉经籍	译(作)者	文献出处
1979	《道德经》	倪清和	Ni, Hua-ching. 1979. *The Complete Works of Lao Tzu*：*Tao Teh Ching & Hua Hu Ching*. Malibu, California：Shrine of the Eternal Breath of Tao.
1979	《老子化胡经》	倪清和	Ni, Hua-ching. 1979. *The Complete Works of Lao Tzu*：*Tao Teh Ching & Hua Hu Ching*. Malibu, California：Shrine of the Eternal Breath of Tao.

第四节　子承父业的翟林奈及其道经译介

翟林奈(Lionel Giles，1875—1958)，亦名翟来乐、小翟理斯，英国著名汉学家翟理斯之子。1875 年出生于中国，1900 年进入大英博物馆东方图书馆写本部，管理中文图书。他的主要任务是整理斯坦因所掳敦煌文献，并对其进行编目和撰写提要。至 1940 年退休，翟林奈研究敦煌文献长达 40 年，编成《大英博物馆藏敦煌卷子目录》。1923 年，英国皇家亚洲学会成立 100 周年，翟林奈在庆祝会上宣读他根据敦煌文献中的三种《秦妇吟》写本所撰写的研究论文。此后，他利用五种写本，对原来所撰写的论文进行了修改补充，写成《〈秦妇吟〉考证与校释》的专题论文，在《通报》(*T'oung Pao*)第 24 卷第 4、5 期合刊发表。

1910 年，翟林奈《孙子兵法：世界上最古老的军事论著》(*Sun Tzu on the Art of War*：*The Oldest Military Treatise in the World*)在伦敦和上海出版。该译本的出版为他赢得了国际声誉。此译本出版之前，英国人卡特罗普(E. F. Calthrop)上尉的英文译本在日本东京出版，但卡氏不懂汉语，他以《孙子兵法》的日文译本为底本，致使译本中存在诸多错误。与此相比，翟林奈精通中文，熟悉道教，他广泛参考了《孙子兵法》各家注本，因此，他的英文译本虽然后出，但质量最佳。

除英译《孙子兵法》《论语》①《孟子》②,整理《大英博物馆藏敦煌卷子目录》,编写《古今图书集成索引》(*An Alphabetical Index to the Chinese Encyclopaedia*,1911)之外,翟林奈在道经译介方面也贡献卓著。他编译了《道德经》(1905)和《庄子》(1906),选译道教神仙传记(1906),还将《列子》译成英文(1912)。

一、编译《道德经》和《庄子》

1905 年,翟林奈编译的《道德经》以《老子语录》(*The Sayings of Lao Tzu*)为题名,作为伦敦约翰·穆莱(John Murray)出版公司"东方智慧丛书"(The Wisdom of the East Series)③之一出版。该书出版之后受到广泛欢迎,1908 至 1959 年间多次再版。

翟林奈显然受到其父亲翟理斯思想的影响,但对其父亲的观点并不认同。翟林奈《道德经》译本的独特之处在于,他未按照《道德经》81 章的顺序翻译,而是将其分为九个主题,将《道德经》各章中相关内容置于九个主题之中。这九个主题是:

(1) 道之超验性与客观性(Tao in Its Transcendental Aspect and in Its Physical Manifestation);

(2) 作为道德准则之道(Tao as a Moral Principle,or "Virtue");

(3) 无为说(The Doctrine of Inaction);

(4) 论处下与谦卑(Lowliness and Humility);

(5) 论治国(Government);

(6) 论战争(War);

---

① 《孔子的格言》(*The Sayings of Confucius*),英国东方智慧丛书,1920 年。

② 《孟子》节略本(*The Book of Mencius:abridged*),伦敦:约翰·穆莱(John Murray)出版社,1942 年。

③ 收入"东方智慧丛书"的翟林奈著作还有:《一位中国神秘主义者的沉思:庄子哲学选》(*Musings of a Chinese Mystic. Selections from the Philosophy of Chuang Tzu*)、《孔子的格言》(*The Sayings of Confucius*)、《孟子的著作》(*The Book of Mencius*)以及《道家学说——列子》(*Taoist Teachings*)、《中国神仙传记选译》(*A Gallery of Chinese Immortals:Selected Biographies Translated from Chinese Sources*)等。

（7）悖论（Paradoxes）；

（8）杂说（Miscellaneous Sayings and Precepts）；

（9）老子论自我（Lao Tzu on Himself）。

1906 年，翟林奈的《一个中国神秘主义者沉思录：庄子哲学选读》（*Musings of a Chinese Mystic：Selections from the Philosophy of Chuang Tzǔ*）作为"东方智慧丛书"之一，由英国伦敦约翰·穆莱（John Murray Ltd.）出版公司出版，该书于 1911、1920、1926、1927、1947、1991 年多次再版。

此书是对《庄子》的编译。翟林奈以十二个主题，将《庄子》的思想进行了概括提炼，其中直接引用的《庄子》原文均出自其父亲翟理斯 1889 年英文译本，仅有一两处作了少许修改加工。① 这十二个主题是：

（1）相对论（The Doctrine of Relativity）；

（2）矛盾性（The Identity of Contraries）；

（3）幻觉（Illusions）；

（4）道之神秘性（The Mysterious Immanence of Tao）；

（5）隐藏之泉（The Hidden Spring）；

（6）自然无为（Non-Interference with Nature）；

（7）被动之德（Passive Virtue）；

（8）外部环境之自我适应（Self-Adaptation to Externals）；

（9）灵魂不灭（Immortality of the Soul）；

（10）圣人或至人（The Sage，or Perfect Man）；

（11）杂说（Random Gleanings）；

（12）个人轶事（Personal Anecdotes）。

二、选译《神仙传记》（1906）

1906 年，翟林奈的《道教神仙传记选译》（*A Gallery of Chinese*

---

① The extracts in this volume are drawn，with one or two very slight modifications，from the translation by Professor H. A. Giles（Quaritch，1889）.

Immortals：Selected Biographies）由英国伦敦约翰・穆莱（John Murray）出版社出版，为约翰・穆莱（John Myrray）出版公司"东方智慧丛书"之一，该译本在 1948 年再版。

在导言部分，翟林奈从"仙"字的结构说起，介绍了仙在中国人心目中的形象。翟林奈说，"仙"字由"人"和"山"两部分组成，意谓离世隐居山林之人。仙的活动主要是寻找不仅可以治病，而且可以使人返老还童、长生不老之药，这些药中灵芝最为灵验。由于他们古怪的行为和隐居之所，出现了许许多多关于仙的传说。除了长生久视之外，仙人们通常拥有各种超自然的能力：他们可以呼风唤雨，指使鬼神，移形换位，高速行进，甚至可以同时出现在几个不同的地方。这也是中国神仙崇拜很快就与道教紧密联系的重要原因。

翟林奈对仙的相关记载进行了考证。他认为，老子《道德经》中的"载营魄抱一，能无离乎？"，"善摄生者，陆行不遇兕虎……夫何故？以其无死地"是对得道之人的描述。《庄子》《列子》中也有更具体的描述。在《列子》中最早出现"仙"字。

得道成仙即整个人的身心俱与道合。通常而言，要得道，需要有两个过程，一是养性，二是修身。随着时间的推移，人们认为，服食金丹可以立即成仙。翟林奈也介绍了炼丹的原理、原料及方法。

中国人认为，高道应该属于神仙之列，包括术士（magician）、哲人、政治家、医生，当然也包括传说中的黄帝、西王母等。对于一些宣称成仙，但在历史上确有关于其死亡的历史人物自然会引起人们的怀疑。对于这些人，据传他们死后，有人打开棺木，发现里面空空如也，只剩下一把剑或一双鞋或其他衣物。

中国的神仙数量很大，根据他们所居住的地方，通常分为四大类，即天仙、地仙、水仙、神仙。有的还包括人仙和鬼仙，但没有水仙。中国人对神仙信以为真，许多文献有关于仙的记载。翟林奈在本书中将中国神仙按照历史进行了分类，共分为"远古时期""周代""秦代""西汉""东汉""三国""南北朝""唐代"，并辟专章介绍了八仙。他在书中共选译了包括八仙在内共 58 位神仙的传记，每位神仙传记之后均注明了出处。本书的选材出自 28 种古籍资料，其中大多选自《列

仙传》《神仙传》《搜神记》《太平广记》；有的选自《史记》《后汉书》《三
国志》《旧唐书》等史书，不同资料中均有记载者也一一列出。其中关
于八仙的选材出处不详。这 58 位神仙分别是：

1. 远古时期（4 人）

黄安（《洞冥记》）、马师皇（《列仙传》）、白石生（《列仙传》元朝）、务
光（《列仙传》）

2. 周代（11 人）

吕尚（《列仙传》）、玉子（《神仙传》）、犊子（《列仙传》）、昌容（《列仙
传》）、骑龙鸣（《列仙传》）、瑕丘仲（《列仙传》）、老子（《列仙传》《史记》
《神仙传》《列仙传（元）》）、服闾（《列仙传》）、木羽（《列仙传》）、谷春（《列
仙传》）、沈羲（《神仙传》）

3. 秦代（公元前 246—前 207）①（2 人）

安期生（《列仙传》）、毛女（《列仙传》）

4. 西汉（公元前 206 年—公元 24 年）（11 人）

阴生（《列仙传》）、张良（《史记》、《太平广记》）、泰山老父（《神仙
传》）、李少君（《神仙传》《史记》）、刘安（《神仙传》）、钩翼夫人（《列仙
传》）、鸡父（《列仙传》）、东方朔（《列仙传》《风俗通》《历代神仙传》《博物
志》《搜神记》《列仙传（元）》《汉武帝内传》）、负局先生（《列仙传》）、呼子
先（《列仙传》）、文宾（《列仙传》）

5. 东汉（公元 25—220 年）（10 人）

刘政（《列仙传（元）》《绍兴府志》《神仙传》）、刘根（《神仙传》）、张道
陵（《神仙传》《列仙传（元）》）、赵升（《神仙传》）、魏伯阳（《列仙传
（元）》）、王真（《抱朴子》）、华佗（《图书集成》《后汉书》《关帝圣纪》《三国
志演义》）、左慈（《搜神记》）、费长房（《列仙传（元）》《神仙传》）、赤子玄
（《后汉书》《神仙传》）

6. 三国（公元 221—277 年）（2 人）

管辂（《三国志》《搜神记》）、乔仙（《高士传》）

7. 南北朝（7 人）

---

① 秦代的起止时间应为公元前 221—前 207 年。

吴猛(《搜神记》《云笈七签》)、孙登(《列仙传(元)》《神仙传》)、葛洪(《晋书》《抱朴子》)、郭璞(《晋书》)、鲍靓(《列仙全传》)、王质(《列仙传(元)》)、陶弘景(《列仙全传》《宁海县志》)

8. 唐朝(3 人)

叶法善(《旧唐书》《太平广记》《唐叶真人传》)、罗公远(《太平广记》)、马湘(《金华府志》)

9. 八仙

钟离权、张果、吕洞宾、曹国舅、李铁拐、韩湘子、蓝采和、何仙姑(未注明底本出处)

三、选译《列子》(1912)

列子为先秦道家代表人物,"其学本于黄帝老子"(刘向),历经魏晋南北朝的演变,《老子》《文子》《列子》《庄子》取代黄老学派成为道家思想的主流,被道教奉为经典。唐玄宗封列子为"冲虚真人",其所著《列子》称《冲虚真经》,宋真宗加封"至德",其书始称《冲虚至德真经》,今存《天瑞》《仲尼》《汤问》《杨朱》《说符》《黄帝》《周穆王》《力命》等八篇。

《〈列子〉中的道家学说》(*Taoist Teachings from the Book of Lieh Tzu*)于 1912 年由伦敦约翰·穆莱(John Murray Ltd.)出版社出版,之后分别于 1924、1939、1947、1959 年多次再版。

翟林奈翻译了除《杨朱》之外的《天瑞》(Cosmogony)、《黄帝》(The Yellow Emperor)、《周穆王》(Dreams)、《仲尼》(Confucius)、《汤问》(The Questions of T'ang)、《力命》(Effort and Destiny)及《说符》(Causality)七篇。译者在其前言中阐述了未译《杨朱》篇的缘由——该篇是关于"为我"哲学家(egoistic philosopher)杨朱的学说①。

翟林奈在其前言中对《列子》大加赞赏,称其为道家发展阶段(the

---

① Giles, Lionel. 1912. *Taoist Teachings from the Book of Lieh Tzu*. New York: E. P. Dutton and Company. p. 14.

period of development)①了不起的著作，与《庄子》一样，以其灵活而充满想象的思想加速了老子思想之花的绽放②，认为《列子》中的寓言故事在所有道家故事中最为完美，其在故事创作方面甚至超越庄子，其故事简明深刻，不仅充满戏剧性，更充满对人性的真知灼见③。

第五节　韦利及其道经译介

英国汉学家阿瑟·韦利（Arthur David Waley，1889—1966），生于英国坦布里奇韦尔斯（Tunbridge Wells），1903 年起先后在英国格拉比学校和剑桥大学皇家学院学习古典文学。在剑桥学习期间，即仰慕东方古代文明，立志致力于东方文化研究。1922 年，韦利进入大英博物馆工作，担任过书画部助理保管员，后来到伦敦大学东方及非洲研究院任教。韦利精通汉、满、梵、蒙、日和西班牙文，在日本和中国的诗歌、音乐、绘画及文学领域的研究成就斐然，被称为"没有到过中国的中国通"。韦利是一位"多产的翻译家"，他一生英译中、日著作 46 种，并以日本长篇小说《源氏物语》的英译而闻名于世。

韦利对道经的译介贡献卓著。1931 年，他将李志常《长春真人西游记》译成英文；1934 年，他的《道德经》英译本出版④；1939 年，他出版了《古代中国的三种思想方法》，对《庄子》进行了节译⑤，在伦敦和纽约

---

① 翟林奈在此序言中将道家哲学分为原初阶段（the primitive stage）、发展阶段（the stage of development）及蜕化阶段（the stage of degeneration）三个阶段。第一阶段为老子之前，其起点未知，第二阶段为老子、列子及庄子时期，第三阶段此后的道教时期，在此前众多的传教士及汉学家眼中，是道家堕落（decadent）后的产物。

② Giles，Lionel. 1912. *Taoist Teachings from the Book of Lieh Tzu*. New York：E. P. Dutton and Company. pp. 12 - 13.

③ ibid. pp. 14 - 15.

④ 有学者将韦利标题中的"Power"一词翻译成"力量"，或"力"。韦利此处的"power"实为"德"，这一点在该书的导言"Introduction"中可找到依据。参见 Waley，Arthur. 1956 (1934). *The Way and Its Power*：*A Study of the Tao Te Ching and Its Place in Chinese Thought*. London：George Allen & Unwin Ltd. p. 21。

⑤ 本书还节译《孟子》和《韩非子》部分内容。参见：Waley，Arthur. 1939. *Three Ways of Thought in Ancient China*. London：George Allen & Unwin Ltd。

初版,后于 1946 年、1953 年、1963 年和 1975 年多次再版,1947 年其德文译本在德国汉堡出版,1949 年其法文译本在法国巴黎出版。此外,韦利还在伦敦大学《东方及非洲研究院通报》(*Bulletin of the School of Oriental and African Studies*)第六卷第一期和第四期上发表过有关道教炼丹的研究论文。

一、英译《长春真人西游记》

《长春真人西游记》为丘处机弟子李志常撰,原题"门人真常子李志常述"。成书于元初(1228 年),共二卷,卷前有元人孙锡戊子年(1228)序。收于《正统道藏》正一部、《道藏辑要》胃集和《道藏精华录》第十集。

本书记载金末元初全真教著名道士丘处机及其弟子西游事迹。元太祖成吉思汗十五年(1220 年),长春真人丘处机应成吉思汗诏请,携弟子李志常等一行 18 人从山东莱州出发,赴大雪山(兴都库什山)觐见成吉思汗,向成吉思汗进言宣道,历时四年返归燕京。本书作者李志常根据亲身经历,详细记述西行途中所经道路里程、自然景观、风土人情、山川气候、语言民俗、珍禽异木以及丘处机师徒相互问答、吟咏诗词等事。下卷还述及丘处机返京驻长春宫和他多次举行斋醮祈祷之灵验,直至丘处机羽化、下葬等事迹。本书正文后附成吉思汗邀请丘处机的诏书、圣旨及燕京官吏请柬,并列举了丘处机随行弟子和护持名录等。

《长春真人西游记》在历史、地理、宗教、民俗、旅游、天文学、生物学等方面均有重要的参考价值,是研究元史、全真教史、中西交通史的重要史料。宋垒先生认为,"《长春真人西游记》,作为宗教方面的典籍,也许可与晋代法显的《佛国记》、唐代玄奘的《大唐西域记》媲美。"①但因其鲜有传本,人们很难见到,其引起学界广泛重视,只是近 200 余年之

---

① 宋垒.《成吉思汗封赏长春真人之谜》序.纪流.《成吉思汗封赏长春真人之谜》,中国旅游出版社,1988 年,第 1 页。

事。清乾隆六十年(1795 年)①，著名学者钱大昕②与段玉裁③同游苏州玄妙观时，从《正统道藏》中发现并抄出。据王国维先生考证：

> 乾隆之季，嘉定钱竹汀先生读《道藏》于苏州玄妙观，始表章此书，为之跋尾。阮文达遂写以进秘府。道光间徐星伯、程春庐、沈子敦先生，迭有考订。灵石杨氏因刊入连筠簃丛书。由是，此书非复丙库之附庸，而为乙部之要籍矣④。

《长春真人西游记》被发现之后不久，国内学者纷纷开始研究考订，外国学者也开始将其翻译出版。据党宝海⑤先生考证，最早翻译成西文者为俄国东正教北京教团教士巴拉第(Arch. Palladius，1817—1878)，他于 1866 年将该书翻译成俄文。1867 年，法国人鲍梯根据《海国图志》节要本将《长春真人西游记》译为法文。1910 年，俄国人薄乃德(Emilii Bretschneider)首次将本书译成英文，收入《中世纪研究》⑥。时隔 20 年，阿瑟·韦利以《一位道士之行记：长春真人应成吉思汗之召由中国至兴都库什山之旅》⑦为书名，将《长春真人西游记》重译成英文，于 1931 年在伦敦出版，该译本于 1963 年再版。1948 年，岩村忍的日文译本在东京出版。

阿瑟·韦利的英译本共 166 页，包括译本前言、导言、参考文献、孙锡序言英译、正文英译、附录英译和索引七部分。书中附有一幅出自俄国人薄乃德《中世纪研究》的简要地图，标示丘处机的旅行路线。

在译本的前言，韦利介绍了他翻译本书的缘起：他原打算出版以

---

① 一说乾隆五十九年(1794 年)。

② 钱大昕(1728—1804)，字晓微，一字辛媚，号竹汀，江苏嘉定人。

③ 段玉裁(1735—1815)，字若膺，号茂堂，江苏金坛人，清乾嘉时期著名学者，师事戴震。

④ 王国维.《王国维遗书》，上海书店，1983 年版。

⑤ [元]李志常著.党宝海译注.《长春真人西游记》，河北人民出版社，2001 年，第 2—3 页。

⑥ Bretschneider, Emilii. 1910. *Medieval Researches from Eastern Asiatic Sources*, Vol. I, London，pp. 35 - 108.

⑦ Waley, Arthur. 1931. *The Travels of an Alchemist：The Journey of the Taoist Ch'angch'un from China to the Hindukush at the Summons of Chingiz Hhan.* Routledge & Kegan Paul Ltd.

帕拉丢斯俄文译本为底本的英译本,但考虑到该俄文译本翻译是在半个多世纪之前完成的(1866),年代久远,这期间,汉学研究取得了长足进步,帕氏译文中的注解显得有些过时,其英文译本的读者对象与俄文译本完全不同。因此,韦利决定直接以中文原本为底本进行独立翻译并重新加注。对于书中的蒙古历史和语言问题,韦利参考了伯希和的相关研究。至于中古时期道教史相关的内容,因当时无论是欧洲还是中国,均无人涉足,只能由韦利重头开始。

韦利认为,《长春真人西游记》固然有其文化与地理上的意义,尤其重要的是,它是研究蒙古历史的重要史料,对于解决此前争论不休的成吉思汗西进的确切时间问题,起到了重要作用。

韦利认为,《长春真人西游记》叙述高度客观,读者从全书的叙述中,几乎看不见叙述者本人的身影,也看不出叙述者与本次西行使团之关系。书中提及他们所遭受的身体上的折磨,与严寒和酷暑、饥饿与疲乏所作的斗争。书中所记述的内容由喧闹的中原地区,到坐着马车,赶着羊群,穿着毛皮大衣,戴着奇怪头饰的蒙古游牧民、包着头巾的穆斯林农夫、撒马尔罕国际大都市拥挤的人群以及阿富汗部落居民,展示了一幅幅迥然不同的风土人情画,这是本书最吸引读者之所在。韦利的观点与孙锡序言所言异曲同工:

> 门人李志常,从行者也,掇其所历而为记。凡山川道里之险易,水土风气之差殊,与夫衣服百果草木禽虫之别,粲然靡不毕载。

关于长春真人西游时期的中国与中亚,韦利首先简要介绍了契丹、金的历史,成吉思汗统一蒙古、突厥部落、征服党项、鞑靼,占领北京,西进征服契丹、突厥斯坦,1220年征服撒马尔罕(Samarkand,乌兹别克斯坦东部城市),以及成吉思汗诏请长春真人等事件。

关于成吉思汗与宗教,韦利认为,成吉思汗崇奉佛教和道教的主要原因在于,成吉思汗相信一位伟大的君主背后应该同样有一个伟大的圣人支持。韦利还认为,成吉思汗应该对有关亚历山大和亚里士多德的故事有所耳闻,当时一些穆斯林小贩已经开始将一些商品带入蒙古。

在他们对外扩张之前，蒙古并非与伊斯兰世界完全隔绝。韦利指出，蒙古人并非如欧洲人所认为的那样，一开始就信奉藏传佛教。恰恰相反，他们最早信奉的是汉传佛教的禅宗。1220年，中观和尚圆寂后，海云法师年仅18岁，成吉思汗认为他太年轻，不能担当"天的代言人"。于是，成吉思汗选择了道教当时德高望重的丘处机。

　　在介绍全真教及丘处机之前，韦利首先介绍了道教，尤其是外丹和内丹的缘起。谈及道教，欧洲人一方面将之与老庄神秘哲学相联系，另一方面又将道教与素质低下的伪僧相联系。这些伪僧只会利用现代中国农民的迷信进行念咒施法。在道教产生后的两千年间，一般读者对其知之甚少，学者的研究也少有涉猎。[①] 与佛教相比，道教的优势在于，它拥有一个确定的教团组织。这个组织受天师（欧洲人称之为道教教皇，Taoist Pope）的控制。这一精神王朝由张道陵创建于2世纪中期。韦利认为，张道陵所做的，实际上是将乡村巫医们的符箓法术汇集起来，将其首次纳入一种建立在老子教义基础上的宗教系统。对于此前的中国人而言，宗教就是一种有着并非始终如一的狂热崇拜及实践的松散的聚集体。随着佛教的传入，这种观念开始改变。佛教对张道陵创立道教应该有一定影响。

　　道教的最大贡献在于，它保存了大量被儒家作为非正统而抛弃的经典和学说。一方面是哲学学说，另一方面，它使诸如占星学、炼丹术、卫生保健学、光疗、占卜、性别选择等等科学及准科学得以保存下来。如果没有佛教的竞争，情况将会更好。佛教的最大优势在于它能不断引入印度神学理论，而有创造力的道士团队无法跟上其步伐。从公元5世纪起，道士们模仿佛教，造作了大量道经，与此同时，他们模仿佛教开始自己的造神工作。至此，老子成为与佛教释迦牟尼相对应的角色，天尊对应佛教的阿弥陀佛，真人相当于佛教的菩萨。像佛教中的佛一样，老子也有无数的化身。同样，道教也学习佛教，设立自己的道观、节

---

① 译文见：Waley, Arthur. 1931. *The Travels of an Alchemist*; *The Journey of the Taoist Ch'angch'un from China to the Hindukush at the Summons of Chingiz Hhan*. Routledge & Kegan Paul Ltd., pp. 8 - 9。

日及道士生活。

但有一方面道教与佛教完全不同,那就是其大量的丹经文献。中国人从遥远的过去继承了一种信念,一些诸如玉、珍珠、贝壳、朱砂之类的物质可以赋予人生命,这些物质如果被人体吸收,可以防止衰老。但因其存在于大自然中,这些物质是不洁的,需要经过人工烧炼才能被人体安全有效地吸收。早期中国的黄金并未被赋予很高价值,但人工炼制玉之类的物质从很早时期已经开始了。公元前 3 或 4 世纪,在与西北重视黄金价值的游牧民族交往的过程中,中国人才开始接受黄金的价值。此后,黄金才被认为是一种能赋予人生命的物质的有价值的东西。自此,各种形式各异的炼金术开始出现:炼制可以服用的金液以延年益寿,炼制朱砂,用诸如铅之类的贱金属炼制金丹等。现存最早的丹经收于《抱朴子》。

自公元 10 世纪起,外丹让位于内丹。内丹的成分不是有形的物质,而是这些物质的“灵魂”或“精”。17 世纪末,内丹又有了新发展。这些超自然的金属与人体的各种部位相对应,炼丹不再是化学物质、吹管、炼丹炉等实验,而是一套精神与身体的操练。正是在此种意义上,韦利将长春真人称为炼丹道人(Alchemist)。

关于全真教派,韦利介绍了王彻(王重阳)创立全真教,马钰夫妇入教,全真教别名“金莲”之来历,王重阳去世之后,丘处机继任、王彻的弟子何广宁宣教的故事,以及 1219 年以前长春真人西行之前的活动情况,《长春真人西游记》作者李志常的相关活动介绍等,并言及佛道之争、全真教的苦行、三教合一之主张、性命等教义,韦利花了不少篇幅介绍长春真人对成吉思汗的宣教情况、长春真人去世之后发生的事件(佛道之争,武宗灭佛事件)、护送长春真人西游的镇海生平等。

韦利考察了《长春真人西游记》的历史。《长春真人西游记》收入《道藏》,但在张穆著名的文集《连筠簃丛书》(1848)出版之前,一般大众对其一无所知。1791 年,学者钱大昕提醒人们注意此书作为早期蒙古历史和地理资料的重要性,该书的存在才开始为知识分子所知晓。俄国东正教传教士帕拉丢斯曾将其译成俄文,薄乃德在其《中世纪研究》第一卷中所译英文版本实际上是帕氏俄文译本的节译本,但在俄文版的基础上加上了很有价值的注释①。关于《长春真人西游记》的中文注疏，韦利只言及《海宁王忠公遗书》中所收的王国维校注。韦氏认为，王国维的校注虽然非常重要，但存在一些严重缺陷。王国维虽利用了回回人的相关资料，但引用极少，而且都不是直接引用的。更为严重的是，王国维忽视了《道藏》，因为，对于道教文献的解释自然应该到《道藏》中去寻找。此外，王国维并未力图对本书做完整校注，而是根据他本人渊博的中国文学知识随性而作，对于一些复杂的需要注释之处，却完全忽略，而对于一些毫无困难的段落，则提供太多的解释，这些解释有时多得能成为一篇独立的文章，而不是所谓的"注"了。

因韦利几乎不懂俄文，未能参考早在 1866 年收录在《北京传教团作品集》第四卷上帕拉丢斯的俄文译文。但韦利参考了杰拉德·C·韦勒（Gerald C. Wheeler）和西门·拉波波特（Semen Rapoport）根据帕拉丢斯的俄文译本所转译的英文译本。

韦利在其译文中附有丰富的注释，概括起来有以下几类：

（1）对书中中国纪年的考证，并标注出公历年代，或对一些模糊的时间具体化。如：己卯：Chi-mao(1219)；辛巳夹钟之月：1220 年第二个月（The second month of 1220）；甲申孟陬：1224 年第一个月（first month of 1224）；戊子秋后二日：1228 年 10 月 31 日（Oct. 31,1228）；戊寅：译为 mou-yin(1218)；暮年：译为 later，注释：In 1191；正月七日：1220 年 2 月 12 日；辰、巳间：即上午 8—10 点。

（2）对地名、寺庙的考察与注释。如：龙阳：位于德兴，今直隶宝安；大梁：位于河南，1219 年，金将山东大部分让与南宋；白登：位于山西；居庸：位于燕京东南；真定：位于直隶；益都：今山东青州；宣德州：马可·波罗称其为 Sindachu，今宣化府；等等。

（3）对书中人物进行注释。如：重阳真人：俗名王彻，1170 年去世；李公、彭公：直接翻译为 Li Ch'uan and P'eng I-pin（李全和彭义斌），并在注释中说明有关两人的详情出处：参阅《宋史》第 476 章；刘

---

① 党宝海先生在其译注《长春真人西游记》前言中认为，薄氏是把汉文译成英文，因笔者未能找到原文，无法判定，但有此英文译本这一事实不容否认。

仲禄：直接翻译为 Liu Wen(刘温)，译者在导论第 38 页对此人进行了专门介绍；羽客常真：著名道人，常真为本书作者李志常之别名；张林：金将领(南宋京东安抚使)；石抹：石抹咸得不，1216 年在其父亲明安去世后，由成吉思汗任命，由他继承父亲燕京行省长官职务；曷剌：护送丘长春的四位蒙古官员之一；移剌公：直接翻译为耶律秃花，并附注：为耶律楚才之亲戚，其传记见《元史》149 章；阿里鲜：韦利在其导言中作了专门介绍：《金史》中为"乙里只"，《元史》中为"阿里浅"，在护送丘长春西游之前，自 1214 年开始，作为元朝使臣，多次出使金国。

（4）对书中部落名进行注释。如：乃满：蒙古主要部落之一，1206 年被成吉思汗征服。

（5）对书中的道教节日、民俗进行注释。如：上元：正月第十五夜，即欧洲人所知之元宵节。是年上元节为公历 2 月 20 日；以手加额：表示敬意；老子过关：传说道教的神秘创始人老子在西方胡人(western barbarians)中结束了他的余生；清明：中国复活节；农桑为务：种桑树，养蚕之用；一百五旦太上贞元节：道教创始人老子的生日，一百五旦为寒食节，相当于基督教的大斋节。当年这个节日正好是老子的生日。

（6）对书中历史事件进行注释。如：十二月初，长春真人经山东济阳到达将陵(河北景县)后，刘仲禄率军来迎接，在回答长春真人问晚到之原因时，刘仲禄"对以道路榛梗"，此处，韦利特别对"道路榛梗"加注：因金于 1215 年迁都开封府，当地被叛军张甫、武仙所占，当时尚未投降。

关于《长春真人西游记》中的诗词，韦利认为其不过是一些即兴诗而已，与主题关系不大，并且将它们翻译成英文诗，也是很困难的事；加之，丘处机并非以诗词见长，书中所列之诗词大多都很平常。因此对书中大多数诗词略而未译，因为，省略其中之诗词，对本书的重要性毫无影响[①]。韦利只翻译了以下 10 首：

---

① 宋垒先生认为，"丘处机一路上作了许多诗，有的较好，有的写的太实，但对沿途风物记述则有参考价值"(参见：宋垒.《成吉思汗封赏长春真人之谜》序. 纪流.《成吉思汗封赏长春真人之谜》，中国旅游出版社，1988 年，第 3 页)。

（1）午后迎风背日行，遥山极目乱云横。万家酷暑熏肠热，一派寒泉入骨清。北地往来时有信，东皋游戏俗无争。溪边浴罢林间坐，散发披襟畅道情。①

（2）生下一团腥臭物，种成三界是非魔。连枝带叶无穷势，跨古胜今不奈何。②

（3）夜宿阴山下，阴山夜寂寥。长空云黯黯，大树叶萧萧。万里程途远，三冬气候韶。全身都放下，一任断蓬飘。③

（4）四大假躯，终为朽物。一灵真性，自在无拘。④

（5）万里乘官马，三年别故人。干戈犹未息，道德偶然陈。论气当秋夜，还乡及暮春。思归无限众，不得下情伸。⑤

（6）养尔存心欲荐庖，逢吾善念不为肴。扁舟送在鲸波里，会待三秋长六梢。⑥

（7）拂，拂，拂，拂尽心头无一物。无物心头是好人，好人便是神仙佛。⑦

（8）得道真仙世莫穷，三仙何代显灵踪。直教御府相传授，阅向人间类赤松。⑧

（9）西山爽气清，过雨白云轻。有客林中坐，无心道自成。⑨

（10）生死朝昏事一般，幻泡出没水常闲。微光见处跳乌兔，玄量开时纳海山。挥尺八纮如咫尺，吹嘘万有似机关。狂辞落笔

① 译文见：Waley, Arthur. 1931. *The Travels of an Alchemist：The Journey of the Taoist Ch'angch'un from China to the Hindukush at the Summons of Chingiz Hhan*. Routledge & Kegan Paul Ltd. , p. 57。

② 同上，p. 61。

③ 同上，p. 82。

④ 同上，p. 120。

⑤ 同上，pp. 125—126。

⑥ 同上，p. 129。

⑦ 同上，p. 140。

⑧ 同上，p. 142。

⑨ 同上，p. 145。

成尘垢,寄在时人妄听间。[1]

二、英译《道德经》

1934 年,韦利的《道德经》英文译本《道与德:〈道德经〉及其在中国思想中的地位研究》在英国伦敦由乔治·艾伦及昂温有限公司(George Allen & Unwin Ltd.)出版。本书包括序言、导言、附录、《道德经》译文、附注、文本注释及索引七个部分。

韦利在序言[2]中说,本书的目的之一是给人类学家们提供一种推动力,将中国纳入他们的研究之中去。但他同时声明,本书不仅仅只供少数专家阅读,还面向普通读者,即韦利所谓希望知道身边世界正在发生什么的"普通人类学家"。韦利将经典翻译分为"历史的"(historical)和"经文的"(scriptual)两类。前者指译者试图传达所译之书在其成书时的意义,而后者则是向读者传达所译之书对于当今利用此书者所具有的意义。在这个意义上,韦利的翻译属于前者,即"历史的"翻译;韦利又根据译本的风格将翻译分为"文学的(literal)"翻译和"语文学的(philological)"翻译两类。当原作重在表达文学上的美时,译者就应该适当地牺牲文本的某些细节上的准确性,而重在传达文本美的特质,这种翻译即"文学的"翻译;而当原作不看重文学性特质,而重在传达其思想内容时,翻译时就应该准确地再现原作的内容,这种翻译即为"语文学的"翻译。韦利指出,他这本《道德经》的翻译属于"历史的""语文学的"翻译。

本书的导言比其翻译本身的篇幅还长,目的在于给读者交待《道德经》产生的思想背景,以便让读者完全理解《道德经》。在谈到《道德经》

---

① 译文见:Waley, Arthur. 1931. *The Travels of an Alchemist*:*The Journey of the Taoist Ch'angch'un from China to the Hindukush at the Summons of Chingiz Hhan*. Routledge & Kegan Paul Ltd. , p. 149。

② Waley, Arthur. 1934. *The Way and Its Power*:*A study of the Tao and Its Place in Chinese Thought*. London:George Allen & Unwin Ltd. , pp. 11.—15.

的作者及造作年代时，韦利认为，《道德经》的造作时间大约为公元前
240 年，其作者可能是一位佚名的寂静主义者①，我们不知道，也许不可
能知道是谁写的《道德经》，但两千年来，"老聃"或"老子"与此书有关
系。19 世纪《道德经》译介者们在谈到其作者时，除翟理斯之外，一般
都认为是公元前 6 世纪之作，他们总会或多或少地谈到司马迁的《史
记》中有关老子的记述，且肯定其为老子所作。韦利却不然，他的结论
是建立在对古代中国对于作品的署名传统的详细考证、对司马迁《史
记》中有关《道德经》的记载中信息矛盾之处、《道德经》的语言特征的分
析的基础之上。② 韦利之所以认为《道德经》的造作时间为公元前 240
年，是因为《道德经》的语法是典型的公元前 3 世纪的，其用词，如"教"
（第 1 章）和"家"（第 31 章），具有公元前 3 世纪后半期的用词特征；《道
德经》中经常出现的词、隐喻及话题在《荀子》《韩非子》《吕氏春秋》中也
出现过。

　　本书的导言、译文及其注释是针对缺乏专业知识的普通读者而写
的，导言后的附录、译文之后的附注、文本注释（textual notes）主要面
向专家而作，涉及早期中国的署名传统、外来影响、道教养生、作品年
代、文本、评注、中国史前史的形成、年代存疑的资料、涉及《管子》《列
子》《韩非子》《战国策》及《孔子家语》等。

　　韦利的《道德经》译文所依据的中文底本是王弼和陆德明的注本。
他在第一、第二章的译文之后附有释义，在第三、第五、第十等 26 章的
译文之后附有对该章的评论；同时，韦利在译文及释义、评论中以脚注
的方式附有丰富的注释。

　　韦利在序言中提到，他在完成《道德经》翻译之后，收到顾颉刚的
《古史篇》第 4 卷，他发现，对于《道德经》的成书时间及其作者，他与顾
颉刚的观点完全一致。韦利说，他不赞成欧洲学者葛兰言、马伯乐、戴
闻达及霍古达（Gustav Haloun，1898—1951）的观点，但这并不意味着

----

① Waley, Arthur. 1934. *The Way and Its Power：A study of the Tao and Its Place in Chinese Thought*. London：George Allen & Unwin Ltd. , p. 86。

② 同上，pp. 101. —108。

他否认这些学者研究成果的价值。

《大英百科全书》在"Taoism"条目下的参考书目中说,韦利的《道与德:〈道德经〉及其在中国思想中的地位研究》一书"为《道德经》经典译文,前面还有一篇关于道家在中国思想中地位的优秀导言"[1]。该书分别于 1942 年、1949 年和 1956 年再版;1999 年,湖南人民出版社"大中华文库"所采用的也是韦利的译文。

被欧美东方学界视为经典的阿瑟·韦利译本,在西方世界影响深远,自出版后,每隔五六年就要重印一次[2]。但严格说来,他的译本并"不适合普通读者阅读"[3],主要是由于译者的西方哲学前见使得译文中出现大量迥异于中国哲学话语的表述方式,造成英语的逻辑性表达和中国的直观性表达之间的话语张力,也造成相互间语义沟通的困难。

第六节　吴鲁强、戴维斯与《周易参同契》英译

一、魏伯阳及《周易参同契》

《周易参同契》,东汉魏伯阳撰,其书运用《周易》的阴阳变化之道,参合黄老自然之理,讲述炉火炼丹之事,是流传至今的道教丹鼎派最早的理论著作,不仅是重要的道教典籍,也对后世内外丹理论发展起了积极的作用,在中国道教史上占有十分重要的地位;其对一些化学知识和化学变化的总结,推动了古代化学的发展,在中国乃至世界科技史上亦有着重要的地位。

书名《周易参同契》者:"周易",示此书以《周易》为立论根据;"参",三也,即《周易》、黄老、炉火三事;"同",通也;"契",书契也——明此书

---

① 转引自:李学勤.《国际汉学著作提要》,南昌:江西教育出版社,1996 年,第 54 页。

② 傅惠生.《汉英对照老子》(大中华文库),长沙:湖南人民出版社,1999 年,前言:第 32 页。

③ 程钢."西方学者的先秦思想史研究",《周秦汉唐文化研究》(第 1 辑),西安:三秦出版社,2002 年。

乃据《周易》原理贯通《易》、老、丹三学之书典。书中云："大易情性，各如其度；黄老用究，较而可御；炉火之事，真有所据；三道由一，俱出径路。"①全书分上、中、下三卷，由4字、5字的韵文和一些长短不齐的散文体写成，约6000余字，其"词韵皆古，奥雅难通"。上卷根据《周易》阐述外丹理论，中卷主要阐述炼丹方法，下卷主要阐述炼丹的鼎器及服食丹药的作用。其思想本于汉代易学的纳甲说、十二消息说和卦气说，以及"天道自然无为，人道随顺任物"的《老子》和汉代黄老之学，其"中心思想是运用《周易》揭示的阴阳之道，参合黄老自然之理，讲述炉火炼丹之事，基本上是一部外丹经，书中论述以铅汞入药，与水火为伍；详细规定用药的分量，炼丹的火候，还丹的过程，食丹的效应；《鼎器歌》中复有对鼎器尺寸的具体要求"，"但不仅仅讲外丹，也有内丹炼养术"，"不仅仅讲炼丹，还有经世致用之说"。②

　　唐代开始重视内丹术，借《周易参同契》阐述内丹功法与理论，以《周易》的阴阳变化作为立论的依据，以卦象规律来阐述修炼过程。唐玄宗时，刘知古推崇《周易参同契》；五代时，后蜀彭晓著《周易参同契分章通真义》三卷，从内丹角度注解《参同契》，为保存至今最早的《参同契》注疏；宋代朱熹著《周易参同契考异》一卷，俞琰著《周易参同契发挥》一卷；元代陈致虚著《周易参同契分章注》一卷；明代蒋一彪著《古文参同契集解》三卷，从各方面对《周易参同契》进行阐释、考辨、注解。北宋高先的《金丹歌》称《参同契》为"万古丹中王"，阮登在俞琰《周易参同契发挥》序中称《参同契》为"万古丹经之祖"。

　　关于《周易参同契》的作者，学界虽有分歧，但一般认为其为东汉魏伯阳所作。王明先生概述《周易参同契》之变时云：

　　　　自汉而唐而宋，论炼丹者，代不乏人，溯流寻源，大要如尔：魏伯阳导其源，钟吕衍其流，刘（海蟾）张（紫阳）薛（紫贤）陈（泥丸）扬

---

① 任继愈主编.《中国道教史》，上海：上海人民出版社，1990年，第25页。
② 同上，第25—27页。

其波。由外丹而内丹,流变滋多,《参同契》洵千古丹经之祖也。[①]

魏伯阳的生平正史未作记载,其事迹收入道教仙传,称其出身于显贵之家,对道术兴趣甚浓,曾于长白山遇真人传授炼丹理论和秘诀,得《龙虎经》,云云。据葛洪《神仙传》卷二载:

> 魏伯阳者,吴人也,本高门之子,而性好道术,不肯仕宦。闲居养性,时人莫知之。
>
> 后与弟子三人入山作神丹,丹成,知弟子心不尽,乃试之曰:"此丹今虽成,当先试之。今试饴犬,犬即飞者,可服之;若犬死者,则不可服也。"伯阳入山,特将一白犬自随,又有毒丹,转数未足,合和未至,服之暂死。故伯阳便以毒丹与白犬,食之即死。伯阳乃问弟子曰:"作丹惟恐不成,丹既成,而犬食之即死,恐未合神明之意,服之恐复如犬,为之奈何?"弟子曰:"先生当服之否?"伯阳曰:"吾背违世俗,委家入山,不得仙道,亦不复归,死之与生,吾当服之耳。"
>
> 伯阳乃服丹,丹入口即死。弟子顾相谓曰:"作丹欲长生,而服之即死,当奈何?"独有一弟子曰:"吾师非凡人也,服丹而死,将无有意耶?"亦乃服丹,即复死。余二弟子乃相谓曰:"所以作丹者,欲求长生,今服即死,焉用此为?若不服此,自可数十年在世间活也。"遂不服,乃共出山,欲为伯阳及死弟子求市棺木。
>
> 二人去后,伯阳即起,将所服丹内死弟子及白犬口中,皆起。弟子姓虞,遂皆仙去。因逢人入山伐木,乃作书与乡里,寄谢二弟子,弟子方乃悔恨。伯阳作《参同契》,五行相类,凡三卷,其说似解《周易》,其实假借爻象,以论作丹之意。而儒者不知神仙之事,反作阴阳注之,殊失其大旨也。

20世纪30年代以来,国外许多学者开始了对《参同契》的译介与

---

① 王明.《道家和道教思想研究》,北京:中国社会科学出版社,1984年,第288页。

研究。其中的代表人物有戴维斯（Tenney L. Davis）、李约瑟（Joseph Needham）、何丙郁（Ho Peng Yoke）、席文（Nathan Sivin）、荣格（C. G. Jung）、斯蒂尔曼（J. M. Stillman）、泰勒（F. S. Taylor）、莱斯特（H. M. Leicester）、瑞德（J. Read）、霍尔米亚特（E. J. Holmyard）等，他们在研究论文或学术专著中对《周易参同契》或征引，或论述，或评价，《大英百科全书》也对它做了介绍。

二、吴鲁强、戴维斯的《周易参同契》英译

1932 年，赴美留学的化学家吴鲁强（1904—1935）与美国麻省理工学院化学家戴维斯（Tenney. L. Davis）合作将《周易参同契》全文翻译成英文，刊登在著名的科学史期刊 Isis 第 18 卷第 2 期。该文由吴鲁强先生将中文翻译成英文，简介及注释由戴维斯完成。此为《周易参同契》的首个英文全译本。

此译文以俞琰《周易参同契发挥》为底本。翻译时，未完全按照俞琰的章节划分进行，译者同时参校了涵芬楼《道藏》所收录的其他版本。译文部分共 69 章，前 67 章为《参同契》正文，第 68 章为"鼎器歌"，第 69 章为补塞遗脱章及自叙启后章的译文。

全文共 85 页，分为前言、简介、译文、注释及中文术语索引五个部分。

译者在前言中承认，魏伯阳在《周易参同契》中运用了许多独出心裁的术语，所言炼丹程序及炼丹所用材料，他们尚未完全弄明白。其"青龙""白虎"之类用语的模糊程度并不亚于欧洲炼丹术士所用之"绿狮（Green Lion）""白女（White Lady）"之类。但译者坚信，此类用语在不久的将来，定能真相大白。

在简介部分，译者指出，魏伯阳被誉为中国丹经之父，他所著《参同契》被认为是汉语中最早的关于炼丹之作，但并非是最早提到炼丹的书。从书中可以看出，炼丹的传统毫无疑问在此书问世之前已经存在，因为书中提到诸多此前的炼丹家，我们可以从他们的存世作品及其他史书中得到相关信息。魏伯阳之前三四百年，中国人就开始从贱金属

中提炼黄金。他们提炼黄金，不是因为其本身价值，而是他们相信，用黄金制作的餐具有长寿之效，他们也试图从中提炼不老金丹。中国炼丹术士炼丹的目的与方法与希腊、阿拉伯及欧洲人非常相似，说明所有炼丹系出同源。此前人们认为，中国始于公元前 2 或前 3 世纪的炼丹源于埃及或美索不达米亚或印度，但无法从文献中找到确切证据，而魏伯阳的《参同契》则是目前所知最早关于炼丹的著作。

译者在简介部分介绍《参同契》撰者魏伯阳时，节译了《列仙全传》所记魏伯阳在丹药炼成时试弟子的故事，介绍了伟烈亚历在《中国文献纪略》(*Notes on Chinese Literature*)中称魏伯阳《参同契》为现存最早有关炼丹的著作，并补充说，儒生大都对其不屑一顾。然而，译者发现，伟烈亚历在书中也提到好几位《参同契》注疏者，其中影响最大者之一朱熹便是儒生，翟理斯云，朱熹将他本人置于所有儒家经籍注疏者之首，朱熹的牌位也于 1241 年被供奉于孔庙。因此，译者并不认同伟烈亚历的观点，他认为《参同契》在文人心目中的地位也非常高。

译者指出《参同契》看似古奥难懂，对炼丹程序的描述既清晰又晦涩。文中运用象征及假想名称来描述炼丹所用材料。魏伯阳用诗性语言描述仙药药效，坚持合成丹药时必须细心与精确。《参同契》段与段之间互相阐释，其完美的想象与其错综复杂的修辞手法恰似一幅古老的中国刺绣画。译者在简介部分还介绍了阴阳五行相关知识、中国炼丹术的道家源头问题、中国史书所记载的早期的炼丹家，如《史记》所记秦始皇派徐福赴东海蓬莱、方丈、瀛洲寻找长生不死之药的故事，汉武帝时期的李少君使汉武帝迷恋炼丹，淮南王刘安笃信炼丹并作《鸿烈解》，译者还翻译了《列仙传》关于刘安的内容。

译本有以下几个显著特色：

1. 译者大致按照俞琰《周易参同契发挥》为底本的分章顺序进行翻译。

2. 译者对《参同契》原文中的 4 字、5 字韵文采用意译方式进行翻译，并未译成英文的韵文。

3. 对原文中的人名、地名、书名、卦名等专有名词，在首次出现时，均先以 1912 年版翟理斯编写的《华英词典》的注音方法标出其汉语发音,然后在其后加上汉字,再在其后标注各汉字在翟理斯《华英词典》中的编码。如：WEI PO-YANG(魏伯阳)(12567,9340,12883);Kiangsu(江苏)(1208,10320);Ts'an T'ung Ch'i(参同契)(11548,12269,1053);Ch'en(干)(1742)。对于第二次以后出现者,译者在译文最后专门附上索引(Index of Chinese words),供查阅。

4. 对于炼丹所用的材料等专有名词,先音译,然后在其后用英文注上其字面意思。如 chin-sha(金砂)(2032,9620)(gold dust);huan-tan(还丹)(5047,10618)(Returned Medicine);ch'iu-shih(秋石)(2302,9964)(autumn stone);Tan-sha(丹砂)(10618,9620)(Red Sand,cinnabar,mercury sulfide)。

译者在译文之后加了多条注释。所附注释最大的特色在于,译者在解释炼丹过程及理念时,常常引经据典,与古希腊、埃及及欧洲的炼丹术进行比较,说明其异同。

综观整篇,可以看出,鉴于译者的科学,尤其是化学背景,译者是站在科学家的立场对《参同契》进行诠释,尤其侧重阐释其化学史意义,称魏伯阳是一位最早有著作存世的炼丹家,《周易参同契》从此为世界科学史研究者所了解。1935 年,剑桥大学化学史家帕廷顿(James Riddick Partington,1886—1965)教授[1]在《自然》(Nature)杂志以《一部古代中国炼丹著作》(An Ancient Chinese Treatise on Alchemy)为题,对《参同契》进行了介绍[2],称其为一部隐晦而具有神秘主义色彩的著作。

帕廷顿教授以第 18、64,及 66 章为例,对《参同契》中的(化学)理论进行了分析,帕廷顿教授认为：

---

[1] 帕廷顿教授著有《应用化学的起源与发展》(Origin and Development of Applied Chemistry)、《希腊火和火药史》(History of Greek Fire and Gunpower)和四卷本《化学史》(A History of Chemistry)。帕廷顿教授曾对李约瑟的中国科学技术史研究产生过影响,李约瑟曾通过帕廷顿教授结识伦敦著名科学史家桑格尔教授(Charles Singer,1876—1960)。

[2] Partington, J. R. 1935. "An Ancient Chinese Treatise on Alchemy". Nature,August 24：287 - 288.

知白守黑,神明自来,白者金精,黑者水基。水者道枢,其数名一。阴阳之始,玄含黄芽。五金之主,北方河车。故铅外黑,内怀金华。

讲的是一氧化铅的形成过程,其所反映的思想与希腊化学文献有诸多联系。

升熬于甑山兮,炎火张设下。白虎导唱前兮,苍液和于后。朱雀翱翔戏兮,飞扬色五彩;遭遇罗网施兮,压之不得举;嗷嗷声甚悲兮,婴儿之慕母;颠倒就汤镬兮,摧折伤毛羽。漏刻未过半兮,鱼鳞狎鬣起。五色象炫耀兮,变化无常主。潏潏鼎沸驰兮,暴涌不休止。接连重叠累兮,犬牙相错距。形似仲冬冰兮,瓓玕吐钟乳。崔嵬而杂厕兮,交积相支柱。阴阳得其配兮,淡薄而相守。

讲的是炼丹的具体操作程序,确切地说,是在描述溶解(solution)与结晶(crystallisation)的过程。

从全文的内容来看,作者帕廷顿教授完全是基于吴鲁强先生译文来对《参同契》进行介绍和分析的。如果说这是对吴译《参同契》的一篇评述,也不为过。帕廷顿教授在此文最后指出,要翻译此类文本实属不易,难怪此前的一些汉学家们对其退避三舍,尽管他们的译介会招致批评,尚有不小的改进空间,但他们毕竟起步了,开创之功不可没。吴先生在他们的译文序言中,开宗明义地指出,此《参同契》译本为"首个将中国丹经全文翻译成西文的译本",除了其古老及显而易见的趣味性之外,此译本对于西文学者的重要价值在于,它将为研究科技史的学者们提供一种从未有人探究过的研究材料。

第七节　魏鲁男与《抱朴子·内篇》英译[①]

《抱朴子》,晋葛洪撰,分《内》《外》二篇。"《内篇》言神仙方药、鬼怪

① 本节由冯丽平撰稿。

变化、养生延年、攘邪却祸之事，属道家；《外篇》言人间得失，世事臧否，属儒家。"①今存《内篇》20篇，收入《正统道藏》太清部。

《抱朴子·内篇》集战国以来神仙思想之大成，确立了"道教思辨性、义理性较强的神仙理论体系"②，有"小道藏"之称，"是中国历代炼丹术著作中内容最丰富、学术价值最高、影响最广的一部分"③，是研究道教、古化学、古医学的重要史料。王明先生曾指出，"《抱朴子·内篇》的史料价值主要有二：一是有关道教的史料价值，二是有关化学技术的史料价值"④。

从20世纪20年代到21世纪初，《抱朴子》不断地被译为英、法、德、意、日等国语言，传播海外。

《抱朴子·内篇》最早因其"炼丹术"引起化学家的注意。20世纪20年代，美国加利福尼亚大学博士生约翰逊（Obed S. Johnson）来华进行学术考察。他在1925年完成博士论文《中国炼丹术考》(A Study of Chinese Alchemy)⑤。该论文于1928年由当时在上海的商务印书馆出版，1937年由黄素封译为中文⑥。约翰逊在该书第三章（长生的炼丹术）和第四章（点金的炼丹术）中频繁引用《抱朴子·内篇》卷二"论仙"、卷四"金丹"、卷八"释滞"、卷十一"仙药"和卷十六"黄白"中的内容，对"金丹卷"和"黄白卷"的摘译引用尤多。

1930年，韦利在《伦敦大学亚非学院学报》(Bulletin of the School of Oriental and African Studies)发表《中国炼丹术纪略》一文⑦，在约翰逊论文的基础上对中国炼丹术进行了补充。韦利在该文的第四部分

---

① 张继禹编.《中华道藏》第25册，华夏出版社，第188页，葛洪.《抱朴子外篇》卷五十"自叙"。
② 徐仪明、冷天吉.《人仙之间——〈抱朴子〉与中国文化》，开封：河南大学出版社，1998年，第196页。
③ 赵匡华.《中国科学技术史·化学卷》，北京：科学出版社，1998年，第251页。
④ 王明.《抱朴子内篇校释》，北京：中华书局，1996年，第3页。
⑤ Obed S. Johnson. 1928. *A Study of Chinese Alchemy*. Shanghai：The Commercial Press.
⑥ ［美］约翰森著，黄素封译.《中国炼丹术考》，上海：商务印书馆，1937年。
⑦ Waley, A. 1930. "Notes on Chinese Alchemy：Supplementary to Johnson's *A Study of Chinese Alchemy*". *Bulletin of the School of Oriental and African Studies*，6(1)，1-24.

简述了《抱朴子》内、外篇的内容、《抱朴子》与《参同契》的区别、葛洪的师承关系、金丹和黄白术的区别,以及抱朴子对炼丹术的态度。韦利在该文中将"金丹"译为"魔法石"(Philosopher's Stone)。

吴鲁强和戴维斯称《抱朴子·内篇》"可能是最广为人知的、最受尊崇的古代炼丹术专著"[①]。李约瑟在《中国科学技术史》中高度评价葛洪及《抱朴子·内篇》中的科学思想,并对其中的部分内容进行了节译(详见本章第八节)。

约翰逊和韦利的论文引起了欧洲学者对中国炼丹术的兴趣,此后的十年,美国麻省理工学院成为中国炼丹术研究中心。戴维斯与中国留学生一起合译了多部道教丹经,其中包括《抱朴子·内篇》。1935年,吴鲁强以《四部丛刊》收录的"承训书院"版《抱朴子·内篇》为底本,选译了其中第四章"金丹卷"和第十六章"黄白卷",戴维斯为该节译本作序。这是《抱朴子内篇》真正意义上的英语节译本[②]。在序言中,戴维斯较为详细地描述了葛洪的生平及其作品、炼丹术的起源,并增添了葛洪的画像和道观的图片,方便读者更为直观地了解《抱朴子·内篇》。

1941 年 12 月,戴维斯和陈国符以《四部丛刊》收录的"崇文书局"和"承训书院"两版《抱朴子·内篇》为底本,翻译了《抱朴子·内篇》发表于《美国人文与科学院公报》[③]。该译本对《抱朴子·内篇》二十卷均有涉及,但惟有卷八"释滞"和卷十一"仙药"是全翻译,其余十八卷均为

---

① Lu-Ch'iang Wu & Tenney L. Davis. 1935. "An Ancient Chinese Alchemical Classic. Ko Hung on the Gold Medicine and on the Yellow and the White: The Fourth and Sixteenth Chapters of *Pao-P'u-tzu*". *Proceedings of the American Academy of Arts and Sciences*, 70(6): 221. "Probably the widest known and highest regarded of the ancient treatises on alchemy."

② Lu-Ch'iang Wu & Tenney L. Davis. 1935. "An Ancient Chinese Alchemical Classic. Ko Hung on the Gold Medicine and on the Yellow and the White: The Fourth and Sixteenth Chapters of Pao-P'u-tzu". *Proceedings of the American Academy of Arts and Sciences*, 70(6): 221. "*Pao-p'u-tzu*, of which two of the most interesting chapters are now made available for the first time in a European language."

③ Davis, Tenney L. & Ch'en Kuo-fu. 1941. "The Inner Chapters of Pao-Pu-tzu". *Proceedings of the American Academy of Arts and Sciences*, 74(10): 297–325.

节译。该译本的独特之处在于，译者根据《抱朴子·内篇》卷五十"自叙篇"详细介绍了葛洪的生平，并以图示的形式介绍了阴长生、左慈、郑隐等与葛洪的师承关系，还在译文中以脚注形式对部分中国文化负载词进行了注解。

20世纪40年代，翻译《抱朴子·内篇》的还有尤金·法伊费尔(Eugene Feifel)。1941年，法伊费尔以"孙星衍平津校勘本"为底本，采用中英对照的方式翻译了《抱朴子·内篇》卷一"畅玄"、卷二"论仙"及卷三"对俗"①。法伊费尔在该译文中列出了《抱朴子》的各种点校本，以及各国关于《抱朴子》的研究文献。1944年，法伊费尔选译并注解了《抱朴子·内篇》卷四"金丹"②，1946年，选译并注解了《抱朴子·内篇》卷十一"黄白"③。

1956年，李约瑟在《中国科学技术史》第2卷《科学思想史》中摘译引用了《抱朴子·内篇》卷二、卷三和卷十六部分内容④，他的译文参照了法伊费尔、戴维斯和吴鲁强的译本。1974年，李约瑟在《中国科学技术史》第5卷《炼丹术和化学》⑤中摘译引用了《抱朴子·内篇》卷二、卷三、卷四、卷六和卷十六中的部分内容，他的译文参照魏鲁男的翻译，稍加修改。1976年，李约瑟又在《中国科学技术史·炼丹术与化学(续)》⑥中引用了魏鲁男、法伊费尔、戴维斯和吴鲁强等人译本中卷四和卷十六的部分，其中部分引用则是在魏鲁男译本的基础上稍加修改

① Feifel，Eugene. 1941. "PAO -P'U TZU 抱朴子 NEI-P'IEN 内篇，CHAPTER I-III". *Monumenta Serica*，6(1/2)：113－211.

② Feifel，Eugene. 1944. "PAO -P'U TZU 抱朴子 NEI-P'IEN 内篇，CHAPTER IV". *Monumenta Serica*，9：1－33.

③ Feifel，Eugene. 1946. "PAO -P'U TZU 抱朴子 NEI-P'IEN 内篇，CHAPTER XI". *Monumenta Serica*，11：1－32.

④ Needham，Joseph. 1956. *History of Scientific Thought* in *Science and Civilization in China*，Vol 2. Cambridge University Press：435－441.

⑤ Needham，Joseph. 1974. *Chemistry and alchemical Technology：Part II. Spagyrical Discovery and Invention：Magisteries of Gold and Immortality* in *Science and Civilization in China*，Vol 5(02). Cambridge University Press：62－71.

⑥ Needham，Joseph. 1976. *Chemistry and alchemical Technology：Part III. Spagyrical Discovery and Invention：Historical Survey，from Cinnabar Elixirs to Synthetic Insulin*，Vol 5(03). Cambridge University Press：75－113.

而成（详见本章第八节）。

20 世纪 60 年代，《抱朴子·内篇》全译本问世。1966 年，魏鲁男的《抱朴子·内篇》英文译本《公元 320 年中国的炼丹术、医学和宗教：葛洪的内篇》①由美国麻省理工学院出版社出版，这是迄今为止英语世界首个也是唯一的《抱朴子·内篇》全译本，1981 年在纽约再版。魏鲁男不仅完整翻译了《内篇》的二十卷，而且在序言中翻译了《外篇》的卷五十"自叙"。魏鲁男在翻译中采用了归化策略，译文透露着浓厚的西方基督教色彩，比如将"道"译为"God"，"仙"译为"Genii"等。

魏鲁男译本问世后引起了欧洲学术界的热议，学界对其褒贬不一。康达维（David R. Knechtges）认为，"魏鲁男的译作缺少注释，不懂中文的读者很难阅读……但其大量的索引十分有用。"②何丙郁（Ho Peng-Yoke）则认为，虽然魏鲁男在音译术语和省译符箓方面欠妥，但是"魏鲁男教授将一本最难的道经以一种非常易读的方式翻译出来了，这是值得庆贺的"③。贝剑铭（James A. Benn）评价说，"这是一部迷人的文献资源，尽管被翻译得很糟糕。"④学者们较为统一的看法是，魏鲁男译本中将"道"译为"God"属于错译。对此，魏鲁男在他的序言中作出解释，他根据《出埃及记》中的"*My name is I AM，I LIVE，I EXIST*"（Exod. 3：13—15）和《马可福音》中"*God is not of the dead but of the living.*"（Mark 12：26 - 27）推导出"God = Life or

---

① James R. Ware. 1966. *Alchemy，Medicine and Religion in the China of A. D. 320：The Nei p'ien of Ko Hung.* Cambridge，Massachusetts，and London：The M. I. T. Press.

② David R. Knechtges. 1968. Review of James R. Ware［1966］. *Philosophy East and West*，18(3)：227 - 229. p. 228："His notes are extremely sparse indeed……hardly serve to enlighten the reader who knows no Chinese." p. 229："Mr. Ware has thoughtfully included an extensive index that is really quite useful."

③ Ho Peng-Yoke. 1967. Review of ［James R. Ware（1966）］. *The Journal of Asian Studies*，27(1)：144 - 145. p. 145："Professor Ware is to be congratulated for bringing out the translation of a most difficult Chinese Taoist text in a very readable form."

④ James A. Benn. 2003. Review ［of Robert Ford Company（2002）］. *Journal of the Royal Asiatic Society*，Third Series，13(1)：138. "This is a fascinating source，although badly served by poor English translations."

Being"①,将"道"译为"God"就是为了与此保持一致。已故法国道教学者索安在其《西方道教研究编年史》一书中说,考虑到魏鲁男将"玄""玄道""微妙"和"天道"译为"神"(God),且将"真人"译为"神人"(God's Men)等等,我们大可不必为该译本缺乏学术注解而过分烦恼②。

此后,《抱朴子·内篇》的英译并未停止。1993 年,柯恩在《道教体验文萃》(*The Taoist Experience：An Anthology*)中节译了《抱朴子·内篇》卷四"金丹"和卷十八"地真"③,柯恩在翻译时参考了魏鲁男和孙立哲的译本。1999 年,傅飞岚(Franciscus Verellen)节译的《抱朴子》(*The Master who Embraces Simplicity*)④收入狄百瑞主编的《中国传统文献资料集》,由哥伦比亚大学出版社出版。该译文仅节译了《抱朴子·内篇》卷二"论仙"中的部分段落。

21 世纪对《抱朴子·内篇》的翻译大多都是对其中部分章节内容的节译引用。2005 年,玄英(Fabrizio Pregadio)在其《太清：中古时期中国的道教与金丹》(*Great Clarity：Daoism and Alchemy in Medieval China*)一书中节译了《抱朴子·内篇》第六、十四、十八篇的部分内容⑤。2006 年 3 月,玄英在"早期道教存思与内丹之源"⑥一文中节译了《抱朴子·内篇》第十八章的部分内容,该文收录在由裴凝(Benjamin Penny)主编的《柳存仁教授纪念文集：历史上的道教》(*Daoism in History：Essays in Honor of Liu Ts'un-yan*)一书中。

---

① James R. Ware. 1966. *Alchemy，Medicine and Religion in the China of A. D.* 320：*The Neipien of Ko Hung*. Cambridge, Massachusetts, and London：The M. I. T. Press：pp. 2 - 3.

② [法]索安著,吕鹏志、陈平等译.《西方道教研究编年史》,北京：中华书局,2002 年,第 122—123 页.

③ Kohn，Livia. 1993. *The Taoist Experience：An Anthology SUNY Series in Chinese Philosophy and Culture*. State University of New York Press：pp. 197 - 204,306 - 313.

④ Verellen，Franciscus. 1999. "The Master Who Embraces Simplicity" in *Sources of Chinese Tradition*, edited by Wm. Theodore de Bary and Irene Bloom：pp. 399 - 400. New York：Columbia University Press.

⑤ Pregadio，Fabrizio. 2005/2006. *Great Clarity：Daoism and Alchemy in Medieval China*. Stanford：Stanford University Press.

⑥ Pregadio，Fabrizio. 2006. "Early Daoist meditation and the origins of inner alchemy" in *Daoism in History：Essays in Honor of Liu Ts'un-yan (Routledge Studies in Taoism)*, edited by Benjamin Penny. Routledge.

《抱朴子》在英语世界的译介历时近一个世纪,从最初的节译引用,到单一的炼丹术章节翻译,再到魏鲁男集"炼丹术、医学、宗教"于一体的全译本的出现,体现着西方学者对中国传统文化认识的不断深入。在翻译过程中,大多数节译本译者采用异化的翻译策略,使中国传统道教文化元素得以保留并流传各国;全译本译者采用异化策略兼归化策略,在保留中国传统文化的同时,考虑到目标语读者的文化背景,更容易引起读者的共鸣,有益于中国传统文化的传播。

第八节　李约瑟《中国科学技术史》中的道经

一、李约瑟及其《中国科学技术史》

李约瑟(Joseph Needham,1900—1995),著名科技史家、英国皇家学会会员(FRS)、英国学术院院士(FBA)。1900 年出生于英国伦敦,1924 年获剑桥大学哲学博士学位。早年从事生物化学研究,以《化学胚胎学》(三卷本)及《生物化学与形态发生》在国际生化界享有盛誉。他一生致力于诸多不同领域之间的"架桥",一生未竟之巨著《中国科学技术史》(*Science and Civilisation in China*)为他所架设的连接中西科学与文化最大的"桥"。

李约瑟与中国文化的渊源起于 20 世纪 30 年代。1936 年,沈诗章、王应睐和鲁桂珍三位中国学生到剑桥大学生物化学实验室攻读博士学位。正是通过与他们的朝夕相处,李约瑟对中国文明有了新的认识,他从他们那里初步了解汉语,逐渐认识中国,了解中国科学文化背景及语言文字传统。为了能够阅读中文原著,他从 37 岁起师从当时主持剑桥大学中文讲席的汉学家古斯塔夫·哈伦教授(Gustave Haloun)学习中文。扎实的汉语知识以及来华期间的资料搜集为李约瑟后来的中国科学技术史研究打下了坚实的基础。

1942 年,李约瑟来华,出任英国驻华使馆科学参赞,在重庆筹建

"中英科学合作馆"(Sino-British Science Cooperation Office)。在华期间，他积极为战时的中国科学家提供各种帮助，与中国科学界建立了非常密切的关系。同时，他广泛搜集图书资料，开始转向中国科学技术史研究领域。李约瑟多次来华考察旅行，搜集中国科技史资料，实地了解中国政治、经济、科学和文化的发展情况。1946年，李约瑟赴巴黎出任联合国教科文组织自然科学部主任。

1948年，李约瑟回到剑桥大学，与中国学者王玲合作①，开始《中国科学技术史》的撰写工作。根据编写计划，这套巨著拟出7卷，共34册：第一卷，导论，1册；第二卷，科学思想史，1册；第三卷，数学、天学和地学，1册；第四卷，物理学及相关技术，3册；第五卷，化学及相关技术，14册；第六卷，生物学及相关技术，10册；第七卷，社会背景和总结，4册。

1954年，该书的第一卷由剑桥大学出版社出版，英文题名 *Science and Civilization in China*（《中国的科学与文明》），由"《中国历史上的基本经济区》作者，中国最重要的财政专家之一"②的冀朝鼎先生题写中文书名《中国科学技术史》。由于写作工程庞大，分册繁多，完稿时间不断被推迟。至1995年李约瑟去世时，他也未能看到所有分册全部出齐的盛况。自1948年开始启动此项编写工程，到2008年第五卷第十一分册出版，前后历时60年。以下是已经由剑桥大学出版社出版的各册情况及内容简介：

第一卷为导论，由李约瑟与王铃合作完成，1954年出版。本卷共7

---

① 王铃，号静宁，是李约瑟《中国科学技术史》研究的第一个主要合作者。抗日战争时期，李约瑟在四川宜宾拜访当时疏散在此的中央研究院历史语言研究所时与他结识，其时王铃受李约瑟有关科学史演讲的启发，开始研究火药和火器史。1946年，获英国文化协会旅行奖学金赴英，1948—1950年获得牛津大学斯波尔丁(H. N. Spalding)先生和夫人资助的特别奖学金，1950—1951年获得英国大学中国委员会奖学金，1951—1958年得到利弗赫尔姆基金会的研究补助金。1947—1957年间，王铃在剑桥与李约瑟合作了九年，从事《中国科学技术史》的研究与撰写工作。李约瑟在序言中说，王铃与他的合作包括：日常讨论，"十之七八"的中国文献英文初译与讨论校核，对照中文原书核对他人的英文译文，查找、浏览、发掘研究资料，资料索引和编目工作等。
② 李约瑟.《中国科学技术史》(第一卷，导论)，上海：科学出版社、上海古籍出版社，1990年，第9页。

章,包括全书编写计划、参考文献简述、中国地理和中国历史概述、中国和欧洲之间科学思想与技术的传播情况等。

第二卷为科学思想史,由李约瑟与王铃合作完成,1956 年出版。本卷共 11 章,考察了中国的儒家与儒家思想、道家与道家思想、墨家和名家、法家、中国科学的基本概念、中国的准科学和怀疑主义传统、佛教思想、晋唐道家和宋代理学家、宋明时代的唯心主义者及中国本土的几位自然主义杰出人物、中国和西方的法律和自然法则等。

第三卷为数学、天学和地学,1959 年出版,由李约瑟与王铃合作完成。本卷共 7 章,包括数学、天学和地学三部分,其中的天学部分分为天文学和气象学两章,地学部分分为地理学与地图学、地质学、地震学和矿物学四章。

第四卷为物理学及相关技术,分 3 个分册。第一分册为物理学,由李约瑟与王铃合作完成,肯尼斯·罗宾逊(Kenneth Robinson)特别协助,1962 年出版,内容涉及物理学中的波与粒子、力学、光学、热学、声学、磁学和电学等;第二分册为机械工程,由李约瑟与王铃合作完成,1965 年出版,内容涉及中国传统机械工程的发展历史,探讨了畜力、水力及风力机械的开发与应用,并论述航空的史前时期、水运、机械钟的发展等;第三分册为土木及航运工程,由李约瑟与鲁桂珍合作完成,1971 年出版,内容涉及中国古代的道路、建筑、桥梁、水利工程及航运等。

第五卷为化学及相关技术,已出 11 个分册[①]。第一分册为造纸及印刷术,由美国芝加哥大学的钱存训(Tsien Tsuen-hsuin)教授执笔,1985 年出版,涉及纸的性质和演变,造纸技术和工序,纸张的各种用途和纸制品,中国印刷术的起源和发展,印刷术的各种技艺和工序,印刷术与艺术,纸和印刷术的西渐,东渐与南渐,纸和印刷术对世界文明的贡献等;第二分册为炼丹术的发现与发明,考察炼丹术与不死成仙的关系,由李约瑟与鲁桂珍执笔,1974 年出版;第三分册为中国炼丹术的历史考察,由李约瑟、何丙郁与鲁桂珍合作完成,1976 年出版,是对中国

---

① 第八、十、十四分册未出。

古代周秦前汉至元明清时期的丹砂到现代合成胰岛素的历史考察；第四分册为炼丹的设备、理论与发现，由李约瑟、何丙郁、鲁桂珍与美国宾夕法尼亚大学席文合作完成，1980年出版，涉及炼丹所用的器具、设备、原始化学理论，中国与古希腊及阿拉伯世界关于长寿法及炼丹术的异同与影响；第五分册为内丹，由李约瑟与鲁桂珍合作完成，1983年出版，涉及中国内丹理论及其发展历程，内丹法，外丹与内丹的关系，中国内丹与印度瑜伽、密宗等之异同，内丹与原始生物化学，中医中的性器官，中医理论中的原始内分泌学等；第六分册为军事技术中的投射与攻防，由李约瑟、叶山（Robin Yates）、果里柯夫斯基（K. Gawlikowski）、麦克埃文（Edward McEwen）、王铃等合作完成，1994年出版，涉及有关战争的中国文献资料、中国战争思想、投射武器、攻防战术理论等；第七分册为军事技术中的火药，由李约瑟、何丙郁、鲁桂珍和王铃合作完成，1986年出版，涉及火药的发现与火器史、火药在战争中的运用，火药的和平利用等；第九分册为纺织技术之纺纱与纺车技术，由德国的库恩（Dieter Kuhn）执笔，1988年出版，涉及纺纱与纺车技术发展的历史、绳子的制作、缫丝及丝织技术等；第十一分册为冶铁技术，由丹麦哥本哈根大学瓦格纳（Donald B. Wagner）执笔，2008年出版，考察从周朝至明代的中国钢铁冶炼的历史及其对现代冶炼技术的贡献；第十二分册为制陶技术，由罗斯·科尔（Rose Kerr）、尼格尔·伍德（Nigel Wood）及蔡玫芬[1]和张福康[2]合作完成，2004年出版，考察中国历史上制陶的用料、烧制、上釉、着色、抛光以及制陶技术向世界的传播等；第十三分册为采矿，由美国丹佛大学彼得·哥拉斯（Peter J. Golas）完成，1999年出版，考察中国探矿及采矿的历史，铜、锡、铅、金、银、锌、镍、玉、硫磺、煤等非铁矿制品，矿工与采矿技术等。

　　第六卷为生物学及相关技术，已出版5个分册[3]。第一分册为植物学，由李约瑟、鲁桂珍及黄兴宗合作完成，1986年出版，考察了中国

---

① 古陶瓷研究专家，时任台北故宫博物院古器物处处长。
② 著名古陶瓷化学专家，时任中国科学院上海硅酸盐研究所资深研究员。
③ 第四分册未出版。

的植物地理分布、植物命名、关于植物的文献、人们对植物及昆虫的利用(天然植物杀虫剂、生物灭害)等;第二分册为农业,由白馥兰(Francesca Bray)执笔,1984年出版,考察了中国农业的总体特征、农业区、农业起源、有关农业的文献、农田系统、农作物分布体系等;第三分册为农业与林业之蔗糖业与林业,蔗糖业部分由克里斯蒂安·丹尼尔斯(Christian Daniels)撰写,林业部分由尼古拉斯·门则斯(Nicholas K. Menzies)撰写,1996年出版,涉及中国农业产业的总体特色,中国蔗糖与糖的消费与生产,蔗糖的种类与起源,甘蔗种植业,蔗糖生产,蔗糖加工技术在东亚与东南亚的传播等;第五分册为发酵与食品科学,由黄兴宗完成,2000年出版,涉及古代中国的食物来源,古代中国的烹饪制度,关于食品与发酵的文献资源,发酵与酿酒的发展,大豆加工与发酵,食品加工与保存,茶叶加工与利用,食物与营养不足相关疾病等;第六分册为医药,由李约瑟、鲁桂珍、席文合作完成,2000年出版,涉及中国文化中的医药,保健与预防医学,行医资格,免疫学的起源,法医学等。

第七卷共两个分册。第一分册为语言与逻辑,由奥斯陆大学克里斯托福·哈伯斯密尔教授主笔,肯尼斯·罗宾逊担任主编,1998年出版,内容涉及传统中国的语言与逻辑,包括方法论,西方中国语言与逻辑研究历史,语言,古典中国语言的逻辑特征,逻辑概念,逻辑实践,逻辑理论,中国佛教逻辑等;第二分册为总体结论与思考,由肯尼斯·罗宾逊、黄仁宇合作完成,马克·埃尔文(Mark Elvin)撰写前言,肯尼斯·罗宾逊担任主编,2004年出版,内容包括东西方的科学与社会,欧洲与中国在世界科学中的角色,从技术视角看中国社会的特征,世界科学技术的中国视角,作为科学语言的汉语文言等。在结论部分,作者总结了中国的科学与文明,中国的发现与发明,讨论了现代科学产生于欧洲的原因。

《中国科学技术史》内容丰富,取材广泛,该书以中国古代的科学技术为主要对象,保持着对中国古代整个文明的观照。书中对中国和西方的科学技术进行了比较研究,考证了中国古代科学技术的辉煌成就及其对世界文明的贡献,论证了中国科学技术在世界文明史上曾起过的重大作用,促进了东西方两大文化体系的相互了解。①

《中国科学技术史》出版以来,在全世界范围内产生了很大影响。"全球学术界将通过这部书对于中国古代的科学技术得到全面的清楚了解"②,其"实际影响,正如它的学术价值一样巨大,这是比外交承认更高层次的西方人的'承认'行动"③,"它是一个不可逾越的巨大存在——迄今为止还没有任何别的著作,在全面研究中国古代科学技术发展及与整个文明的关系方面,达到如此的规模、深度和水准。自本书问世之后,任何一个研究中国历史文化或需要深究中国国情的人,如果不阅读这套书——至少是有密切关系的卷册章节,那就在他的知识背景中留下了不应有的空缺,因为没有任何别的著作能在这方面代替它"。"对于李约瑟研究中国科学技术史的工作本身,海内外许多学者曾指出其中的各种错误,这些错误丝毫不能否定李约瑟的巨大成就,这一点是没有疑问的。"④"李约瑟开创的事业的确是前无古人的,而且也使中国科技史的研究受到世人的关注,甚至就西方对中国的封锁的做法也产生了反作用。"⑤

有鉴于本书的重要学术价值和现实意义,周恩来总理在 1964 年亲自指示要将其译成中文。中国科学院自然科学史研究所随即开始着手组织此书的翻译工作。但因各种原因,其翻译工作未能顺利开展,直到 1975 年才由科学出版社分七册出版了第一卷和第三卷的译本。与此同时,在中国台湾,在陈立夫先生主持下也开始了此书的翻译工作,陆续出版了第一卷至第四卷以及第五卷二、三两册的译本,共 14 册。1986 年 12 月,中国科学院会同中国社会科学院等八家单位组织成立

① 李约瑟.《中国科学技术史》(第一卷,导论),上海：科学出版社、上海古籍出版社,1990 年,第 x 页。
② 中国著名物理学家和科学史家叶企孙(1898—1977)语,转引自：李约瑟.《中国科学技术史》(第一卷,导论),上海：科学出版社、上海古籍出版社,1990 年,第 xi 页。
③ 英国历史学家汤因比(Arnold Toynbee, 1889—1975)语,转引自：李约瑟.《中国科学技术史》(第一卷,导论),上海：科学出版社、上海古籍出版社,1990 年,第 xi 页。
④ 江晓原.《被中国人误读的李约瑟——纪念李约瑟诞辰 100 周年》,《自然辩证法通讯》,2001(1)：55—64。
⑤ 刘树勇.《李约瑟与道教》.中外关系史论丛第 19 辑——多元宗教文化视野下的中外关系史,中国中外关系史学会、华侨大学：2010：60—65。

了"李约瑟《中国科学技术史》翻译出版委员会",由卢嘉锡先生担任主任,委托科学出版社与上海古籍出版社联合出版。对原已翻译出版的中文译本进行重新校译,对已经出版但尚未翻译的原著开始着手翻译,但时至今日中文译本仍未全部出版。

二、《中国科学技术史》中的道经①

李约瑟认为,"道家思想体系直到今天还在中国人的思想背景中占有至少和儒家同样重要的地位","是一种哲学与宗教的出色而极其有趣的结合,同时包含着'原始的'科学和方技","对于了解全部中国科学技术是极其重要的","道家思想是世界上唯一并不极度反科学的神秘主义体系"②。他认为,"科学与方术在早期是不分的",炼丹术是一种"纯道家的原始科学","医学和药物学的开端也都和道家思想有密切的联系"③。因此,撰写《中国科学技术史》,道经当然成为其重要的资料来源。

李约瑟对中国道教的认识与了解始于他的来华经历。他在华期间,曾访问四川,聆听郭本道及黄方刚讲道教,在楼观台住持曾永寿的指导下,目睹了真实的传统道教。在陕西宝鸡武真寺,当时为河南大学内迁的校址,他从李相杰教授的介绍中得知,《道藏》中有 4 世纪以来的大量炼丹术文献;他在北京的中国文献出版中心购买到《太平御览》等珍本。④

第二次世界大战期间,李约瑟曾负责保护英国剑桥所藏《道藏》及《道藏辑要》藏本并将其制作成缩微胶片(后收于东亚科学史图书馆),曹天钦利用此资料研究了《道藏》中的丹经,对《中国科学技术史》相关

---

① 李约瑟在本书中除了自己翻译之外,还引用了大量他人的译文。笔者在梳理时,只罗列他本人自译或在他人译文基础上的改译。
② 李约瑟.《中国科学技术史》(第二卷,科学思想史),北京:科学出版社、上海古籍出版社,1990 年,第 33 页。
③ 同上,第 36 页。
④ 李约瑟.《中国科学技术史》(第一卷,导论),上海:科学出版社、上海古籍出版社,1990 年,第 9—10 页。

内容的撰写起到了重要作用①。

1968年，首届国际道教研究会在意大利贝拉焦（Bellagio）召开，李约瑟、何丙郁、席文与会。会间，李约瑟受施舟人教授启发，在其书中加入道教科仪与炼丹考源相关内容。1972年，在日本召开的第二届国际道教研究会上，李约瑟将他正在撰写中的关于道教炼丹的社会因素相关内容提交会议讨论②。

《中国科学技术史》中随处可见李约瑟对道经的引述，除了引用当时已有的译本之外，其中多数内容直接译自道经原典。虽然，他的目的不在于译介道经，而是从中考察中国历史上的科学技术，但这在客观上促进了道经的译介。

三、节译、改译《道德经》

在第二卷（科学思想史）中，李约瑟考察了《道德经》的成书年代。他认为，"把老子的生平放在公元前4世纪之内，《道德经》的年代不会晚于公元前300年以前，即大约亚里士多德已到老年而伊壁鸠鲁（Epicurus）和芝诺（Zeno）还很年轻的时候。"③

在论述道家的"道"的观念时，李约瑟在韦利、戴闻达、初大告等译本的基础上修改而成他自己的《道德经》。在李约瑟看来，"作为大自然秩序的'道'，使得万物发生并且支配万物的一切活动，而这种支配更多地不是靠强制力，而是靠一种空间和时间的自然曲率"④。圣人取法之道"是看不见的，也并不主宰什么"，圣人是"通过顺应，而不是以他的先入之见强加于大自然，就能够观察理解，因而也就能支配和控制"⑤。

在本部分，李约瑟还引用了《道德经》第三十四章。该章的译文是

---

① Needham, 1976, Vol. 5, part 3, p. xxi.

② Needham, 1976, Vol. 5, part 3, p. xxii.

③ 李约瑟.《中国科学技术史》（第二卷，科学思想史），北京：科学出版社、上海古籍出版社，1990年，第37页。

④ 同上，第39页。李约瑟修改后的英文译文参见 Needham, 1956, Vol. II, p. 37.

⑤ 同上，第39页。

在综合修中诚(Ernest Richard Hughes，1883—1956)、初大告、韦利及戴闻达的译文的基础上翻译而成[1]：

> 大道泛兮，其可左右。万物恃之而生而不辞，功成不名有。衣养万物而不为主，常无欲可名于小；万物归焉而不为主，可名为大。以其终不自为大，故能成其大。

李约瑟认为，道家最强调自然界的统一性以及道的永恒性与自发性。在论述自然界的统一性与自发性时，李约瑟引用《道德经》第二十二章中的"是以圣人抱一，为天下式"，李约瑟将其翻译为"Therefore the sage embraces the Oneness (of the universe), making it his testing-instrument for everything under Heaven"。他将"式"译为"testing-instrument"，是因为他认为，"式"字在中国远古可能指占卜家的案子，而且是发明磁罗盘的本源[2]。

在"水和雌"(The Water Symbol and the Feminine Symbol)一节，李约瑟改译了韦利所译的《道德经》第四十三章[3]：

> 天下之至柔，驰骋天下之至坚。无有入无间，吾是以知无为之有益。不言之教，无为之益，天下希及之。

李约瑟引用此段意在说明，与对待社会问题相反，观察自然所需要

---

[1] 李约瑟的英译文参见 Needham, 1956, Vol. II, pp. 37 - 38。

[2] 李约瑟.《中国科学技术史》(第二卷，科学思想史)，北京：科学出版社、上海古籍出版社，1990 年，第 51 页。

[3] 李约瑟译文：

　　What is of all things most yielding
　　Can overwhelm that which is most hard,
　　Being substanceless it can enter in even where there is no crevice. That is how I know the value of action which is actionless.
　　But that there can be teaching without words,
　　Value in action which is actionless
　　Few indeed can understand.

的不是命令式的主动性,而是感受式的被动性;不是要坚持一套社会信念,而是要抛开一切先验的理论。在这种意义上,可以解释"水"和"雌"对早期道家的可贵。他认为,实验科学在中国没有发展起来,缘于中国的《道德经》注疏者们对其注释非常混乱,甚至将西方的阐释者们几乎毫无例外地引上了歧路。① "上善若水。水善利万物而不争,处众人之所恶。故几于道",是说"水是柔顺的,容器是什么形状,它就是什么形状,它浸透一切看不见的孔隙,它那镜子般的表面可反映自然界的一切","水还流入溪谷,容纳各种污秽,但它却能洁净自身,永不受污"②。

在列举例证说明"雌"时,李约瑟改译了《道德经》第六章③和第二十八章④：

> 谷神不死,是谓玄牝。玄牝之门,是谓天地根。绵绵若存,用之不勤。(《道德经》第六章)

> 知其雄,守其雌,为天下溪。为天下溪,常德不离。常德不离,复归于婴儿。知其荣,守其辱,为天下谷。为天下谷,常德乃足。常德乃足,复归于朴。知其白,守其黑,为天下式。为天下式,常德不忒。常德不忒,复归于无极。朴散则为器,圣人用之,则为官长,故大智不割。(《道德经》第二十八章)

在"静心(Ataraxy)"一节,李约瑟节译了《道德经》第十六章⑤。他认为该章最能反映道家所崇尚的"静"：

> 致虚极;守静笃。万物并作,吾以观复。夫物芸芸,各复归其根。归根曰静,静曰复命。复命曰常,知常曰明。不知常,妄

---

① 李约瑟.《中国科学技术史》(第二卷,科学思想史),北京:科学出版社、上海古籍出版社,1990 年,第 63 页。
② 同上,第 64 页。
③ 李约瑟的译文参见：Needham, 1956, Vol. II, p. 58。
④ 李约瑟的译文参见：Needham, 1956, Vol. II, pp. 58 - 59。
⑤ 李约瑟的译文参见：Needham, 1956. Vol. II, p. 64。

作,凶。

在论述"为"与"无为"一节,李约瑟指出,在"为"字的翻译方面,大多数汉学家都将其译为 action(行为),而对其不加任何修饰,将"无为"也就理所当然地译成 non-action 或 inactivity(无所作为),他认为这种译法是错误的。就早期原始科学的道家哲学家而言,"无为"意为"不做违反自然的活动",即不固执地去违反事物的本性,不强使其完成它们所不适合的功能;在人事方面,当有识之士已能够看到必归于失败时,以及用更巧妙的说服方法或简单地听其自然反倒会得到所期望的结果时,就不去勉强从事①。

在"变、化与相对性"一节,李约瑟节译了《道德经》第五十八章②:

> 祸兮,福之所倚,福兮,祸之所伏。孰知其极? 其无正也? 正复为奇,善复为妖。人之迷,其日固久。

李约瑟认为,本段及第四十章的"反者,道之动",都"以确定的措辞描述了循环变化"。

在论述道家的宇宙生成论时,李约瑟节译了《道德经》第四十二章③:

> 道生一,一生二,二生三,三生万物。万物负阴而抱阳,冲气以为和。……故物或损之而益,或益之而损。

在"道家对知识和社会的态度"一节,李约瑟在讨论道家对"知识"的态度问题时认为,道家之所以"痛斥"知识,"只能解释为非难理性思想和经验知识的那种传统意义上的宗教神秘主义",并部分改译了《道

---

① 李约瑟.《中国科学技术史》(第二卷,科学思想史),北京:科学出版社、上海古籍出版社,1990年,第76页。
② 李约瑟译文参见:Needham,1956,Vol. II,p. 75。
③ 李约瑟译文参见:Needham,1956,Vol. II,p. 78。

德经》第三章、第十九章及第六十五章作为例证①：

是以圣人之治，虚其心，实其腹，弱其志，强其骨，常使民无知无欲。使夫智者不敢为也。（第三章）

绝圣弃智，民利百倍；绝仁弃义，民复孝慈；绝巧弃利，盗贼无有。……绝学无忧。（第十九章）

古之善为道者，非以明民，将以愚之。民之难治，以其智多。故以智治国，国之贼；……（第六十五章）

李约瑟认为，"道家不仅敌视儒家思想，而且敌视整个封建制度"。他指出，《道德经》至少有十五章具有明确的政治意涵。在论述此观点时，他除了引述韦利翻译的部分章节之外，还自译了第七十九章②：

和大怨，必有余怨，安可以为善？是以圣人执左契，不责于人。故有德司契，无德司彻。天道无亲，常与善人。

李约瑟节译了《道德经》第十八章。他认为，该章是在描述"原始集体主义之后，后世社会日趋复杂而导致的一切恶果"③：

大道废，有仁义，智慧出，有大伪。六亲不和，有孝慈。国家昏乱，有忠臣。

为了说明《道德经》翻译因不同理解而导致翻译时选词迥异的现象，李约瑟选取第十七章进行翻译，并与韦利和修中诚的译文进行对比④：

---

① 李约瑟的改译参见：Needham，1956，Vol. II，pp. 86 - 87。
② 李约瑟的译文参见：Needham，1956，Vol. II，p. 101。
③ 李约瑟.《中国科学技术史》（第二卷，科学思想史），北京：科学出版社、上海古籍出版社，1990 年，第 121 页。李约瑟的译文参见：Needham，1956，Vol. II，p. 109。
④ 同上，第 122—123 页。李约瑟的译文参见：Needham，1956，Vol. II，p. 110。

太上，下（不）知有之；其次，亲而誉之；其次，畏之；其次，侮之。信不足焉，有不信焉。悠兮，其贵言。功成事遂，百姓皆谓"我自然"。

李约瑟认为，"太上"的意思或指最高，或指最古，"有"字的意思，可能是存在，也可能是拥有。

对于《道德经》第十一章：

三十辐共一毂，当其无，有车之用。埏埴以为器，当其无，有器之用。凿户牖以为室，当其无，有室之用。故有之以为利，无之以为用。

李约瑟认为，韦利的译文采用了通常的神秘主义意义，传统译文中对其中有"利"和"用"的对立是模糊不清的，并把"有"和"无"解释作"存在"和"不存在"，虽然这种译法为中国历代注疏者所认可，但他认为，应当把"有"和"无"分别解释为"有"和"没有"（私有财产），这样才"更符合古代道家的总的政治立场"①。

在讨论道家谴责社会的阶级分化时，他主张返回纯粹的、原始的、团结一致状态（朴）；他认为道家相信，在当时恢复其纯朴状态是切实可行的。李约瑟翻译了《道德经》第五十六章②，他认为只有理解阶级分化、私有财产的形成和封建制度的建立，才能准确理解本章：

塞其兑，闭其门；挫其锐，解其纷；和其光，同其尘，是谓玄同。故不可得而亲，不可得而疏，不可得而利，不可得而害，不可得而贵，不可得而贱，故为天下贵。

李约瑟认为，为了实现《道德经》第十四章所说的"执古之道"，以驾

---

① 李约瑟.《中国科学技术史》（第二卷，科学思想史），北京：科学出版社、上海古籍出版社，1990 年，第 124 页。李约瑟的译文参见：Needham, 1956, Vol. II, p. 110。

② 李约瑟译文参见：Needham, 1956, Vol. II, pp. 112 - 113。

驭今天的私有财产的时代（御今之有），《道德经》第五十七章为此制订了一个全盘计划①：

> 以正治国，以奇用兵，以无事取天下。吾何以知其然哉？以此：天下多忌讳，而民弥贫；民多利器，国家滋昏；人多伎巧，奇物滋起；法令滋彰，盗贼多有。故圣人云："我无为而民自化，我好静而民自正，我无事而民自富，我无欲而民自朴"。

李约瑟认为，在《道德经》中多次出现，被韦利英译成带有纯粹神秘意味的"未经雕凿的木块"（uncarved block）的"朴"，其原义含有强烈的政治意涵，是"指原始集体主义的那种团结性、一致性和质朴性"②。他节译了《道德经》第三十二章：

> 道常无名。朴虽小，天下莫能臣也。侯王若能守之，万物将自宾。天地相合，以降甘露，民莫之令而自均。

四、节译、改译《庄子》

李约瑟认为，"道家中仅次于《道德经》的巨著为《庄子》"，其"问世与《道德经》同时或稍晚"③。

在论述道家的"道"的观念时，李约瑟引用了冯友兰所译《庄子·大宗师第六》：

> 夫道，有情有信，无为无形；可传而不可受，可得而不可见；自本自根，未有天地，自古以固存。神鬼神帝，生天生地；在太极之先

---

① 李约瑟译文参见：Needham, 1956, Vol. II, p. 113。
② 李约瑟.《中国科学技术史》(第二卷，科学思想史)，北京：科学出版社、上海古籍出版社，1990 年，第 128 页。李约瑟的英译文参见：Needham, 1956, Vol. II, p. 115。
③ 同上，第 38 页。

而不为高;在六极之下而不为深;先天地生而不为久;长于上古而
不为老。

他认为,在庄子那里所"看到的是一种强调自然界运行的统一性和
自发性的自然主义泛神论"①。为了说明道家典籍中充满了对于自然
界的疑问,李约瑟综合了理雅各和林语堂译文,对《庄子·天运第十四》
中的以下段落进行了改译②:

> 天其运乎? 地其处乎? 日月其争于所乎? 孰主张是? 孰维纲
> 是? 孰居无事推而行是? 意者其有机械而不得已耶? 意者其运转
> 而不能自止耶? 云者为雨乎? 雨者为云乎? 孰隆施是? 孰居无事
> 淫乐而劝是? 风起北方,一西一东,有上彷徨,孰嘘吸是? 孰居无
> 事而披拂是? 敢问何故?

李约瑟在本部分还引用了理雅各、林语堂所译《庄子·知北游第二
十二》中孔子问道老子部分,以说明"生物也和无机物一样,都被纳入万
物之'道'的运转之中",修道者可获得身体上及精神上的好处,此说构
成后来道教中很大一部分内容,即长生不死的追求,使身体得以保存与
净化,从而可以位列仙班,于是,道教的方士们采用药物、炼丹配方、房

---

① 李约瑟.《中国科学技术史》(第二卷,科学思想史),北京:科学出版社、上海古籍出版社,
1990年,第40页。
② 李约瑟的英文译文如下: How (ceaselessly) heaven revolves! How (constantly) earth
abides at rest! Do the sun and the moon contend about their respective places? Is there
someone presiding over and directing these things? Who dinds and connects them together?
Who causes and maintains them, without trouble or exertion? Or is there perhaps some
secret mechanism, in consequence of which they cannot but be as they are? Is it that they
move and turn without being able to stop of themselves? Then how does a cloud become
rain, and the rain again form clouds? What diffuses them so abundantly? Is there someone
with nothing to do who urges them on to all these things for his enjoyment? Winds rise in
the north, one blows to the west, another to the east, while some rise upwards, uncertain
of their direction. What is it sucking and blowing like this? Is there someone with nothing
to do who thus shakes the world? I venture to ask about the causes.

中术、导引术等来达成此目标①。

李约瑟引用理雅各英译《庄子·则阳第二十五》，以说明"爱与恨"，"吸引与排斥"是大自然作用中最重要的力量：

> 少知曰："四方之内，六合之里，万物之所恶起？"大公调曰："阴阳相照相盖相治，四时相代相生相杀。欲恶去就，于是桥起。雌雄片合，于是庸有。安危相易，祸福相生，缓急相摩，聚散以成。此名实之可纪，精微之可志也。随序之相理，桥运之相使，穷则反，终则始，此物之所有。言之所尽，知之所至，极物而已。觊道之人，不随其所废，不原其所起，此议之所止。"

李约瑟改译了《庄子·养生主第三》中"庖丁解牛"的故事。他认为，此故事表明"道"系指"自然秩序"，它"不仅在总体上存在于万事万物之中，而且是特定个体的自然属性和构成方式"②。"解牛与解牛者的技巧与日月星辰的运行一样，也是自然法则，对道而言，万事万物都有其份"。

为说明"道家已接近于正确地评价因果关系的问题"，李约瑟引用了《庄子》第二篇中的一段：

> 罔两问景曰："曩子行，今子止；曩子坐，今子起。何其无特操与？"景曰："吾有待而然者耶？吾所待，又有待而然者耶？吾待蛇蚹蜩翼耶？恶识所以然？恶识所以不然？"

李约瑟认为，在此"庄子勾画了一种非机械的因果关系的原理"③。在"静心"一节，为进一步说明道家所崇尚的"静"，李约瑟除引用理雅

---

① 李约瑟.《中国科学技术史》（第二卷，科学思想史），北京：科学出版社、上海古籍出版社，1990 年，第 42 页。

② 李约瑟.《中国科学技术史》（第二卷，科学思想史），北京：科学出版社、上海古籍出版社，1990 年，第 49 页。李约瑟的英文译文参见：Needham，1956，Vol. II，pp. 45 - 46。

③ 同上，第 57 页。

各、冯友兰等所翻译的相关段落之外,还改译了庄子《逍遥游》中的一段①:

> 夫列子御风而行,泠然善也,旬有五日而后反。彼于致福者,
> 未数数然也。此虽免乎行,犹有所待者也。若夫乘天地之正,而御
> 六气之辩,以游无穷者,彼且恶乎待哉?

在他看来,庄子认为,除了自然的整体之外,对任何事物倾注感情
都是不明智的。只有静观自然,才能使人摆脱恐惧,摆脱失望。只有那
种能够投身于自然,不管自然界的任何事物多么琐细,多么令人苦恼,
多么可厌和多么可怕,甚至不值得命名和研究的东西,都毫不畏避的
人,才能征服恐惧,成为不可伤害的人,才能"乘云气"。

在论述"为"与"无为"一节,李约瑟改译了《庄子·知北游第二十二》:

> 天地有大美而不言,四时有明法而不议,万物有成理而不说。
> 圣人者,原天地之美,而达万物之理。是故至人无为,大圣不作,观
> 于天地之谓也②。

他认为,庄子所表达的"无为",是指那种"不违反物性,有意识地取
法于自然之道本身的运行规律",它看似无所作为,但却无所不能为。

在论述道家的辩证性时,李约瑟参考理雅各、冯友兰和林语堂译文
改译了《庄子·齐物论》中关于"朝三暮四"的一段,他称其为"关于猴子
的寓言"③:

> 劳神明为一,而不知其同也,谓之"朝三"。何谓"朝三"?狙公
> 赋芧,曰:"朝三而暮四。"众狙皆怒。曰:"然则朝四而暮三。"众狙
> 皆悦。名实未亏,而喜怒为用,亦因是也。是以圣人和之以是非,

---

① 李约瑟的译文参见:Needham, 1956, Vol. II, p. 66。
② 李约瑟的改译参见:Needham, 1956, Vol. II, p. 70。
③ 李约瑟的改译文参见:Needham, 1956, Vol. II. p. 77。

而休乎天均,是之谓两行。

李约瑟在论述道家的相对论时,改译了冯友兰所译《庄子·逍遥游》的开篇部分①：

北冥有鱼,其名为鲲。鲲之大,不知其几千里也。化而为鸟,其名为鹏。鹏之背,不知其几千里也。怒而飞,其翼若垂天之云。是鸟也,海运则将徙于南冥。南冥者,天池也。

《齐谐》者,志怪者也。《谐》之言曰："鹏之徙于南冥也,水击三千里,抟扶摇而上者九万里,去以六月息者也。"

野马也,尘埃也,生物之以息相吹也。天之苍苍,其正色邪?其远而无所至极邪?其视下也,亦若是则已矣。

且夫水之积也不厚,则其负大舟也无力。覆杯水于坳堂之上,则芥为之舟。

置杯焉则胶,水浅而舟大也。风之积也不厚,则其负大翼也无力。故九万里则风斯在下矣,而后乃今培风;背负青天而莫之夭阏者,而后乃今将图南。

蜩与学鸠笑之曰："我决起而飞,枪榆枋而止,时则不至,而控于地而已矣,奚以之九万里而南为?"……之二虫又何知! 小知不及大知,小年不及大年。奚以知其然也? 朝菌不知晦朔,蟪蛄不知春秋,此小年也。楚之南有冥灵者,以五百岁为春,五百岁为秋;上古有大椿者,以八千岁为春,八千岁为秋。而彭祖乃今以久特闻,众人匹之,不亦悲乎!

在"科学和社会福利"一节,李约瑟改译了理雅各所译的《庄子·在宥第十一》,意在说明,《庄子》的一些篇章是关于科学和社会福利的问题。他认为,《庄子》中的一些寓言和假想的对话似乎蕴涵着"利用科学造福于人类还为时过早,而儒家如果真想利用人类知识来改善人的生

---

① 李约瑟改译参见：Needham, 1956, Vol. II. p. 81.

活条件的话,他们就应该变成道家,并首先致力于观察自然。不了解自然而想对人类有所帮助是不可能的"①:

> 黄帝立为天子十九年,令行天下,闻广成子在于空同之上,故往见之,曰:"我闻吾子达于至道,敢问至道之精。吾欲取天地之精,以佐五谷,以养民人。吾又欲官阴阳,以遂群生。为之奈何?"
>
> 广成子曰:"而所欲问者,物之质也;而所欲官者,物之残也。自而治天下,云气不待族而雨,草木不待黄而落,日月之光,益以荒矣,而佞人之心翦翦者,又奚足以语至道!"

李约瑟认为,此处广成子是在责备黄帝对自然界的浅薄态度,急于从事物的残余之中获得利益。广成子暗示,真正为人类社会谋福利的唯一途径是退而阐明自然界的基本原理。②

为了论证"道家不仅敌视儒家思想,而且敌视整个封建制度",李约瑟节译了《庄子·胠箧》③:

> 世俗之所谓至知者,有不为大盗积者乎? 所谓至圣者,有不为大盗守者乎? ……彼窃钩者诛,窃国者为诸侯,诸侯之门而仁义存焉,则是非窃仁义圣知邪? 故逐于大盗,揭诸侯,窃仁义并斗斛权衡符玺之利者。……故绝圣弃知,大盗乃止……

李约瑟认为,庄子措辞激烈,是在对封建制度发出强烈的谴责之声音。

在论述"道家对阶级分化的谴责"时,李约瑟认为,道家所崇尚的理想社会是"合作的",而不是"占取的"。对于封建社会,他们"不是向前看","不是革命的",他们是"向后看"的,他们想要的是"原始部

---

① 李约瑟.《中国科学技术史》(第二卷,科学思想史),北京:科学出版社、上海古籍出版社,1990 年,第 110 页。李约瑟的改译文参见:Needham, 1956, Vol. II, pp. 98 - 99。
② 同上,第 110 页。
③ 李约瑟改译参见:Needham, 1956, Vol. II. p. 102。

落集体制”，是那种私有制尚未确立，尚未出现封建制度及其贵族、王侯、祭司、工匠、卜祝等的，“尚未分化的‘自然’生活状态”。他与白乐日（Balazs）合作改译了理雅各所译《庄子·马蹄》中对“原始集体主义的描述”[①]：

> 彼民有常性，织而衣，耕而食，是谓同德。一而不党，命曰天放。……夫至德之世，同与禽兽居，族与万物并。恶乎知君子小人哉！同乎无知，其德不离；同乎无欲，是谓素朴。素朴而民性得矣。及至圣人，蹩躠为仁，踶跂为义，而天下始疑矣。澶漫为乐，摘僻为礼，而天下始分矣。故纯朴不残，孰为牺樽！白玉不毁，孰为珪璋！道德不废，安取仁义！性情不离，安用礼乐！五色不乱，孰为文采！五声不乱，孰应六律！夫残朴以为器，工匠之罪也；毁道德以为仁义，圣人之过也。

在论述道家的“朴”与“混沌”思想时，李约瑟节译了《庄子·在宥》，认为庄子是在谈论“原始社会的瓦解”[②]：

> 昔者黄帝始以仁义撄人之心，尧、舜于是乎股无胈，胫无毛，以养天下之形。愁其五藏以为仁义，矜其血气以规法度。然犹有不胜也。尧于是放讙兜于崇山，投三苗于三峗，流共工于幽都，此不胜天下也夫。……大德不同，而性命烂漫矣；天下好知，而百姓求竭矣。于是乎斤锯制焉，绳墨杀焉，椎凿决焉。天下脊脊大乱，罪在撄人心。故贤者伏处大山嵁岩之下，而万乘之君忧慄乎庙堂之上。今世殊死者相枕也，桁杨者相推也，刑戮者相望也，而儒墨乃始离跂攘臂乎桎梏之间。意，甚矣哉！其无愧而不知耻也甚矣！

---

① 李约瑟.《中国科学技术史》（第二卷，科学思想史），北京：科学出版社、上海古籍出版社，1990 年，第 118 页。李约瑟与白乐日的改译参见：Needham, 1956, Vol. II, p. 106。
② 李约瑟.《中国科学技术史》（第二卷，科学思想史），北京：科学出版社、上海古籍出版社，1990 年，第 120 页。李约瑟的英文译文参见：Needham, 1956, Vol. II, p. 108。

为了使读者更好地理解道家的"朴"和"混沌",李约瑟节译了《庄子·天地》中的一节[①]：

> (子贡)反于鲁,以告孔子。孔子曰："彼假修浑沌氏之术者也。识其一,不识其二;治其内而不治其外。夫明白入素,无为复朴,体性抱神,以游世俗之间者,汝将固惊邪? 且浑沌氏之术,予与汝何足以识之哉!"

在"巧匠与技术(The 'Knack-passages' and Technology)"一节,李约瑟改译了《庄子·天道》中齐桓公和轮扁的故事,认为其有"技术上和政治上"相联系的重要意义：

> 桓公读书于堂上,轮扁斫轮于堂下,释椎凿而上,问桓公曰："敢问公之所读者,何言邪?"公曰："圣人之言也。"曰："圣人在乎?"公曰："已死矣。"曰："然则君之所读者,古人之糟粕已夫!"桓公曰："寡人读书,轮人安得议乎! 有说则可,无说则死!"轮扁曰："臣也以臣之事观之。斫轮,徐则甘而不固,疾则苦而不入;不徐不疾,得之于手而应于心。口不能言,有数存乎其间。臣不能以喻臣之子,臣之子亦不能受之于臣,是以行年七十而老斫轮。古之人与其不可传也死矣,然则君之所读者,古人之糟粕已夫!"

李约瑟指出,此段中,道家匠人劝告了封建君主,遵从事物之"道",就能获得不可言喻的技巧,不要读那些儒家死人之书,要研究人民之"道",以获得治理之技巧,要视人民之所视,听人民之所听,不要妨碍人民满足他们自然生存之需要与愿望,不要置身于人民之上,要回归共同生活的理想[②]。

---

① 李约瑟.《中国科学技术史》(第二卷,科学思想史),北京:科学出版社、上海古籍出版社,1990 年,第 127 页。李约瑟的英文译文参见：Needham, 1956, Vol. II, p. 114.

② 李约瑟.《中国科学技术史》(第二卷,科学思想史),北京:科学出版社、上海古籍出版社,1990 年,第 136—137 页。李约瑟译文参见：Needham, 1956, Vol. II, p. 122.

　　李约瑟指出，和道家重视工匠技艺情况相反，道家典籍却显示出一种反对技术发明的明显偏见，为说明此观点，他改译了《庄子·天地》中一则"具有代表性的"故事①：

　　　　子贡南游于楚，反于晋，过汉阴，见一丈人方将为圃畦，凿隧而入井，抱瓮而出灌，搰然用力甚多而见功寡。子贡曰："有械于此，一日浸百畦，用力甚寡而见功多，夫子不欲乎？"为圃者仰而视之曰："奈何？"曰："凿木为机，后重前轻，挈水若抽，数如泆汤，其名为槔。"为圃者忿然作色而笑曰："吾闻之吾师，有机械者必有机事，有机事者必有机心。机心存于胸中，则纯白不备。纯白不备，则神生不定，神生不定者，道之所不载也。吾非不知，羞而不为也。"

　　在解释道家这种"反技术"偏见与其自然主义哲学及道教与科学技术的关系相悖的问题时，李约瑟认为，其缘由在于道家认为阶级分化与技术发明是携手并进的，在他们看来，机械发明只会有利于封建诸侯，它们不是被用于骗取农民应得之份的量器，就是被用以惩治敢于反抗的被压迫者的刑具。②

五、节译《列子》

　　李约瑟在论述道家的"道"的观念时，引用了《列子》杞人忧天的故事（作者在翻译时参考了翟林奈和戴遂良的译文），旨在说明道家"对形而上学的厌恶："极始和极终都是'道'的秘密，人所能做的一切只是对现象的研究和描述"，这是道家"自然科学的一纸宣言"③，表现了列子"对宇宙生成论和世界末日论，对'创世'和'末日事物'的反感"。此段中的长卢子"代表科学头脑"，"既看到积成，也准备面对解体"，"杞人"

---

① 李约瑟.《中国科学技术史》(第二卷，科学思想史)，北京：科学出版社、上海古籍出版社，1990 年，第 138 页。李约瑟译文参见：Needham, 1956, Vol. II, p. 124.

② 同上，第 138—140 页。

③ 同上，第 43 页。李约瑟译文参见：Needham, 1956, Vol. II, pp. 40 - 41.

和"晓者""至少提出了有关自然界的一些假说和理论"。①

在"道家思想,因果关系和目的论"一节,李约瑟节译了《列子·说符第八》中的一段②:

> 齐田氏祖于庭,食客千人。中坐有献鱼雁者,田氏视之,乃叹曰:"天之于民厚矣!殖五谷,生鱼鸟,以为之用。众客和之如响。鲍氏之子年十二,预于次,进曰:"不如君言。天地万物与我并生,类也。类无贵贱,徒以小大智力而相制,迭相食;非相为而生之。人取可食者而食之,岂天本为人生之?且蚊蚋噆肤,虎狼食肉,非天本为蚊蚋生人、虎狼生肉者哉?"

在讨论道家政治立场时,李约瑟参考翟林奈的译文翻译了《列子·天瑞》关于财产的重要论述,他认为这一段中所讲的故事"具有科学上和政治上的意义",他将其名为"盗天不盗人"(Rob Nature and not Man)③:

> 齐之国氏大富,宋之向氏大贫;自宋之齐,请其术。国氏告之曰:"吾善为盗。始吾为盗也,一年而给,二年而足,三年大穰。自此以往,施及州闾。"向氏大喜,喻其为盗之言,而不喻其为盗之道。遂逾垣凿室,手目所及,亡不探也。未及时,以赃获罪,没其先居之财。向氏以国氏之谬己也,往而怨之。国氏曰:"若为盗若何?"向氏言其状。国氏曰:"嘻!若失为盗之道至此乎?今将告若矣。吾闻天有时,地有利。吾盗天地之时利,云雨之滂润,山泽之产育,以生吾禾,殖吾稼,筑吾垣,建吾舍。陆盗禽兽,水盗鱼鳖,亡非盗也。夫禾稼、土木、禽兽、鱼鳖,皆天之所生,岂吾之所有?然吾盗天而亡殃。夫金玉珍宝,谷帛财货,人之所聚,岂天之所与?若盗之而

---

① 李约瑟.《中国科学技术史》(第二卷,科学思想史),北京:科学出版社、上海古籍出版社,1990年,第44页。
② 李约瑟译文参见:Needham, 1956, Vol. II, pp. 55 - 56.
③ 李约瑟.《中国科学技术史》(第二卷,科学思想史),北京:科学出版社、上海古籍出版社,1990年,第124页,约瑟译文参见:Needham, 1956, Vol. II, pp. 111 - 112.

获罪,孰怨哉?”向氏大惑,以为国氏之重罔己也,过东郭先生问焉。东郭先生曰:“若一身庸非盗乎? 盗阴阳之和以成若生,载若形;况外物而非盗哉? 诚然,天地万物不相离也;仞而有之,皆惑也。国氏之盗,公道也,故亡殃;若之盗,私心也,故得罪。有公私者,亦盗也;亡公私者,亦盗也。公公私私,天地之德。知天地之德者,孰为盗邪? 孰为不盗邪?”

李约瑟认为,这个故事说明,为了整个社会的福利而取用自然财富是合法的,而为私利积聚财富则是封建诸侯的一种反社会特性,并且只能引起真盗贼的出现。

在讨论道家成仙的问题时,李约瑟依据卫德明(R. Wilhelm)译本节译了《列子·汤问》中段落,认为这是在描述道家完美的仙境[①]:

禹之治水土也,迷而失途,谬之一国。滨北海之北,不知距齐州几千万里,其国名曰终北,不知际畔之所齐限。无风雨霜露,不生鸟兽、虫鱼、草木之类。四方悉平,周以乔陟。当国之中有山,山名壶领,状若甔甀。顶有口,状若员环,名曰滋穴。有水涌出,名曰神瀵,臭过兰椒,味过醪醴。一源分为四埒,注于山下。经营一国,亡不悉遍。土气和,亡札厉。人性婉而从物,不竞不争。柔心而弱骨,不骄不忌;长幼侪居,不君不臣;男女杂游,不媒不聘。缘水而居,不耕不稼。土气温适,不织不衣;百年而死,不夭不病。其民孳阜亡数,有喜乐,亡衰老哀苦。其俗好声,相携而迭谣,终日不辍者。饥惓则饮神瀵,力志和平。过则醉,经旬乃醒。沐浴神瀵,肤色脂泽,香气经旬乃歇。

周穆王北游过其国,三年忘归。既反周室,慕其国,(忄敞)然自失。不进酒肉,不召嫔御者,数月乃复。

① 李约瑟.《中国科学技术史》(第二卷,科学思想史),北京:科学出版社、上海古籍出版社,1990年,第156页。李约瑟译文参见:Needham, 1956, Vol. II, pp. 142 – 143。

六、节译、改译《周易参同契》

《中国科学技术史》第五卷第三分册《中国炼丹术的历史考察》,李约瑟辟专节,以"魏伯阳:后汉时期的早期丹经之源头"为题,用大量篇幅对《周易参同契》进行了详细考察[①]。

李约瑟称,《周易参同契》为现存最早的关于炼丹理论的著作,其撰者为被誉为"炼丹之父"的魏伯阳。关于魏伯阳的生平,知之甚少。魏伯阳其名在官方正史中未曾被提及。关于魏伯阳的记述,首见于葛洪。李约瑟依据陈致虚的《参同契分章注》为其主要底本,结合其他史料,如《周易参同契发挥》《神仙传》《神仙通鉴》等,对魏伯阳生平及著作进行了考证。除《参同契》外,魏伯阳还撰写了另一部丹经《五相类》,并因此与《参同契五相类秘要》有关联。他认为,《道藏》中所收另一部与魏伯阳有关的丹经《大丹记》应作于唐宋时期,非魏伯阳所撰。

李约瑟对《参同契》标题也进行了考证。他在书中介绍了彭晓、朱熹、俞琰及无名氏对此标题意义的注解。

对于《参同契》的思想,李约瑟说,《参同契》开篇引《易经》云:"乾坤者,易之门户",对《道德经》也有引述,如"知其白,守其黑""上德无为而无以为,下德为之而有以为"等。在论述炼丹过程时,《参同契》大量运用了阴阳五行说,在此书的末尾,还言及《易经》、黄老,意谓道、成仙之术及炼丹术如同通往同一座大山的三条路径。因此,李约瑟认为,此书所论无非三事:《易经》理论,含广义的阴阳五行说,道教哲学上的教义以及炼丹之程序。

关于《参同契》的成书时间,李约瑟赞同吴鲁强的观点,认为《参同契》成书于公元 142 年前后,认为其作者隐于自叙及后章(epilogue)。李约瑟认为,有一史实非常重要,大约公元 230 年前后,虞翻对《参同

[①] Needham, Joseph, with the collaboration of Lu Gwei-Djen and Ho Ping-Yu. 1976. *Science and Civilisation in China*, Vol. 5, Part 3: *Spagyrical Discovery and Invention: Historical Survey, from Cinnabar Elixirs to Synthetic Insulin*, Cambridge: Cambridge University Press, pp. 50 – 75.

契》的评论（注疏）见于陆德明《经典释文》中的《易经》部分，与虞翻同世纪稍晚的葛洪未提及《参同契》，但在其所列经目中的《魏伯阳内经》，应为《参同契》。李约瑟认为，葛洪之所以未谈到《参同契》，是因为他是一位修行者，对《参同契》这种将炼丹与《易经》相结合的理论著作不太感兴趣。诗人江淹在其作于5世纪末期的一首诗中提到《参同契》（见于《江文通集》），《参同契》也见于隋唐时期的书目。《神仙传》云①：

> 伯阳作《参同契》，五行相类，凡三卷。其说似解《周易》，其实假借爻象，以论作丹之意。而儒者不知作丹之事，反作阴阳注之，殊失其大旨也。

现存最早的《参同契》版本据说是明代嘉靖年间赵府味经堂制作的木版印刷本，藏于北京图书馆。关于其注疏，李约瑟认为，像《参同契》这样有如此众多的注疏本实属少有。他列出了《道藏》的十个注本：《周易参同契注》托名阴长生注，但大致成书于宋代；《周易参同契注》，佚名，据信成于宋代；《周易参同契注》（另名《周易参同契考异》），朱熹注，托名邹，约成书于1197年；《周易参同契分章通真义》，彭晓注，亦名真一子，作于947年前后；《周易参同契鼎器歌明镜图》，彭晓注，作于947年前后；《周易参同契注》，佚名注，据信作于宋代；《周易参同契发挥》，俞琰（亦名俞吾玉，全阳子）注，作于1284年前后（吴鲁强和戴维斯译本依此为底本）；《周易参同契释疑》，俞琰注，约作于1284年前后；《周易参同契解》，陈显微（亦名陈宗道，抱一子）注，约作于1234年前后；《周易参同契注》，储华谷注，约作于1230年。

此外，在《道藏辑要》中，还有其他版本的注疏，有《参同契阐幽》（朱元育，约1669年）、《周易参同契分章注》（上阳子陈致虚，约1330年）等，陈显微的《周易参同契解》也收入《道藏辑要》。

李约瑟所节译的内容以陈致虚注本为底本。在他看来，前述十种注本中，陈致虚注本最为流行，部分是由于他是道教北宗第七代掌门人

---

① 李约瑟译文参见：Needham, 1976, Vol. V, part. 3, p. 53。

的缘故。1820 年,傅金铨对其进行点校并增加了一些注疏,其前有俞慕纯的序。伟烈亚力称,那时人们普遍认为陈致虚注本最好地保留了原文原貌,其注解最为明白晓畅。

当然,李约瑟说,还有其他注本,诸如《周易参同契疏略》(王文禄,1564 年)、《周易参同契测疏》(陆西星)、《参同契口义》《读参同契》(汪绂)等,这些注本李约瑟未曾寻得,他相信还有诸多未曾听闻的注本。

16 世纪时,有人宣称在石室内发现了《参同契》的原本,后称《古文参同契》。明代学者杨慎(亦名杨升庵)对其十分着迷。他在 1546 年为其作序,称《参同契》现存的其他版本打乱了原文的行文顺序,一些地方将注疏混入原文。于是,《古文参同契》分为三部分,第一部分为魏伯阳所作,第二部分为徐从事所作,第三部分为淳于叔通所作。李约瑟说,尽管与他们所研究的化学史无甚关系,但这足以说明《参同契》在明代的重要性。

李约瑟还提到《道枢》中所收的另外一个内容截然不同的《参同契》版本。其第一部分未署撰者,第二部分托名草衣子,其行文风格似西汉时期娄敬,第三部分托名云牙子,最后附注云,魏翱,字伯阳,号云牙子,为汉代人。附注有云牙子与注者元阳子的一段对话。

《参同契》言辞的隐含性,加上种种不同的阐释,导致其注本众多。这种种注本中,意见各异,后世注者往往对先前的注本多有批评,甚至对此书的来源也未曾达成统一的意见。注疏者之间的意见分歧,加上各注者自相矛盾的阐释,为理解《参同契》增加了难度。李约瑟认为,要真正翻译好《参同契》,首先需要精通阴阳五行和《易经》哲学,同时,需要研究所有的注疏。要对其进行完整的翻译,需要耗时数年。比如一位佚名注者,在一处将"流珠"注为水银,而在另一处则注为丹砂,内丹派注家将其阐释为与肺相关的"肺液"。李约瑟专门为此附上了一个表格,对各种不同的注解进行了整理。但总体而言,对《参同契》的意见分为两派:一派认为《参同契》为外丹著作,另一派则视其为内丹著作。李约瑟认为,无论对《参同契》的阐释有多大分歧,在《参同契》中有诸多化学及炼金术相关术语这一点上是确定无疑的。这就意味着,使用这些术语的此书著者肯定具有相关实践的知识。《参同契》虽有许多看似古奥难解的段落,但其所包含的中国科学思想是可以解释的。李约瑟以《参同契》第十九章为例,利用吴鲁强译文,通过对其进行详细解读来说明其论点①。同时还翻译了第十八章,并对其进行了分析②:

晦朔合符章第十八

晦朔之间,合符行中。混沌鸿蒙,牝牡相从。滋液润泽,施化流通。
天地神明,不可度量。利用安身,隐形而藏。始于东北,箕斗之乡。
旋而右转,呕轮吐萌。潜潭见象,发散精光。昂毕之上,震为出征。
阳炁造端,初九潜龙。阳以三立,阴以八通。三日震动,八日兑行。
九二见龙,和平有明。三五德就,干体乃成。九三夕惕,亏折神符。
盛衰渐革,终还其初。巽继其统,固际操持。九四或跃,进退道危。
艮主进止,不得逾时。二十三日,典守弦期。九五飞龙,天位加喜。
六五坤承,结括终始。韫养众子,世为类母。上九亢龙,战德于野,
用九翩翩,为道规矩。阳数已讫,讫则复起。推情合性,转而相与。
循环璇玑,升降上下。周流六爻,难可察睹。故无常位,为易宗祖。

李约瑟认为,此章是运用易卦解释每日及每月加热周期循环的经典案例。李约瑟还分析了《参同契》中所描述的化学反应。他说,虽然不清楚《参同契》中所说的基本化学反应原理为何,但文中所述"龙"与"虎"的反应却是放在显著位置的。他认为,在外丹派看来,"龙"与"虎"分别指汞和铅。据佚名注者解释,龙和虎在不同的上下文可以有两种不同的解读。"青龙"与"白虎"相对时,分指汞和铅,"赤龙"和"白虎"相对时,分指丹砂和汞。

李约瑟节译了《参同契》第七章(明两知窍章第七),以解释其中所描述的铅与汞溶解后生成汞铅溶液 $Hg(Pb)$③:

---

① 李约瑟译文参见：Needham，1976，Vol. V，part. 3，pp. 58 - 62。
② 李约瑟译文参见：Needham，1976，Vol. V，part. 3，pp. 62 - 66。
③ 李约瑟译文参见：Needham，1976，Vol. V，part. 3，p. 66。

阴阳之始，玄含黄芽。五金之主，北方河车。故铅外黑，内怀
金华，被褐怀玉，外为狂夫。金为水母，母隐子胎。水为金子，子藏
母胞。真人至妙，若有若无。仿佛太渊，乍沉乍浮。退而分布，各
守境隅。采之类白，造之则朱。炼为表卫，白里真居。方圆径寸，
混而相拘。

由此引发下文对"黄芽"为何的讨论。李约瑟翻译了《参同契》第二
十四章及第二十六章中关于炼制汞齐(铅汞合金，amalgam)的段落①：

太阳流珠，常欲去人。卒得金华，转而相因，化为白液，凝而至
坚。金华先唱，有倾之间，解化为水，马齿阑玕，阳乃往和，情性自
然。迫促时阴，拘蓄禁门……(流珠金华章第二十四)

河上姹女，灵而最神，得火则飞，不见埃尘，鬼隐龙匿，莫知所
存。将欲制之，黄芽为根。(姹女黄芽章第二十六)

李约瑟指出，《参同契》中提到炼丹术中的一个重要的基本概
念——"同类相变"但"异类不能相成"。这是化学亲合性思想最为古老
者。他节译了《参同契》第十二章中有关此概念的内容，认为此段还表
明，在魏伯阳时代，关于金的变化的概念已经广为人知②：

胡粉投火中，色坏还为铅。冰雪得温汤，解释成太玄。金以砂
为主，秉和于水银。变化由其真，终始自相因。欲作伏食仙，宜以
同类者，植禾当以谷，覆鸡用其卵。以类辅自然，物成易陶冶。鱼
目岂为珠？蓬蒿不成槚。类同者相从，事乖不成宝。燕雀不生凤，
狐兔不乳马。水流不炎上，火动不润下。(同类合体章第十二)

李约瑟节译了《参同契》第三十章，认为它反映了魏伯阳尊重自然

---

① 李约瑟译文参见：Needham, 1976, Vol. V, part. 3, pp. 67 - 68。
② 李约瑟译文参见：Needham, 1976, Vol. V, part. 3, p. 68。

规律，主张任何炼丹的最终结果要靠使用恰当的原料，采用正确的方法，而不是靠奇迹①：

> 假使二女共室，颜色甚姝，苏秦通言，张仪合媒，发辩利舌，奋舒美辞，推心调谐，合为夫妻，弊发腐齿，终不相知。若药物非种，名类不同，分刻参差，失其纲纪，虽黄帝临炉，太一执火，八公捣炼，淮南调合，立宇崇坛，玉为阶陛，麟脯凤脂，把籍长跪，祷祝神祇，请哀诸鬼，沐浴斋戒，冀有所望，亦犹和胶补釜，以硇涂疮，去冷加冰，除热用汤，飞龟舞蛇，愈见乖张。（君子好逑章第三十）

李约瑟认为，此段的有趣之处不仅在于其包含同类物质之间反应的理论，还在于以下两点：第一，从此段我们得以窥见魏伯阳时代的道士在开始炼丹前的仪式；第二，通过此段可以看出魏伯阳的典型写作风格，即他在阐述自己的观点或描述炼丹过程的时候喜欢使用一个接一个的隐喻。李约瑟在此还罗列了俞琰注本所总结的此类隐喻，并指出，魏伯阳所用的无数个隐喻涉及多个知识领域，不仅有胚胎学及物理学基本原理，还涉及魏伯阳时代的房中术。李约瑟节译了《参同契》第二十章和第二十五章中两段与胚胎学有关的内容②：

> 人所秉躯，体本一无。元精云布，因炁托初。阴阳为度，魂魄所居。阳神日魂，阴神月魄。……类如鸡子，白黑相符，纵广一寸，以为始初。四肢五脏，筋骨乃俱。弥历十月，脱出其胞。骨弱可卷，肉滑若铅。（养性立命章第二十）
> ……母含滋液，父主秉与……（如审遭逢章第二十五）

李约瑟认为《参同契》中"阳燧以取火，非日不生光。方诸非星月，安能得水浆？"（二气感化章第二十一）提到利用太阳反射光的火镜

---

① 李约瑟译文参见：Needham, 1976, Vol. V, part. 3, p. 69。
② 李约瑟译文参见：Needham, 1976, Vol. V, part. 3, p. 70。

（burning-mirror）和露水锅（dew-pan）①。

关于魏伯阳时代的房中术，李约瑟节译了《参同契》第二十六章②：

> 施化之精，天地自然，火动炎上，水流润下，非有师导，使其然也。资使统正，不可复改。观夫雌雄，交姤之时，刚柔相结，而不可解，得其节符，非有工巧，以制御之。男生而伏，女偃其躯，秉乎胞胎，受炁元初，非徒生时，着而见之，及其死也，亦复效之，此非父母，教令其然。本在交媾，定置始先。（姹女黄芽章第二十六）

李约瑟指出，《参同契》中还有关于炼丹过程的描述，书末的"鼎器歌"是对反应器的描述。他翻译了《参同契》第九章关于炼丹过程的描述③：

> 火记不虚作，演易以明之。偃月法炉鼎，白虎为熬枢；汞日为流珠，青龙与之俱。举东以合西，魂魄自相拘。上弦兑数八，下弦艮亦八，两弦合其精，乾坤体乃成。二八应一斤，易道正不倾。（龙虎两弦章第九）

关于此段中的《火记》一书，虽有注者怀疑其是否存在，但李约瑟认为，没有理由怀疑一本关于操作指南的书在汉朝时期的炼丹家中流传。

与吴鲁强一样，李约瑟对《参同契》的翻译大多未译为韵文，但他将第十一章的以下内容在韦利译文的基础上译为诗歌体，他认为此段表达了魏伯阳对还丹的热情④：

> 巨胜尚延年，还丹可入口。金性不败朽，故为万物宝。术士伏食之，寿命得长久。土游于四季，守界定规矩。金砂入五内，雾散

---

① 李约瑟译文参见：Needham, 1976, Vol. V, part. 3, p.71。
② 同上。
③ 同上。
④ 李约瑟译文参见：Needham, 1976, Vol. V, part. 3, p.72。

若风雨。熏蒸达四肢，颜色悦泽好。发白皆变黑，齿落生旧所。老翁复丁壮，耆妪成姹女。改形免世厄，号之曰真人。（二土全功章第十一）

关于《参同契》第十四章，李约瑟指出，该章描述金丹的炼制过程，在炼丹者看来应该最为重要。但他认为，魏伯阳恰好未清楚说明金和水这两种最为重要的用料为何物。两者均有多种解释：吴鲁强译本直接将其译为金（gold）和水（water），但李约瑟认为，金和水不会产生文中所描述的现象，他认为，将其译为金属元素（Metal element）和水元素（Water element）更妥，但人们还是会追问，它们究竟所指为何？一位佚名注者认为，"金"为"金华"之略，意指铅，"水"为"水银"之略①。

以金为堤防，水入乃优游。金计有十五，水数亦如之。临炉定铢两，五分水有余。二者以为真，金重如本初。其三遂不入，火二与之俱。三物相含受，变化状若神。下有太阳气，伏蒸须臾间。先液而后凝，号曰黄舆焉。岁月将欲讫，毁性伤寿年。形体如灰土，状若明窗尘。捣治并合之，持入赤色门。固塞其际会，务令至完坚。炎火张于下，昼夜声正勤。始文使可修，终竟武乃陈。候视加谨慎，审察调寒温。周旋十二节，节尽更须亲。气索命将绝，体死亡魄魂。色转更为紫，赫然成还丹。粉提以一丸，刀圭最为神。（金丹刀圭章第十四）

关于《参同契》所描述的反应器，作者在关于实验设备一节进行了讨论。

李约瑟最后总结道：《参同契》所创造的风格与用语在中国早期炼丹者中占据统治地位。魏伯阳将阴阳观、五行说及《易经》应用于炼丹，深刻影响了此后几个世纪以来他的追随者的哲学思想。他也因此打开了一个新的领域，但同时也为其发展设置了障碍。首先，将汞和铅或硫

---

① 李约瑟译文参见：Needham, 1976, Vol. V, part. 3, p. 73。

作为炼丹的首选原料限制了此后这类实验的视野与潜力，由此导致无数中毒事件，许多富有创造力的杰出炼丹家极有可能因服用其所制的丹药而成为他们自己的牺牲品；其次，魏伯阳尊重自然规律的思想是亲和理论的雏形，这从他书中的几处表达可以看出，但对于非同类的东西，他却束手无策；最后，从《参同契》中我们可以发现一种阻碍炼丹及化学知识传播的因素。魏伯阳的炼丹著作均以隐语方式撰写，同义语及隐喻比比皆是，对其解读不易，这是产生如此众多的注本的重要原因。李约瑟提出，《参同契》有如此众多的注疏，被如此众多的外丹及内丹家们研究过，难道是因为著者为了避免危险有意含糊其辞？此外，炼丹家们常常被告知，炼丹之法不可外传，这些可敬的老师们不鼓励他们与别人讨论此事。《参同契》第三十三章亦如是说：

> 乐道者，寻其根。审五行，定铢分。谛思之，不须论。深藏守，莫传文。（鼎器妙用章第三十三）

诸如此类不鼓励自由讨论及自由传播知识的训诫，（可能）成为妨碍中国炼丹术及化学发展的重要因素。当然，李约瑟也承认，西方人在科技革命之前并不比中国人开化。

由此可见，李约瑟在考察《周易参同契》中所蕴含的早期科技知识，尤其是化学相关科学知识的同时，对魏伯阳隐晦的行文方式，大量使用隐喻以及不鼓励丹法外传的做法，是持反对态度的。他从中国科学技术史的角度译介道经，为中国经籍的阐释提供了一个新的视角，客观上也为道经的世界传播做出了重要贡献。自吴鲁强翻译《参同契》之后，加上李约瑟的加持，关于中国炼丹相关的经籍译介与研究范围愈来愈广，译介与研究者愈来愈多，席文后来的研究便是最好的范例。

七、考察《道藏》编修史

在《中国科学技术史》第五卷第三分册，李约瑟以"《道藏》中的炼丹”为题考察了《道藏》编修的历史[①]：

　　道经目录首见于《前汉书》文献目录相关章节，但所录道经似乎与炼丹没有联系。至三国两晋时期，更多经目问世，葛洪所撰《抱朴子》中即有道经目录，其中所录道经现今已佚。陆修静作于公元 437 年的一部著作中提到"三洞"（Three Heavens）概念（洞真、洞玄、洞神），此为现今可考关于道经分类最早的提法。此后所有道经分类皆沿用此法。大约在公元 6 世纪初，道经分类加入"四辅"（Four Ancillaries）（太玄、太清、太平、正一）。"三洞"与"四辅"合称"七部"。大多数道教丹经收入太清部。继陆修静之后，又有孟法师和陶弘景（李约瑟称陶弘景为"伟大的博物学家、炼丹家和物理学家"）。公元 523 年，阮孝绪在其《七录·仙道录》中收录了 425 部道经，共计 1138 卷。阮孝绪将其分为经戒部、服饵部、房中术及符图部四部。公元 570 年，玄都观道士将一部经目献给北周皇帝，此经目共收道经 6363 卷，其中 2040 卷当时尚存。此后数年，北周武帝命王延收集并编修道经，至此，道经增加至 8030 卷，王延主持编修的道经总录称为《三洞珠囊》。

　　王延之后有数部道经目录撰成，至公元 712 年，唐玄宗命宫廷及道观编修《一切道经音义》。开元年间，唐玄宗命搜集天下所有道经，编成《三洞琼纲》，收录道经 3774 卷（一说多达 5700 卷）。是年，约 748 名抄经人员抄写多部行世。因安史之乱，道经大部分被焚毁。此后，全国上下又重新开始搜集。唐宪宗时，搜集道经达 5300 卷；唐僖宗时，黄巢攻下都城，大多数道经被焚毁。尚存的道经由道士神隐子收集，后又在唐末遭受同样被毁的厄运。

　　北宋初年，宋太宗再次组织人力，从全国各处宫观、寺院及私家藏书收集到大约 7000 卷道经。宋太宗命徐铉负责检视，王禹偁协助，在公元 989—991 年期间对所收集到的道经进行检视，去掉其中重复之书，共获道经 3737 卷。公元 1008 年，宋真宗命王钦若编修道藏，并对

① Needham, Joseph, with the collaboration of Lu Gwei-Djen and Ho Ping-Yu. 1976. *Science and Civilisation in China*, Vol. 5, Part 3: *Spagyrical Discovery and Invention: Historical Survey, from Cinnabar Elixirs to Synthetic Insulin*, Cambridge: Cambridge University Press, pp. 113 – 117.

其进行编目。王钦若得到官员戚纶、陈尧佐及道士朱益谦、冯德之等人的协助。当时道经卷数又一次增至 4359 卷。王若钦所编之经目呈送给皇帝时,得名《宝文统录》。但后来发现此经目令人不甚满意,因其中多处与前代经目不一致。公元 1012 年,宋真宗采纳王钦若与戚纶建议,命张君房对其重新分类。张君房对其进行重新编排之外,还加入他本人所搜集到的道经,使所收道经增加至 4565 卷。张君房在公元 1019 年完成编排,宋真宗赐名《大宋天宫宝藏》。张君房从中选出一些他认为更为重要的道经编成《云笈七籤》。

宋徽宗时,发现更多道经,《道藏》中所收道经卷数达到 5387 卷。正和年间,采用木板印刷印制,题曰《万寿道藏》。除保存于秘阁之外,此版《道藏》被寺院和道观收藏。《万寿道藏》并未如其名那般万世不朽,亦未逃脱毁于兵乱的厄运。此《道藏》的一些经版后落入女真鞑靼人之手。公元 1164 年,女真皇帝金世宗在这些经版的基础上增加了一些道经,编修了《大金玄都宝藏》,共收道经 6455 卷。不幸的是,公元 1202 年,因天长观遭遇大火,所藏经版化为灰烬。所幸,公元 1175 年,珍藏于福建的一部《万寿道藏》被携至南宋都城杭州临安府,又印制了数套分发给各处道观收藏。

公元 1237 年,宋德方开始又一次道经收集工作。在其弟子的帮助下,各地共设 27 个点,展开道经搜集,其中包括《道藏》未收的道经。至公元 1244 年,完成《玄都宝藏》,收道经 7800 余卷。其经版先藏于平阳玄都观,后转至同城纯阳万寿宫。

蒙古人统治时期,道教逐渐失去朝廷支持。元宪宗(1251—1259)时期,在围绕《老子化胡经》所引起的释道之间的一次辩论中,道士落败,元宪宗下令烧毁所有道经及相关书籍。公元 1281 年,元宪宗再次诏令焚毁存世之道经,但此次焚经大概未能执行。公元 1294 年,元世祖时期,又因道士在一次释道辩论中被佛教击败,道教书籍及经版再遭毁坏。对道教文献而言,这是一次毁灭性打击,其中很多丹经被永远销毁了。

明永乐年间,明成祖命张宇初重修《道藏》,但直至公元 1444 年才开始印刷,此为《正统道藏》,收道经 5305 卷,共 480 函。公元 1607 年,明神宗命张国祥编修续道藏，题曰《万历续道藏》。此道藏经版得到完好保存，直至19世纪末义和团运动，经版又一次被毁。

1923—1926年，上海涵芬楼将藏于北京白云观的一部不完整的《正统道藏》和《万历续道藏》借出影印，此为我们所见的现代《道藏》。刊印于1906年的《道藏辑要》，是利用藏于四川成都的经版编订而成。

《道藏》是《中国科学技术史》炼丹文献的主要来源。在第五卷第三分册"从原始化学到原始生理学"一节，李约瑟说，自9世纪开始，炼丹著作的总体趋势是，从原创到编撰，行文风格从清晰到隐晦，内容从外丹转向内丹。本部分，他重点提到几部《道藏》中所收录的丹经：

《悬解录》，作者佚名，约成书于855年，另题《阳门公妙解录》，讨论丹药之毒；

《通玄秘术》，沈知言撰，成书于864年，关于炼丹者所用之药方，尤其值得一提的是，该经提到炼制华盖丹所用之醋酸铅的制作方法。

《还丹肘后诀》，作者佚名，约成书于874—879年之间或稍晚，托名葛洪，言丹砂、铅汞，书中言及加热时间，并附有一张炼丹图。李约瑟引述其中一段，意在说明五行理论用于炼丹的困难之处[1]：

> 诀曰：红铅者，丹砂也。砂中抽出之液，主水，阳中阴汞也。从砂中自出者，主阴，金中阳汞也。是以不容之木，受制于金，金孕水，安水必存。金木孕火，制火必假水，所以铅水制汞水，铅火制汞火。木含其性，火合其形也。
>
> 诀曰：铅水者，是砂中自生出者，为阳汞也。汞水也，砂中抽出之液，乃阴汞是也。

李约瑟在本节还提到《道藏》中的其他三种丹经[2]：

《大丹铅汞论》，金竹坡撰，言铅汞齐化法：

---

① 李约瑟译文参见：Needham，1976，Vol. V，Part 3，pp. 171-172。
② 李约瑟译文参见：Needham，1976，Vol. V，Part 3，pp. 172-173。

　　铅属阴,黑色,而为玄武,其卦为坎,位属北方壬癸之水,水能
生金。水中有金,其色白,而为白虎,其卦为兑,西方庚辛金也。汞
属阳,色青,而为青龙,其卦为震位,禀东方甲乙之木。木能生火,
故砂中有汞,其色赤,而为朱雀,其卦为离,南方丙丁火也。以是论
之,则坎为水,为月,为铅。离为火,为日,为汞。

　　《还金述》,陶植撰,多处征引《参同契》,强调铅汞不能被视为真正
的金属。

　　《丹论诀指心鉴》,张玄德撰,只言铅汞,炼丹所用其他原料的数量大
大减少。书中警告说,如使用明矾、硫磺及卤砂(氯化铵)有致毒的危险。

八、节译《抱朴子》

　　在李约瑟眼中,葛洪的《抱朴子》在炼丹史上占有非常重要的地位。
《中国科学技术史》第 5 卷第 3 分册(1976)有专门章节论述葛洪及其所
处时代[①]。在该书开篇,李约瑟指出,东汉时期,中国的炼丹者如此声
名远播,至少在安南(旧时越南东部地区)史就有专门记载[②],吴士连撰
《大越史记全书》记载了公元 2 世纪时中国炼丹家董奉为越南士王治病
的事迹[③],葛洪的《神仙传》也有关于董奉的记载。

　　李约瑟在本节首先梳理了自河上丈人、安期生、马鸣生、阴长生、朱
先生、王思真、葛玄、郑隐至葛洪一系通过经书传承而形成的师承关系。
葛洪,又名葛稚川,稚川真人,抱朴子,小仙翁,为当时最伟大的炼丹家,
中国历史上最伟大的丹经著家。中外学者对此均有过考证,但关于其
确切生卒年代尚无从得知。陈国符先生经过考证,确定其确切生卒年

---

① Needham, 1976, Vol. 5, pt. 3, p. 75.

② 此处安南/越南说法似有误。安南归附最早于唐高宗时,与前半句所述东汉时期相差较
　远。

③ 《大越史记全书》:丙午四十年(汉后主禅建兴四年,吴孙权黄武五年),王(指士燮)薨。
　初,王尝病。死三日,仙人董奉与药一丸,以水含服,捧其头摇捎之。少顷即开目动手,颜
　色渐平。复明日,旋能起坐。四日复能误。遂复常。(引自百度"董奉"词条)

为公元283—343年,李约瑟对此表示认可。葛洪所著《抱朴子·外篇》中有他的自传,已有魏鲁男(James Roland Ware,1901—1993)英文全译本。关于葛洪,在本书第3卷有关天文学、气象学及矿物学部分已有讨论,葛洪除了是一位伟大的炼丹家外,还是一位伟大的物理学家。李约瑟接下来对葛洪的生平进行了梳理[①]。

在介绍《抱朴子》及其中的炼丹术时,李约瑟指出,葛洪对炼丹及早期化学的贡献均出自《抱朴子·内篇》,《抱朴子》(《内篇》和《外篇》)作于大约公元4世纪早期。魏鲁男认为,其《内篇》作于公元320年,陈国符认为其成书时间为公元317年,公元323年作过修订。在《内篇》全部20卷中,有3卷与化学有关。其第四卷专门介绍炼丹的准备及丹的种类,第十一卷介绍各种可致长寿的天然物质,第十六卷涉及将贱金属炼制成金银。当然,《内篇》其他卷也有关于炼丹相关的内容,但都比较分散。吴鲁强和戴维斯已将第四卷及第十六卷翻译成英文,第八卷和第十一卷也由戴维斯和陈国符英译完成。尤金·费菲尔(Eugene Feifel)对戴维斯和陈国符的译文提出批评,认为他们的译文未注重原文文本。费菲尔因此在对各种版本进行考证的基础上,将第一、二、三、四和十一卷进行了翻译。20世纪60年代,魏鲁男出版了他的英文全译本,此译本未翻译其中的符图(talismanic diagrams)。

葛洪相信,肉身成仙(material immortality)的唯一途径是炼制及服食还丹、金液;其他方法,如服食、炼气、房中术,甚至小丹(minor elixirs)只能延寿几百年,给修道者足够时间来炼制大丹(major elixirs)。葛洪在此书中说,他还得在马迹山服侍其师郑隐很长时间,直至他成功炼制出大丹。因为资金短缺,葛洪在掌握炼丹之术二十年后还未能炼制出强效的大丹,只能成功炼制出一些小丹,以便延长其寿命赢得时间炼制大丹。他强调,即使最少的小丹,其效果也胜过最好的普通药物。在书的另一处,他告诫读者,房中术不仅不能致肉身成仙,相反,如果运用不当会损伤身体。葛洪强调,炼丹光靠书本知识是不够的,得由师父口授秘诀。刘向之所以未能成功,其原因就在于此。李约

---

① Needham,1974,Vol.5,pt.2,pp.80-81.

瑟节译了《抱朴子·内篇》卷十六《黄白》中关于还丹的相关内容①：

> 桓谭《新论》曰，史子心见署为丞相史，官架屋，发吏卒及官奴婢以给之，作金不成。丞相自以力不足，又白傅太后。太后不复利于金也，闻金成可以作延年药，又甘心焉，乃除之为郎，舍之北宫中，使者待遇。宁有作此神方可于宫中而令凡人杂错共为之者哉？俗间染缯练，尚不欲使杂人见之，见之即坏，黄白之变化乎，凡事无巨细，皆宜得要。

《抱朴子·内篇》卷四谈到了各种形式的还丹、神丹，以及如何炼制金液。《抱朴子·内篇》云，炼制丹液比其他金丹更易，难点在于如何获取足量的黄金。要炼制足够八人服用一剂的丹液，需要两镑黄金。本章引用了《黄帝九鼎神丹经》中所列举的九种丹：丹华（elixir flower）、神丹（Magical elixir）或神符（magical amulet）、神丹（magical elixir）、还丹（cyclically-transformed elixir）、饵丹（edible elixir）、炼丹（refined elixir）、柔丹（soft elixir）、伏丹（fixed elixir）、寒丹（cold elixir）。上述九种丹中，有八种丹，除了服食剂量及其绝妙的效果之外，没有提供更多信息。仅提供了关于第一种丹的炼制方法，而解读此法难度不小。李约瑟在此处翻译了《抱朴子·内篇》卷四中关于第一种金丹炼制的相关内容②：

> 第一之丹名曰丹华。当先作玄黄，用雄黄水、矾石水一本作汞。戎盐、卤咸、矾石、牡砺、赤石脂、滑石、胡粉各数十斤，以为六一泥，火之三十六日成，服之七日仙。又以玄膏丸此丹，置猛火上，须臾成黄金。又以二百四十铢合水银百斤火之，亦成黄金。金成者药成也。金不成，更封药而火之，日数如前，无不成也。

---

① 李约瑟译文参见：Needham, 1976, Vol. 5, pt. 3, pp. 82 - 83。
② 李约瑟译文参见：Needham, 1976, Vol. 5, pt. 3, pp. 83 - 84。

在李约瑟看来，此段的有趣之处在于它谈到了金属嬗变（projection）问题，最后还提到了相关试验。其他丹经中也有类似段落，如《黄帝九鼎神丹经》《九转流珠神仙九丹经》《太清丹经》等。在葛洪之后，人们为金属嬗变发明了一个专门术语——点化。

李约瑟节译了《抱朴子·内篇》卷十六关于炼金方法的段落。他认为，此段是关于铜砷合金的制作之法，是对其原理的详细解读[1]：

> 当先取武都雄黄，丹色如鸡冠，而光明无夹右者，多少任意，不可令减五斤也。捣之如粉，以牛胆和之，煮之令燥。似赤土釜容一斗者，先以戎盐石胆末荐釜中，令厚二分，乃内雄黄末，令厚五分，复加戎盐于上。如此，相似至尽。又加碎炭火如枣核者，令厚二寸。以蚓蝼土及戎盐为泥，泥釜外，以一釜覆之，皆泥令厚三寸，勿泄。阴干一月，乃以马粪火煴之，三日三夜，寒，发出，鼓下其铜，铜流如冶铜铁也。乃令铸此铜以为筒，筒成以盛丹砂水。又以马屎火煴之，三十日发炉，鼓之得其金，即以为筒，又以盛丹砂水。又以马通火煴三十日，发取捣治之。取其二分生丹砂，一分并汞，汞者，水银也，立凝成黄金矣。光明美色，可中钉也。

李约瑟指出，葛洪《抱朴子·内篇》中关于无机物分解的主题几乎贯穿全书。他翻译了卷十六中关于最早的炼制硫化锡（stannic sulphide）的过程的内容[2]：

> 金楼先生所从青林子受作黄金法：先锻锡，方广六寸，厚一寸二分，以赤盐和灰汁，令如泥，以涂锡上，令通厚一分，累置于赤土釜中。率锡七斤，用赤盐四斤，合封固其际，以马通火煴之，三十日，发火视之，锡中悉如灰状，中有累累如豆者，即黄金也。合冷内土瓯中，以炭鼓之，十炼之并成也。率十斤锡，得金二十两。唯长沙

---

① 李约瑟译文参见：Needham, 1976, Vol. 5, pt. 3, pp. 101 - 102。
② 李约瑟译文参见：Needham, 1976, Vol. 5, pt. 3, p. 103。

桂阳豫章南海土釜可用耳。彼乡土之人，作土釜以炊食，自多也。

谈到葛洪及其同时代人的心理状况时，李约瑟提出了以下问题：葛洪及其同时代人如何保持如此的宗教——魔术热情？观察如此之多的化学反应，做如此之多的实验，而这些连葛洪本人都无法解释清楚的事情，葛洪如何做到的？为回答此问题，李约瑟引述《抱朴子·内篇》卷一(《畅玄》)开篇的论道诗文[①]：

> 抱朴子曰，玄者，自然之始祖，而万殊之大宗也。眇昧乎其深也，故能微焉。绵邈乎其远也，故称妙焉。其高则冠盖乎九霄，其旷则笼罩乎八隅，光乎日月，迅乎电驰。或倏烁而景逝，或飘泽而星流，或滉漾于渊澄，或雾霏而云浮。因兆类而为有，托潜寂而为无。沦大幽而下沉，凌辰极而上游。金石不能比其刚，湛露不能等其柔。方而不矩，圆而不规。来焉莫见，往焉莫追。乾以之高，坤以之卑，云以之行，雨以之施。胞胎元一，范铸两仪，吐纳大始，鼓冶亿类，徊旋四七，匠成草昧，辔策灵机，吹嘘四气，幽括冲默，舒阐粲尉，一作郁。抑浊扬清，斟酌河渭，增之不溢，挹之不匮，与之不荣，夺之不瘁。故玄之所在，其乐不穷，玄之所去，器弊神逝。

在李约瑟看来，葛洪之所以如此，靠的是他的那份虔诚之心。

李约瑟考证发现，葛洪的《抱朴子》非常有名，后世有许多书直接将其逐句录入，有的书几乎整本都是其节录，还有一些书直接托名葛洪著。如《抱朴子神仙金汋经》卷二中是对《抱朴子·内篇》卷四的全文照录，《金木万灵论》中一小部分也是从其中摘录。《道藏》中的另一部题为《抱朴子养生论》的道经，全经不过四页，其开篇便摘引《抱朴子·内篇》卷十八最后几节。孟要甫撰于宋代的《诸家神品丹法》卷一也抄录《抱朴子·内篇》卷十六，仅对其作了少量文字上的更改。李约瑟还提到《道藏》中托名葛洪的好几部道经。《葛仙翁肘后备急方》和《神仙传》

---

① 李约瑟译文参见：Needham, 1976, Vol. 5, pt. 3, pp. 108 - 109。

据信为葛洪所撰。但李约瑟认为,前者确定为葛洪所撰,而现今存世的关于神仙之书是否出自葛洪尚存疑问。

"在葛洪和科学思想"一节,李约瑟认为,葛洪《抱朴子》的前几篇中包含着某些高水平的科学思想。他选译了《抱朴子·内篇》卷二"论仙"和卷三"对俗"中"对于用人为的方法来达到长寿或肉身不灭(physical immortality)的可能性"的一段论证[①]:

> (卷二,论仙)或问曰:"夫班、狄不能削瓦石为芒针,欧冶不能铸铅锡为干将。故不可为者,虽鬼神不能为也;不可成者,虽天地不能成也。世间亦安得奇方,能使老者复少,而应死者反生哉? 而吾子乃欲延蟪蛄之命,令有历纪之寿,养朝菌之荣,使累晦朔之积,吾子不亦谬乎?"……抱朴子答曰:"夫聪之所去,则震雷不能使之闻,明之所弃,则三光不能使之见,……而聋夫谓之无声焉,瞽者谓之无物焉。又况弦管之和音,山龙之绮粲,安能赏克谐之雅韵,暐晔之鳞藻哉? ……暗昧滞乎心神,则不信有周、孔于在昔矣。况告之以神仙之道乎? 夫存亡终始,诚是大体,其异同参差,或然或否,变化万品,奇怪无方,物是事非,本钧末乖,未可一也。夫言始者必有终者多矣,混而齐之,非通理矣。谓夏必长,而荠麦枯焉。谓冬必凋,而松竹柏茂焉。谓始必终,而天地无穷焉。谓生必死,而龟鹤长存焉。盛阳宜暑,而夏天未必无凉日也。极阴宜寒,而严冬未必无暂温也。百川东注,而有北流之浩浩。坤道至静,或震动而崩弛。水性纯冷,而有温谷之汤泉;火体宜炽,而有萧丘之寒焰;重类应沉,而南海有浮石之山;轻物当浮,而祥轲有沉羽之流。万殊之类,不可以一概断之,正如此也。……何独怪仙者之异,不与凡人皆死乎?"
>
> (卷三,对俗)或人难曰:"人中之有老彭,犹木中之有松柏,禀之自然,何可学得乎?"
>
> "且夫松柏枝叶,与众木则别。龟鹤体貌,与众虫则殊。至于老彭犹是人耳,非异类而寿独长者,犹于得道,非自然也。"

---

① 李约瑟译文参见:Needham,1956,Vol. 2,pp. 437 - 439。

> 或曰:"生死有命,修短素定,非彼药物,所能损益。……岂况服彼异类之松柏,以延短促之年命,甚不然也。"
>
> 抱朴子曰:"……煎皮熬发,以治秃鬓之疾耶?……五谷非生人之类,而生人须之以为命焉。"

李约瑟认为,《抱朴子》一书中有许多荒诞和迷信的东西,但上述所引这一段讨论,"在科学上却是健全的,而且大大高出同时代的西方所能提出的任何东西"[1]。

李约瑟在本部分还节译了《抱朴子·内篇》第十六卷(《黄白》)中的一部分。他认为,此段很好地表现了葛洪和其他炼丹家们把奇异的信念与真实的事实相混同,倾向于相信万物无奇不有[2]:

> 夫变化之术,何所不为。盖人身本见,而有隐之之法。鬼神本隐,而有见之之方。能为之者往往多焉。
>
> 水火在天,而取之以诸燧。铅性白也,而赤之以为丹。丹性赤也,而白之而为铅。云雨霜雪,皆天地之气也。而以药作之,与真无异也。
>
> 至于飞走之属,蠕动之类,禀形造化,既有定矣。及其倏忽而易旧体,改更而为异物者,千端万品,不可胜论。
>
> 人之为物,贵性最灵。而男女易形,为鹤为石,为虎为猿,为沙为鼋,又不少焉。至于高山为渊,深谷为陵,此亦大物之变化。变化者,乃天地之自然,何为嫌金银之不可以异物作乎?
>
> 譬诸阳燧所得之火,方诸所得之水,与常水火,岂有别哉? 蛇之成龙,茅糁为膏,亦与自生者无异也。然其根源之所由缘,皆自然之感致,非穷理尽性者,不能知其指归。非原始见终者,不能得其情状也。

---

① 李约瑟.《中国科学技术史》(第二卷,科学思想史),北京:科学出版社、上海古籍出版社,1990年,第469页。

② 同上。

狭睹近识，桎梏巢穴，揣渊妙于不测，推神化于虚诞，以周孔不说，坟籍不载，一切谓为不然，不亦陋哉？①

在《抱朴子》中的"提纯"（Aurifaction in the *Pao Phu Tzu* Book）一节，李约瑟认为，《抱朴子》是早期中国炼丹术的典型代表作。李约瑟在本节开头提出如下关于葛洪及其《抱朴子》的问题：葛洪如何看待变化（transformation）？他用什么术语来指称？他是否知道灰吹法（cupellation）？他是否认为人造金与自然金不同类？如果他认为不同，他认为人造金比自然金优还是劣？他是否给人造金有特定命名？②李约瑟认为，在葛洪看来，大自然中的变化无处不在，化学变化只是其中之一。为此，他首先节译了《抱朴子·内篇》卷十六之"黄白"中的部分段落：

夫变化之术，何所不为？……

……飞走之属，蠕动之类，禀形造化，既有定矣。及其倏忽而易旧体，改更而为异物者，千端万品，不可胜论。

……变化者，乃天地之自然，何为嫌金银之不可以异物作乎？譬者阳燧所得之火，方诸所得之水，与常水火，岂有别哉？……③

在论及葛洪关于合金与单种金属的解释时，李约瑟翻译了《抱朴子》卷二"论仙"中关于玻璃的一段：

外国作水精椀，实是合五种灰以作之。今交广多有得其法而铸作之者。今以此语俗人，殊不肯信。乃云水精本自然之物，玉石之类。况于世间，幸有自然之金，俗人当何信其有可作之理哉？愚人乃不信黄丹及胡粉，是化铅所作。又不信骡及駏驉，是驴马所生。

---

① 李约瑟译文参见：Needham, 1956, Vol. 2, pp. 439–440。
② 李约瑟译文参见：Needham, 1974, *Vol.* 5, *Part* 2, pp. 62–63。
③ 李约瑟译文参见：Needham, 1974, *Vol.* 5, *Part* 2, p. 63。

云物各自有种。况乎难知之事哉?夫所见少,则所怪多,世之常也。信哉此言,其事虽天之明,而人处覆甑之下,焉识至言哉?"[1]

李约瑟还节译了《抱朴子·内篇》卷四之"金丹"中关于金丹之道的部分:

夫饮玉焓则知浆荇之薄味,睹昆仑则觉丘垤之至卑。既览金丹之道,则使人不欲复视小小方书。然大药难卒得办,当须且将御小者以自支持耳。然服他药万斛,为能有小益,而终不能使人遂长生也。故老子之诀言云,子不得还丹金液,虚自苦耳。夫五谷犹能活人,人得之则生,人绝之则死,又况于上品之神药,其益人岂不万倍于五谷耶?夫金丹之为物,烧之愈久,变化愈妙。黄金入火,百炼不消,埋之,毕天不朽。服此二药,炼人身体,故能令人不老不死。此盖假求于外物以自坚固,有如脂之养火而不可灭,铜青涂脚,入水不腐,此是借铜之劲以扦其肉也。金丹入身中,沾洽荣卫,非但铜青之外傅矣。[2]

那么,葛洪是否真的相信他所炼之金丹具有让人长生不死的功效呢?换句话说,人工炼制之金与天然之金不一样吗?李约瑟认为,葛洪每次描述金丹的炼制所涉及之变化时,他都或明示或暗指人工炼制之金优于,或至少与自然之金不同,但有一处例外:

仙经云,丹精生金。此是以丹作金之说也。故山中有丹砂,其下多有金。且夫作金成则为真物,中表如一,百炼不减。故其方曰,可以为钉。明其坚劲也。此则得夫自然之道也。故其能之,何谓诈乎?诈者谓以曾青涂铁,铁赤色如铜;以鸡子白化银,银黄如

---

[1] 李约瑟译文参见:Needham, 1974, *Vol.5*, *Part 2*, p.64。
[2] 李约瑟译文参见:Needham, 1974, *Vol.5*, *Part 2*. p.66。

金,而皆外变而内不化也。①

论及"天仙"与"地仙"的区别时,李约瑟节译了《抱朴子·内篇》卷二"论仙"中的一段：

> 按仙经云,上士举形升虚,谓之天仙。中士游于名山,谓之地仙。下士先死后蜕,谓之尸解仙。②

谈到道士为成仙得道辩护时,李约瑟翻译了《抱朴子·内篇》卷三"对俗"的一段：

> 或曰："审其神仙可以学致,翻然凌霄,背俗弃世,烝尝之礼,莫之修奉,先鬼有知,其不饿乎!"抱朴子曰："盖闻身体不伤,谓之终孝,况得仙道,长生久视,天地相毕,过于受全归完,不亦远乎? 果能登虚蹑景,云举霓盖,餐朝霞之沆瀣,吸玄黄之醇精,饮则玉醴金浆,食则翠芝朱英,居则瑶堂瑰室,行则逍遥太清。先鬼有知,将蒙我荣,或可以翼亮五帝,或可以监御百灵,位可以不求而自致,膳可以咀茹华琼,势可以总摄罗酆,威可以叱咤梁柱,诚如其道,罔识其妙,亦无饿之者。③

在考察炼丹的生理学背景——服食丹药的效果部分,李约瑟节译了《抱朴子·内篇》第十三卷"极言"中的一段：

> 若令服食终日,则肉飞骨腾,导引改朔,则羽翮参差,则世间无不信道之民也。患乎升勺之利未坚,而钟石之费相寻,根柢之据未极,而冰霜之毒交攻。不知过之在己,而反云道之无益,故捐丸散

---

① 李约瑟译文参见：Needham, 1974, *Vol. 5, Part 2*：p. 67。
② 李约瑟译文参见：Needham, 1974, Vol. 5, *Part 2*：p. 106。
③ 李约瑟译文参见：Needham, 1974, Vol. 5, Part 2：p. 112。

而罢吐纳矣。①

李约瑟在本节还节译了《抱朴子》第三卷中关于服食金丹的效用的一段：

> 金木在九窍，则死人为之不朽。盐卤沾于肌髓，则脯腊为之不烂，况于以宜身益命之物，纳之于己，何怪其令人长生乎。②

在《中国科学技术史》第 5 卷第 3 分册的"炼丹发展史与早期化学"部分，李约瑟在考察周、秦、汉早期炼丹之源以及炼丹与道教的关系时，节译了《抱朴子·内篇》卷十六"黄白"中的相关内容③：

> 余曾咨于郑君曰，老君云，不贵难得之货。而至治之世，皆投金于山，捐玉于谷，不审古人何用金玉为贵而遗其方也？郑君答余曰，老君所云，谓夫披沙剖石，而倾山漉渊，不远万里，不虑压溺，以求珍玩，以妨民时，不知止足，以饰无用。及欲为道，志求长生者，复兼商贾，不敦信让，浮深越险，干没逐利，不吝躯命，不修寡欲。至于真人作金，自欲饵服之致神仙，不以致富也。故经曰，金可作也，世可度也，银亦可饵服，但不及金耳。
>
> 余难曰，何不饵世间金银而化作之，作之则非真，非真则诈伪也。郑君答余曰，世间金银皆善，然道士率皆贫，故谚云，无有肥仙人富道士也。师徒或十人或五人，亦安得金银以供之乎？又不能远行采取，故宜作也。又化作之金，乃是诸药之精，胜于自然者也。

本段对获取金银的不同动机进行了清晰界定。统治者及官僚们为了奢华而获取金银，这是应当受到谴责的，商人因逐利而获取金银也应受到谴责。修道者获取金银则是为了得到成仙之术，应该受到褒扬。

---

① 李约瑟译文参见：Needham, 1974, Vol. 5, Part 2：p. 283。
② 李约瑟译文参见：Needham, 1974, Vol. 5, Part 2：p. 284。
③ 李约瑟译文参见：Needham, 1976, Vol. 5, part 3, pp. 1–2。

尤为重要的是，人工炼制的金丹优于天然之金。李约瑟认为，此为炼丹之最纯洁的意义。

言及炼丹实验的证据时，李约瑟节译了卷十六（《黄白》）引述《新论》（已佚）的一段[1]。李约瑟认为该段非常重要，因为它反映出公元1世纪时，中国已经有了"金属嬗变"（projection）这一西方原始化学中的重要思想：

> 又桓君山言汉黄门郎程伟，好黄白术，娶妻得知方家女。伟常从驾出而无时衣，甚忧。妻曰，请致两端缣。缣即无故而至前。伟按枕中鸿宝，作金不成。妻乃往视伟，伟方扇炭烧筩，筩中有水银。妻曰，吾欲试相视一事。乃出其囊中药，少少投之，食顷发之，已成银。
>
> 伟大惊曰，道近在汝处，而不早告我，何也？妻曰，得之须有命者。于是伟日夜说诱之，卖田宅以供美食衣服，由不肯告伟。伟乃与伴谋挝笞伏之。妻辄知之，告伟言，道必当传其人，得其人，道路相遇辄教之；如非其人，口是而心非者，虽寸断支解，而道犹不出也。伟逼之不止，妻乃发狂，裸而走，以泥自涂，遂卒。

中国古代炼丹家曾发现了许多化学现象，掌握了不少有意义的化学知识，并且制备出一些新的化合物。但由于炼丹术带有浓厚的宗教神秘色彩，用语隐晦难懂，因而研究难度很大。过去虽有些学者做过开榛辟莽的工作，但未解决的问题比比皆是。李约瑟用四册书的篇幅阐述中国炼丹术的发展史，从古代丹药一直讲到合成胰岛素，并与阿拉伯、拜占庭和欧洲的炼金术作了对比。他的工作展示了中国古代炼丹术在早期化学和早期生物化学方面的成就，同时也表明，这个课题疑蕴尚多，仍然是值得化学史家深入发掘的"富矿"[2]。

---

[1] 李约瑟译文参见：Needham, 1976, Vol. V, Part 3, p. 38。

[2] 李约瑟.《中国科学技术史》（第1卷，导论），上海：科学出版社、上海古籍出版社. 1990年。

第四章　20 世纪 70 年代以后：
道经英译之繁荣

第一节　《道藏》重印及《道藏》有关工具书的出版

20 世纪 20 年代涵芬楼《道藏》问世以后，1977—1988 年期间，另有 4 种精装影印本《道藏》问世。1977 年，中国台湾艺文印书馆将《道藏》缩小影印为 32 开本 60 册，另附总目及索引 1 册出版，简称"艺文印书馆本"。同年，中国台湾新文丰出版公司将《道藏》缩小影印为 16 开本 60 册，另附总目录 1 册出版，简称"新文丰出版公司本"。1986 年 10 月，日本株式会社中文出版社出版缩小影印版《重编影印正统道藏》，16 开本，共 30 册，简称"中文出版社本"。1988 年，文物出版社、上海书店、天津古籍出版社三家出版社联合出版缩小影印版《道藏》，16 开本，共 36 册，简称"三家本"。4 种版本的《道藏》均为精装本，且发行数量可观。《道藏》从此公之于世，由道观走向社会，自古被道教奉为"金函正册"的"无上经宝"，终于"纡尊降贵"走入普通学者的书房，这是涵芬楼《道藏》出版以来世界道教研究热潮推动的结果，反过来也促进了世界道教研究及道经的译介。《道藏》屡编屡损的历史悲剧一去不复返了。

1976 年，施舟人先生在欧洲汉学大会上发起欧洲的"《道藏》工程"。该"工程"先后有 29 名欧美顶尖道教研究学者参与，旨在全面、系统考察现存《道藏》，分析和考订《道藏》中所收全部道经的成书时间、撰者及内容，并为各道经撰写提要。历经近30年，《道藏通考》的出版宣告胜利完成。①

正值欧洲《道藏通考》的编写工作正在进行时，国内任继愈和钟肇鹏先生主编的《道藏提要》也在如火如荼地进行之中，1991年由中国社会科学出版社出版。该书对明《正统道藏》和《万历续道藏》所收道经的内容都作了简要介绍，对于撰者不详的道经，作者尽可能提出其时代断限，书后附有《道藏》中各道经编撰人简介、《正续道藏经目录》及《道藏》书名与编撰人索引，为海内外道教研究提供了一本可供阅读和检索《道藏》的重要工具书。

施舟人等整理的《抱朴子·内篇》《抱朴子·外篇》《黄庭经》和《正统道藏目录索引》分别于1965年、1970年和1975年由法国远东学院出版。1975年，施舟人又出版了《道藏通检》(*Concordance du Tao-Tsang*)。这也是翻检《道藏》相关经籍的重要工具书。

正如日本学者野口铁郎和松元浩一所言："如众所知，台湾的艺文印书馆和新文丰出版公司将《道藏》影印出版，研究者容易求购，这是促进道教研究的最大原因。"②

第二节　施舟人与欧洲"《道藏》工程"

施舟人③(Kristofer Schipper，1934—)，1934年出生于瑞典，祖籍荷兰，曾在法国巴黎大学师从戴密微(Paul Demiéville，1894—1979)、石泰安(Rolf Alfred Stein，1911—1999)、康德谟(Max Kaltenmark，

---

① 详见本章第二节。
② 转引自：台湾道教会台南支会《道教学探索》第贰号，1988年版，第401页，参见：郑天星."国外的道藏研究"，国外社会科学，2002(03)。
③ 亦译施博尔，按他自己的解释，之所以取这样一个"道"味很浓的名字，是因为在中国古代诸子百家中，老子是"周朝人"，庄子名叫庄周，都有个"周"字，故取其谐音"舟人"，同时包含有作为东西方文化的桥梁"渡人"之宏愿。

1910—2002)等学习中文、中国学、日本学、民族学及宗教史,以《道教传说中的汉武帝,以〈汉武帝内传〉为中心的研究》获博士学位。他通晓 8 种语言,对中国宗教文化,尤其是道教的研究著称于世。他是国际上首位提出建立文化基因库的人。

为获得有关道教科仪的第一手资料,施舟人曾在中国台湾生活八年,拜曾赐、陈翁二位道长为师,成为道士,学习科仪道典,后随陈荣盛习斋醮科仪,与张恩溥有交往。在台期间,他广泛收集道经,并撰写《台湾所见道经、科仪等抄本目录》刊于 1966 年《台湾文献》第 17 卷第 3 期。

1979 年中法两国恢复邦交后,他来到中国大陆进行研究工作。从西藏牧民到福建客家人,他都做了深入探访。2001 年,施舟人受聘福州大学,建立了福州大学世界文明研究中心——西观藏书楼,并捐赠图书二万余册。2005 年 11 月 23 日,施舟人获得在中国的永久居留权。

施舟人的道教研究成果主要集中在以下两个方面:

一是以《道教"分灯"科仪》(1975)、《步虚研究》(1985)等为代表的道教科仪实地研究,其方法跨越了现代宗教学、社会学和人类学的若干领域;二是对诸多道经所做的索引工作与通考。他主编出版了《抱朴子内篇通检》(1970)、《抱朴子外篇通检》(1970)、《黄庭内外景经》(1975)、《道藏通检》(1975)、《云笈七签通检》(2 卷,1981—1982 年,与劳格文合编)等。他还主编出版了《道体论》(*The Daoist Body*,1982)、《中国文化基因库》(2002)等数十种论著,在中外学界享有崇高声望。

1976 年,施舟人先生在欧洲汉学大会上发起欧洲的"《道藏》工程"(Project Tao-tsang)并担任负责人。该"工程"旨在全面、系统考察现存《道藏》,分析和考订《道藏》中所收全部道经的成书时间、撰者及内容,并为各道经撰写提要。

欧洲"《道藏》工程"总部设在巴黎高等研究实验学院(Ecole Pratique des Hautes Etudes),先后在巴黎、罗马、维尔茨堡(Würzburg)和苏黎世(Zurich)分设 4 个小组。巴黎小组由施舟人任负责人,成员有傅飞岚(Franciscus Verellen)、劳格文(John Lagerwey)、范华(Patrice Fava)、丁荷生(Kenneth Dean)、列维(Jean Lévi)、贺碧来

（Isabelle Robinet）、戴思博（Catherine Despeux）、穆瑞明（Christine Mollier）、贾洛琳（Caroline Cyss-Vermande）、马克（Marc Kalinowski）、贝桂菊（Brigitte Berthier）、安保罗（Poul Andersen）等。罗马小组由白佐良（Giulano Bertuccioli）和兰乔蒂（Lionello Lanciotti）负责，成员有卡多纳（Alfredo M. Cadonna）和玄英（Fabrizio Pregadio）。威尔茨保小组由石泰宁格（Hans Steininger，1920—1991）担任负责人，成员有巴尔德里安-侯赛因（Farzeen Baldrian-Hussein）、常志静（Florian Caspar Reiter）、古恩奇（Gertrud Guentsch）、恩格尔哈特（Ute Engelhardt）等。苏黎世小组主要是研究和翻译道经。上述研究小组还得到许理和（Eric Zürcher）、李约瑟（Joseph Needham）、龙彼得（Piet van der Loon）、席文（Nathan Sivin）、司马虚（Michel Strickmann）、福永光司（Fukunaga Mitsuji）、陈国符、康德谟（Max Kaltenmark）等国际知名汉学家的大力支持。①

根据规划，此工程分三阶段实施：第一阶段，按古代、隋唐、五代、宋元明等四个时期对《道藏》中全部道经进行断代分类；第二阶段，整理资料，编写《道藏》目录索引，并将《道藏》全部资料进行数字化处理，输入计算机，同时制成缩微胶片，方便随时检索；第三阶段，为《道藏》中的每一部道经撰写提要，进行内容研究②。

欧洲"《道藏》工程"持续近30年之久。2004年，这项伟大的工程以《道藏通考》的出版宣告胜利完成。

《道藏通考》由施舟人和傅飞岚共同主编，共分三卷，计1637页，2004年由美国芝加哥大学出版社出版。《道藏通考》将道经按造作时间分东周至六朝、隋唐五代、宋元明三个时段，每个时段的道经又按流通情况分为一般流通（Texts in General Circulation）和内部流通（Texts in Internal Circulation）两类。一般流通类主要包括哲学、易经、医药养生、金丹等相关道经，教内流通类主要为道教各时期不同道派的道经。全书共分三卷，第一卷包括总论、东周至六朝时期的道经、

① 郑天星. "国外的道藏研究"，《国外社会科学》，2002，（03）。
② 同上。

隋唐五代时期的道经三部分；第二卷为宋元明时期的道经；第三卷为高道略传、参考文献、29位撰稿人简介和负责撰写的内容及索引。索引部分包括按照造作时段及流通情况分类的道经标题分类索引、按道经在明《道藏》及《敦煌道藏》的编号索引、按道经标题的拼音索引，以及艺文印书馆本、新文丰本和三家本《道藏》对照索引、总索引等。

《道藏通考》所涉及的道经不仅包括《道藏》中所收录的所有道经，还包括了诸如《老子想尔注》等敦煌道经，以及《修真十书》中的经典。《道藏通考》为每部道经所提供的信息包括：汉语拼音及中文经名、卷数、撰者（姓名、字、号等）、造作年、《道藏》编号、卷数、按道经中文字面意义的英文译名、道经源流及传承、明《道藏》以外的版本及其在时间上与《道藏》收录的其他道经的关系以及内容上的传承关系、道经的主要内容及参考文献等。

《道藏通考》出版前，对于道经的总体的研究，有福井康顺《道教的基础研究》(1952)、吉冈义丰《道教经典史论》(1955)、陈国符《道藏源流考》(1963)、大渊忍尔《道教史研究》(1964)、鲍菊隐《公元10至17世纪道教文献通论》(1987)等。《道藏通考》出版后，引起中外学者的高度关注，纷纷撰写书评，在指出其不足之处的同时，给予高度评价。《道藏通考》"良好的工具性，可使研究者最大限度地熟悉《道藏》及尽快占有《通考》中的材料"[1]。《道藏通考》的封面简介也充满溢美之词："本书是中国宗教及历史研究的里程碑，对《道藏》中所载道经的教义均进行了深入分析，归纳出其历史文化传承上的位置，并在此基础上首次完整地考察了道教。"本书是以施舟人为代表的欧美（主要为欧洲）道教研究的集大成之作，对道教研究意义深远，是不可或缺的重要参考文献。《道藏通考》的出版是"国际道教研究领域最重要历史事件之一，可视为世界汉学研究历史上的一座里程碑"[2]。在欧洲汉学家眼中，《道藏》所蕴含的内容全新而且重要，《通考》的出版，足以改变欧美汉学界对中国宗教

---

① 樊昕.《道藏通考》：欧洲的"道藏工程"，《文史知识》，2008(7)：71—76。
② 同上。

与社会的认识,《道藏》是一座囊括了道教及其所有分支的宝库。①

四川大学张崇富教授领衔的"《道藏通考》翻译与研究"团队得到中国国家社会科学基金资助,自 2011 年起着手汉译《道藏通考》工作,即将出版面世。

第三节 马王堆帛书出土

1973 年 12 月,长沙马王堆三号汉墓出土了一批极有价值的古代帛书,有古籍二十八种,计十二万余字,其中很多是湮没两千年的佚书。本次出土的众多帛书文献中,有大批西汉黄老道家的著作,包括《老子》《导引图》《养生方》及竹简房中书等。经整理,收入文物出版社编的《马王堆汉墓帛书》。

本次出土的帛书文献中,道家类古佚书最受瞩目。最具代表性者当属《老子》甲、乙两种写本。据考证,甲本的抄写年代可能在汉高帝时期,即公元前 206—前 195 年之间;乙本的抄写年代可能在汉文帝时期,即公元前 179—前 169 年间②,是当时所见最古的本子。两种本子都是《德经》在前,《道经》在后,次序与世传本相反,与《韩非子·解老》及严遵《道德指归》相合,"且独立于王弼本与河上公本两大系统之外,与诸流行本有诸多不同,在校刊学上有极大价值,可与今本《老子》相互订正得失,因而为学界所珍重"③。

《老子》乙本前的古佚书《黄帝四经》(包括《经法》《十六经》《称》和《道原》等四篇)也同样引人注目。陈鼓应先生认为,"从思想史的角度来看,最重要的出土文献莫过于《黄帝四经》。"④"《黄帝四经》全文约一

---

① Schipper, K, & F. Verellen, eds. 2004. *The Taoist Canon: A Historical Companion to the Daozang*. Chicago: University of Chicago Press, Vol. I, vii-xiv.

② 国家文物局古文献研究室编.《马王堆汉墓帛书》[壹],文物出版社,1980 年,第 1 页。

③ 牟钟鉴."老子的学说",胡孚琛、吕锡琛著.《道学通论——道家·道教·丹道》,北京:社会科学文献出版社,2004 年,第 127 页。

④ 陈鼓应注译.《黄帝四经今注今译——马王堆汉墓出土帛书》,北京:商务印书馆,2007 年,第 4 页。

万余字,《经法》讨论自然和社会中所存在的恒定法则;《十六经》讨论形名、刑德、阴阳、雌雄等对立统一及相互转化的关系;《称》通过对阴阳、雌雄、动静、取予、屈伸、隐显、实华、强弱、卑高等矛盾对立转化关系的论述,为人们权衡选出最有效的治国方案;《道原》即对"道"的本体和功用进行探源。"①在这批帛书出土之前,学界只是模糊地知道战国秦汉可能有一种称为"黄帝学"或"黄学"的学问,对其内容及代表人物,均无法确知。《黄帝四经》的发现,使上述情况有了改变。"学界对先秦道家发展的脉络有了一个新的认识与评估,同时对于先秦学术流脉也提供了许多新的认识。"②

这批帛书的发现,引起了国内外广泛的重视。帛书《老子》的发现,为研究《老子》一书及道家学派的思想提供了新的资料,对研究战国至秦汉的哲学、军事思想,探讨西汉初期统治阶级崇尚"黄老之学"的实质等问题,具有重要的意义③。帛书《老子》甲、乙本尤其受海内外重视。不久之后,《黄帝四经》也有英文译本问世。

马王堆汉墓帛书《老子》的发现,廓清了学界的许多疑难,使人们对《老子》古本有了全新的认识。

《鹖冠子》这一战国后期楚国黄老道家的重要作品,曾一度被视为伪书而受到冷落。由于马王堆《黄帝四经》的发现,学界开始关注它与《鹖冠子》的关系。1989 年,英国汉学家葛瑞汉在《亚非学院学报》发表了一篇题为"一部被忽视的汉以前哲学文献《鹖冠子》"④的论文,运用汉墓帛书及敦煌文献等,对《鹖冠子》进行翔实考证后,提出了新见解。

据陈国华、轩治峰在"《老子》的版本与英译"一文中考察⑤,自帛书《老子》出版后,1982 年以来国内外出版的《老子》英译本译者在版本的选择上有三种做法:第一种做法是不考虑帛书本,仍以世传本作为底

---

① 陈鼓应注译.《黄帝四经今注今译——马王堆汉墓出土帛书》,北京:商务印书馆,2007 年,第 4—5 页。

② 同上,第 5 页。

③ 国家文物局古文献研究室编.《马王堆汉墓帛书》[壹],文物出版社,1980 年,第 2 页。

④ Graham,A. C. "A Neglected Pre-Han Philosophical Text:Ho-kuan-tzu", *Bulletin of the School of Oriental and African Studies* 52/3(1989):pp. 497 - 532.

⑤ 陈国华、轩治峰.《老子》的版本与英译,《外语教学与研究》,2002(34):6。

本，如冯家富和简·英格得希(1989)、戴闻达(1992)、辜正坤(1995)等；第二种做法是以世传本作为底本，参考帛书本，如：拉法革(1992)等；第三种做法是，以帛书本作为底本，参考世传本，如刘殿爵(1982)、韩禄伯(1989)、梅维恒(1990)等。

第四节　郭店楚简出土

1993 年冬，在湖北省荆门市郭店一号楚墓中出土了一批竹简。这批竹简由湖北荆门市博物馆整理，1998 年由文物出版社刊布，题曰《郭店楚墓竹简》。这批竹简中有 16 篇先秦时期的文献，《老子》和《太一生水》两种为道家著作。楚简《老子》现存 2046 字，约为今本的五分之二，是迄今所见年代最早的《老子》抄本，其绝大部分文句与今本《老子》相近或相同，分见于今本《老子》的 31 章，其内容有的相当于今本全章，有的只相当于该章的一部或大部。"整理者根据简型、字迹的不同，分为简本甲、简本乙及简本丙三组。各组均不分《德经》《道经》，混合编辑。甲组从相当于今本的第 49 章开始，共有 20 章；乙组从第 59 章开始，共 8 章；丙组从第 17 章开始，共 5 章。唯 64 章之后半部经文在甲、丙组中复出，3 组共计 32 个章节。郭店楚简《老子》与马王堆帛书《老子》除章次不同和少数经文用字有所差异之外，大部分内容基本相同或相似。"①

另一篇道家著作《太一生水》主要论述"太一"，即先秦时期的"道"与天地、四时、阴阳等的关系。② 其中部分文句与内容和《老子》相同或相近，但是它所表述的宇宙生成理论及以阴阳家学说所作的解释却是前所未见的③。

"自从马王堆帛书《老子》甲、乙本问世后，学术界对《老子》的成书

---

① 高明."读郭店《老子》"，见[美]艾兰(Sarah Allan)，[英]魏克彬(Crispin Williams)原编，邢文编译.《郭店〈老子〉——东西方学者的对话》，北京：学苑出版社，2002 年，第 39 页。
② 荆门市博物馆.《郭店楚墓竹简》，北京：文物出版社，1998 年，第 1 页。
③ 彭浩(校编).《郭店楚简〈老子〉校读》，武汉：湖北人民出版社，2001 年，第 1 页。

年代及作者等问题的看法渐趋接近,普遍认为《老子》是东周时期的作品,老子也应是东周时期的人。但是,对于《老子》成书之前的流传情况,人们一直知之甚少。由于楚简《老子》不同于已知《老子》的各种传本,它可以帮助我们深入了解战国时期道家学说概貌,对研究《老子》流传及成书过程有更直接的作用,其学术价值是不言而喻的。"①

郭店楚简"对于中国先秦时期思想史、学术史的研究具有极重要的价值"②。郭店楚简《老子》距离《老子》成书年代比帛书本《老子》更近,对战国时期《老子》的研究有极高的学术价值③。

郭店《老子》的出土,立即在中外学术界引起巨大轰动。在文物出版社刚刚刊布郭店楚简之际,1998 年 5 月"郭店《老子》国际研讨会"在美国达慕思大学举行。此后,国内外举办了多场专题学术研讨会议,研究论著不断涌现。这也使道家道教得到更多关注,道教研究及道经译介出现不断繁荣的景象。1998 年《郭店楚墓竹简》出版后,竹简《老子》很快便有了韩禄伯(2000)的新英译本。罗慕士(Roberts,2001)翻译世传本《老子》时也参考了竹简本。

在帛书和竹简出土之前,以汉语原文为底本的翻译都是依据世传本。由于当时汉学研究的局限,大多数译者没有明确的版本意识。只有前东德何可思英译本标明所依据的底本为《河上公本老子》,其他译本多译自王弼本。随着汉学研究的发展,许多译者开始有了版本选择意识,并在译作的书名中体现出来,例如,林振述的"*A Translation of Lao Tzu's Tao Te Ching and Wang Pi's Commentary*"、中国台湾学者杨有维与安乐哲合译的"*Lao Tzu：Text，Notes and Comments，by Ch'en Ku-ying*"等等。

20 世纪后期,随着帛书本和竹简本的出土,大量关于《道德经》的译本和论著问世,在海内外也掀起了又一股道经译介和道教研究的热潮。正如安乐哲教授所言,"这些《道德经》的早期写本,为认识这部道

---

① 王传富、汤学锋. 荆门郭店一号楚墓.《文物》,1997(7)：35—48。
② 荆门市博物馆.《郭店楚墓竹简》,北京：文物出版社,1998 年,第 2 页。
③ 彭浩(校编).《郭店楚简〈老子〉校读》,武汉：湖北人民出版社,2001 年,第 2 页。

家哲学文献的形成和意义，提供了新的重要线索"，"这些新的地下资料由于刷新了我们对文本及其传承的认识，因而也对现有的翻译提出了质疑"①。

第五节 20世纪70年代以后的道经英译概览

道教在西方逐步受到关注的历史长河中，尽管有诸如理雅各、卫礼贤等早期传教士所作的汉学研究方面的努力，还有高延的人类学著作，西方主要是通过文本，而非通过一种鲜活的宗教展开对道教的了解与研究。西方对于道教这个古老宗教的近距离体验是在20世纪下半叶方才开始的。

20世纪70年代末，中国的改革开放使得中国正式以全新的面貌亮相国际大舞台，国力的强盛和世界影响力的增加吸引了更多的国际关注，对中国的研究成为世界无法回避的重要课题。改革开放前的几十年里，英语世界的中国道教研究学者，由于条件所限，只能与中国台湾、香港进行交流考察，而对作为中国道教根基的中国内地知之甚少。随着改革开放的深入，一批批海外道教研究学者得以进入中国内地对中国道教进行实地考察，这就为海外中国道教研究提供了良好的条件。

湖南长沙马王堆汉墓帛书及湖北省荆门郭店楚简的出土，不仅带来中国国内老学研究的繁荣，在英语世界也掀起了道经译介与研究的又一个高潮。尤其值得一提的是，随着《道藏》走出宫观，英语世界对于道经的理解已不再局限于《道德经》及《庄子》等，对其他道经的译介呈现出百花齐放的态势。在道经译介方面，20世纪70年代以后的30余年时间里，《道德经》英译热度一直未减，《庄子》（《南华真经》）的精品译本不断推出，道教其他经籍的译介数量及种类也以一种史无前例的速

---

① 转引自：辛红娟.《〈道德经〉在英语世界：文本旅行与世界想象》，上海：上海译文出版社，2008年，第249页。

度增加。

首先是对于道教文献的总体研究,如鲍菊隐的《公元 10 至 17 世纪的道教文献》,以欧洲的"《道藏》工程"为代表的对于道经总集《道藏》的研究已经于 20 世纪下半叶轰轰烈烈地开展起来,龙彼得的《宋代收藏道书考》就是此工程的重要研究成果之一。经过近 30 年的努力,"《道藏》工程"的最终研究成果——《道藏通考》于 2005 年在美国芝加哥出版。

20 世纪 90 年代有两个代表性的《庄子》译本问世。1994 年,美国汉学家梅维恒的《逍遥于道: 庄子的早期道家故事与寓言》(*Wandering on the Way*: *Early Taoist Tales and Parables of Chuang Tzu*)出版。梅维恒本人及该译本的出版商称其为"惟一富有诗意"的"权威版本"。1997 年,汪榕培与任秀桦合作翻译了《庄子》的全译本在中国国内出版。此外,亨顿(David Hinton)在 1997 年翻译了《庄子》内篇;克利里(Thomas Cleary)翻译的《庄子》内七篇,收入 1999 年在波士顿出版的《道教经典》(*The Taoist Classics*)第 1 卷。

《庄子》在英语世界有过多种诠释。爱莲心(Robert Allinson)认为,《庄子》是"一部顶级的哲学杰作"[1];陈汉森认为,《庄子》看似疯疯癫癫,实似"哲学花蜜"[2];葛瑞汉试图用现代分析哲学的语言来翻译《庄子》;还有人认为,《庄子》是一部充满讽刺与智慧的著作,甚至有人视其为文字游戏[3]。在乔纳森·赫尔曼看来,《庄子》的各种英文译本之间的差别如此之大,以至于有时会认为它们不是译自同一原作[4]。

20 世纪 80 年代以来,除了译介经籍的种类明显增加之外,道经译介呈现出来的一个更为显著的特征在于其译介与研究范式的改变。19

---

[1] Allinson, R. E. 1989. *Chuang-Tzu for Spiritual Transformation*, Albany: State University of New York Press.

[2] Hansen, C. 1992. *A Daoist Theory of Chinese Thought*, New York: Oxford University Press, p. 265.

[3] Wu Kuang-ming. 1990. *The Butterfly as Companion*: *Meditations on the First Three Chapters of the Chuang Tzu*, Albany, NY: State University of New York Press.

[4] Herman. J. R. 1996. *I and Tao*: *Martin Buber's Encounter with Chuang Tzu*, Albany, NY: State University of New York, p. 3.

世纪的道经英译是以译为主，译者较少在译文之前后加入译者导言，有的甚至只有译本。20世纪上半叶，这一现象有所改观，韦利的《道德经》英文译本便是一个典型的例子。该译本在译文之前附有长篇导言，其篇幅超过整个译本的一半。到了20世纪80年代以后，译与介的天平更是明显偏向介。众多译著，如康儒博的《神仙传》，与其说是译本，不如说是研究《神仙传》的专著。此外，很多与道经相关的著作将道经译文作为附录置于专著之后。在对道经进行严格的学术考察的基础上再进行翻译，这是20世纪下半叶以来，西方道经译介的重要特点之一。道经英译经历了一个从单纯的翻译，到翻译前增加导言，从译至介至研究的脉络。道经译介的重心由文本本身转移到对文本所反映的道教思想文化的考察，学术味越来越浓。

本阶段英译的主要道经列表如下：

出版时间	所涉经籍	译(作)者	文献出处
1980	《金阙帝君三元真一经》	安保罗	Andersen, Poul. 1980. *The Method of Holding the Three Ones*：*A Taoist Manual of Meditation of the Fourth Century A. D.* London and Malmö：Curzon Press.
1980	《道德经》	约翰·里布里克	Leebrick, John, R. 1980. *Tao Teh Ching*：*Classic of the Way and Its Nature*. Urbana, Illinois：Afterimage Book Publishers.
1981	《道德经》	陈曼简	Cheng, Man-jan. 1981. *Lao-Tzu* (translated by Tam C. Gibbs). North Atlantic Books, Richmond, California.
1981	《道德经》-择录自众多译本	本杰明·霍夫	Hoff, Benjamin. 1981. *The Way to Life at the Heart of the Tao Te Ching* (selections adapted from various translations.) Weatherhill, New York.
1981	《庄子》-内篇	葛瑞汉	Graham, A. C. 1981. *Chuang-tzu*：*The Seven Inner Chapters and Other Writings*：*from the Book of Chuang-tzu.* London：George Allen and Unwin.

出版时间	所涉经籍	译(作)者	文献出处
1982	《张三丰先生全集》	黄兆汉	Wong Shiu Hon. 1982. *Investigations into the Authenticity of the Chang San-feng Ch'uan-Chi：The Complete Works of Chang San-feng*. Canberra：Australian National University Press.
1982	《道德经》	刘殿爵	Lau，D. C. 1982. *Chinese Classics：Tao Te Ching*. Hong Kong：The Chinese University Press.
1983	《太玄经》	Derek Walters	Walters，Derek. 1983. The *T'ai Hsuan Ching*：the hidden classic. Wellingsborough，Northamptonshire.
1983	《道德经》	艾尔	Iyer，Raghaven. 1983. *Tao Te Ching*. *Lao Tzu*. Concord Grove Press，Santa Barbara，California.
1984	《阴符经》	常志静	Reiter，Florian C. 1984. "The 'Scripture of the Hidden Contract' (*Yin-fu Ching*)：a Short Survey on Facts and Findings." *Nachrichten der Gesellschaft für Natur-und Volkerkunde Ostasiens* 136：75 - 83.
1984	《重阳立教十五论》	常志静	Reiter，Florian C. 1984 - 1985. "Ch'ung-yang Sets Forth His Teachings in Fifteen Discourses：A Concise Introduction to the Taoist Way of Life of Wang Che." *Monumenta Serica* 36：27 - 54.
1985	《淮南子》-第六章	白光华	Le Blanc，Charles. 1985. *Huai-nan-tzu：Philosophical Synthesis in Early Han Thought*. *The Idea of Resonance* (*Kan-ying*)，*With a Translation and Analysis of Chapter Six*. Hong Kong：Hong Kong University Press.
1985	《道德经》	鲍则岳	Boltz，William G. 1985. "The Lao Tzu text that Wang Pi and Ho-shang Kung never saw". *Bulletin of the School of Oriental and African Studies，University of London*. 48. 3：493 - 501.
1985	《道德经》	莫尔	Maurer，Herrymon. 1985. *Tao，the Way of the Ways：Tao Te Ching*. New York：Schocken Books.

出版时间	所涉经籍	译(作)者	文献出处
1985	《道德经》-转译	卫礼贤	Wilhelm，Richard. 1985. *Tao Te Ching*：*The Book of Meaning and Life*，translated from German by H. G. Ostwald. Routledge and Kegam Paul，London.
1985	《道德经》	约翰·海德	Heider，John. 1985. *The Tao of Leadership*：*Lao Tzu's Tao Te Ching，Adapted for a New Age*. Humanics New Age，Atlanta，Georgia.
1986	《太上老君说天妃救苦灵验经》	鲍菊隐	Boltz，Judith M. 1986. "In Homage to T'ien-fei". *Journal of the American Oriental Society* 106：211-32.
1986	《庄子》	葛瑞汉	Graham，A. C. 1986. *Studies in Chinese Philosophy and Philosophical Literature*. Singapore：Institute of East Asian Philosophies，National University of Singapore.
1986	《金丹四百字解》	克利里	Cleary，Thomas. 1986. *The Inner Teachings of Taoism*. Boston and London：Shambhala.
1986	《注疏四百字真义歌》	克利里	Cleary，Thomas. 1986. *The Inner Teachings of Taoism*. Boston and London：Shambhala.
1986	《学人二十四要》	克利里	Cleary，Thomas. 1986. *The Inner Teachings of Taoism*. Boston and London：Shambhala.
1986	《丹法二十四诀》	克利里	Cleary，Thomas. 1986. *The Inner Teachings of Taoism*. Boston and London：Shambhala.
1986	《象言破疑》	克利里	Cleary，Thomas. 1986. *The Inner Teachings of Taoism*. Boston and London：Shambhala.
1986	破疑诗七言绝句五十首	克利里	Cleary，Thomas. 1986. *The Inner Teachings of Taoism*. Boston and London：Shambhala.
1986	《元牝真窍说》	克利里	Cleary，Thomas. 1986. *The Inner Teachings of Taoism*. Boston and London：Shambhala.
1986	《修真要诀》	克利里	Cleary，Thomas. 1986. *The Inner Teachings of Taoism*. Boston and London：Shambhala.
1986	《周易阐真》	克利里	Cleary，Thomas. 1986. *The Taoist I Ching*. Boston and London：Shambhala.

出版时间	所涉经籍	译(作)者	文献出处
1986	《老子微旨例略》	瓦格纳	Wagner，Rudolf G. 1986. "Wang Bi：The Structure of the Laozi's Pointers（*Laozi Weizhi Lilüe*）：A Philological Study and Translation". *T'oung Pao* 72：92–129.
1987	《天隐子》	柯恩	Kohn，Livia. 1987. "The Teaching of T'ien-yin-tzu." *Journal of Chinese Religions* 15：1–28.
1987	《坐忘论》	柯恩	Kohn，Livia. 1987. *Seven Steps to the Tao：Sima Chengzhen's Zuowanglun*. St. Augustin/Nettetal：Steyler Verlag.
1987	《悟真直指》	克利里	Cleary，Thomas. 1987. *Understanding Reality：A Taoist Alchemical Classic by Chang Po-tuan*. Honolulu：University of Hawaii Press.
1988	《黄帝内经》	基根	Keegan，David J. 1988. "*The Huangdi Neijing*：The Structure of the Compilation；the Significance of the Structure." Ph. D. dissertation. University of California，Berkeley.
1988	《悟道录》	克利里	Cleary，Thomas. 1988. *Awakening to the Tao*. Boston and Shaftesbury：Shambhala.
1988	《道德经》	斯蒂芬·米切尔	Mitchell，Stephen. 1988. *Tao Te Ching：A New English Version，with Foreward and Notes*. New York：Harper & Row.
1989	《易经》	阿莱斯特·克劳利	Crowley，Aleister. 1989. *The Yi King（I Ching）：A New Translation of the Book of Changes*. Ordo Templi Orientis.
1989	《道德经》	陈张婉莘	Chen，Ellen Marie. 1989. *The Tao Te Ching：A New Translation with Commentary*. New York：Paragon House.
1989	《道德经》-帛书	韩禄伯	Henricks，Robert. 1989. *Lao-Tzu：Te-Tao ching：A New Translation Based on the Recently Discovered Ma-wang-tui Texts*. New York：Ballantine Books.

出版时间	所涉经籍	译(作)者	文献出处
1989	孙不二女功内丹次第诗14 首、《女丹诗集》、《女丹诀》	克利里	Cleary，Thomas. 1989. *Immortal Sisters：Secret Teachings of Taoist Women*. Boston：Shambhala. （reprinted Berkeley：North Atlantic Books 1996）.
1989	《中和集》	克利里	Cleary，Thomas. 1989. *The Book of Balance and Harmony：Chung He Chi*. San Francisco：North Point Press.
1989	《重阳立教十五论》	克利里	Cleary，Thomas. 1988. "Fifteen Statements on the Establishment of a Teaching，by Wang Zhe (12th century)". *Taoist Resources* 1（1）：13 - 17.
1989	《太清导引养生经》	倪清和	Ni，Hua-ching. 1989. *Attune Your Body with Dao-In：Taoist Exercises for a Long and Happy Life*. Malibu，Calif.：Shrine of the Eternal Breath of Tao.
1989	《灵宝五符序》	山田利明	Yamada，Toshiaki. 1989. "Longevity Techniques and the Compilation of the Lingbao wu fuxu". In *Taoist Meditation and Longevity Techniques*，99 - 124.
1989	《道德经》	吴怡	Wu，Yi. 1989. *The Book of Lao Tzu*（the Tao Te Ching）. San Francisco：Great Learning Publishing Co.
1990	《赤凤髓》	Teri Takehiro	Teri Takehiro. 1990. "The Twelve Sleep-Exercises of Mount Hua，from the *Chifengsui* of Zhou Lüjing." *Taoist Resources* 2. 1：73 - 94.
1990	《庄子》	爱莲心	Allinson，Robert E. 1990. *Chuang-Tzu for Spiritual Transformation：An Analysis of the Inner Chapters*. Albany：State University of New York Press.
1990	《道德经》	韩禄伯	Henricks，R. G. 1990. *Lao-tzu：Te-tao Ching，A Translation of Ma-wang-tui Manuscripts*. London：Bodley Head.

出版时间	所涉经籍	译(作)者	文献出处
1990	《道德经》- 帛书	梅维恒	Mair, Victor H. 1990. *Tao Te Ching: The Classic Book of Integrity and the Way. An Entirely New Translation Based on the Recently Discovered Ma-Wang-Tui Manuscripts*. New York, Toronto, etc.: Bantam Books.
1990	《十洲记》	托马斯·史密斯	Smith, Thomas E. 1990. "Record of the Ten Continents". *Taoist Resources* 2, no. 2: 87 - 119.
1991	《道德经》	陈金梁	Chan, Alan K. L. 1991b. *Two Visions of the Way: A Study of the Wang Pi and the Ho-shang-kong Commentaries on the Laozi*. Albany: State University of New York Press.
1991	《西升经》	柯恩	Kohn, Livia. 1991. *Taoist Mystical Philosophy: The Scripture of Western Ascension*. Albany: State University of New York Press.
1991	《道德经》	克利里	Cleary, Thomas. 1991. *The Essential Tao: An Initiation into the Heart of Taoism through the Authentic Tao Te Ching and the Inner Teachings of Chuang Tzu*. San Francisco: Harper San Francisco.
1991	《庄子》内篇	克利里	Cleary, Thomas. 1991. *The Essential Tao: An Initiation into the Heart of Taoism through the Authentic Tao Te Ching and the Inner Teachings of Chuang Tzu*. San Francisco: Harper San Francisco.
1991	《太乙金华宗旨》	克利里	Cleary, Thomas. 1991. *The Secret of the Golden Flower: The Classic Chinese Book of Life*. San Francisco: HarperCollins.
1992	《庄子》	布莱恩·布雅	Bruya, Brian. 1992. *Zhuangzi Speaks*. Princeton: Princeton University Press.
1992	《道德经》	托马斯·迈尔斯	Miles, Thomas, H. 1992. *Tao Te Ching: About the Way of Nature and Its Powers*. Avery Publishing Group, Garden City Park.

出版时间	所涉经籍	译(作)者	文献出处
1992	《道德经》	戴遂良	Weiger，Leon. 1992. *Tao Te Ching*. *Lao Zi*. Llanerch Publishiers，Llanerch，Wales.
1992	《道德经》	迈克尔·拉法革	LaFargue，Michael. 1992. *The Tao of the Tao-te-ching*：*Translation and commentary*. Albany：State University of New York Press.
1992	房中术	魏爱莲	Wile，Douglas. 1992. *Art of the Bedchamber*：*The Chinese Sexual Yoga Classics Including Women's Solo Meditation Texts*. Albany：State University of New York Press.
1993	《道德经》	斯蒂芬·阿迪斯等	Addiss，Stephen & Lombardo，Stanley. 1993. *Lao Tzu*. *Tao Te Ching*. Indianapolis：Hackett Publishing Company.
1993	《太玄经》	戴梅可	Nylan，Michael. 1993. *The Canon of Supreme Mystery by Yang Hsiung：A Translation with Commentary of T'ai Hsuan Ching*. Albany：State University of New York Press.
1993	道经选读-多部道经选读	柯恩	Kohn，Livia. 1993. *The Taoist Experience*：*An Anthology*. Albany：State University of New York Press.
1993	《玉皇心印经》	斯图尔特·奥尔	Olson，Stuart A. 1993. *The Jade Emperor's Mind Seal Classic*：*A Taoist Guide to Health，Longevity and Immortality*. St. Paul，MN：Dragon Door Publications.
1993	《淮南子》-3、4、5章	马绛	Major，John S. 1993. *Heaven and Earth in Early Han Thought*：*Chapters Three，Four，and Five of the Huainanzi*. Albany：State University of New York Press.
1994	《淮南子》-主术训	安乐哲	Ames，Roger T. 1994. *The art of rulership*：*a study of ancient Chinese political thought*. Albany：State University of New York Press.
1994	《老君五戒》	柯恩	Kohn，Livia. 1994. "The Five Precepts of the Venerable Lord". *Monumenta Serica* 42：171-215.

出版时间	所涉经籍	译(作)者	文献出处
1994	《庄子》	梅维恒	Mair, Victor H. 1994. *Wandering on the Way*: *Early Taoist Tales and Parables of Chuang Tzu*. New York: Bantam Books.
1994	《道德经》	迈克尔·拉法革	LaFargue, Michael. 1994. *Tao and Method*: *A Reasoned Approach to the Tao Te Ching*. Albany: State University of New York Press.
1994	《梓潼帝君化书》	祁泰履	Kleeman, Terry F. 1994. *A God's Own Tale*: *The Book of Transformations of Wenchang, the Divine Lord of Zitong*. Albany: State University of New York Press.
1994	《太上感应篇》	王忆华	Wong, Eva. 1994. *Lao-Tzu's Treatise on the Response of the Tao*: *T'ai-shang Kan-ying P'ien*. San Francisco: HarperCollins.
1995	《青城山诸观功德记》(杜光庭)	彼得森	Peterson, Thomas H. 1995. "Recorded for the Ritual of Merit and Virtue for Repairing the Various Observatories of Ch'ing-ch'eng Mountain". *Taoist Resources* t. 1: 41 – 55.
1995	《列子》	王忆华	Wong, Eva. 1995. *Lieh-tzu*: *A Taoist Guide to Practical Living*, Boston: Shambhala.
1996	《救世宝筏》	凯瑟琳·贝尔	Bell, Catherine M. 1996. "'A Precious Raft to Save the World': The Interaction of Scriptural Tradition and Printing in a Chinese Morality Book". *Late Imperial China* 17,1: 158 – 200.
1996	《阴骘文》	凯瑟琳·贝尔	Bell, Catherine M. 1996. "Stories from an Illustrated Explanation of the Tract of the Most Exalted on Action and Response". In *Religions of China in Practice*, 437 – 45.
1996	《老君一百八十戒》	芭芭拉、裴凝	Hendrischke, Barbara, and Penny. Benjamin. 1996. "The 180 *Precepts Spoken by Lord Lao*: A Translation and Textual Study". *Taoist Resources* 6.2: 17 – 29.
1996	《搜神记》	杜志豪等	De Woskin, Kenneth J., and J. I. Crump. Jr. 1996. *In Search of the Supernatural*: *The Written Record*. Stanford: Stanford University Press.

出版时间	所涉经籍	译(作)者	文献出处
1996	《陆先生道门科略》	倪辅干	Nickerson, Peter S. 1996. "Abridged Codes of Master Lu for the Daoist Community." In *Religions of China in Practice*, edited by Donald S. Lopez Jr., 347 - 59. Princeton: Princeton University Press.
1997	《赤松子章历》	柏夷	Bokenkamp, Stephen R. 1997. *Early Daoist Scriptures*. With a Contribution by Peter Nickerson. Berkeley: University of California Press.
1997	《度人经》	柏夷	Bokenkamp, Stephen R. 1997. *Early Daoist Scriptures*. With a Contribution by Peter Nickerson. Berkeley: University of California Press.
1997	《皇天上清金阙帝君灵书紫文上经》	柏夷	Bokenkamp, Stephen R. 1997. *Early Daoist Scriptures*. With a Contribution by Peter Nickerson. Berkeley: University of California Press.
1997	《老子想尔注》	柏夷	Bokenkamp, Stephen R. 1997. *Early Daoist Scriptures*. With a Contribution by Peter Nickerson. Berkeley: University of California Press.
1997	《三天内解经》	柏夷	Bokenkamp, Stephen R. 1997. *Early Daoist Scriptures*. With a Contribution by Peter Nickerson. Berkeley: University of California Press.
1997	《正一法文天师教诫经》	柏夷	Bokenkamp, Stephen R. 1997. *Early Daoist Scriptures*. With a Contribution by Peter Nickerson. Berkeley: University of California Press.
1997	《鹖冠子》	戴卡琳	Defoort, Carine. 1997. *Pheasant Cap Master* (*He Guan Zi*): *A Rhetorical Reading*. Albany: State University of New York Press.
1997	《庄子》-内篇	亨顿	Hinton, David. 1997. *Chuang Tzu: The Inner Chapters*. Washington D.C.: Counterpoint.

出版时间	所涉经籍	译(作)者	文献出处
1997	《黄帝四经》	雷敦龢	Ryden, Edmund. 1997. *The Yellow Emperor's Four Canons: A Literary Study and Edition of the Text from Mawangdui*. Taipei: Ricci Institute and Kuangchi Press.
1997	《合阴阳》	王忆华	Wong, Eva. 1997. *Harmonizing Yin and Yang: The Dragon-Tiger Classic: A Manual of Taoist Yoga: Internal, External and Sexual*. Boston and London: Shambhala.
1997	《金石簿五九数诀》	玄英	Pregadio, Fabrizio. 1997. "A Work on the Materia Medica in the Taoist Canon: *Instructions on an Inventory of Forty-Five Metals and Minerals*". *Asiatica Venetiana* 2: 139 - 60.
1997	《太上老君开天经》	薛爱华	Schafer, Edward H. 1997. "The Scripture of the Opening of Heaven by the Most High Lord Lao". *Taoist Resources* 7, no.2: 1 - 20.
1998	《化书》	Didier, John C.	Didier, John C. 1998. "Way Transformation: Universal Unity in Warring States through Sung China-the Book of Transformation (*Hua Shu*) and the Renewal of Metaphysics in the Tenth Century". Ph. D. dissertation. Princeton University.
1998	《化书》	Didier, John C.	Didier, John C. 1998. "Messrs. T'an, Chancellor Sung, and the Book of Transformation (Hua Shu): Texts and the Transformations of Traditions". *Asia Major*, third series, 11: 99 - 151.
1998	《列子》	Marshall, P.	Marshall, P. 1998. *Riding the Wind: A New Philosophy for a New Era*, London: Cassell.
1998	《淮南子》—第十五章	雷敦龢	Ryden, Edmund. 1998. *Philosophy of Peace in Han China: A Study of the "Huainanzi" Ch. 15, "On Military Strategy"*. Taipei: Taipei Ricci Institute.

出版时间	所涉经籍	译(作)者	文献出处
1998	《慧命经》	王忆华	Wong，Eva. 1998. *Cultivating the Energy of Life：A Translation of the Hui-ming Ching and its Commentaries*. Boston and London：Shambhala.
1999	《老君变化无极经》	杜鼎克	Dudink，Adrianus. 1999. "The Poem *Laojun Bianhua Wuji Jing*：Introduction，Summary，Text，and Translation". In *Linked Faiths：Essays on Chinese Religions and Traditional Culture*，in Honour of *Kristofer Schipper*，edited by Jan A. M. de Meyer and Peter M. Engelfriet，53 – 147. Leiden：E.J. Brill.
1999	《道德经》	林理彰	Lynn，Richard John. 1999. *The Classic of the Way and Virtue：A New Translation of the Tao-te Ching of Lzozi as Interpreted by Wang Bi*. New York：Columbia University Press.
1999	《道德经》	齐思敏	Csikszentmihalyi，Marc，and Philip J. Ivanhoe，eds. 1999. *Religious and Philosophical Aspects of the Laozi*. Albany：State University of New York Press.
2000	《道学传》	Stephan Peter Bumbacher	Bumbacher，Stephan Peter. 2000. *The Fragments of the Daoxue zhuan：Critical Edition，Translation，and Analsis of a Medieval Collection of Daoist Biographies*. . Frankfurt am Main：Peter Lang.
2000	《道德经》—郭店老子	韩禄伯	Henricks，Robert. 2000. *Lao Tzu's Tao Te Ching：A Translation of the Startling New Documents Found at Guodian*. New York：Columbia University Press.
2000	《道德经》—王弼	瓦格纳	Wagner，Rudolf G. 2000. *The Craft of a Chinese Commentator：Wang Bi on the Laozi*. Albany：State University of New York Press.
2001	《道德经》—双语版	刘殿爵	Lau. D. C. 2001. *Tao Te Ching：A Bilingual Edition*. Hong Kong：Chinese University Press.

出版时间	所涉经籍	译(作)者	文献出处
2001	《道德经》	罗慕士	Roberts, Moss. 2001. *Dao De Jing: The Book of the Way*. Berkeley and Los Angeles, Calif.: University of California Press.
2002	《道德经》	艾文贺	Ivanhoe, Philip J. 2002. *The Daodejing of Laozi*. Indianapolis: Hackett Publishing Company, Inc.
2002	《神仙传》	康儒博	Campany, Robert F. 2002. *To Live as Long as Heaven and Earth: A Translation and Study of Ge Hong's Traditions of Divine Transcendents*. Berkeley: University of California Press.
2002	《山海经》(首部英文全译本)	宣立敦	Strassberg, Richard E. 2002. *A Chinese Bestiary: Strange Creatures from the Guideways Through Mountains and Seas*. Berkeley: University of California Press.
2003	《道德经》	Robert D. Finley	Finley, Robert D. 2003. *Dao De Jing: a brief illustrated philosophy of translation. Revision*. 26.1 (Summer 2003): p12.
2003	《道德经》	安乐哲、郝大维	Ames, Roger T. and David L. Hall. 2003. *Daodejing: "making this life significant": a philosophical translation*. New York: Ballantine Books.
2003	《道德经》—王弼	瓦格纳	Wagner, Rudolf G. 2003. *A Chinese Reading of the Daodejing: Wang Bi's Commentary on the Laozi with Critical Text and Translation*. Albany: State University of New York Press.
2004	《赤松子章历》	傅飞岚	Verellen, Franciscus. 2004. "The Heavenly Master Liturgical Agenda According to Chisong zi's Petition Almanac". *CEA* 14: 291-343.
2004	《赤松子中诫经》	柯恩	Kohn, Livia. 2004. *Cosmos and Community: The Ethical Dimension of Daoism*. Cambridge, Mass.: Three Pines Press.

续 表

出版时间	所涉经籍	译(作)者	文献出处
2004	《洞玄灵宝三洞奉道科戒营始》	柯恩	Kohn，Livia. 2004. *The Daoist Monastic Manual：A Translation of the Fengdao Kejie*. New York：Oxford University Press.
2004	《洞玄灵宝天尊说十戒经》	柯恩	Kohn，Livia. 2004. *Cosmos and Community：The Ethical Dimension of Daoism*. Cambridge，Mass.：Three Pines Press.
2004	《老君一百八十戒》	柯恩	Kohn，Livia. 2004. *Cosmos and Community：The Ethical Dimension of Daoism*. Cambridge，Mass.：Three Pines Press.
2004	《上清洞真智慧观身大戒文》	柯恩	Kohn，Livia. 2004. *Cosmos and Community：The Ethical Dimension of Daoism*. Cambridge，Mass.：Three Pines Press.
2004	《太清五十八愿文》	柯恩	Kohn，Livia. 2004. *Cosmos and Community：The Ethical Dimension of Daoism*. Cambridge，Mass.：Three Pines Press.
2004	《太上洞玄灵宝三元品戒功德轻重经》	柯恩	Kohn，Livia. 2004. *Cosmos and Community：The Ethical Dimension of Daoism*. Cambridge，Mass.：Three Pines Press.
2004	《太上洞玄灵宝智慧罪根上品大戒经》	柯恩	Kohn，Livia. 2004. *Cosmos and Community：The Ethical Dimension of Daoism*. Cambridge，Mass.：Three Pines Press.
2004	《太上老君戒经》	柯恩	Kohn，Livia. 2004. *Cosmos and Community：The Ethical Dimension of Daoism*. Cambridge，Mass.：Three Pines Press.
2004	《天尊说禁诫经》	柯恩	Kohn，Livia. 2004. *Cosmos and Community：The Ethical Dimension of Daoism*. Cambridge，Mass.：Three Pines Press.
2004	《虚皇天尊初真十戒文》	柯恩	Kohn，Livia. 2004. *Cosmos and Community：The Ethical Dimension of Daoism*. Cambridge，Mass.：Three Pines Press.
2005	《黄帝九鼎神丹经诀》(第一章)	玄英	Pregadio，Fabrizio. 2005. *Great Clarity：Daoism and Alchemy in Early Medieval China*. Stanford：Stanford University Press.

续　表

出版时间	所涉经籍	译(作)者	文献出处
2005	《抱朴子神仙金汋经》	玄英	Pregadio，Fabrizio. 2005. *Great Clarity：Daoism and Alchemy in Early Medieval China*. Stanford：Stanford University Press.
2005	《太极真人九转还丹经要诀》	玄英	Pregadio，Fabrizio. 2005. *Great Clarity：Daoism and Alchemy in Early Medieval China*. Stanford：Stanford University Press.
2006	《太平经》	芭芭拉	Hendrischke, Barbara. 2006. *The Scripture on Great Peace：The Taiping jing and the Beginnings of Daoism*. Daoist Classics Series，3. Berkeley：University of California Press，2006. pp. x，410.
2006	《黄帝阴符经注》	彼得·艾克	Acker, Peter. 2006. *Liu Chuxuan（1147 - 1203）and His Commentary on the Daoist Scripture Huangdi yinfu jing*. Wiesbaden：Harrassowitz Verlag.
2006	《墉城集仙录》	柯素芝	Cahill, Suzanne E. 2006. *Divine Traces of the Daoist Sisterhood " Records of the Assembled Transcendents of the Fortified Walled City" by Du Guangting（850 - 933）*. Magdalena，NM：Three Pines Press.
2007	《丹方鉴源》	何丙郁	Ho Peng Yoke. 2007. *Explorations in Daoism：Medicine and Alchemy in Literature*. London，New York：Routledge.
2007	《丹房镜源》	何丙郁	Ho Peng Yoke. 2007. *Explorations in Daoism：Medicine and Alchemy in Literature*. London，New York：Routledge.
2007	《庚辛玉册》	何丙郁	Ho Peng Yoke. 2007. *Explorations in Daoism：Medicine and Alchemy in Literature*. London，New York：Routledge.
2007	《地镜图》	何丙郁	Ho Peng Yoke. 2007. *Explorations in Daoism：Medicine and Alchemy in Literature*. London，New York：Routledge.
2007	《造化指南》	何丙郁	Ho Peng Yoke. 2007. *Explorations in Daoism：Medicine and Alchemy in Literature*. London，New York：Routledge.

出版时间	所涉经籍	译(作)者	文献出处
2007	《外丹本草》	何丙郁	Ho Peng Yoke. 2007. *Explorations in Daoism：Medicine and Alchemy in Literature*. London，New York：Routledge.
2007	《宝藏论》	何丙郁	Ho Peng Yoke. 2007. *Explorations in Daoism： Medicine and Alchemy in Literature*. London，New York：Routledge.
2007	《丹台录》	何丙郁	Ho Peng Yoke. 2007. *Explorations in Daoism： Medicine and Alchemy in Literature*. London，New York：Routledge.
2007	《重阳真人金关玉锁诀》	康思奇	Komjathy， Louis. 2007. *Cultivating Perfection： Mysticism and Self-Transformation in Quanzhen Daoism*. Leiden：E.J. Brill.
2007	《道德经》	穆勒	Moeller，Hans-Georg. 2007. *Daode Jing：Translation and Commentary*. Chicago：Open Court.
2008	《上清黄书过度仪》	李福	Raz，Gil. 2008. "The Way of the Yellow and the Red： Re-examining the Sexual Initiation Rite of Celestial Master Daoism". *NAN NU — Men，Women & Gender in Early & Imperial China*. Vol. 10 Issue 1，p86 - 120.
2009	《悟真篇》	玄英	Pregadio，Fabrizio. 2009. *Awakening to Reality：The "Regulated Verses" of the Wuzhen pian，a Taoist Classic of Internal Alchemy*. Golden Elixir Press.
2010	《存神炼气铭》	柯恩	Kohn，Livia. 2010. *Sitting in oblivion：the heart of Daoist meditation*. Dunedin，FL：Three Pines Press.
2010	《定观经》	柯恩	Kohn，Livia. 2010. *Sitting in oblivion：the heart of Daoist meditation*. Dunedin，FL：Three Pines Press.

出版时间	所涉经籍	译(作)者	文献出处
2010	《内观经》	柯恩	Kohn, Livia. 2010. *Sitting in oblivion：the heart of Daoist meditation*. Dunedin, FL：Three Pines Press.
2010	《天隐子》	柯恩	Kohn, Livia. 2010. *Sitting in oblivion：the heart of Daoist meditation*. Dunedin, FL：Three Pines Press.
2010	《五厨经》	柯恩	Kohn, Livia. 2010. *Sitting in oblivion：the heart of Daoist meditation*. Dunedin, FL：Three Pines Press.
2010	《心目论》	柯恩	Kohn, Livia. 2010. *Sitting in oblivion：the heart of Daoist meditation*. Dunedin, FL：Three Pines Press.
2010	《坐忘论》	柯恩	Kohn, Livia. 2010. *Sitting in oblivion：the heart of Daoist meditation*. Dunedin, FL：Three Pines Press.
2010	《道德经》	克利里	Cleary, Thomas. 2010. *Tao Te Ching：Zen Teachings on the Taoist Classic*. Boston：Shambhala.
2010	《淮南子》	马绛等	Major, John S. Sarah A. Queen, Andrew S. Meyer, and Harold D. Roth, translators. 2010. *The Huainanzi：A Guide to the Theory and Practice of Government in Early Han China*. Translations from the Asian Classics. New York：Columbia University Press.
2011	《周易参同契》	玄英	Pregadio, Fabrizio. 2011. *The Seal of the Unity of Three：A Study and Translation of the Cantong Qi, the Source of the Taoist Way of the Golden Elixir*. Golden Elixir Press.
2013	《重阳立教十五论》	康思奇	Komjathy, Louis. 2013. *The Way of Complete Perfection：A Quanzhen Daoist Anthology*. Albany, NY：SUNY Press.
2013	《初真戒》	康思奇	Komjathy, Louis. 2013. *The Way of Complete Perfection：A Quanzhen Daoist Anthology*. Albany, NY：SUNY Press.

出版时间	所涉经籍	译(作)者	文献出处
2013	《大丹直指》	康思奇	Komjathy，Louis. 2013. *The Way of Complete Perfection：A Quanzhen Daoist Anthology*. Albany，NY：SUNY Press.
2013	《丹阳真人语录》	康思奇	Komjathy，Louis. 2013. *The Way of Complete Perfection：A Quanzhen Daoist Anthology*. Albany，NY：SUNY Press.
2013	《黄帝阴符经注》	康思奇	Komjathy，Louis. 2013. *The Way of Complete Perfection：A Quanzhen Daoist Anthology*. Albany，NY：SUNY Press.
2013	《渐悟集》	康思奇	Komjathy，Louis. 2013. *The Way of Complete Perfection：A Quanzhen Daoist Anthology*. Albany，NY：SUNY Press.
2013	《晋真人语录》	康思奇	Komjathy，Louis. 2013. *The Way of Complete Perfection：A Quanzhen Daoist Anthology*. Albany，NY：SUNY Press.
2013	《金莲正宗记》	康思奇	Komjathy，Louis. 2013. *The Way of Complete Perfection：A Quanzhen Daoist Anthology*. Albany，NY：SUNY Press.
2013	《金玉集》	康思奇	Komjathy，Louis. 2013. *The Way of Complete Perfection：A Quanzhen Daoist Anthology*. Albany，NY：SUNY Press.
2013	《鸣鹤余音》	康思奇	Komjathy，Louis. 2013. *The Way of Complete Perfection：A Quanzhen Daoist Anthology*. Albany，NY：SUNY Press.
2013	《磻溪集》	康思奇	Komjathy，Louis. 2013. *The Way of Complete Perfection：A Quanzhen Daoist Anthology*. Albany，NY：SUNY Press.
2013	《青天歌注释》	康思奇	Komjathy，Louis. 2013. *The Way of Complete Perfection：A Quanzhen Daoist Anthology*. Albany，NY：SUNY Press.
2013	《全真集》	康思奇	Komjathy，Louis. 2013. *The Way of Complete Perfection：A Quanzhen Daoist Anthology*. Albany，NY：SUNY Press.

续　表

出版时间	所涉经籍	译(作)者	文献出处
2013	《全真清规》	康思奇	Komjathy, Louis. 2013. *The Way of Complete Perfection*：*A Quanzhen Daoist Anthology*. Albany, NY：SUNY Press.
2013	《全真坐钵捷法》	康思奇	Komjathy, Louis. 2013. *The Way of Complete Perfection*：*A Quanzhen Daoist Anthology*. Albany, NY：SUNY Press.
2013	《太古集》	康思奇	Komjathy, Louis. 2013. *The Way of Complete Perfection*：*A Quanzhen Daoist Anthology*. Albany, NY：SUNY Press.
2013	《太上老君说常清静经颂注》	康思奇	Komjathy, Louis. 2013. *The Way of Complete Perfection*：*A Quanzhen Daoist Anthology*. Albany, NY：SUNY Press.
2013	《仙乐集》	康思奇	Komjathy, Louis. 2013. *The Way of Complete Perfection*：*A Quanzhen Daoist Anthology*. Albany, NY：SUNY Press.
2013	《云光集》	康思奇	Komjathy, Louis. 2013. *The Way of Complete Perfection*：*A Quanzhen Daoist Anthology*. Albany, NY：SUNY Press.
2013	《真仙直指语录》	康思奇	Komjathy, Louis. 2013. *The Way of Complete Perfection*：*A Quanzhen Daoist Anthology*. Albany, NY：SUNY Press.
2013	《终南山祖庭仙真内传》	康思奇	Komjathy, Louis. 2013. *The Way of Complete Perfection*：*A Quanzhen Daoist Anthology*. Albany, NY：SUNY Press.
2013	《修真后辨》	玄英	Pregadio, Fabrizio. 2013. *Cultivating the Tao*：*Taoism and Internal Alchemy*. Mountain View：Golden Elixir Press.
2013	《入药镜》	玄英	Pregadio, Fabrizio. 2013. *Commentary on the Mirror for Compounding the Medicine* (*Ruyao jing zhujie*) *A Fourteenth-Century Work on Taoist Internal Alchemy*. Mountain View：Golden Elixir Press.

第六节　独立学者克利里的《道经译文集》①

托马斯·克利里（Thomas Cleary，1949—），美国独立学者，曾获美国哈佛大学东亚语言与文明系哲学博士学位和美国加州大学伯克利分校布尔特豪法学院（Boalt Hall School of Law）法学博士学位。他 18 岁时开始从事翻译，出版译著 80 余部，多与东亚哲学与文化相关，内容涉及儒释道及伊斯兰教经典，语言涉及梵语、汉语、日语、巴利语②、拉丁语、爱尔兰语等 8 种。其译著中影响最大者当属《孙子兵法》（*The Art of War*），于 1988 年首次出版。此书的出版被视为"具有里程碑意义"③。克利里在此译本中创造性地将此军事著作与《易经》《道德经》中的道家思想联系起来，以道家的视角阐释《孙子兵法》。他认为，在他之前虽已有多个英译本问世，但鲜有人从道家视角对《孙子兵法》进行诠释，或者对此书的道家内涵挖掘不足。

在道经译介方面，克利里的翻译主要集中在刘一明④《道书十二

---

① 本节由范鹏华撰稿。

② 古代印度的一种语言，现成为佛教教徒的宗教语言，在泰国、缅甸和斯里兰卡仍作为书面语言使用。

③ 参见：https：//www. sonshi. com/thomas-cleary-interview. html。

④ 刘一明（公元 1734—1821），清中叶全真道龙门派第十一代宗师，道号悟元子，别号素朴散人，祖籍山西平阳曲沃县（今山西闻喜县东北），是继王常月后乾嘉年间全真龙门派最有影响的人物之一。刘一明"邃玄教、精易理、擅养生、长医术，并且著作等身"，撰有《易理阐微》《周易阐真》《参同直指》《悟真直指》《指南针》《孔易阐真》《悟真阐幽》《修真辨难》《象言破疑》《修真九要》《阴符经注》《道德经会要》等多种著作，后辑为《道书十二种》，流传颇广。刘一明之内丹学具有浓厚的三教合一思想，其《指南针序》以中正之道为"贯通三教之理"，谓中正之道"在儒谓之中庸，在释谓之一乘，在道谓之金丹"；其《周易阐真》《孔易阐真》，以易学论金丹，以金丹释儒门易学。其《修真辨难》称："大学中庸，俱身心性命之学，其中有大露天机处，特人不自识耳。至于赞易十传，无非穷理尽性至命之学。"刘一明对《参同契》《悟真篇》《阴符经》等的注疏有独到之处，对火候的分别尤称细微。

种》^①中的道经及注疏。自 1999 年起,克利里所译道经分四卷陆续由美国香巴拉出版社(Shambhala Publications)结集出版,题为《克利里道经译文集》(*The Collected Translations of Thomas Cleary：The Taoist Classics*)^②,共四卷,收录克利里道经译本 15 种。

克利里所译的主要道经如下:

1.《周易阐真》(*The Taoist I Ching*,1986)

《周易阐真》英译本于 1986 年由美国香巴拉出版社出版,后收入四卷本《克利里道经译文集》第 4 卷。

此译本以刘一明《道书十二种》中的《周易阐真》为底本。译本包括前言、导言、译文、附录、词表及六十四卦查询表六个部分。

前言部分简要介绍了道教与中国文化的关系,全真道与道教的关系,全真道的教义、历史与现状,作者刘一明及其《周易阐真》等;导言部分介绍了《易经》在中外历史上的地位,《易经》的作者,中外注疏情况等。克利里指出,尽管中西方对《易经》的阐释数以千计,但并无一种获得普遍认可与接受。他以大量篇幅,通过具体例证讨论了道教对《易经》的阐释,尤其是全真道及刘一明对《易经》的内丹学阐释。本部分还简要介绍了《易经》及六十四卦的原理和各卦的涵义。

译文部分只翻译了刘一明《周易阐真》卷一至卷四全部四卷述注的内容,对《周易阐真》序及卷首的"图卦"相关内容未作翻译。附录包括两部分,一是如何使用《周易阐真》,讲如何查阅《周易阐真》;二是如何

---

① 《道书十二种》,原名《指南针》,为刘一明所撰之道教养生著述的总集,初收书十二种,后有增加,但仍沿袭此名。刘一明所作之书,除《道德经会要》《心经解蕴》《金丹口诀》《栖云笔记》,及医书《经验杂方》《经验奇方》《眼科启蒙》《杂疫症治》等未收入外,全都汇集于此总集内。其主要版本有:清嘉庆二十四年(1819 年)常郡护国庵刊本、民国二年(1913 年)上海江东书局石印本、民国十四年(1925 年)上海集成书局石印本、中国中医药出版社影印本等。中国中医药出版社据常郡护国庵本,并以上海翼化堂本校勘补缺,收书 20 余种,于 1990 年 7 月出版影印本,是目前之最佳本。"作者从理论入手,著《周易阐真》,发挥《参同契》之精髓,详述丹功与《周易》的关系,并辅之以图,探其胜义。作者最服膺的是《悟真篇》,往往以张伯端的口诀作为自己著作的基础,而且解释确切,融合各家,贯通正教。"(王沐中国中医药出版社《道书十二种》序)

② 此后,克利里所译的佛教经典译文集《佛教及禅宗经典》(*Classics of Buddhism and Zen*)也由香巴拉出版社出版。克利里英译之《古兰经》受到熟悉英文及阿拉伯文读者的好评。

查阅《易经》。词表部分罗列了《易经》中的主要术语，并对其做了简要解释。书末的八卦查询表可以方便读者快速查到六十四卦相应的序号。

2.《道教内丹经》(*The Inner Teachings of Taoism*：*by Chang Po-tuan*，*Commentary by Liu I-ming*，1986)

1986年，克利里所译《道教内丹经》由香巴拉出版社出版，2000年，该译本收入《克利里道经译文集》第2卷，2001年再版。

此译本以刘一明《道书十二种》为底本，主要包括张伯端的主要著述以及刘一明对张伯端著述所作的注疏。译本分为导言和英文译文两部分。导言部分简要介绍了自《易经》开始的主要道教经籍，包括《道德经》《庄子》《孙子》①《淮南子》《周易参同契》《抱朴子》《列子》《道藏》《悟真篇》《金丹四百字》等。

译文分为三部分。第一部分题为"内丹经"，翻译了刘一明的《金丹四百字解》《注疏四百字真义歌》《学人二十四要》《丹法二十四诀》。

总体而言，本部分只译出了原经文的字面意义，未将原经文中的韵文译成韵文。为了使读者更好地理解原文，译者在译文之后附了词汇表，对其中的主要术语进行了注释。所注释的术语包括：黑白、入门、面壁、雌雄、天门、炁、反卦、谷神、黄庭。

译文第二部分的底本为刘一明的《象言破疑》②。所译内容包括：象言说、顺逆说、药物说、火候说。

译文第三部分，翻译了破疑诗七言绝句五十首、元牝真窍说及修真要诀。

3.《悟真直指》(*Understanding Reality*：*A Taoist Alchemical Classic by Chang Po-tuan with a Concise Commentary by Liu I-ming*，1987)

1987年，《悟真直指》英文译本由夏威夷大学出版社出版，后收入

---

① 克利里认为，《孙子》虽然主要被普遍认为属于兵家，但其与道家思想密切相关。

② 《象言破疑》，二卷，清代全真道龙门派高道刘一明作于嘉庆十六年（1811年）春，收入《藏外道书》，后收入《道书十二种》。该书融汇《易》理，配以丹道图像数十幅，以自己修炼丹道的实践经验阐释丹经，解说修丹义理，破解修炼疑惑。

《克利里道经译文集》第 2 卷。

克利里所用底本出自刘一明《道书十二种》的《悟真直指》,为刘一明对张伯端《悟真篇》①所作的注本。克利里译本包括前言、导言、译文、术语表及推荐阅读五部分。译本前言对道教的历史与现状进行了简要的勾勒;导言部分介绍了《悟真篇》在道教中的历史地位,张伯端的生平、张伯端在道教中的地位(道教全真派南五祖之第一祖)以及其师承关系等,译本所依据的底本《悟真直指》的作者刘一明的生平及解经成就,并对几个与《悟真篇》相关的重要道教术语,包括阴阳、五行、性命、《易经》卦象等进行了详细的介绍。

在译文部分,克利里翻译了张伯端的《悟真篇》及刘一明的《悟真直指》,共分五部分:第一部分翻译了《悟真篇》七言四韵诗 16 首及刘一明解注;第二部分翻译了《悟真篇》七言绝句 64 首及刘一明解注;第三部分翻译了《悟真篇》的五言律诗 1 首及刘一明解注;第四部分翻译了《悟真篇》象征一年十二个月及闰月的《西江月》13 首及刘一明解注;第五部分翻译了象征金木水火土五行的七言绝句 5 首及刘一明解注,以及《悟真篇外集》(即《悟真性宗直指》,其中有绝句 4 首及《性地颂》《生灭颂》《三界惟心颂》《见物便见心颂》《齐物颂》《即心是佛颂》《无心颂》《心经颂》《无罪福颂》《圆通颂》《随他颂》《宝月颂》《采珠歌》《禅定指迷歌》《读雪窦禅师祖英集歌》《戒定慧解》《西江月(十二首)》)。译本后附词汇表,对《悟真篇》中的重要语汇进行了简要解释,另附推荐读本,推荐了一些道教与丹经书目。

本部分的英文译文也仅译出字面意义,对其诗词形式均未保留。译文通俗易懂,多为简单句。但道教丹经有一个非常重要的特点,其经文并非字面意义,大都为隐语,此谓天机不可泄露。对于没有道教丹学

① 《悟真篇》,北宋张伯端作于熙宁八年(1075 年)。道教丹道论著,以诗、词、曲等体裁阐述道教内丹理论,包括七言四韵 16 首,指出修炼内丹才是得道成仙的唯一途径;绝句 64 首,详述内丹修炼过程与方法;五言 1 首,言功法之全过程;续添以《西江月》为词牌的词 12 首,多为前面诗词所论述内容的重复。与《老子河上公章句》《周易参同契》《黄庭经》并称古代中国早期四大内丹术专著。《四库全书·总目提要》谓其:"专明金丹之要,与魏伯阳《参同契》,道家并推为正宗。"《悟真篇》传世注本甚多,《道藏》收录凡七种。

知识的译文读者，能否真正理解，颇令人生疑。

4.《悟道录》(*Awakening to the Tao*，1988)

《悟道录》为刘一明所著。克利里的英文译本于 1988 年由香巴拉出版社出版，2000 年收入《克利里道经译文集》第 3 卷，2006 年由香巴拉出版社再版，2013 年出版 Kindle 电子版。

克利里译本包括前言、译者序及译文。译文分为两部分，第一部分全译了《悟道录》四字歌诀 80 句及注释，第二部分为《悟道录》之后所附七言叹道歌 72 首。克利里为每首歌诀增加了标题，但他在翻译过程中并未译出原文的歌诀形式。

5.《中和集》(*The Book of Balance and Harmony*，1989)

《中和集》是元代李道纯所撰内丹理论著述，由其门人蔡志颐汇编成集，收入《正统道藏》洞真部方法类。《中和集》所阐述的内丹思想可概括为"中和""虚静"。此书分六卷：卷一《玄门宗旨》，附有《太极图》《中和图》《委顺图》《照妄图》等四图，配合解说全书之主旨；卷二列《金丹妙诀》《三五指南图局说》《试金石》等题，阐说修丹之鼎器、药物、火候，分述炼精化气、炼气化神、炼神还虚等三段工夫，以及金丹生成之理，并分类总结了当时流行的种种修炼法；卷三列《问答语录》《金丹或问》《全真活法》等题，记录李道纯与弟子程安道、赵定庵谈丹道之问答，总结丹书之精要，解释九还、七返、三关、玄关、三宫、玄牝、炉鼎、药物等问题，阐释保全本真之要；卷四以《性命论》和《卦象论》两"论"、《死生说》和《动静说》两"说"，并以歌诀十二首阐丹道；卷五，收诗四十九首，卷六，收词五十八首，外加《隐语》二篇，皆杂论性命及内丹之旨。

1989 年，《中和集》英文译本由北点书局(North Point Press)出版，后收入《克利里道经译文集》第 2 卷，2016 年发行 Kindle 电子版。

克利里英译《中和集》包括导言和译文两部分。在导言部分，克利里从对"道"的阐释入手，追溯从伏羲到黄帝以来道教思想在中国历朝历代的发展，道教与儒释的关系，道经的三洞四辅分类法，再至介绍全真道的产生，全真道的性命观，《中和集》与张伯端《悟真篇》之关系等，最后介绍了《中和集》的内容大意。克利里翻译了《中和集》的全部二十个部分：

（1）玄门宗旨（The Source Message of the Mystic School）；（2）颂二十五章（Statements）；（3）画前密意（Secret Meanings）；（4）金丹妙诀（Secrets of the Gold Pill）；（5）三五指南图局说（Explanation of the Three Fives）；（6）玄关一窍（The Opening of the Mysterious Pass）；（7）试金石（The Gold-Testing Stone）；（8）傍门九品（Nine Grades of Practices：Sidetracks and Auxiliary Methods）；（9）渐法三乘（Three Vehicles of Gradual Method）；（10）最上一乘（The Highest Vehicle）；（11）洁庵琼蟾子程安道问三教一贯之道（Dialogues：The Underlying Unity of Taoism，Confucianism，and Buddhism）；（12）赵定庵问答（Questions and Answers）；（13）金丹或问（Some Questions on Alchemy）；（14）全真活法（Live Teachings on Complete Reality）；（15）口诀（Spoken Teachings）；（16）论（Discourses）；（17）说（Explanatory Talks）；（18）歌（Songs）；（19）诗（Poems）；（20）隐语（Veiled Words）。

6.《仙姑——女丹秘诀》（*Immortal Sisters：Secrets of Taoist Women*，1989）

1989年，《仙姑—女丹秘诀》英译本由香巴拉出版社出版，1996年另由北大西洋书局出版，后收入《克利里道经译文集》第3卷。

译本除序言、导言外，分为以下三部分：

第一部分：题为"女真孙不二"。此部分首先对孙不二①进行了介绍。克利里介绍说，孙不二是最为著名的仙姑，她作为道教七真之一，早已融入中国民间传说，成为无数通俗小说中的主角。克利里以陈撄

---

① 孙不二（公元1119—1182年），孙姓，名富春，法名不二，道号清静散人，或称孙仙姑，王重阳之徒，道教全真"北七真"之一。金代宁海（今山东牟平）豪族孙忠翊之幼女，马丹阳（马钰）之妻，生三子。金大定七年，王重阳住其家，以"分梨"为喻点化马丹阳与孙不二。金大定九年（公元1169年）于金莲堂出家，王重阳授之以天符云篆秘诀，后修道于洛阳凤仙姑洞，七年丹成，有百字谱系传世，其传世著作有《孙不二坤道功夫次第》（十四首）和《女功内丹》《四首》，后人合称为《不二元君法语》。孙不二继承其师王重阳内丹思想，注意到坤丹与男丹之别分。所著《孙不二坤道功夫次第》将坤丹修习分为收心，养气，行功，斩龙，养丹，胎息，符火，接药，炼神，服食，辟谷，面壁，出神，冲举十四步，创全真道清净派，为后世坤丹道法之祖。金大定二十二年（1182年）于洛阳飞升，元世祖至和六年（1269）赐封"清静渊真顺德真人"，元武宗加封为"清净渊贞玄虚顺化元君"。

宁《孙不二女功内丹次第诗注》为底本，翻译了孙不二女功内丹次第诗十四首及陈撄宁对各首诗的注释。这十四首诗分别为：第一收心(Gathering the Mind)、第二养气(Nurturing Energy)、第三行功(Carrying Out Practice)、第四斩龙(Cutting Off the Dragon)、第五养丹(Cultivating the Elixir)、第六胎息(The Womb Breath)、第七符火(The Convergence and the Fire)、第八接药(Grafting the Medicine)、第九炼神(Refining the Spirit)、第十服食(Ingestion of the Medicine)第十一辟谷(Abstention from Grain)、第十二面壁(Facing a Wall)、第十三出神(Projecting the Spirit)、第十四冲举(Flying)。本部分还翻译了孙不二的三首"秘诀"(secret texts)(《女功内丹》)。

第二部分为《女丹诗集》①。克利里翻译了《女丹诗集》前编所收女丹诗二十三首，包括吴采鸾仙姑②三首，樊云翘仙姑③诗六首，月华崔少玄仙姑④诗六首，唐广真真人诗三首，玄静散人周元君诗五首等，另译孙不二女丹诗六首。

第三部分为《女丹诀》。该歌诀作于1899年，出自当时杰出的女丹修炼者汪东亭之手。

7.《淮南子》(*The Book of Leadership and Strategy*：*Lessons of Chinese Masters*，1990)

该译本为《淮南子》的节译，1990年由香巴拉出版社出版，1992年

---

① 济一子金鸂傅金铨汇辑。

② 采鸾，吴猛女也。猛仕吴为西安令，至人丁义授以道术，猛授南昌许逊。逊为旌阳令，闻丹阳谌母有道，同往访之。母以道妙授逊，逊请并授猛，母不许，命转授之。鸾师事丁义女秀英，道成随父上升。

③ 樊云翘，刘纲妻也。俱有道术，能檄召鬼神，禁制变化，潜修密证人不能知。为令尚清静简易，民受其惠，年岁大丰，远近忻仰。瑕日常与纲较法，纲作火烧客碓舍，火从东起，夫人布雨从西来禁之，庭中桃两枝，纲咒一枝落篱外，夫人咒入篱中，纲唾盘中成鱼，夫人唾为獭食之。一日与纲入四明山，路值虎，纲禁之，虎伏而号，夫人薄而观之，虎不敢仰视，擒归系床侧。将升之日，县厅侧有大皂荚树，纲由树顶飞举，夫人平坐床上冉冉如云之腾，遂同升天。后再显于蓝桥舟中，诏装航入道，以妹云英妻之，共成正果焉。

④ 崔少玄，唐季时汾州刺史崔恭少女。生而端丽，幼而性宗，及笄归庐陲，十年苦功，二十四岁成道。陲官闽峤过建溪武夷山，云中见紫霄元君、扶桑夫人问陲曰："月华君来乎?"陲怪问之，云："吾昔为? 玉皇左侍，书号月华君，以宿缘谪为君妻。"后罢府家，洛阳留书遗陲曰："得之一元，匪受自天。太老之真，无上之仙。光含影藏，形于自然。真安匪求，人之久留。淑美其真，体性刚柔。丹霄碧天，上圣之俦。百岁之后，空余故邱。"书毕而化。

再版,收入《克利里道经译文集》第 1 卷。克利里在译者序中简要介绍了《淮南子》的作者、《淮南子》与《老子》和《庄子》的差异。

克利里选译了《淮南子》中国家与社会、战争、和平、智慧等四个主题的内容。译文中未标明所节选段落的具体出处,这增加了对译者所依据的底本和所对应的中文原文进行考察的难度。

8.《精气神:道经选》(*Vitality Energy Spirit:A Taoist Sourcebook*,1991)

1991 年,《精气神:道经选》一书由香巴拉出版社出版,后收入《克利里道经译文集》第 3 卷。此书为多部道经的节译本。

克利里在导言部分对道教中的精、气、神三宝的含义进行了较为详细的介绍。正文包括八个部分:(1)古代经典,包括《道德经》《庄子》(内篇)《淮南子》《文子》(节选);(2)内丹故事,选译自《列子》《仙传拾遗》《高道传》等;(3)吕祖,选译自《清微三品经》和《语录大观》;(4)全真祖师遗教,包括张伯端的《金丹四百字》和《悟真篇》,以及王重阳的《重阳立教十五论》;(5)道教存想;(6)古代中后期高道著作;(7)高道注疏;(8)现代高道语录。

9.《道要》(*The Essential Tao*,1991)

1991 年,《道要》由哈帕·柯林斯出版公司(Harper Collins Publishers)出版,1998 年再版,为《道德经》和《庄子》内篇的英译本。该书后附《论道家,〈道德经〉和〈庄子〉的历史背景》,介绍道家的形成和《老子》《庄子》的成书过程,还按篇章对《道德经》和《庄子》进行了分行注释。此书对西方读者而言,最大的长处在于,它将道家的两部经典《道德经》及《庄子》合在一起,对于希望了解道家思想的西方读者而言是一本很好的读物。译者富于见地的引言及评论也使此译本更为生色。

10.《太乙金华宗旨》(*The Secret of the Golden Flower:The Classic Chinese Book of Life*,1991)

《太乙金华宗旨》[①]英文译本于 1991 年由哈帕·柯林斯出版公司

---

① 《太乙金华宗旨》,全名为《吕祖先天一气太乙金华宗旨》,道教内丹经典,全书阐述修证金丹大道之思路与方法,撰者不明,相传其作者为吕洞宾。

出版，1993 年再版，后收入《克利里道经译文集》第 3 卷。

1929 年，卫礼贤将《太乙金华宗旨》译成德文，著名心理学家荣格为其写了一篇评述。该译本出版后，引起了西方的极大关注，被转译成英、法、意、日等多种文字。《太乙金华宗旨》现有两个英文译本。最早的英文译本由贝恩斯（Cary F. Baynes）翻译，1931 年在英国伦敦出版；另一个便是 1991 年出版的克利里译本。前者系由卫礼贤的德文译本转译，后者为首个直接根据中文底本翻译的英文译本。

克利里译本包括导言、译文、注释、译后记四部分。在导言部分，克利里对《太乙金华宗旨》的内容及修炼思想进行了介绍，对卫礼贤译本及其影响进行了评述。克利里在导言中指出，他的英文译本也是在很大程度上受到卫礼贤译本的启发，但卫礼贤的译本有一些危险的、误导性的内容，因此，他希望在卫礼贤译本的基础上，推出一种新的、更全面的译本，使无论是专业人士还是普通读者都可以阅读。

克利里翻译了《太乙金华宗旨》的全部十三章：

（1）天心（The Celestial Mind）；（2）元神识神（The Original Spirit and the Conscious Spirit）；（3）回光守中（Turning the Light Around and Keeping to the Center）；（4）回光调息（Turning the Light Around and Tuning the Breathing）；（5）回光差谬（Errors in Turning the Light Around）；（6）回光证验（Authenticating Experiences of Turning the Light Around）；（7）回光活法（The Living Method of Turning the Light Around）；（8）逍遥诀（The Secret of Freedom）；（9）百日筑基（Setting Up the Foundation in a Hundred Days）；（10）性光识光（The Light of Essence and the Light of Consciousness）；（11）坎离交媾（The Intercourse of Water and Fire）；（12）周天（The Cycle）；（13）劝世歌（Song to Inspire the World）。

译文后附有对各章的注释，也对《太乙金华宗旨》中的一些术语、修炼思想及修炼实践进行了详细说明。译文后记对翻译的背景及修炼的心理学意义进行了说明。

11.《文子》(*Wen-tzu*：*Understanding the Mysteries*. Boston：Shambhala，1991)

1991 年,克利里的《文子》英译本由香巴拉出版社出版,1992 年出版第 2 版,收入《克利里道经译文集》第 1 卷。这是《文子》在英语世界的首个译本。除译文外,克利里在导言部分,对《文子》在道教中的历史背景进行了考察,并对其内容进行了简要介绍。

12.《性、健康、长生：道教修炼手册》(*Sex，Health，and Long Life*：*Manuals of Taoist Practice*)

1995 年,克利里的《性、健康与长生：道教修炼手册》一书由香巴拉出版社出版,后收入《克利里道经译文集》第 1 卷,2015 年发行 Kindle 电子版。

该译本为马王堆出土的汉墓帛书中《十问》《合阴阳》《天下至道谈》以及帛书本《道德经》的英译,均为马王堆帛书最早问世的英文译本。

第七节　祁泰履与《梓潼帝君化书》译介

祁泰履(Terry Kleeman),美国著名宗教研究学者,美国科罗拉多大学东亚语言与文学系教授,主要研究道教天师道及中国民间宗教。1988 年,他以博士论文《文昌与蝰蛇：一个中国民族神的创生》(*Wenchang and the Viper*：*The Creation of a Chinese National God*)获美国加州大学伯克利分校博士学位。1994 年,祁泰履的《文昌梓潼帝君化书：一部神的自传》(*A God's Own Tale*：*The Book of Transformations of Wenchang，the Divine Lord of Zitong*)作为郝大维(David L. Hall)与安乐哲(Roger T. Ames)主编的中国哲学与文化系列丛书之一由纽约州立大学出版社出版。

《梓潼帝君化书》,四卷,撰人不详,约出于元代,收入《正统道藏》洞真部谱录类。全书系自传体,记述梓潼帝君生平及历世显化事迹。全书分九十七化,每化一节,每节各有品题,先列七言诗一首,次用散文叙事。《梓潼帝君化书》所叙之事，部分依据历史资料加以敷衍编纂而成，内容大抵是孝亲、敦宗、尽忠、荐贤、恤孤、悯世、明经、获圣以至饵丹、显灵等，宣扬赏善罚恶，善恶报应。①

祁泰履的英文译本《文昌梓潼帝君化书：一部神的自传》主体分为导论和英文译文两部分，书末另有附录，简要介绍了现存《文昌梓潼帝君化书》的7个版本。

导论部分长达83页。该部分介绍了文昌信仰的早期历史、《化书》、后期的文昌信仰等。

关于文昌信仰的早期历史，祁泰履考察了自梓潼蜷蛇传说、《华阳国志》《十六国春秋》中关于姚苌遇文昌的记载，唐玄宗、唐僖宗封梓潼神事等宋代以前关于文昌信仰早期历史演变的事迹，文昌在中国历史上如何从成都平原推而广之，成为中国全国所崇拜的神灵的过程；《梓潼帝君化书》的降授方式——扶乩（spirit writing）在中国的发生发展以及梓潼信仰中的扶乩，刘安胜所受之道经，《大洞仙经》《高上大洞文昌司禄紫阳宝箓》《梓潼帝君化书》的前七十三化等，并对此三经进行了简要介绍。

关于《化书》，祁泰履详细考察了《梓潼帝君化书》的降授源流及经文结构、特色、教义，经中所描述的圣境、伦理原则。祁泰履认为，《梓潼帝君化书》是首例通过扶乩降授的道经，是中国自传文学之范例，为中国小说发展的重要阶段，亦为道教独有的早期善书的范例。祁泰履还考察了《梓潼帝君化书》作为一部文学作品的独特性及其对后世文学的影响。

关于后期的文昌信仰，祁泰履考察了公元1194年后二十一化的降授、元代对文昌帝君的正式接受、对《化书》的校订、元以后文昌信仰的进一步拓展等。本部分附脚注214条。

《文昌梓潼帝君化书：一部神的自传》翻译了《梓潼帝君化书》九十七化中的七十三化。所依据的底本为《道藏辑要》本。祁泰履之所以依此为底本，一是因为《道藏辑要》本在世界各地研究机构的图书馆中容

---

① 任继愈主编.《道藏提要》（修订本），第124—125页。

易获得,二是因为《道藏辑要》本为宋代校订本,而明《道藏》本为经元代校订之后的版本,有很多修改之处,而其前七十三化在不同版本中的内容变化相对较小,第七十四化以后的内容,因版本不同而千差万别。在祁泰履教授看来,译者在翻译过程中常常要面对忠实原文和让生活于现代的非专业读者易于理解之间的矛盾。他在翻译《梓潼帝君化书》的过程中,坚持在不损及英文句法的前提下,尽量使译文接近原作,尽量避免将原文简短、对仗的句子译成英文长句,也未将原文中所用之隐喻译为西方熟悉的隐喻。在每一化的译文之后均有评注,译文中还有脚注 396 条。

书末的附录,"《化书》存世版本"(Extant Editions of the *Book of Transformations*),列出包括《道藏》著录的版本及南宋以后的《化书》存世版本,并对每种版本进行了简要介绍。这些版本包括:

1645 年版,题为《文昌化书》,四卷,四川阆中刘以修序,徐钟震跋。该版本藏于日本内阁文库①,另一本见于哈佛大学。

1747 年版,题为《文昌化书》,四卷,1665 年初版,编者为程九鹏,附插图。

1751 年版,题为《文昌帝君化书》,二卷,与《文昌帝君大洞经》合订,为《大洞经》版本之一。此版本藏于慕尼黑的巴伐利亚国家图书馆。

1771 年插图版,题为《出像文昌化书》,四卷,谢雯编撰,有李中简、王永礼及谢雯的序。此版本见于巴黎"《道藏》工程"所搜集的资料中,另见于日本筑波大学图书馆。

《文帝全书》版,题为《文帝化书》,一卷。1743 年刘体恕初版。1876 年重印版藏于普林斯顿大学盖斯特纪念图书馆,其 1843 年重印版藏于法国国家图书馆和大英图书馆。

《道藏辑要版》,题为《文帝化书》,一卷,无序言,收于《道藏辑要》"星"字部,1906 年成都二仙庵刊印,其木刻印版现藏于成都青羊宫。

《道藏》版,题为《梓潼帝君化书》,四卷,序者不详,作序时间 1316 年,收入明《道藏》。此为唯一存世的元代版本,传承流传情况不详。

---

① 内阁文库(Naikaku Bunko)是日本一家专门收藏汉、日文古籍的图书馆。

第八节　柏夷与《早期道经》①

美国著名汉学家、亚利桑那州立大学宗教研究系教授柏夷(Stephen R. Bokenkamp，1949—)曾于 1978 年师从司马虚(Michel Strickmann，1942—1994)和薛爱华(Edward H. Schafer，1913—1991)教授，开始道教研究。1978 至 1979 年及 1987 至 1988 年，柏夷教授先后在中国台湾和四川两地做田野调查。作为美国最有影响的道教学者之一，柏夷教授秉承文献阐释传统，主要研究道教灵宝派。在道经译介方面，除节译《真诰·运象篇》及《周氏冥通记》之外，其代表作当属 1997 年由美国加州大学出版社出版的《早期道经》(Early Daoist Scriptures)。

《早期道经》是该出版社出版的道教经典丛书之一。书中翻译了《老子想尔注》《大道家令戒》《三天内解经》《大塚讼章》《灵书紫文上经》《灵宝无量度人上品妙经》等六部早期道经。除《大塚讼章》为倪辅干(Peter Nickerson)翻译之外，其余五部道经均为柏夷教授的译作。

《早期道经》所译道经是公元 2—5 世纪道教创教初期的天师道、上清派和灵宝派初步成形时期的经籍。除前言和译文之外，书中还介绍了天师道、上清派和灵宝派以及道教的宇宙观。六部道经的英文译文之前，均有长文，介绍各道经的内容及其相关背景。

在前言部分，柏夷教授说明了他翻译早期道经的目的。他指出，要回答中国为何在那一特定时期产生如此规模的本土宗教，道教是否是中国本土对佛教传入中国的回应，道教信仰与实践的源头何在等问题，需要对道教进行全方位的分析，尤其需要对其文字记录进行分析。但他强调说，翻译这些道经，并非为了回答上述问题，而是呈现他对宗教的理解。

除《老子想尔注》以敦煌千佛洞旧藏卷子《老子想尔注》为底本以外，其余道经译文的底本均出自《正统道藏》。柏夷在本书采用脚注和尾注双重注释(dual system of notes)，其脚注适用于普通读者，尾注则

---

① 本节由范鹏华撰稿。

专为对中国中古时期的经典有研究兴趣的学者提供信息①。因此,他的注释也是本书不可忽视的亮点之一。柏夷在《早期道经》一书中,阐述了他对翻译的理解。在柏夷看来,翻译像从事其他学术活动一样,是一种阐释活动。他提醒,要当心某些译者,因为他们自称在翻译中扫除了障碍,隐藏他们的阐释,可以让原作者自己表达观点。他认为,"翻译是试图弥补时间、文化鸿沟的方式之一。若某种翻译以错误的言论哄骗读者,油嘴滑舌、无法自圆其说,这样的翻译大有问题。"

柏夷认为,"我们应尽力像古人当初理解道教那样去理解道教",毕竟"原文与当代的读者相距很远,时间、文化方面的障碍导致当代的读者在理解原文时困难重重。"他指出,"道经的翻译并不是在真空中产生,对它们的接受和理解是有语境的",把握这种语境需依赖原文,如果不是全文翻译,而是节译,就可能误导读者,导致读者一知半解,缺乏全面理解的基础。这也是柏夷选择全译而不节译的原因。

《早期道经》的总论分为四部分,分别介绍天师道、上清派、灵宝派和道教的宇宙观。天师道部分介绍了早期天师道(五斗米道)的产生、组织形式,善规(codes of Benevolence),以及书中所译的《老子想尔注》《大道家令戒》《三天内解经》和《赤松子章历》与天师道相关的四部经籍的造作时间、撰者、意义与影响等。关于上清派,本部分介绍了上清经造作源流及上清派道经《灵书紫文上经》的内容概要。灵宝派部分介绍了灵宝经的降授及造作源流、灵宝派与上清派及佛教的关系与异同,以及《灵宝无量度人上品妙经》的内容特色等。道教宇宙观部分阐释了一些道教核心概念的内涵及其英译问题。例如,道家哲学意义上的"道"与儒家"道"的区别,道家之"道"与道教之"道"的异同,早期道教与天师道之间的关系等;"气"与"道""无"的关系、"气"与希腊哲学中原子论的异同;"气"的观念与道教宇宙观的关系。柏夷比较了中文的"气"与英文的"breath""vapor""energy""pneuma"及"atom"的异同。他认为,英文的"pneuma"虽仍与"气"的内涵有很大出入,但最接近其

---

① Bokenkamp, S. 1997. *Early Daoist Scriptures*. University of California Press, preface: xviii.

原义。他也对"经"在中文里的原义，"经"与梵文"sutra"的异同、道教之"经"的确切含义及其与儒释之"经"的区别等等，进行了详细分析与解释。他还讨论了道教中的神仙观念，道教中的得道成仙与英文中"不死"（immortality）的区别。

柏夷教授对书中所译六部道经的内容及其相关背景进行了介绍：

1.《老子想尔注》

《老子想尔注》，全称《老君道德经想尔训》，亦名《想尔注》，共二卷，东汉末张鲁撰，一说张道陵撰。饶宗颐先生认为"当是陵之说而鲁述之，或鲁所作而托始于陵"。《想尔注》是从神学角度阐释《老子》思想的五斗米道经典，它将老子神化为"太上老君"，将"道"形容成有意志能主宰的尊神，提倡修道长生，"积善成功，积精成神，神成仙寿"[1]，开了道教系统改造利用道家著作的先河，是老学与长生成仙说及民间道术合流的早期代表作，在早期道教史上有着特殊重要的意义[2]。《老子想尔注》久亡佚，近代得敦煌六朝写本残卷，现有 1956 年香港版《老子想尔注校笺》、1991 年上海古籍出版社版《老子想尔注校正》。

柏夷《老子想尔注》英文译文之前有近 50 页的导言。首先对早期天师道的历史进行了检视，考察了《老子》一书如何从一本关于政治真知之书演化到关于自我修养之书的发展过程，以及《想尔注》在此过程中的地位。此外，还有对《老子想尔注》内容的介绍，以及从中所解读出的早期天师道的教义。柏夷对《想尔注》的造作时间及作者也进行了考察。他认为，此书作于公元 215 年前是确定无疑的，但他认为，《老子想尔注》为张鲁所作的说法，并无史料可以佐证。在导言最后一部分，柏夷介绍了翻译《老子想尔注》所遵循的原则及翻译过程。柏夷还专门增添了《想尔注行号与老子分章对照表》，以方便读者与《道德经》通行译本或版本进行对照。柏夷指出，《老子想尔注》是从宗教视角，或者更具体地说，是从道教视角对《道德经》的诠释，对老子的本意有一定程度上的"歪曲"。尽管《道德经》以每年二至三种新译本的频率问世，对于老

---

① 胡孚琛.《道学通论：道家·道教·丹道》，社会科学文献出版社，2004 年，第 86 页。
② 牟钟鉴："太平道、五斗米道和早期天师道"，见《道学通论：道家·道教·丹道》，第 394 页。

子的"本意"仍然争议不断。柏夷指出,他无意卷入此类论争,也无意探
究老子在道教中的地位,他对《老子想尔注》的介绍与翻译,意在厘清其
真意,并尽可能从中了解早期天师道的状况。因此,翻译此经时,他没
有以其他译本或注疏为参照,也没有将《老子想尔注》对老子的理解与
其他注家或译家进行比较。为了尽可能解读《老子想尔注》的原意,柏
夷对《道德经》的其他译本一律予以忽略。《老子想尔注》译者序言后附
有注释 99 条,译文后附尾注 61 条。

2.《大道家令戒》

《大道家令戒》为早期天师道经典《正一法文天师教戒科经》的核心
部分。《正一法文天师教戒科经》收录于《正统道藏》洞神部戒律类,其
撰人及成书年代不详。汤用彤先生认为,它与《老君音诵戒经》和《女青
鬼律》均出于寇谦之的《云中音诵新科之诫》①。《正一法文天师教戒科
经》共五部分,第一部分未另加标题,叙说教戒,解释奉道持戒之理,劝
人修持天师道五戒;第二部分为《大道家令戒》,详叙"大道"充塞宇宙,
包裹天地,为万物本源之理,以及"大道"自黄帝以来屡次下世,授人神
书道法的故事。前两部分为此经的主要内容,对研究早期天师道历史
和教理有参考价值。第三至第五部分分别为《天师教》《阳平治》和《天
师五言牵三诗》十一首。《大道家令戒》托为"大道"垂诫,系统阐述了道
教的宇宙观,把道视为宇宙的创造者和主宰者。

柏夷在《大道家令戒》的导言部分,介绍了《大道家令戒》的历史背
景。柏夷认为,《大道家令戒》中提到三个时间,其中的正月初七显然是
"家令"的发布之日,此日为曹魏正元二年(公元 255 年)二月初一;正月
初七为张道陵升仙之日,也是天师道三会日之一。柏夷据此推断,此经
是为正月初七会日诵读准备的。《大道家令戒》以第一人称写就,根据
经文内容,一些学者判断此经撰者为张鲁。但根据各种关于张鲁去世
时间的记载,张鲁去世时间均早于公元 255 年,并无确切证据证明张鲁
为其撰者。柏夷认为,假如此经的撰者为张鲁,则很有可能为其遗愿和
其对天师道的遗嘱。柏夷还推断,《大道家令戒》中的另一个时间,太和

---

① 《汤用彤学术论文集》,转引自任继愈等《道藏提要》,第 568 页。

五年，为张鲁去世之年，因为经文云，"诸职男女官，昔所拜署，今在无丧。自从太和五年以来，诸职各各自置，置不复由吾气"。据此，柏夷认为，称张鲁是否为此经撰者尚需审慎。柏夷还根据经文内容考察了曹魏时期的政治环境，以及张鲁与皇室的关系。本部分讨论了《大道家令戒》中的"戒""禁"，儒家的"忠""孝""仁""忠君""去欲""朝暮清净"等儒家对家庭道德的推崇，尤其首次提倡儒家"五常"中的夫唱妇随。经文中多次提到儒家人际间、家人间的等级观念，以及道教的"种民"观等。本部分还讨论了《大道家令戒》中所体现的老君与道的关系。本部分末尾有尾注 36 条，译文后有尾注 8 条。

3.《三天内解经》

《三天内解经》为南朝刘宋时天师道士徐氏撰，共二卷，收录于《正统道藏》正一部。《三天内解经》卷上主要叙述"道源"及老子化生、变化、传道等故事。书中虽大多属神话传说，但在一定程度上反映了五斗米道产生、演变的历史；有关清水道及巫教等流传情况的介绍，也对研究早期道教有一定参考价值。卷下述修道理论。首段以阐述老子《道德经》之旨为主，次述"斋直"，次述大乘之学与小乘之学的区别，并对当时学道者之流弊有所披露。

柏夷《早期道经》只翻译了《三天内解经》的卷上。在译文前的导言部分，柏夷指出，此经是对天师道的重新解释，作此经的目的一方面是为了逢迎刘宋皇帝以赢得皇帝的支持，另一方面为宣传天师道，与当时与之竞争的新道派及佛教论辩。《早期道经》考察了《三天内解经》的历史背景①：公元 420 年，刘裕取代东晋政权，建立宋，定都建康，声称其为刘邦之后，为刘邦的第 32 代孙，希望汉朝后代能够再次统一中国。《三天内解经》中提供了刘裕为汉室刘邦之后的证据，声称道助汉室之兴，并用故事粉饰，说汉代皇室与张道陵曾约，又说上天支持刘氏家族再起，统一中国。对于此经作者而言，尤其重要的是，政治上的统一须基于宗教上的统一，要去除各种"邪道"（deviant ways），回归"正一"

---

① Bokenkamp, Stephen. 1997. *Early Daoist Scriptures*. Berkeley: University of California Press, pp. 187 - 188.

(correct unity)。所谓"邪道",主要是指佛教。关于"三天"①,柏夷教授认为"三天"是对道教宇宙观的全面阐述。自《老子想尔注》《大道家令戒》到《三天内解经》,柏夷系统梳理了从"三气"到"三天"的有关宇宙观论述的演变,并与上清和灵宝经中的"三清境"进行了比较。柏夷在本部分还考察了早期佛教传入中国的历史及早期道教对佛教的态度,即视其为"邪道"。导言后有尾注 37 条,译文后有尾注 20 条。

4.《赤松子章历》

《赤松子章历》,共六卷,撰人不详,约出于南北朝,收入《正统道藏》洞玄部表奏类,系早期天师道上章仪范。天师道重符箓科教,《赤松子章历》备列各种章奏之信仪、章文与宜忌事项。卷五有"大塚讼章"两篇,详细介绍道士如何处理"塚讼","皆依阴阳五行,推人年命,书如章表,具章信上奏天曹,以闻太上及众真,以祈消灾度顾厄"②。其目的为镇墓解谪、谢土安神,避免死者招致地下世界的"塚讼",从而给现世的子孙带来危害。

《赤松子章历》的英译由彼得·尼克森完成,只翻译了《赤松子章历》卷五两篇和《大塚讼章》的第一篇。尼克森在其译者序中首先介绍了天师道的"章"和"大塚讼"的含义,相关的仪式及对因疾病及其他不幸而举行"塚讼"的信仰基础,称《大塚讼章》为早期天师道道士所用的此类文书之样板。尼克森还考察了《大塚讼章》的造作时间及《赤松子章历》,最后考察了与"塚讼"相关的死亡与坟墓的复杂思想和产生此复杂思想的历史根源。本部分的导言后有尾注 52 条,译文后有尾注 15 条。

5.《灵书紫文上经》

《灵书紫文上经》全名为《皇天上清金阙帝君灵书紫文上经》,一卷,撰人不详,大约成书于东晋,系早期上清派重要经典,收入《正统道藏》洞神部本文类。经中述"采饮飞根吞日气"等存想之法,又有《太微饮日气闭明灵符》《紫微饮月精太玄阴生符》《太微灵书紫文拘三魂之法》《太

---

① Bokenkamp, Stephen. 1997. *Early Daoist Scriptures*. Berkeley: University of California Press, pp. 188 - 194.
② 任继愈等,《道藏提要》,第 443—444 页。

微灵书紫文制七魄之法》《太微天帝君天皇象符》，是以存想与服符、饮符相辅佐。

柏夷在本经英文的译者序中称其为神授与杨羲的道经之一，大约出于公元364—370年间。柏夷以《灵书紫文上经》为例，分析了上清派道经的三个典型特征：经书降授于层级更高的神祇，以诗和文兼有的经书写作方式以及上清经所传达的与个人修炼相关的信息。译者序中还考察了《灵书紫文上经》经文及其来源、经文结构、存思修炼、琅玕华丹、末日预言、道德观等。柏夷赞同贺碧来的观点，认为《紫文上经》分为四部分，这四部分分别收入《正统道藏》的《黄天上清金阙帝君灵书紫文上经》《太微灵书紫文琅玕华丹神真上经》《上清徒圣道君列纪》《太微灵书紫文仙忌真记上经》等四部道经中。柏夷全文翻译了《紫文上经》。本部分的译者序言后加尾注40条，译文后有尾注43条。

6.《灵宝无量度人上品妙经》

《灵宝无量度人上品妙经》，简称《度人经》，古灵宝经之一，共六十一卷。通常认为，其卷一为《度人经》本文，其余六十卷的内容为后人所增益。敦煌P2256—P2861号卷子载刘宋陆修静《元始旧经紫微金格目》著录："《无量度人上品》一卷已出。卷目云：《太上洞玄灵宝无量度人上品妙经》。"第一卷大致分为：道君前序、正经二章、道君中序（包括灵书上、中、下篇），以及道君后序（包括太极真人颂）。主要叙述元始天尊在始青天中演说灵宝度人经教，宣扬"仙道贵生，无量度人"之旨。卷二至卷六十一，每卷各立品目，内容均据第一卷进行阐述，主要可分为以下三类：第一类根据阴阳、三才、五行之理论，说明宇宙生成、人物蕃育及其顺德齐功之道；第二类举陈消灾、辟邪、制鬼、镇魔之方，以尽祈禳济度之用；第三类论保形养神、长生成真之方。①

在《早期道经》中，柏夷指出，《度人经》毫无疑问为灵宝经中影响最大及最为知名者，是除《道德经》之外最早被注疏和阐释的道经。柏夷考察了有唐以来至宋明《度人经》受到重视及广泛流传的情况及其原因，考察了自葛巢甫以降灵宝经的造作历史背景，灵宝经重生观的演

---

① 任继愈.《道藏提要》，第3—4页。

变,灵宝派所受佛教之影响等等。他还重点考察了《度人经》的造作历史背景及年代,《度人经》中所反映的宇宙观及诸神,《度人经》中的隐语以及《度人经》对"度人"仪式的革新。

《早期道经》只翻译了《度人经》的卷一,译本依据陈景元《元始无量度人上品妙经四注》为底本,译者序言后附尾注 82 条,译文后附尾注 19 条。

书末所附的"引述文献"分《道藏》文献、亚洲语言文献、西文文献三部分罗列,为研究早期道经的重要文献线索。

《早期道经》出版以后,受到西方学者的高度评价。贺碧来评价说:"柏夷提供了从公元 2 世纪到 6 世纪之间的六部道经全译本,对每部道经的介绍描写,阐明了道教一些历史的、基本的观念;该书无疑有助于更好理解道教。"①加州大学圣迭戈分校柯素芝教授则认为,"《早期道经》融合了道教最新、最好的世界学术成果,包含准确的一手文献、译文流畅。"②波士顿大学康思奇博士认为,柏夷《早期道经》一书意义深远,其译本在道经的译文中值得占有特别的一席之地③。祁泰履也对柏夷的译文给予高度评价,认为其译文质量非常高,在诠释这些长久佚失的文本方面,无人能出其右。祁泰履也承认,要将这些道教经典呈现给西方的读者,尤其是一些普通读者,关键在于道教术语翻译。在术语翻译方面,祁泰履认为,柏夷大多沿用了该领域标准的术语,但有时候却对已经得到很好翻译且被认可的术语改用了新的译法。④

第九节　著译等身的利维亚·柯恩

柯恩(Livia Kohn,1956—),又译孔维雅或孔丽维,1956 年出生于

---

① Bokenkamp, S. 1997. *Early Daoist Scriptures*. University of California Press, back cover. 此说言过其实,柏夷书中的六部早期道经并非都是全译。

② Bokenkamp, S. 1997. *Early Daoist Scriptures*. University of California Press, back cover.

③ Ibid.

④ Terry Kleeman: 2000: 143—145.

德国，1974 年进入德国哥廷根大学学习，1980 年获博士学位，后赴日本京都大学人文研究所师从福永光司教授从事博士后研究。1987 年，柯恩在美国密歇根大学安娜堡分校（University of Michigan, Ann Arbor）任客座教授，1988 年进入美国波士顿大学宗教系任教，2006 年从波士顿大学退休。柯恩现居住在美国佛罗里达的墨西哥湾海岸，自许为"道教自由职业者"，喜欢打坐、练气功，习太极拳，也爱游走世界各地，或出席道教学术会议，或作学术报告。她还担任《道教研究杂志》（*Journal of Daoist Studies*）执行主编，经营一家道教出版社——三松出版公司（Three Pines Press）①，还担任"道之遗产"（Legacy of Dao）基金会主席，致力于传播道教知识及养生实践②。

柯恩教授一生致力于道教研究，成果丰硕，著译等身。其著作主要围绕道教存思、道教神秘主义、神话、伦理及修炼等展开。主要有：《陈抟的生平与传说》（1981）、《七步得道：司马承祯的〈坐忘论〉》（1987）、《道教的存思与长生术》（1989）、《道教的神秘主义哲学：西升经》（1991）、《早期的中国神秘主义：道教哲学与救世神学》（1992）、《道教体验文萃》（1993）、《笑道论：中国中古时期佛道之争》（1995）、《老子与〈道德经〉》（与 Michael LaFargue 合编）（1998）、《道教之神：历史及神话中的老子》（1998）、《道教手册》（2000）、《道教与中国文化》（2001）、《道教身份：历史，谱系与仪式》（与罗浩合编）（2002）、《道教中的女性》（与戴思博合编）（2003）、《跨文化视角下的中世纪修道生活》（2003）、《道教修道手册：〈奉道科戒〉翻译》（2004）、《宇宙与教团：道教的伦理学维度》（2004）、《宇宙与教团续编》（2004）、《中国式健康与长寿》（2005）、《道教修炼：传统模式与当代实践》（2006）、《中国健身操：导引》（2008）、《道教、佛教及印度教中的存思》（2008）、《道教概说》（2008）、《内丹：自我、社会及成仙追求》（2009）、《道教营养学：修道成仙之饮食》（2010）、《健康之要：通向内在力量的计量之路》（2012）、《中国长生术辞典》（2013）等。

---

① 出版社网址：www.threepinespress.com。
② 基金会网址：www.legacyofdao.org。

此外,她还在《中国宗教杂志》《远亚通讯》《亚洲民俗研究》《道教文献》《美国东方学会杂志》《中国哲学杂志》等国际重要期刊发表数篇道教研究论文和书评。

柯恩教授不仅在道教研究和道教修炼实践方面有丰富的研究成果,在道经的译介方面也贡献卓著。主要译作如下:

1.《坐忘论》(*Sitting in Oblivion*,1987)①

1987 年,柯恩教授的《七步入道:司马承祯的〈坐忘论〉》②作为《华裔学志》系列专著第二十种在当时西德的圣奥古斯丁出版。2010 年,柯恩对原有译文进行了修改,增加了新近翻译的《内观经》《心目论》等,并对前面的导论部分进行了全新修改,书名改为《坐忘:道教存思之要》,由三松出版社出版③。

无论 1987 年的旧版《七步入道:司马承祯的〈坐忘论〉》还是新版《坐忘:道教存思之要》,公元 8 世纪时司马承祯的《坐忘论》,既是柯恩教授翻译部分的主体,又是书中讨论的核心。

该书的导论部分,从何为"坐忘"开始,梳理了从《庄子》中首次出现至唐代《坐忘论》中出现"坐忘","坐忘"与其他内修的异同,"坐忘"与"重玄"的关系,孙思邈、尹愔、司马承祯、吴筠等四位唐代高道及其主要思想和代表作,并详细介绍并分析了《坐忘论》《定观经》《存神炼气铭》《天隐子》《内观经》《五厨经》《心目论》等相关经籍,接下来介绍了坐忘收心、主静去欲的道教修炼理论和方法,即敬信、断缘、收心、简事、真

---

① 《坐忘论》,一卷。唐司马承祯撰。撰时不详。通行本有:《正统道藏》本、《重刊道藏辑要》本、《道藏菁华录》本、《二十二子》本等。《坐忘论》集中讲坐忘收心、主静去欲的道教修炼理论和方法,为司马承祯神仙道教理论的代表作之一。全书共七部分:敬信、断缘、收心、简事、真观、泰定、得道七个修道阶次。在这七个修道阶次之后,司马承祯又附以"枢翼",提纲挈领地综述其坐忘思想的主旨。认为心归至道须先受三戒,即:简缘、无欲和静心。提示修道的具体方法,指出得道之人心有"五时",身有"七候",否则都算不上得道。书前有《真静居士序》,叙述印行此书缘起,指出坐忘之旨,在于"无物无我,一念不生"。(卿希泰《中国道教》)

② Kohn,Livia. 1987. *Seven Steps to the Tao*:*Sima Chengzhen's Zuowanglun*. St. Augustin/Nettetal:Steyler Verlag.

③ Kohn,Livia. 2010. *Sitting in Oblivion*:*the Heart of Daoist Meditation*. Dunedin,FL:Three Pines Press.

观、泰定、得道步骤。本部分还介绍了"坐忘"与佛教相关思想与实践（如坐禅）的异同，"坐忘"的现代科学阐释及在养生与减压中的应用等。

该书第二部分为英文译文，共翻译了八部道经。

第一篇为司马承祯的《坐忘论》全译。译者以《正统道藏》本为底本，同时参校《云笈七籤》本；第二篇为《坐忘碑文》，译者在翻译时参校了《道枢》中相关内容；第三篇为《定观经》，以《云笈七籤》本为底本，同时参校《道藏》本、《坐忘论》中的"坐忘枢翼"、《观妙经》《道德真经广圣义》《道枢》《玄珠心镜注》等；第四篇为《存神炼气铭》的全译，以《正统道藏》和《云笈七籤》本为底本；第五篇为《内观经》，以《正统道藏》本为底本，参校《云笈七籤》本，在《传授三洞经戒法箓略说》可见的部分段落，译者在译文中也一并标出；第六篇为《天隐子》①，以《正统道藏》本为底本，此经在众多文集中也有变异本，译者参校了《道枢》和《丛书集成》本；第七篇为《五厨经》，以《正统道藏》本为底本，参校《云笈七籤》本；第八篇为《心目论》，以《正统道藏》本为底本。

2.《墉城集仙录》节译（*The Mother of the Tao*，1989）②

1989 年，柯恩教授在《道教文献》第 1 卷第 2 期发表"道之圣母元君"（*The Mother of the Tao*）一文③。该文节译了杜光庭《墉城集仙录》中的圣母元君传记④。柯恩教授在翻译此文之前，首先进行了相关背景知识介绍，主要围绕圣母元君的四种不同身份，即"玄妙玉女""圣母元君""太一元君"及"先天太后"，详细考证了圣母元君在多种史料中的不同称谓。柯恩教授的译文以涵芬楼《道藏》为底本，对《墉城集仙录》中的圣母元君传记进行了全译。此译文最大的特点在于其详细的注解。整篇译文的注解多达 68 条，译文最后还归纳了圣母元君在不同文献中的称谓。

---

① 《天隐子》，一卷。原题唐司马承祯述，撰时不详。但该书是否为司马承祯所著，学术界尚无定论。通行本有：《正统道藏》本、《二十二子》本、《崇德书院七子》本、《知不足斋》本等。全书分八篇，叙述道教修炼成仙的原则、步骤和方法，书前有司马承祯《天隐子序》，叙述养气为长生之道以及介绍《天隐子》一书的主旨。

② 关于《墉城集仙录》，详见本章第十一节"柯素芝与《墉城集仙录》"。

③ Kohn, Livia. 1989. "Mother of the Tao". *Taoist Resources*，I，2：37-113.

④ 道教认为，圣母元君为太上老君的生母。

3.《西升经》(*Taoist Mystical Philosophy*: *The Scripture of Western Ascension*, 1991)[①]

1991 年,柯恩教授《道教神秘哲学:〈西升经〉》由纽约州立大学出版社出版[②]。该书分为导言、正文、宇宙观、思想家四个部分,共十章。

第一章"道教中的神秘主义哲学",从神秘主义哲学的概念入手,分析了道教神秘主义哲学的特征,追溯了道教神秘主义哲学观念的源头及代表作《道德经》河上公章句、《庄子》郭象注、道教的成仙思想及佛教影响等;

第二、三、四章为第二部分,即正文部分。第二章"历史上的《西升经》"详细梳理了陈景元的《西升经集注》和宋徽宗御注《西升经》两个注本。该章最后,详细考证了《无上秘要》《奉道科戒营始》《玄珠心镜注》《道教义枢》《至言总》《大道论》《三论原旨》《道德真经广圣义》《道枢》等道经中对《西升经》的引述情况;第三章"《西升经》的结构及内容"介绍《西升经》各章的标题、行数及字数;第四章"神话结构的叙事"考察了《西升经》中的西升神话、老子化胡、《西升经》编撰的两条主线[③]。

第五、六、七章为该书的第三部分。第五章"物理世界"从道、宇宙之源、身体三方面分析《西升经》对道与世界的关系的神秘主义解读;第六章"心、智、言"分析了《西升经》对人的心、思想与知识、语言的神秘主义维度、《西升经》中的意象与隐喻问题;第七章"圣人之道"分析《西升经》中的神秘主义实践及与道合一。

第八、九章为该书的第四部分。第八章"韦节的生平与思想",从

---

① 《西升经》,三卷。撰者不详。通行本有:明《道藏》宋徽宗御注《西升经》三卷(《道藏辑要》尾集作一卷)本和宋碧虚子(陈景元)集《西升经集注》六卷本二种,分别收于"洞神部本文类"和"洞神部玉诀类"。两种版本均分 39 章,其中首卷 9 章,中卷 12 章,下卷 18 章,每章均以"老子"或"老子曰"起首,各章以经文首二字为章名。宋徽宗注本和陈景元注本经文文字略有差异。陈景元《西升经集注》汇集了华阳韦处玄、句曲徐道邈、冲玄子、任真子李荣和刘仁会等五家注。宋徽宗序云"盖与五千言相为表里",陈景元亦称"其微言奥旨,出入五千文之间"。《西升经》提出"我命在我,不属天地"的观点。强调个人不懈地修炼,以求长生成仙,不抱听天由命的消极思想。

② Kohn, Livia. 1991. *Taoist Mystical Philosophy*: *The Scripture of Western Ascension*. Albany: State University of New York Press.

③ 一是《史记》和《神仙传》,二是《化胡经》。

"六世纪的儒生"和"韦节的哲学"两方面对《西升经》最早注者韦节进行详细介绍；第九章"李荣与重玄学派"，从"重玄学派的哲学""李荣的生平"及"李荣的《西升经》注"三个方面对李荣的生平与思想作了介绍。

第十章"道教的神秘主义哲学"为该书的结论。

该书末附有柯恩教授的《西升经》英语译文。柯恩教授以陈景元注本为底本，其章节划分及行数均依《道藏》本进行处理，其第19章和第20章开头部分，参考宋徽宗注本进行了补充。各章的标题也按原文进行了对应翻译并在每章后加上该章的行数和字数。在该书的译文之前以附表形式罗列了陈景元本和徽宗本的用字差异。此书中不仅翻译了《西升经》全文，还另附《无上秘要》、成玄英《道德经》注本、《道教义枢》《坐忘论》《形神可固论》《大道论》《三论元旨》《至言总》《玄珠心镜注》《道德真经广圣义》《道枢》中所引《西升经》的英文译文。该书末尾还附有《西升经》中文原文。

4.《道教体验文萃》(*The Taoist Experience：An Anthology*，1993)

1993年，《道教体验文萃》作为"中国哲学与文化丛书"(SUNY Series in Chinese Philosophy and Culture)第8种，由纽约州立大学出版社出版。全书分为"道"(The Tao)、"长生"(Long Life)、"久视"(Eternal Vision)及"成仙"(Immortality)四个部分，共12章；每部分又各细分为三章，每章四小节，每小节选译1—4种道经，共选道经51种，对每种道经均有简要背景介绍、参考文献等。

第一章：道(The Tao)，共选译了4种道经，其"不可道之道"(The Tao That Can't Be Told)一节，选译了《道德经》第1、4、5、6、8、14、16、25、32、34章；"世之道"(The Tao in the World)一节，选译了《道体论》；"清静"(Pure and Tranquil)为《清静经》全译；"妙不可言之知"(Ineffable Knowledge)一节，节译了《庄子》第22篇《知北游》。

第二章：创世(Creation)，共选译了4种道经。其"经书创世"(Scriptures Create the Universe)一节为《太上老君开天经》的英译(仅最后两段未译出)；"灵宝妙史"(Numinous Treasure Wondrous History)一节全译了《灵宝略记》；"仙境"(The Lands of the Immortals)一节，选自托马斯·史密斯(Thomas E. Smith)的《十洲

记》英文译本;"男女仙真"（Gods and Goddesses）一节选自柯素芝（Suzanne Cahill）英译《墉城集仙录》中的《西王母》。

第三章：教义（The Teaching），共选译了 4 种道经。其"三洞"（The Three Caverns）一节为《道教三洞宗源》的节译，中文原文出自《云笈七签》，译者对其进行了分节，并给每节加上了标题;"老子变化"（The Transformation of Laozi）一节为《老子化胡经》节译，作者只翻译了该经的第一部分，译者在翻译时也对其进行了分节，并给每节加上了标题;"修道之路"（the Path）一节为《天隐子》的全译，柯恩教授于 1987 年在《中国宗教研究杂志》撰文，对该经进行过翻译与研究[1];"全真道"（The Way to Complete Perfection）一节为《重阳立教十五论》的全译。

第四章：戒律仪范（Discipline），共选译了 7 种道经。其"戒律"一节为《赤书玉诀》的节译，此处选译了其中的十戒和十二妙诀;该节还节译了《太上洞玄灵宝三元品戒功德轻重经》的"三元品戒罪目"中"学上道"之人的 22 种罪目和"修道者及道外从道者"的 145 条罪;"护身之法"一节节译了《无上秘要》卷五十中的"涂炭斋"及"次卫灵神咒";"体道之法"一节选译了《历世真仙体道通鉴后集》卷一之"太一元君"，该节第二篇选译自《老子道德经序诀》中的"河上公"部分;"证道"一节节译了《神仙传》第九卷之"壶公"，该节的另一篇节译自《增像列仙传》的"吕洞宾"。

第五章：炼养（Physical Practices），共节译了 4 种道经。其"服气"一节节译了由蒋维乔编撰，1914 年出版的《因是子静坐法》，收入《道藏精华》;"导引"一节翻译了《太清导引养生经》;"服食与辟谷"一节选译了《太上灵宝五符序》;"房中术"一节节译了出自《医心方》的《玉房秘诀》，该译文非柯恩教授自译，选自威利（Douglas Wile）的译本。

第六章：与宇宙合一的身体（The Cosmic Body），共节译了 6 种道经。"身体构造"一节节译了《黄帝内经·素问》的"六节藏象论篇"及"五藏生成篇";"身体乃宇宙"一节节译了出自《云笈七签》《元气论》中

---

[1] 参见：Kohn, Livia. 1987. "The Teaching of T'ien-yin-tzu". *Journal of Chinese Religions* 15：1-28。

的盘古"垂死化身"、出自《道藏》的《内观经》及出自敦煌文献的《老子道德经序诀》最后一部分等三篇；"身体内的宇宙"一节节译了《重阳真人金关玉锁诀》；"身体内之神灵"一节节译了《黄庭外景经》。

第七章：一（The One），共节译了4种道经。"身体之明"一节全译了《太平经圣君秘旨》，此经言守一之法，出自《正统道藏》太平部；"真一"一节选译自《抱朴子·内篇》卷十八"地真"；"三一"一节全译了《金阙帝君三元真一经》，此经言存守三元真一法术；"守一"一节翻译了《玄珠心镜注》中的"守一诗"和"守一宝章"两首诗，并选译了其中的部分注文。

第八章：内观（Insight Practice），共译了4种道经。"二观"一节节译了《道教义枢》卷五"二观义第十七"，为道教的两种"观"的哲学分析；"气与丹"一节翻译了《金液还丹印证图》20首诗歌中的前7首，《原本》《警悟》《乾坤》《鼎器》《铅汞》《和合》及《真土》等；"坐忘"一节节译了《坐忘论》得道七步之第五步"真观"①；"新念一瞥"一节选译了《庄子》第二篇（齐物论）的"庄周梦蝶"、第五篇（德充符）庄子与惠施关于道与貌、人与情的讨论、第六篇（大宗师）子舆与子桑的故事、第十二篇（天地）子贡与为圃者的故事、第十八篇（至乐）中庄子与骷髅的故事，以及第二十一篇（田子方）中孔子见老聃等六篇故事。

第九章：神游（Ecstatic Excursions），共译了4种道经。其"远游"一节翻译了《楚辞》中的《远游》；"七星移度之道"一节节译了《上清天关三图经》的前十二页（原经附多图，译者亦将图随附于译文）；"仙情"一节节译《上清明堂玄真经诀》②；"睡功"一节节译了《历世真仙体道通鉴》卷四十七之"陈抟"。

第十章：仙真（Immortal Personality），共译了3种道经。"真人"一节，节译了《庄子》第六篇（大宗师）中关于"古之真人"的描述，第十一篇（在宥）中关于"大人之教"的描述，第二十四篇（徐无鬼）中对"大人"

---

① 柯恩教授已对《坐忘论》进行过全译，参见：Kohn, Livia. 1987. *Seven Steps to the Tao*：Sima Chengzhen's *Zuowanglun*. St. Augustin/Nettetal：Steyler Verlag。

② 应为《上清明堂元真经诀》。

的描述；"成圣"一节节译了《道德经》第 2、3、19、22、27、28、49、64、81 章；"法力"一节节译了《神仙传》中的葛越、刘安与淮南八公、左慈传记；"酒德"一节节译了魏晋诗人刘伶的《酒德颂》以及刘伶病酒的故事。

第十一章：飞升成仙（Ascension），共译道经 6 种。其"外丹"一节节译了《抱朴子·内篇》卷四"金丹"；"内丹"一节选译了《悟真篇》绝句 64 首中的 21 首①；"渐修"一节翻译了《云笈七签》卷三十三《太清存神炼气五时七候诀》②；"仙传"一节节译了《神仙传》中的沈羲传，《全唐文》中的《黄仙师瞿童记》及《墉城集仙录》中的花姑，即女道士黄灵微的故事。

第十二章：神仙生活（Immortal Life），共译道经 5 种。其"仙服"一节节译了《三洞法服科戒文》；"仙宫"一节完整翻译了《灵宝天尊说禄库受生经》；"仙居"一节翻译了黄帝、马师皇、萧史、安期生、毛女、东方朔、麻姑、白石生等八篇神仙传记，其中前 6 篇译自《列仙传》，后 2 篇译自《增像列仙传》；"仙筵"一节节译了《太上三天正法经》。

柯恩教授在本书导言中对道教的历史发展脉络作了简要介绍。

该书以道经选译或全译为线，向读者系统介绍中国道教的主要思想内容。柯恩教授在书中尽量选用对道教而言有代表性的经籍，意在为读者呈现一幅超越历史时期及教派局限的道教图像，除其创造性的翻译及简明扼要的介绍之外，该书还可作为为读者提供文献线索的重要工具书。

该书所选的道经中，除《玉房秘诀》《世说新语》《墉城集仙录》《十洲记》等分别选自威利（Douglas Wile）、马瑞志（Richard B. Mather）及柯素芝（Suzanne Cahill）的译文之外，其余均为柯恩教授自译。书中百分之八十的道经选自明《道藏》、敦煌文献及部分文学作品。大约有一半道经为柯恩教授首次翻译。每一节的介绍包括与所选道经相关的基本概念或实践介绍，所选道经的一些相关信息如道经的出处、造作时间、版本及传承等，并提供推荐阅读文献。这些推荐文献大都为英文文献，译文重在可读性，而非专业性的细节问题。所选篇目中，虽有部分

---

① 译者以《修真十书》本为底本。
② 又称《存神炼气铭》，孙思邈撰，收入《正统道藏》洞神部方法类。

并非道经，如《楚辞》等，但作为普及读物，让读者了解与道教相关的文化知识，亦不失当。

5.《奉道科戒》（2004）①

2004年，柯恩教授的《道教修道手册：〈奉道科戒〉翻译》（*The Daoist Monastic Manual：A Translation of the Fengdao Kejie*）由牛津大学出版社出版。本书分为两部分，第一部分为导言，第二部分为《奉道科戒》的英文译文。

该书导言部分共两章。第一章考察了自东汉张道陵创立道教以来道教教团的历史发展及特点，包括道教教团组织结构演变，佛教的影响，宫观建立及其规模变化，《奉道科戒》的主要内容及其在道教宫观中的地位等。柯恩教授指出，《奉道科戒》为唐代早期的重要经籍，是对中古时期道教教团的基本仪范及组织架构的规范。第二章考察《奉道科戒》作者及其造作时间，版本历史传承和各种文献的相关引证。关于《奉道科戒》的作者及在历史上的传承情况，柯恩教授早在1997年就在《东亚历史》杂志上撰文对《奉道科戒》的造作时间及其版本情况作过考证②。

柯恩教授的《奉道科戒》译文以《道藏》本为底本，参考了敦煌抄本和唐代文献。译本翻译了"罪缘品""善缘品""总例品""置观品""造像品""写经品""度人品""法具品""法服品""居处品""诵经仪""讲经仪""法次仪""法服图仪""常朝仪""中斋仪""中会仪""度人仪"等18部分。

译文主体之后还翻译了敦煌残卷及同时期文献中的《奉道科戒》所摘引的五个段落。书后附有汉英对照词汇表，为《奉道科戒》及中古时期道教机构中的常见用语。该书参考文献亦可视为与《奉道科戒》有关的国外研究资料目录。

---

① 《奉道科戒》，全称《洞玄灵宝三洞奉道科戒营始》，简称《三洞奉道科戒营始》，六卷，分"罪缘品""善缘品""总例品""置观品""造像品""写经品""度人品""法具品""法服品""居处品""诵经仪""讲经仪""法次仪""法服图仪""常朝仪""中斋仪""中会仪""度人仪"等，原题金明七真撰，底本出处：《正统道藏》太平部，为道教戒律仪范类经籍。

② Kohn，Livia. 1997. "The Date and Compilation of the *Fendao Kejie*，the First Handbook of Monastic Taoism". *East Asian History*，13/14：91–118.

第十节 康儒博与《神仙传》译介①

《神仙传》为东晋葛洪所撰的一部道教神仙传记,共十卷。它上承刘向的《列仙传》,广泛取材于仙经道书及民间传说,记载古代传说中85位神仙故事,收录了许多修道学仙成功者的事迹和炼丹养生之术。《神仙传》所记神仙的神秘与超凡虽极其夸张,但并非完全虚无缥缈,有的是历史上的真实人物。

《神仙传》原本已佚,现存版本颇多,主要有《四库全书》本、《广汉魏丛书》本、《旧小说》本、《类书》本、《道藏精华录》本、《云笈七签》本、《太平广记》本等,均为后代掇拾流传资料加以补充和发展而成。《神仙传》中的有些故事立足于民间、具有生活感,从中可以看出当时的各种民间传统,另外有些故事看似充满了荒诞的情节和观念,但如果仔细分析,这其中都有其产生的根源,反映了当时的修道思想、神仙观念:只要努力修习仙道,人人皆可以成仙。因此,该书对于研究中国社会与道教历史、思想具有特殊价值和意义。

康儒博(Robert Campany,1959—),美国汉学家,田纳西州范德堡大学(Vanderbilt University)亚洲研究与宗教研究教授。1981 年,在佛蒙特州明德学院(Middlebury College)学习汉语和中国文化,同年,于北卡罗来纳州戴维森学院(Davidson College)获哲学学士学位,1983、1988 年在芝加哥大学(The University of Chicago)先后获得宗教学硕士学位及宗教史博士学位。博士毕业后,康儒博在印第安纳大学宗教研究系担任助理教授。1995 年至 2006 年期间,先后任该大学宗教学系副教授、教授。2006 年至 2010 年,任南加利福利亚大学(University of Southern California)宗教系教授。2010 年后,在范德堡大学任教。

康儒博教授主要致力于中国宗教史研究(包括道教、佛教、儒教及

---

① 本部分已作为本课题的前期成果发表于《华西语文学刊》第十辑,见代欣,俞森林. 康儒博的《神仙传》译介,《华西语文学刊》,2014,(01):38—43。

其他民间宗教），宗教与文化史跨文化研究，中国上古后期与中古前期
（约公元前 300 年至公元 650 年）宗教、文化及思想研究以及比较宗教
研究。对东亚宗教、亚洲宗教与哲学、中国文学与宗教及中国古文研究
等亦有所涉猎。

　　2002 年，时任印弟安纳大学宗教系副教授的康儒博出版专著《与
天地同寿：葛洪〈神仙传〉的翻译与研究》①。该书共分三部分：第一部
分考察《神仙传》中描述或暗含的宗教内容，第二部分为《神仙传》的完
整翻译，第三部分是翻译所用资料的罗列及评论。

　　《与天地同寿：葛洪〈神仙传〉的翻译与研究》不仅仅是一本带注释
的评论性翻译作品，更是一部在严谨考据基础上，对《神仙传》多种存世
版本所进行的一次文本重建。葛洪的《神仙传》是道教历史上相当重要
的作品，曾多次重编，其中神仙事迹与形象也被不断论证与重塑，康儒
博便决定采用搜集翻译各异文并加入自己评论的方式，尽量清楚地为
读者提供葛洪所撰《神仙传》各版本的信息。他分析了 5 世纪至 17 世
纪约四十种《神仙传》版本，经过仔细对比，从中选出一种或者多种版本
作为翻译的底本，然后按年代顺序将它们重新编排，分为 A、B、C 三
组。其翻译内容详尽，见解有理有据，一经出版，便获得较多好评，在国
外道教研究界拥有很高的接受度和影响力。

　　最先提出研究《神仙传》这个想法的是康儒博在印第安纳大学执教
时的同事兼好友柏夷，他为康儒博完成《与天地同寿：葛洪〈神仙传〉的翻
译与研究》这本书提供了极大的支持与帮助。在该书的序中，他对康儒
博耗时数年辛勤工作取得的最终研究成果评价颇高："康通过极其仔细
的文本研究，完成了该书的翻译，他不仅比之前的学者更加细致深入，还
从研究发现中提炼出重要的方法论见解……，通过他详细的阐述，读者
能够从中获益良多。从各方面看来，该书都非常接近我预期的效果。"②

　　在本书前言中，康儒博提出了研究《神仙传》的四点理由：

---

① Campany, Robert Ford. 2002. *To Live as Long as Heaven and Earth: A Translation
and Study of Ge Hong's Traditions of Divine Transcendents*. Berkeley: University of
California Press.

② 参见 Campany 2002：xxiv。

首先,葛洪的《神仙传》从不同方面展示了中国道教历史上一个重要时期的宗教生活与习俗,这是前所未有的;其次,葛洪在书中记载了道教成仙思想。康儒博认为,如果没有这些珍贵的记录,我们或许对此还是茫然不知。比如,汉代及其之前的很多道教人物都只有模糊记载,而《神仙传》则填补了他们生平事迹与修道成就的空白;第三,《神仙传》中描绘的道教习俗和道教思想是宗教之间和宗教内部不断竞争与自我定义的重要组成部分;最后,《神仙传》的翻译与研究对宗教跨文化研究至少有两点贡献——《神仙传》记载了当时人们对死亡这一现象的特殊反应,众多宗教都涉及不同形式的长生不死,但葛洪的这本《神仙传》是谈到如何做到长生乃至不死最多的一部作品;此外,学界对宗教传记的跨文化理解尚无深入研究,而作为宗教传记的《神仙传》,其翻译与研究便成为了该类研究的一个新素材。

康儒博尽可能地逐字翻译该书,并在书的第一部分系统地阐释了《神仙传》中所涉及的道教专用术语的含义、各种炼丹原料的名称等,以便读者更好地理解其中的人物、概念及价值观,如,"气""胎息""灵宝""太清""太岁""隐仙""道士""神人""符""还丹""石桂芝"等。

关于《神仙传》的内容与它们所代表的意义和与当时真实社会情况的关系,康儒博认为,《神仙传》中描述了生活在不同时代的上百位仙人的升仙事迹,作为小说的一个特殊类型——类传体仙传小说,书中的故事取材于仙经道书和百家之说,肯定有创作加工的过程,但是这些记录却在很大程度上反映了当时道教人物真实的生活、习俗与思想。

对于《神仙传》的序言是否为葛洪本人所作一直存在着争议,在这一点上,康儒博亦持怀疑态度。他通过查阅不同时期各版本序言,发现明代之前的版本并无此序,而葛洪生活于东晋时期。其次,他认为该序是葛洪编撰该书的原因以及如何操作的解释,即使确是他本人所写,也没有必要放在卷首这个重要的位置。但是,关于葛洪是《神仙传》的作者这一点,康儒博是很肯定的。在《抱朴子·外篇》中,葛洪明确写到他著《内篇》二十卷、《外篇》五十卷和《神仙传》十卷。因此,虽然葛洪所撰的原版已失传,但他是该书原作者这点是确定无疑的。

康儒博在翻译《神仙传》时考察了约四十个版本的内容,并"冒险"

对《神仙传》进行文本重构。在此过程中，他不得不面对并尽量合理地解决诸多困难。其中最严重的问题是各版本引用资料的方式太过多变。例如，康儒博指出，最有名的两个版本——《太平广记》本和《云笈七签》本的编撰者多较随意地删节之前版本内容并改变措辞；《类书》本也存在修改措辞和仅仅对早前版本进行总结或解释的现象。总的来说，各版本几乎都没有精细地编辑和保留所引用的原文。康儒博认为，出自非道家的《神仙传》版本是否忠实准确地表达道家内容与思想，这点上也不能保证。因此，虽然众多的版本为翻译研究提供了该书不同时期的不同内容，但康儒博认为这并不完全令人满意，有时甚至只会让人产生这些都是"不透明窥视孔"①的感觉。康儒博考据发现，有些版本的引文来源也有错误，如《三洞群仙录》本中仅有一半内容来自之前的版本，其余部分则不属于该书内容，而是后来增补的。在搜集并对比尽可能多的《神仙传》版本之后，康儒博需要面对应该选择哪一种文本作为翻译的底本以及依据什么标准进行选择的问题。通过不断的摸索与尝试，他决定采用编写时间更早、叙述更完整详尽、源自道家的文本。然而他发现，这个基本原则并非无懈可击，常常发生冲突。最常见的现象便是许多最早的版本，恰好是最不完整的，后期的版本却更为完整。面对此类问题，康儒博通常选择唐宋时期的版本为底本，并详尽无遗地指出所选内容的出处。如果后期版本篇幅更长，但不够连续，他就选用更早期的版本为底本。对于未出现在第二部分的其他主要版本，他在书的第三部分中一丝不苟地翻译出来并作了评论，介绍这些版本之间的重要区别，供读者和学者们参考查阅。

据康儒博考证，裴松之（372—451）在《三国志注》中数处引用《神仙传》，并指其"流传甚广"且"惑众"②。可见，裴松之不信葛洪之说，但说它"惑众"就表明了他并未把《神仙传》看成是一部虚构的小说，而认为《神仙传》中的内容是真实的。这也说明，尽管后世对《神仙传》存在异议，但其流传较广、影响较大。

---

① 参见 Campany 2002：125。

② 参见 Campany 2002：108。

关于葛洪是如何整理各种神仙资料并编入《神仙传》这个问题,康儒博认为,这很难回答,因为在其之前的神仙故事绝大部分如今已散佚。他在研究了极少量现存文章之后认为,葛洪的资料来源主要有四种方式:

第一种,或隐或显地论证引用,通常会加上某人"曰"这类词,如《老子传》,这也是整本书中唯一的直接引用仙人故事和观点,再加上自己诠释的文章:

> 老子者,名重耳,字伯阳,楚国苦县曲仁里人也。其母感大流星而有娠。虽受气天然,见于李家,犹以李为姓。或曰,老子先天地生。或曰,天之精魄,盖神灵之属。或曰,母怀之七十二年乃生,生时,剖母左腋而出。生而白首,故谓之老子。或曰,其母无夫,老子是母家之姓。或曰,老子之母,适至李树下而生老子,生而能言,指李树曰:以此为我姓……①

第二种,语境重构,即在引文上进行些许措辞上的变化,这是一种积极的改编。比如,他采用了刘安《淮南子》或王充《论衡》中若干故事,以及《庄子》中广成子的故事,在编撰时修改了部分措辞,将其置于新的传记性的框架里,并且将他塑造为成仙者,便成了《若士传》。

第三种,转移重点,即重新叙述前人记载的故事,巧妙地在不经意间对故事进行改编,从而让它们能体现出他自己想要表达的观点和偏好。书中一个明显的例子是《焦先传》,此人也出现在皇甫谧(215—282)的《高士传》中。

第四种,重塑或吸收之前的故事。葛洪大胆地将看似与原书无关的人物转变成追求超越者,戏剧般地改变了他们之前的文本形象,他看到了他们身上存在的威望和与《神仙传》的联系,并将他们与他想要传达的思想相结合。《墨子传》便是一例。墨子是春秋战国时期著名的思想家、军事家,而在《神仙传》中则被重塑成炼金术士。有记载称,董仲

---

① 参见欧阳询 1965:78。

舒曾反对皇帝追求长生不老，但在《李少君传》中，他却吃了李少君给的丹药，后病痛全无且身体状况大为改善，自此开始"信世间有不死之道"①，辞官遍寻此长生不死之方。在临终之际，他还嘱咐其子："……汝后可行求术人，问解之者，若常服此药，必度世也。"②对于此种描述，康儒博认为，除了在《神仙传》里有董仲舒信此术之言，其他任何地方都没有这类记载，所以这应该是葛洪杜撰的故事。

康儒博在书中强调，翻译与研究《神仙传》的重点不是解决其中的人物是否真的能飞升成仙这个问题，而应该是重建和还原这些传记中表现的社会与宗教思想、行为以及信仰。因此，在他看来，要避免将《神仙传》当做完全记载事实的实证主义，不能认为这只是一本纯粹的文学作品而脱离当时的社会实际。康儒博认为，现存的《神仙传》的各版本均是由葛洪的最初本演变传承而来，其中难免有缺失和不连贯之处，但它们仍然是我们认识与研究当时社会各方面情况的珍贵文献。

该书是首部完整的《神仙传》英文译本，第一次系统地诠释了这本中古时期最重要的道教神仙传记，以及其中所包含的宗教内容。早期的《神仙传》英译，如翟林奈译本，仅翻译了该书的一部分。康儒博第一次完整翻译了《神仙传》，他的全译本获得了评论家的好评。学术界形容其为"意义深远的"③"权威的"④，是"对中国中古时期前期宗教世界理解的巨大飞跃"⑤。此书出版后，他的另一著作《成仙：中国中古早期的修道者与社会记忆》(*Making Transcendents*：*Ascetics and Social Memory in Early Medieval China*)(2009)以一套折衷的问题与指导原则，对《神仙传》中的人物进行了修正性刻画。2010年，康儒博《与天地同寿：葛洪〈神仙传〉的翻译与研究》获美国宗教学会(American Academy of Religion)颁发的宗教研究(历史研究类)杰出奖，2011年又获亚洲研究协会(Association for Asian Studies)列文森奖荣誉奖。

---

① 葛洪 2003：119。
② 葛洪 2003：119。
③ Kohn 2002：329。
④ Haar 2004：486。
⑤ Benn 2003：138。

第十一节　柯素芝与《墉城集仙录》英译

　　《墉城集仙录》,唐广成先生杜光庭集,取材于《汉武帝内传》等道书仙传,"纪古今女子得道升仙之事",属道教神仙传记。相传西王母居金墉城,女仙统于王母,该书所收皆为女仙,故名《墉城集仙录》[①]。《正统道藏》洞神部谱录类收《墉城集仙录》六卷,记女仙 37 人;宋张君房《云笈七签》卷 114—116 收录仅三卷,录女仙 27 人,与《正统道藏》本"颇有出入"。《四库提要》认为《云笈七签》所收系杜光庭原本,而《正统道藏》本"为后人杂撮他书砌合成编"。《云笈七签》本杜光庭序言称《墉城集仙录》有十卷,《通志艺文略》道家著录云:"《墉城集仙录》十卷杜光庭集古今女子成仙者百九人。"

　　杜光庭(公元 850—933 年),字宾至(一作圣宾),号东瀛子,缙云(今福建)人。唐懿宗时,应试不第,后入天台山修道。僖宗曾赐以紫袍,充麟德殿文章应制。中和元年(公元 881 年),因黄巢占领长安,杜光庭随僖宗入蜀,后事前蜀王建,官至户部侍郎,赐号广成先生。王衍嗣位后,授道箓于苑中,以为传真天师、崇真馆大学士。晚年辞官居四川青城山白云溪,卒年 85 岁。杜光庭长于对道教教义、斋醮科范、修道方术等的研究与整理,曾撰(集、注)有《太上老君说常清静经注》《太上宣慈助化章》《道德真经广圣义》《道门科范大全集》《广成集》《洞天福地岳渎名山记》《天坛王屋山圣迹记》《历代崇道记》《墉城集仙录》《神仙感遇传》《道教灵验记》《录异记》《太上正一阅箓仪》《洞神三皇七十二君斋方忏仪》《太上洞神太元河图三元仰谢仪》《太上三洞传授道德经紫虚箓拜表仪》《太上三五正一盟威阅箓醮仪》等,被收入《道藏》的就有 20 余种,内容涉及道教的方方面面。

　　柯素芝(Suzanne Cahill)博士,1982 年毕业于加利福尼亚大学伯克利分校,师从汉学家薛爱华(Edward Schafer,1913—1991),以《中

---

① 任继愈主编.《道藏提要》(修订本),北京:中国社会科学出版社,1995 年,第 564 页。

国中古文学中的西王母形象》(*The Image of the Goddess Hsi Wang Mu in Medieval Chinese Literature*)获哲学博士学位。现任教于美国加利福尼亚大学圣迭戈分校。柯素芝主要从事道教中的女性研究,她在博士研究的基础上继续探索,撰写了《超越与神仙的情愫——中国中古时期的西王母》(*Transcendence and Divine Passion：The Queen Mother of the West in Medieval China*)一书。该书于1993年由美国斯坦福大学出版社出版。

柯素芝与杜光庭的《墉城集仙录》结缘纯属偶然。1977年,她在道经中查找关于中古时期中国女性的文献时,读到此书。杜光庭的《墉城集仙录》为中国古代少有的专门记录女性人物的传记。此书所记的首位女仙即为西王母,柯素芝为其所吸引,决定以研究西王母为其博士论文选题,后出版一本关于西王母的专著(1993)。多年以后,她打算从女仙研究转向到中国历史中的女性人物时,想起《墉城集仙录》中除女仙之外,还有其他历史人物,便重读此书,开始了对《墉城集仙录》长达十余年的研究①。

2006年,柯素芝以《道教女仙神迹：杜光庭(850—933)〈墉城集仙录〉》(*Divine Traces of the Daoist Sisterhood："Records of the Assembled Transcendents of the Fortified Walled City" by Du Guangting（850 - 933）*)为题,全译了《墉城集仙录》由三松出版社出版。

柯素芝在译本的导论中指出,此书的读者对象为专业人士和非专业人士。她希望她的学生、同事等普通读者都可阅读此书。此导论的目的在于为读者提供理解译文的背景知识,将译文置于其特定的文化语境之中②。

柯素芝撰写《道教女仙神迹：杜光庭(850—933)〈墉城集仙录〉》一书的主要目的在于,希望将女性放回特定历史图景之中,以更好地理解

---

① Cahill, E. Suzanne. 2006. *Divine Traces of the Daoist Sisterhood：Records of the Assembled Transcendents of the Fortified Walled City by Du Guangting*（850 - 933）. Magdalena, New Mexico：Three Pines Press, p. vii.

② Cahill, 2006：1.

中古时期的中国道教。她认为,大多数情况下,读者在批判性阅读宗教传记时,将可靠的历史和社会证据与宗教信仰分开是毫无问题的。如果阅读时小心对待宗教圣徒传记,并结合同时代其他文献,可作为一种丰富的资源,但此类资源没有得到充分利用。

译本对杜光庭所生活的唐朝(618—907),尤其是唐朝的宗教、女性的地位等背景作了介绍。在介绍唐代女性的地位时,柯素芝指出,唐代被称为女性的黄金时代,当时有武则天、杨贵妃等著名女性,女性还未开始缠脚,可以继承财产,寡妇可以再婚,唐代的女性比其后的朝代有更多的政治权力、个人自由和社会地位,但柯素芝认为,我们不应该忽视来自家长制法律、传统及社会观念所加诸唐代女性的种种限制,因此,通过《墉城集仙录》中的传记可以看出,唐代女性有更多机会进入领导阶层,取得成功,但此时对于中国女性解放而言并非黄金时代。

接下来,柯素芝介绍了女性与唐代道教和佛教的关系。"宗教对中古时期的中国女性来说,既是权力之源,也是限制之源"①,女性在道教中起着重要作用,她们既是领导者,也是追随者,从其经籍中可见一斑。杜光庭的《墉城集仙录》是首部,也是惟一一部专门为女仙所作的传记。杜光庭时代已经有专门为佛教女尼和儒家女性所作的传记。柯素芝认为,杜氏作《墉城集仙录》可能意在推出一些道教女性以便与儒释抗衡。从其内容可看出,唐代女性在道教实践及仪式方面的地位与男性相差无几。唐代后有了专门针对女性的修炼之法,以此与男性相区别。杜光庭此作亦为道教中男女相区别的开端。柯素芝在书中将道教和佛教中的女性角色进行了对比。

关于《墉城集仙录》的作者杜光庭,柯素芝对其生平、著述及思想作了考察。她认为,杜光庭在其著述中,试图将上清和灵宝统一在他自己的上清派门下,他所有的著作都在弘扬道教和他自己的道派(上清)。杜光庭在其著作中为道教辩护,认为道教优于佛教。他希望文人与道教中的领导者接受他所在的地方教派,以拯救唐末纷乱中的道教,鼓励当时的帝国及其文人支持道教,将道教作为混乱时代的拯救者。

---

① Cahill, 2006:10.

　　柯素芝对《墉城集仙录》的文本进行了考察。她认为，明《道藏》本收录女仙 37 人，《云笈七签》收录女仙 27 人，杜光庭在《云笈七签》本的序言中提到《墉城集仙录》共十卷，另有宋代《太平广记》第 56—70 卷收录女仙 26 人，如果去掉其中重复者，杜光庭所撰的女仙传记中，共有 79 人的传记尚存。但《道藏》本与《太平广记》中虽有 9 篇传记交叉，但文字相差较大，她判断此为后人所改动的结果，但杜光庭传记的轮廓尚在。《道藏》本与《云笈七签》本只有西王母和九天玄女传记有交叉，但二者相差无几。柯素芝认为，《云笈七签》本更为可信，因为其前有杜光庭的序言，且宋代《云笈七签》编者因其可信度最高方将其收入其中。第三，作者认为《云笈七签》本《墉城集仙录》从整体上构成道教成仙的完整体系，其中有天上的女性仙真，也有地上的女性凡人。

　　柯素芝认为，《墉城集仙录》采用典型的传记形式：道教女仙的生命循环，开篇通常介绍女仙的祖先、家人、出生地，还会介绍其家庭的宗教背景，然后介绍女仙的幼时经历、婚姻危机，以及修炼成仙等。

　　柯素芝在导论中还提供了可以帮助理解杜光庭《墉城集仙录》中所记女性的几类文献。一是诸如《比丘尼传》等佛教经典；第二类是诸如《列仙传》《神仙传》等道教经典；第三类是诸如《旧唐书》《新唐书》《全唐诗》《唐才子传》《唐诗记事》《列女传》《女戒》《女论语》《女孝经》等历史文学类经籍。

　　此外，柯素芝还在导言中专门对辰、观、景、三尸、尸解、五岳、仙、阴德、真人、传等书中的一些重要术语进行了解释。最后，对本书每章译文的模式进行了简要介绍：

　　首先是简介、译文、注释。从内容上看，译者首先翻译了杜光庭的序言，将后面的传记按照主题分成四部分，女神（goddess）、女族长（matriarchs）、洞天居者（inhabitants of the grotto heavens）、唐圣人和仙（Tang saints and transcendents）。每一篇传记之前大都有简介，其后有注释。最后还附上唐代皇帝的在位时间。

　　该书的主体为《墉城集仙录》的英文译文。柯素芝以《云笈七签》本为底本，全译了其中的全部 27 个女仙传记及杜光庭的序言，并在每一则仙传前加上解说性的评述，有一些评述属于对译文的必要解释。柯素芝的译文准确,但注释偏少。书末附有《云笈七签》本《墉城集仙录》中文原文,另附有一幅唐代中国地图、从夏至今的中国历史年表以及四幅插图。

书前附有晚唐女诗人鱼玄机的《访赵炼师不遇》:

何处同仙侣,青衣独在家。

暖炉留煮药,邻院为煎茶。

画壁灯光暗,幡竿日影斜。

殷勤重回首,墙外数枝花。

译文(未署译者):

I Pay a Visit to Refined Master Zhao without Meeting Her

Yu Xuanji

Where are you and your transcendent companions?

Your green-clothed servant rests alone in the household.

On the warm stove: remains of your steeped herbs,

In the adjoining courtyard: boiling tea.

Painted walls grow dim in the lamps' radiance;

Shadows from banners' poles slant.

Anxiously I turn my head back again and again,

At numerous branches of blossoms outside your walls.

柯素芝认为,在现今所见记载中古中国女仙生活的文献中,杜氏的记述最为详尽完备,其故事扣人心弦,引人入胜,与当时历史及诗歌中所描述的女性大相径庭,书中所述的女性性格各异,地域及阶层也千差万别[1]。

---

[1] Cahill, E. Suzanne. 2006. *Divine Traces of the Daoist Sisterhood: Records of the Assembled Transcendents of the Fortified Walled City by Du Guangting* (850 - 933). Magdalena, New Mexico: Three Pines Press, p. vii.

柯素芝在书中对有关中古时期的中国生活与思想的诸多说法提出质疑：道教真如现代道士们所宣称的那样吗？唐代真的是中国女权的黄金时代吗？她也对学术界已经接受的关于唐代儒道释三教关系的观点提出质疑。她认为，中国唐代的道士学者，比如杜光庭等，他们认同儒家价值观，视佛教为主要竞争对手。

柯素芝认为，宗教资源不能因其与客观现实不符而被丢弃不顾，相反，应该将其视为丰富的信息与思想之宝库。道教与中古时期的中国人的生活息息相关，道教文献对于理解此时中国人的生活至关重要。对于现代读者来说，可以从杜光庭所作的传记文献中获得大量与唐代中国女性、宗教及社会相关的信息①。

第十二节　芭芭拉与《太平经》译介

《太平经》是"中国道教初期的经典"，为流传至今最早的道教经典，始作于东汉安顺之际，是原始道教的主要经典，无作者署名和具体成书时间。王明先生认为其非"一时一人所作"。《后汉书·襄楷传》所称"于吉所得神书，号《太平清领书》"，原一百七十卷，分甲至癸十部，每部一十七卷。明《道藏》太平部所收《太平经》仅存五十七卷，甲乙辛壬癸五部全佚，其余五部亦皆有残缺。亡佚部分之内容，可于唐人之《太平经钞》中见其概略。王明先生的《太平经合校》"根据《太平经钞》及其他二十七种引书加以并、补、附、存"，"基本上恢复《太平经》一百七十卷的面貌"②。《太平经合校》存一百五十九篇，大体可见《太平经》之概貌。任继愈先生认为，《太平经钞》甲部之钞，为后人伪补，癸部之钞为甲部。癸部钞实阙，其内容篇目仅可见于敦煌本《太平经目录》。《三洞珠囊》《上清道类事相》《道德真经广圣义》等二十余种道书古籍中也间接摘引

① Cahill, E. Suzanne. 2006. *Divine Traces of the Daoist Sisterhood：Records of the Assembled Transcendents of the Fortified Walled City by Du Guangting*（850 - 933）. Magdalena, New Mexico：Three Pines Press, p. viii.
② 王明.《太平经合校》，中华书局，1980 年版，第 1 页。

《太平经》经文①。

《太平经》"上承老子的遗教",也受当时"图谶、神仙方术的影响"②,"专以奉天地顺五行为本,亦有兴国广嗣之术","其言以阴阳五行为家,而多巫觋杂语"(《后汉书·襄楷传》)。它"继承传统宗教观念、神仙思想、巫觋法术、天人感应合一之说,吸取道家自然哲学、阴阳五行学说、儒家政治伦常思想以及天文、医药、养生等科学成就,构成一个深广的理论体系,以追求个人不死成仙和致天下于太平为其目的"③。任继愈先生在《道藏提要》中将其主要内容概括为:"奉天法道""顺应阴阳五行之则""政治之道""善恶报应""长寿、成仙、通神、治病、辟邪、占验等术"及"其它"六方面④。《太平经》"既是道教初期阶段的代表性文献,也是不同历史阶段的道教徒传习、揣摩、发挥和指导自己的宗教实践的经典"⑤,是"中国哲学史和道教思想史上有价值的资料"⑥。

20 世纪 40 年代以来,《太平经》在西方逐渐受到关注,成果卓著者当属芭芭拉博士。

芭芭拉·亨德里希克(Barbara Hendrischke),又称芭芭拉,澳大利亚悉尼大学中国研究中心荣誉研究员。芭芭拉在德国图宾根大学学习古典研究时打下了文献学与古典哲学研究的基础,后转向汉学研究,主攻中国上古及中古思想史文献。1971 年,芭芭拉完成关于《文子》研究的博士论文,获得德国维尔茨堡大学(Würzburg University)博士学位。此后,她转入《太平经》研究。1979 年,她在德国汉堡以芭芭拉·坎德尔(Barbara Kandel)署名出版《〈太平经〉:一部关怀社会福祉的民间经文的起源与传播史》(*Taiping Jing*, *The Origin and Transmission of the Scripture on General Welfare-The History of An Unofficial Text*)。她在北京和悉尼期间,将其研究重心转向当代中国

---

① 任继愈主编.《道藏提要》(修订本),第 846 页。
② 王明.《太平经合校》,中华书局,1980 年版,第 2 页。
③ 陈士强.《中国学术名著提要·宗教卷》,复旦大学出版社,1997 年,第 709 页。
④ 任继愈.《道藏提要》(修订本),第 847—851 页。
⑤ 刘仲宇.《〈太平经〉与〈周易参同契〉》,《道家·道教·丹道》,第 340 页。
⑥ 王明.《太平经合校》,中华书局,1980 年版,第 1 页。

研究，发表了大量研究论文。20 世纪 90 年代，复转回《太平经》的社会哲学研究。2006 年，其《太平经与道教之发端》（*The Scripture on Great Peace：The Taiping Jing and the Beginnings of Daoism*）一书，作为由柏夷主编的“道教经典”系列第三种，由美国加州大学出版社出版①，此为《太平经》的首个英文译本。

芭芭拉的《太平经》英译本以王明《太平经合校》为底本，同时参阅了新近出版的其他中文版本。全书分为前言、凡例、导言、译文、附录、参考文献及索引等七部分。

在导言部分，芭芭拉回顾了自 20 世纪 40 至 50 年代以来，艾士宏（Werner Eichhorn，1899—1991）、侯外庐、大渊忍尔（Ofuchi Ninji，1912—）、吉冈义丰（Yoshioka Yoshitoyo，1916—1979）、康德谟（Max Kaltenmark，1910—2002）等中外学者对《太平经》的研究及主要观点，秦汉时期宗教思想萌芽，《太平经》中的道教思想等。她在导言中首次使用“Daologist”一词，意指“道教学者”“道教学家”。芭芭拉指出，由于《太平经》并非属于中国大传统，直到 20 世纪下半叶才受到哲学界的关注。她还认为，《太平经》虽然行文拙劣，且常有错字以及奇词怪论，前后不一致，但其中传达出一些非同寻常的思想和独特的观念。因此，芭芭拉决定通过翻译，将其中的修辞、论点及思想传达出来。芭芭拉认为，《太平经》的主要思想清楚，即使对于不熟悉当时中国的读者来说，理解起来也并不困难。与大多数道经相比，《太平经》中的专门术语有限，要理解其传达的教义无需太多背景知识。但她在翻译时，仍添加了很长的注释，以厘清《太平经》的论点，分析《太平经》与中国主流思想史的关系。

芭芭拉在导言中还详细考察了《太平经》中“太平”思想的历史源流及其在中国各历史阶段的影响，《太平经》中的“太平”思想内涵、太平道、黄巾起义等与太平思想的关系、天师道及其与太平道的关系等。芭

---

① 第一种为柏夷教授的《早期道经》（*Early Daoist Scriptures*，1997），第二种为康儒博教授的《与天地同寿：葛洪〈神仙传〉的翻译与研究》（*To Live as Long as Heaven and Earth：A Translation and Study of Ge Hong's Traditions of Divine Transcendent*，2002）。

芭拉认为,太平道与天师道有诸多共同之处,它们均有"太平社会"思想。导言部分还考察了《太平经》的缘起、造作、传布,《太平经》的作者,口语化、多音节的语言特色与口述笔记及对话体行文风格,《太平经》的救赎思想等。导言部分共有注释 189 条。

芭芭拉翻译了《太平经》中的"(章节)连续部分",而非断断续续的选译,目的在于为读者呈现一幅完整的图景,包括其中有趣而且重要的内容。[①] 她翻译了《太平经》卷三十五至卷四十九第 41—66 节,大约译出了《太平经》一半内容。所译部分为《太平经》现存版本中第一个完整的部分,从该部分中也可了解《太平经》的主要思想。每篇译文前有对所译部分的内容简介及评述,译文之后附有丰富翔实的注释。有的注释是对段落的解释,有的是对特定字句的解释,有的是对所译段落与《太平经》中其他段落的比较,还有一些是对《太平经》中对一些问题的观点与早期或当代文献中相应观点的比较。这些注释,无论是对学者还是普通读者更好地理解《太平经》均有所助益。芭芭拉所译《太平经》的具体篇目如下:

卷三十五(丙部之一):分别贫富法第四十一,一男二女法第四十二,兴善止恶法第四十三;

卷三十六(丙部之二):守三实法第四十四、三急吉凶法第四十五、事死不得过生法第四十六;

卷三十七(丙部之三):试文书大信法第四十七、五事解承负法第四十八;

卷三十八(丙部之四):师策文(未译);

卷三十九(丙部之五):解师策书诀第五十、真券诀第五十一;

卷四十(丙部之六):努力为善法第五十二、分解本末法第五十三、乐生得天心法第五十四;

卷四十一(丙部之七):件古文名书诀第五十五;

卷四十二(丙部之八):九天消先王灾法第五十六、验道真伪诀第

---

① Hendrischke, Barbara. 2006. *The Scripture on Great Peace：The Taiping Jing and the Beginnings of Daoism*, Berkeley：University of California Press, pp. 3 - 4.

五十七、四行本末诀第五十八；

卷四十三(丙部之九)：大小谏正法第五十九；

卷四十四(丙部之十)：案书明刑德法第六十；

卷四十五(丙部之十一)：起土出书诀第六十一；

卷四十六(丙部之十二)：道无价却夷狄法第六十二；

卷四十七(丙部之十三)：上善臣子弟子为君父师得仙方诀第六十三、服人以道不以威诀第六十四；

卷四十八(丙部之十四)：三合相通诀第六十五；

卷四十九(丙部之十五)：急学真法第六十六。

附录部分梳理了《太平经》的结构。其参考文献分为，(1)《太平经》的重要版本、翻译及网络资源，罗列了中国台湾中央研究院的《太平经》相关注疏、翻译版本及网络资源；(2)一手文献；(3)中文、日文二手文献；(4)西文二手文献。为研究者提供了一个非常全面的《太平经》研究文献目录。

康儒博称芭芭拉的《太平经》译文"准确、清楚，并以有价值的注释为支撑"，"为《太平经》的首个更完整的译本"，"对于西方理解中国历史、中国道教史及宗教史具有里程碑意义"，是对"中国宗教文献西文翻译非常重要和有益的补充"。[1]

第十三节　马绛与《淮南子》英译[2]

《淮南子》，亦名《淮南鸿烈》，是继《吕氏春秋》之后又一部集先秦诸子之大成的鸿篇巨著。全书共二十一章，为"牢笼天地，博极古今"[3]的

---

① Campany, Robert F. "Barbara Hendrischke. *The Scripture on Great Peace*: *The* Taiping jing *and the Beginnings of Daoism*. Daoist Classics Series, 3. Berkeley: University of California Press, 2006. Pp. x, 410. ISBN 978 - 0 - 520 - 24788 - 8. $60.00 (cloth)". *The Chinese Historical Review*, Volume 14, Number 2 (Fall 2007).

② 本部分由陈云会撰稿。

③ 刘知己.《史通》，上海：上海古籍出版社，1982年，第291页。

绝代奇书。它思想驳杂,"以道为归,但杂采众家,不成一家之言"①,融合了儒、法、阴阳等各家思想,囊括天文、地理、政治、经济、军事、神话故事、治国方略等,为先秦及西汉初年黄老道家的代表作。

《淮南子》在西方的译介始于19世纪末期。1881年,弃商从文的英国来华商人巴尔福在《中国评论》第9卷发表《〈淮南鸿烈〉第一章》(The Principle of Nature: A Chapter from the "History of Great Light," by Huai-Nan-Tsze, Prince of Kiang-Ling),即《原道训》,由此开启了《淮南子》在英语世界的译介之旅。该译文连同他所翻译的《道德经》及其他9部道经,收入《道书:伦理的、政治的、思辨的文本》一书,于1884年在上海和伦敦出版,后于1975年在纽约再版。

20世纪初期,《淮南子》进入西方更多人的关注视野。两次世界大战确立了美国超级大国地位,西方的中国研究中心逐渐从传统的欧洲转移至美国,涌现出一批研究中国古典文化的汉学家。他们将大量的中国典籍译成英文。《淮南子》的译介在这一时期发展迅速。1933年,莫安仁(Evan Morgan,1860—1941)的"*Tao, The Great Luminant: Essays from the Huai Nan Tzu, with Introductory Articles, Notes, Analyses*"一书在上海出版。书中选译了《淮南子》第一、二、七、八、十二、十三、十五和十九章,即《原道训》《俶真训》《精神训》《本经训》《道应训》《氾论训》《兵略训》《修务训》。柯恩教授(Livia Kohn)认为,莫安仁的译文尽管不够准确,缺乏连贯性,译文和原文的风格也不相符,但该译本为后来的克劳德·莱丽(Claude Larre)和伊丽莎白·罗克特(Elisabeth Rochat)的法文译本提供了重要参考②。鲁惟一先生认为,莫安仁的译文具有开创之功,但因译者神学方面的先入之见以及对原文的过分自由翻译而使其价值受损③。

1962年,作为美国东方学会的"东方学丛书"之一,华立克(Benjamin E. Wallacker)的《淮南子第十一章:行为、文化与宇宙》一

---

① 范文澜.《中国通史》(第二册),北京:人民出版社,1978年,第167页。
② Kohn, Livia. "Cosmology, Myth, and Philosophy in Ancient China: New Studies on the *Huainanzi*". *Asian Folklore Studies*. 1994(10): 319-336.
③ 鲁惟一.《中国古代典籍导读》,李学勤等译,沈阳:辽宁教育出版社,1997年,第205页。

书在美国出版。为保持《淮南子》中文原文的句法及措辞特色，华立克采用了直译法，使其译文显得生涩，加之译者对中文原文理解方面的问题，译文中有不少误译。

1983年，夏威夷大学安乐哲教授的《主术：中国古代政治制度之研究》由纽约州立大学出版社出版。此为《淮南子》第九章《主术训》的翻译与研究。安乐哲教授为了再现原文的诗韵，在句子的末尾均标注了罗马拼音。其附录部分的难词汇编包含了所有在书中出现的罗马拼音对应的汉字。安乐哲教授在书中用六个章节的篇幅，介绍了中国古代哲学史及哲学思想，为理解《淮南子》译文作了非常好的铺垫。1998年，安乐哲教授又与其导师刘殿爵（D. C. Lau）先生合译了《淮南子》第一章《原道训》[①]。

1985年，加拿大学者白光华（Charles Y. Le Blanc）的《〈淮南子〉——西汉思想的哲学大全》一书由香港大学出版社出版。该书翻译了《淮南子》第六章《览冥训》。

进入20世纪90年代，《淮南子》受到越来越多学者的关注。美国汉学家马绎（John S. Major）的《汉初思想界的天地观念：〈淮南子〉第三、四、五章》，于1993年由纽约州立大学出版社出版[②]。马绎教授长期致力于《淮南子》研究。早在1973年，他在博士论文中翻译了《淮南子》第四章，并对该章进行了详尽的考证分析。他对《淮南子》第三、四、五章的翻译，加深了英语世界对汉代自然和宇宙的理解。在此文中，马绎不仅给出英文译文，还在每一章的导言中对各章进行了总体介绍。罗浩（Harold D. Roth）称该译文质量高，是西方研究中国宇宙观的宝贵财富[③]。

此外，雷敦龢（Edmund Ryden）教授在其《中国汉代和平哲学——〈淮南子·兵略训〉研究》（*Philosophy of Peace in Han China：A Study*

---

① Ames，Roger T. & Lau，D. C. 1998. *Yuan Dao：Tracing Dao to Its Source*. New York：Ballantine Books.

② Major John S. 1993 *Heaven and Earth in Early Han Thought：Chapters Three，Four and Five of the Huainanzi*. Albany：State University of New York Press.

③ Roth，Harold D. 1999. *Original Tao：Inward Training and the Foundations of Taoist Mysticism*. New York：Columbia University Press，p. 167.

of the Huainanzi Ch.15）一书中翻译了《淮南子》第十五章《兵略训》，于 1998 年在中国台湾出版。

除上述已正式出版的《淮南子》节译本，还有部分译文是以硕、博士论文的形式被译成英文，如博威斯特（Birdwhistell）于 1968 年在其硕士论文中翻译了第十七章《说林训》，夏德安（Donald Harper）于 1978 年翻译了第十章《缪称训》，孙立哲（Jay Sailey）于 1971 年翻译了《淮南子》第十五章《兵略训》等。

马绛与桂思卓（Sarah Queen）、麦安迪（Andrew Meyer）和罗浩等几位汉学家全译的《淮南子》英文译本直到 21 世纪方才问世。1990 年，他们萌生了全译《淮南子》的想法。1995 年，《淮南子》英文译本的初稿完成，后经反复修改，至 2010 年，经过十年的不懈努力，一本近千页的《淮南子》英文全译本正式问世。译者在前言中表明，他们在翻译过程中力争尽可能做到译文与原文相符，不删减，不意译，尽量保留原作的风格。此译本不但是一部质量上乘的译作，对《淮南子》成书背景、史料来源、学派归属等均有较为详尽的考察。文内丰富的脚注有助于读者全面理解译文，译文后还附有中国文化中的独有词汇、天文学术语、《淮南子》历史文献源流和《淮南子》研究文献索引等三个附录。该译本问世之后，国际学术界给予了高度评价。詹姆斯·谢尔曼（James D. Sellman）称其为"过去 40 年来汉代研究发展的有力证明，将会成为未来一个时期的权威译本"[1]。

自 1881 年巴尔福节译《淮南子》第一卷《原道训》至 2010 年首个英文全译本问世，《淮南子》在英语世界的译介历经一个多世纪。其译者身份多样，由最初的商人、传教士到汉学家，所译内容由最初的部分章节选译到所有章节全译，体现出译者对道家文化认知的不断加深。尽管翻译目的经历了从寻求精神救赎到出于对中国文化的热爱的转变，但早期译者在翻译过程中难以避免西方传统文化的影响，译文多采用归化的翻译策略。在世界文化大融合的今天，全译本译者在采用异化翻译策略的同时，使中国传统道家文化的特色在英语译本中得以保留，

---

[1] Sellmann, James D. "The *Huainanzi* and The Essential *Huainanzi* of Liu An, King of Huainan" *DAO*, 2013(12)：4, pp. 267 - 270.

这对中国传统文化的传播大有裨益。

第十四节　康思奇与全真道经译介

康思奇(Louis Komjathy)，美国波士顿大学宗教学博士，师从柯恩教授，现为美国圣迭戈大学(University of San Diego)神学与宗教学系中国宗教及比较宗教研究教授。

康思奇的研究主要集中于中国道教、道教在美国以及道教学术史等领域。他运用历史学、文本分析与翻译、田野考察、考古学理论与方法、比较宗教方法等研究中国道教，在道经的译介方面贡献卓著。他在《中国宗教研究》(*The Journal of Chinese Religions*)、《道教研究杂志》(*Journal of Daoist Studies*)、《华裔学志》(*Monumenta Serica*)、《新宗教》(*Nova Religio*)、《宗教研究评论》(*Religious Studies Review*)等学术期刊发表多篇关于全真道、道教学术史以及道教在美国的相关研究论文。参编《牛津宗教手册》(*Oxford Handbook of Religious Conversion*, 2014)、《布莱克威尔中国宗教指南》(*The Blackwell Companion to Chinese Religions*, 2012)、《通过身体感知神》(*Perceiving the Divine through the Human Body*, 2011)、《唤起同情心》(*Call to Compassion*, 2011)、《存思与课堂》(*Meditation and the Classroom*, 2011)等等。截至 2016 年，共出版了 8 本专著，主要有：《全真道经选》(*The Way of Complete Perfection：A Quanzhen Daoist Anthology*, 2013)、《道教概说》(*The Daoist Tradition：An Introduction*, 2013)、《道教：迷途者之指引》(*Daoism：A Guide for the Perplexed*, 2014)、《存神文献》(*Contemplative Literature：A Comparative Sourcebook on Meditation and Contemplative Prayer*, 2015)、《驯野马：道教驯马图注译与研究》(*Taming the Wild Horse：An Annotated Translation and Study of the Daoist Horse Taming Pictures*)等。

康思奇认为道教与中国文化密切相关，但是，在当今世界，道教已经超越民族樊篱，成为一种世界性宗教。他对新世纪众多教外人士以道教之名所进行的商业化做法持批评态度,认为这些团体及个人随处可见,其影响无所不在,令真正的受箓道士和中国之外那些基于传统的道教教团黯然失色。但他同时承认,此种现象也值得进行学术上的探讨。他认为,去当地的书店或上互联网去搜索"Taoism"或"Daoism"是无法精确地反映道教作为一种全球化的宗教及文化现象的复杂程度的。

2002 年,康思奇《道经总集经目引得》(*Title Index to Daoist Collections*)由三松出版公司出版。该书为主要道教经文集的标题索引。书中对《正统道藏》《敦煌道藏》《道藏辑要》《道藏精华录》《道藏精华》《藏外道书》《气功养生丛书》以及《道藏续编》等道经总集中的道经经目进行了编号索引。全书分为引言、中文索引、拼音索引以及附录四个部分。在引言部分,作者用不小篇幅对自陆修静的《三洞经书目录》以降,中国历朝历代《道藏》编纂的历史进行了详细梳理,并对道教研究的工具书,如翁独健的《道藏子目引得》、施舟人的《道藏通检》、任继愈的《道藏提要》、陈耀庭的《道藏索引》等进行了介绍。本部分还介绍了北美主要的道教数字资源网站,包括苗建时(James Miller)、玄英(Fabrizio Pregadio)、Gene Thurby、柯克兰(Russell Kirkland)等所创建的相关网站资源。中文索引部分,分别对《正统道藏》《敦煌道藏》《道藏辑要》《道藏精华录》《道藏精华》《藏外道书》《气功养生丛书》以及《道藏续编》进行了索引;第三部分是拼音索引,是前述七种道经总集中道经题录的交叉索引;附录共有两个,第一个附录是《道藏精华录》之道书题录,第二个附录是《道藏续编》中的道书题录。该索引汇集当今所见所有道经总集的所有道经题录,易查易用,为道教学术研究的必备之参考书。

2007 年,康思奇的《修真:早期全真道神秘主义与自化》(*Cultivating Perfection:Mysticism and Self-transformation in Early Quanzhen Daoism*)一书作为莱顿汉学丛书(Sinica Leidensia)之第 75 部,由荷兰莱顿大学出版。该书是在其博士论文基础上修订而成,为早期全真道研究的专著。全书正文分为"历史与比较视角下的早期全真道(Early Quanzhen in Historical and Comparative Perspective)"和

"《重阳真人金关玉锁诀》①全文注译"两部分。书后有 6 个附录。该书运用比较宗教方法，从历史语境、文本研究及比较宗教等研究视角，聚焦早期全真道，重点研究全真祖师王重阳及他的第一代弟子，考察全真道的自我观，宗教行为观及其神秘体验，尤其强调自我观、宗教行为观及宗教体验观之间复杂的相互影响关系。

该书第一部分共八章。第一章"历史发展"，介绍全真道的创教、王重阳与第一代弟子、全真草创期的组织、宗教活动及教团；第二章为"自我，行为，体验"，介绍全真道自我观，宗教行为观及宗教体验观；第三章"凡人"，讨论作为腐尸的自我，骷髅与木偶，放弃成规等；第四章"修炼语境中的自我"，包括基本观点、超越凡人，内丹之躯，全真综合体等；第五章"基本实践"，包括伦理矫正与斋、隐居与冥想之所、苦修等；第六章"高级修炼"，包括无根、清静、内观、丹法、自化等；第七章"神秘体验与超自然能力"，包括遇仙、成功修道过程中的征兆等；第八章"神秘存在与神秘体验"，包括成仙体验、阳神之成、仙与真、神秘存在与神秘体验等。

该书第二部分为《重阳真人金关玉锁诀》的英译。其前的序言对《重阳真人金关玉锁诀》的造作时间及作者进行了考察，并对经文内容进行了简介。在注译部分对《重阳真人金关玉锁诀》进行了全文翻译，译文中有丰富的注释。

书后的 6 个附录分别为"早期全真道年表""早期全真谱系""早期全真道经""《重阳真人金关玉锁诀》中文原文""早期全真道术语""Hachiya 注疏与《道藏》所收经文对照表"。

田纳西大学苏德朴（Stephen Eskildsen）认为，康思奇博士对《重阳真人金关玉锁诀》的翻译是他对全真道研究领域最为重要的贡献。

---

① 《重阳真人金关玉锁诀》，三篇同卷，金重阳子王喆撰，收入《正统道藏》太平部。本书以问答体述内丹法，谓齿为玄关，"提金精上玄者为金关，紧叩齿者为玉锁"。故名"金关玉锁"。大抵言叩齿存神，咽津服炁，保养精气，培丹田气，以祛病保身之法。为王重阳早期之作，为研究全真道早期内丹说之重要资料。《重阳真人金关玉锁诀》倡三教归一，谓三教"似一根树生三枝也"，"太上为祖，释迦为宗，夫子为科牌"，谓三教"如鼎三足，身同归一，无二无三"，三教皆"不离真道也"。（任继愈：《道藏提要》，第 910—911 页）

　　2008 年，康思奇的《修道手册》①由香港圆玄学院出版。《修道手册》为康思奇所翻译的汉英对照系列丛书，共十册，除第一册为总论，对道教相关知识及道教修炼进行总体介绍之外，另外九册均为与道教修炼密切相关的道经，均由简介、英文译文、汉语原文三部分构成。包括：《内业》（Inward Training）、《老子（节译）》（Book of Venerable Masters；select chapters）、《黄帝内经素问（第 1—2 章）》（Yellow Thearch's Basic Questions）、《清静经》（Scripture on Clarity and Stillness）、《老君经律》（Scriptural Statutes of Lord Lao）、《内日用经》（Scripture for Daily Internal Practice）、《阴符经》（Scripture on the Hidden Talisman）、《重阳立教十五论》（Redoubled Yang's Fifteen Discourses）、《天隐子》（Book of Master Celestial Seclusion）等。

　　2013 年，康思奇博士的《全真道经选读》（The Way of Complete Perfection：A Quanzhen Daoist Anthology）由美国纽约州立大学出版社出版。该书为全真道经的英文选译，主要聚焦早期全真道经，书中全译或节译全真道经共 21 部，大多数为英语世界首次翻译。译者坚信，他所选译之全真道经在"全真道历史上最为重要、最具代表性"②。除了对全真道作总体介绍之外，译者对所译的每部道经都进行了历史、经文的考察，并对所译道经加以详细注释。正如康思奇在该书前言中所言，此书"为迄今为止第一本全真道经选集，也是西方为数不多的全真道经英文译本之一"。

　　该书共分七章，每章均有关于所译道经的造作时间、撰者及其与其他道经之关系的简要的历史背景介绍，所译道经内容简介，前人对所译道经的翻译与研究等。

　　第一章，"歌诀"（Poetic Insights），为现存的早期全真七真诗歌的翻译，包括王重阳的《悟真歌》、邱长春的《青天歌》、孙不二的所有诗歌等，共译歌诀 18 首。

---

① Komjathy, Louis. 2008. *Handbooks for Daoist Practice*. Hong Kong：Yuen Yuen Institute.

② Komjathy, Louis. 2013. *The Way of Complete Perfection：A Quanzhen Daoist Anthology*. Albany, NY：State University of New York Press, p. 22.

第二章，"语录"（Direct Instruction），为全真祖师语录。包括《晋真人语录》《玉花社疏》《重阳全真集》卷十）《丹阳真人语录》《郝太古真人语（录）》。

第三章，"日用"（Daily Practice），为全真修真相关经籍。包括《刘长生十诫》《仙乐集》）、《马丹阳十诫》（《真仙语录》）、《重阳立教十五论》。

第四章，"内丹变化"（Alchemical Transformation），为邱长春《大丹直指》的译文。

第五章，"经注"（Scripture Study），包括刘通微的《太上老君说常清静经颂注》、刘处玄《黄帝阴符经注》、王玠的《青天歌注释》。

第六章，"仙传"（Hagiographical Ideals），选译了秦志安编《金莲正宗记》中的郝大通、和德谨（玉蟾）、李灵阳、刘处玄、马丹阳、邱长春、孙不二、谭处端、王重阳、王处一的传记，还选译了李道谦编《终南山祖庭仙真内传》中的刘通微、史处厚、严处常的传记。

第七章，"宫观生活"（Monastic Life），包括陆道和撰《全真清规》《全真坐钵捷法》和王常月撰《初真戒》。

书后附有两个附录。附录一为全真术语表，对本书所涉及的重要术语进行简要的解释，结构为：英文、汉语拼音、汉字、释义；附录二为本书所译21部全真道经列表，包括：《重阳立教十五论》《初真戒》《大丹直指》《丹阳真人语录》《黄帝阴符经注》《渐悟集》《晋真人语录》《金莲正宗记》《金玉集》《鸣鹤余音》《磻溪集》《青天歌注释》《全真集》《全真清规》《全真坐钵捷法》《太古集》《太上老君说常清静经颂注》《仙乐集》《云光集》《真仙直指语录》《终南山祖庭仙真内传》。书末的参考文献是研究全真道的重要参考书目。

2013年，康思奇的《道教总论》（The Daoist Tradition：An Introduction）一书由布鲁姆斯伯里出版公司（Bloomsbury Academic）出版。该书将道教作为一种中国特有的宗教，同时视其为一种世界性宗教进行全面介绍，书中收录了大量的道经。此书为康思奇用于其道教课程的教材。

第五章　回顾与前瞻

　　典籍为民族文化之结晶,典籍译介是民族文化对外传播的重要手段。作为中国"根柢"的道教,也是通过道经译介逐渐为西方所了解的。

　　相较于在中国占正统地位的儒家及其典籍,道经在西方的译介至少要晚100年,直到19世纪初方才正式拉开帷幕。19世纪是西方殖民势力对包括中国在内的东方进行大肆侵略与扩张的世纪。为了经济、军事、文化侵略的需要,西方对中国的关注不再只限于儒家,中国道家道教也开始进入他们的视野。他们起初从译介道经开始,以基督教及西方哲学视角对道经进行译介与阐释。虽常常牵强附会,甚至是荒唐的误读误译,但正是这些牵强甚至荒唐的误读,奠定了道经逐渐被愈来愈多西方人了解与接受的基础。随着道经译介与传播逐步丰富,西方对道教的了解经历了由不知到知,由蔑视到重视,由误解到逐步深入的螺旋上升过程。在此过程中,道经译介为开路先锋。

　　在19世纪,传教士为道经英译的主力军。1812年,新教传教士马礼逊选译了《三教源流搜神大全》中的"道教源流",为道经英译之滥觞。道经英译者队伍中,涌现出诸如翟理斯、理雅各、湛约翰、巴尔福、卡鲁斯等一批道经译介名家。他们之中,除传教士之外,还有外交官、商人及其他行业人员,但仍然没有专门从事汉学研究的学者。

　　湛约翰1868年出版的《"老哲学家"老子关于玄学、政治及道德的思考》是《道德经》的首个英文译本。此后,道经英译本数量与种类不断增加,从巴尔福首个《南华真经》(1881)英文译本出版,理雅各《道书》(1891)问世,到19世纪末金斯密的英译《道德经》(1899)发表,道经英译本数量达 39 个,涉及《道德经》《南华经》《太上感应篇》《阴符经》《长春真人西游记》等 20 种道经,并有理雅各、翟理斯等传世经典译作问世。道经译介之强劲势头已现端倪。

19 世纪对于中国道教本体的探讨,尚流于对老子"道"的比附式解读,围绕道教是否是迷信,是否是偶像崇拜,以及老子其人、《道德经》其书的真伪之辩展开。对其他道经的译介数量非常有限。

《道德经》和《庄子》之所以受到如此多的关注,与此时译者主体队伍的传教士和基督教背景不无关系。在他们看来,《道德经》中有西方基督教的三位一体的蛛丝马迹,《道德经》的"道"与他们心目中的上帝都是对世界本源的一种神秘化、宗教性的解释;庄子是老子的传人,与道家一脉相承,自然也值得关注。

19 世纪英语世界译介的另一类道经为《太上感应篇》《阴骘文》《阴符经》等流行于民间的道教劝善书。以明清时期有"民间道教圣经"[①]之称的《太上感应篇》为代表的道教劝善书宣扬天人感应、抑恶扬善,与西方传教士所熟悉的《圣经》律法书相近,此类道经成为此时期的关注对象亦在情理之中。

与此同时,《搜神记》《三教源流搜神大全》《神仙通鉴》《长春真人西游记》等道教神仙传记也进入 19 世纪英语世界的关注视野。这类经籍内容涉及道教仙真,对了解中国道教的神仙信仰体系意义重大。

19 世纪的道经英译为 20 世纪西方道教研究作了文献上的准备。自 1868 年湛约翰的首个《道德经》译本问世以来,几乎每两年就有一个新的英文译本出版或发表,其中不乏经典之作;理雅各的《道德经》《庄子》译本成为 20 世纪,甚至今天研究道经的必备参考文献;伟烈亚力的《中国文献纪略》是西方学者研究包括道经在内的中国经籍的必备之书。此外,一些中国民间流行的道经也被翻译成多种西方语言,为进入 20 世纪以后西方的道教研究打下了坚实的文献基础。

同时,19 世纪的道经译介也为 20 世纪的道教学术研究作了人才

---

① 张思齐."德国道教学的历史发展及其特点",《西南民族大学学报》(人文社科版),2007 (12),第 88 页。

上的准备。以理雅各为代表的来华传教士和以翟理斯为代表的驻华外交官,除了在华期间从事道经英译之外,他们退休回国之后继续挑起培养汉学人才之大任,成为欧洲汉学研究的先驱,培养出诸如翟林奈、阿瑟·韦利、葛瑞汉等新一代杰出汉学家。

进入 20 世纪以后,西方道教学术研究及道经译介由起步到繁荣,与 19 世纪译介道经所打下的基础密不可分。正是通过这一代"业余"道教学者的努力,20 世纪以后的道教学术化研究才有了基础,20 世纪以后的道教学者们才有可能站在巨人的肩膀上继续推进中国道教研究。

经历 20 世纪上半叶的两次世界大战,西方人对其工业文明感到绝望。而中国道家道教所倡导的那种植根于自然,追求和谐的普适价值,有助于消弭人类占有的冲动、缓和人类社会冲突,是拯救西方文明的良药。这使得道教思想有了为西方所接受的土壤。

20 世纪初敦煌文献的发现,20 世纪 20 年代《道藏》走出宫观,1973 年马王堆汉墓帛书的出土,1993 年郭店楚简出土,为道经在西方的译介准备了更为丰富的原材料,在中外道教学界掀起一个又一个道教研究及道经译介的高潮。20 世纪 70 年代末中国的改革开放使得中国正式进入国际大舞台,国力的强盛和世界影响力的增长亦吸引了更多的国际关注。一批批海外道教研究学者得以进入中国内地对道教这个古老宗教进行近距离研究与考察。

法国汉学家马伯乐是使中国道教在西方心目中的形象产生重大转变的关键人物。他一改西方过去简单地将道教视为道家蜕变后的产物以及对道教进行负面评价的传统,力图勾勒出作为哲学的道家与作为宗教的道教之间的传承与互动关系,从此改变了长期以来在西方所形成的中国是儒家文化占统治地位的观念。马伯乐的观点后被越来越多的欧美学者发扬光大。自 1968 年起,欧洲有了定期召开的道教学术会议。在首次欧洲道教大会上,以施舟人教授为首的欧洲学者们决定启动欧洲"道藏工程"。康德谟、顾立雅、尉迟酣等学者将研究成果应用于普通大众,并注意到道教在道德、精神、治疗等方面对西方的潜在作用。此后,越来越多的道教经籍被西方翻译并阅读,人们从多角度对道教进行全面考察。

20世纪是道经英译与传播由发展走向全面繁荣的世纪。回眸20世纪,我们欣喜地看到,随着中国经济实力的增强,国际影响力的提高,中国与世界各国的文化交流日益频繁深入,中国道教及其经籍引起越来越多西方学者的注意,中国道教及其经籍的研究与译介成果层出不穷。与19世纪相比,20世纪以来的道经英译呈现出如下主要特色:

第一,从事道经译介与研究的汉学家队伍明显扩大。这支队伍不再局限于传教士、外交官及商人等业余汉学家,更涌现出诸如阿瑟·韦利、柯恩、鲍菊隐、柏夷、克利里等一批专门从事道教研究及道经译介的汉学家;林语堂、陈荣捷、冯友兰、刘殿爵等华人汉学家也加入其中,成为道经英译的一支重要力量,从而"出现了中外译者、不同学科学者合作翻译道经的景观","译者的身份构成、国籍构成、性别构成和主体意识具有了多元化色彩"①。

第二,道经英文译本的数量与所译道经的种类明显增多。进入20世纪,《道德经》的译介热情一直未减,《庄子》的精品译本不断推出。同时,对道教其他经籍的译介数量及种类亦如雨后春笋般涌现,许多译者不仅仅以传统的或民间的道经或其他西文译本为底本翻译道教各教派的经籍,还要参考多种中文原本及其注疏。20世纪以来英译的道经几乎涉及中国道教的方方面面,其中有全译,也有选译;有的发表于期刊,有的收入文集,更有许许多多的单行本。如此,西方读者可以很方便地找到可供阅读的道经。

第三,20世纪的道经译介明显呈现出翻译与研究相结合的特色。大多数译本均通过序跋及前言以及注释的方式对所译道经进行诠释与研究。阿瑟·韦利的《道德经》译本便是很好的证明。该译本的前言部分就占了该译本的三分之二。21世纪以后,不少学者将道经英文译文仅仅作为专著的附录置于书后。

如今,随着中国经济实力和国际影响力的增强,中国与世界各国的

---

① 辛红娟.《〈道德经〉在英语世界:文本旅行与世界想象》,上海:上海译文出版社,2008年,第23页。

文化交流频繁与深入，中国道教及其经籍引起越来越多的西方学者的注意。一种全方位、多视角的道教研究态势已然形成，与中国国内的道教研究相互呼应。综观当代海外汉学家们所取得的研究成果，我们可以充分体会海外道教在专业化、国际化进程中所体现出来的新的速度与水平。

21 世纪的中国道教研究需要世界眼光，需要我们置身世界历史大背景下来考察中国道教及其经籍。以中国道教为根柢的中华文化既是中国的，也是世界的。我们既要主动走出去，向世界传播我们中华民族的优秀文化，同时，我们更应该积极创造条件，提升中华文化的品质，增强中华文化自身的吸引力，从而激发其他国家和民族接受中华民族优秀文化的内在需求及内在动力。加强彼此对话是海内外道教学者们的共同需要，也是道教研究与发展的重要门径。海内外道教研究学者应该携起手来，互通有无，互相交流，如此，21 世纪的道教研究才能上一个新的台阶，中国道教文化作为世界文化之一分子，才能实现为世界各民族真正共享的愿景。

同时，我们应该看到，面对"杂而多端"的道经，已经译成英文者，不足十之一二，要让世界了解道经的全貌，需要一代代中外学者共同努力。道教走向世界，还有很长的路要走。

今天，我们研究道经英译史，不是为了对已经成为过去的历史史实进行重新建构，而是为了从中总结经验，寻找规律，为今后的海外道教研究提供新思路，并最终为中国文化的对外传播、为中国文化走出去提供可鉴之镜。

附录一　道经英译要目总览

缩略语

BEFEO　　*Bulletin de l'Ecole Francaise d'Extrême-Orient*《法国远东学院通报》

CEA　　　*Cahiers d'Extrême-Asie*《远东亚洲丛刊》

CMC　　　Chinese Materials Center，San Francisco 旧金山中国资料中心

CNRS　　　Centre National de la Recherehe Scientifique，Paris 巴黎国家科学研究中心

EFEO　　　École Française d'Extrême-Orient，Paris 法国远东学院

EPHE　　　École Pratique des Hautes Études，Paris 巴黎高等研究实验学院

ER　　　　*The Encyclopedia of Religion*，Mircea Eliade，ed.，New York，MacMillan，1987.《宗教百科全书》，米卡尔·伊利亚德编，纽约：麦克米伦出版公司，1987 年版。

FT　　　　*Facets of Taoism*，H. Welch and A. Seidel，eds. New Haven：Yale University Press，1979.《道教面面观》，尉迟酣和索安编，纽黑文：耶鲁大学出版社，1979 年版。

HJAS　　　*Harvard Journal of Asiatic Studies*《哈佛亚洲研究学报》

HR　　　　*History of Religions*《宗教史》

HY　　　　Harvard-Yenching Index number of texts in the TT《道藏子目引得》

IHEC　　　　Institut des Hautes Études Chinoises，Collège de France
　　　　　　法兰西学院高等汉学研究所

JA　　　　*Journal Asiatique*《亚细亚学报》

JAOS　　*Journal of the American Oriental Society*《美国东方学会
　　　　　　学报》

JAS　　　*Journal of Asian Studies*《亚洲研究学报》

JCR　　　*Journal of Chinese Religions*《中国宗教学报》

TP　　　　*T'oung-Pao*《通报》

发表时间	所涉经籍	译者	文献来源
1976	《百问篇》	霍曼	Homann，Rolf. 1976. *Pai Wen P'ien or the Hundred Questions：A Dialogue between Two Taoists on the Macrocosmic and Microcosmic Systems of Correspondences*. Leiden：E. J. Brill.
2007	《宝藏论》	何丙郁	Ho Peng Yoke. 2007. *Explorations in Daoism：Medicine and Alchemy in Literature*. London, New York：Routledge.
1941	《抱朴子内篇》	陈国符、戴维斯	Ch'en Kuo-fu, and Davis, T. L., "Inner Chapters of *Pao P'u Tzu*", *Proceedings of the American Academy of Arts and Sciences*, Vol.74, No.10 (December 1941)
1966	《抱朴子内篇》	魏鲁男	Ware，James R. 1966. *Alchemy, Medicine and Religion in the China of A. D. 320：The Nei-p'ien of Ko Hung*. Cambridge, Mass.：MIT Press.
1941	《抱朴子内篇》-第1—3章	法菲尔	Feifel, Eugene. 1941 - 46. "*Pao-p'u tzu nei-p'ien*". Parts 1 - 3. *Monumenta Serica*, 6(1941)：113 - 211;9(1944)：1 - 33;11(1946)：1 - 32.

发表时间	所涉经籍	译者	文献来源
2005	《抱朴子神仙金汋经》	玄英	Pregadio, Fabrizio. 2005. *Great Clarity: Daoism and Alchemy in Early Medieval China*. Stanford: Stanford University Press.
1978	《抱朴子外篇》	孙立哲	Sailey, Jay. 1978. *The Master Who Embraces Simplicity: A Study of the Philosopher Ko Hung, A. D. 283 – 343*. San Francisco: Chinese Materials Center.
2013	《磻溪集》	康思奇	Komjathy, Louis. 2013. *The Way of Complete Perfection: A Quanzhen Daoist Anthology*. Albany, NY: SUNY Press.
1990	《赤凤髓》	Teri Takehiro	Teri Takehiro. 1990. "The Twelve Sleep-Exercises of Mount Hua, from the *Chifengsui* of Zhou Lüjing". *Taoist Resources* 2.1: 73 – 94.
1997	《赤松子章历》	柏夷	Bokenkamp, Stephen R. 1997. *Early Daoist Scriptures*. With a Contribution by Peter Nickerson. Berkeley: University of California Press.
2004	《赤松子章历》	傅飞岚	Verellen, Franciscus. 2004. "The Heavenly Master Liturgical Agenda According to Chisongzi's Petition Almanac". *CEA* 14: 291 – 343.
2004	《赤松子中诫经》	柯恩	Kohn, Livia. 2004. *Cosmos and Community: The Ethical Dimension of Daoism*. Cambridge, Mass.: Three Pines Press.
1881	《赤文洞》	巴尔福	Balfour, Frederic Henry. 1880 – 81. Three brief essays. *ChRev* 9: 380 – 382.

发表时间	所涉经籍	译者	文献来源
1884	《赤文洞》	巴尔福	Balfour, Frederic Henry. 1884. *Taoist Texts*, *Ethical*, *Political and Speculative*. Kelly and Walsh, Shanghai; Trubner, London.
2013	《初真戒》	康思奇	Komjathy, Louis. 2013. *The Way of Complete Perfection*: *A Quanzhen Daoist Anthology*. Albany, NY: SUNY Press.
1973	《纯阳吕真人药石制》	何丙郁等	Ho Peng Yoke, Beda Lim, and F. Morsingh. 1973. "Elixir Plants: The Ch'uan-yang Lu Chen-jen Yao-shih Shih〔Pharmaceutical Manual of the Adept Lu Ch'uan-yang〕". In *Chinese Science*, edited by Shigeru Nakayama and Nathan Sivin, 2: 153 - 202. Cambridge: MIT Press.
2010	《存神炼气铭》	柯恩	Kohn, Livia. 2010. *Sitting in Oblivion*: *the Heart of Daoist Meditation*. Dunedin, FL: Three Pines Press.
2013	《大丹直指》	康思奇	Komjathy, Louis. 2013. *The Way of Complete Perfection*: *A Quanzhen Daoist Anthology*. Albany, NY: SUNY Press.
1881	《大通经》	巴尔福	Balfour, Frederic Henry. 1880 - 81. Three Brief Essays. ChRev 9: 380 - 382.
1884	《大通经》	巴尔福	Balfour, Frederic Henry. 1884. *Taoist Texts*, *Ethical*, *Political and Speculative*. Kelly and Walsh, Shanghai; Trubner, London.
2007	《丹方鉴源》	何丙郁	Ho Peng Yoke. 2007. *Explorations in Daoism*: *Medicine and Alchemy in Literature*. London, New York: Routledge.

续　表

发表时间	所涉经籍	译者	文献来源
2007	《丹房镜源》	何丙郁	Ho Peng Yoke. 2007. *Explorations in Daoism：Medicine and Alchemy in Literature*. London，New York：Routledge.
2007	《丹台录》	何丙郁	Ho Peng Yoke. 2007. *Explorations in Daoism：Medicine and Alchemy in Literature*. London，New York：Routledge.
2013	《丹阳真人语录》	康思奇	Komjathy, Louis. 2013. *The Way of Complete Perfection：A Quanzhen Daoist Anthology*. Albany，NY：SUNY Press.
1868	《道德经》	湛约翰	Chalmers, John. 1868. *The Speculations on Metaphysics，Polity，and Morality of the Old Philosopher Lau-Tsze*. London：Trubner & Co.
1868	《道德经》	华特斯	Watters, Thomas. 1868 – 70. *Lao-tzu. A Study in Chinese Philosophy*. Hong kong（1870）. Most of this appeared first in *ChRec* 1（1868）31 – 32,57 – 61,82 – 86,106 – 109,128 – 132,154 – 160,209 – 214.
1879	《道德经》	道格拉斯	Douglas, Robert, Kennaway. 1879. *Confucianism and Tauism*，London：Society for Promoting Christian Knowledge.
1883	《道德经》	理雅各	Legge, J. 1883. "The *Tao Teh King*"，*British Quarterly Review*，（Jul 1883）：74 – 107.
1884	《道德经》	巴尔福	Balfour, Frederic Henry. 1884. *Taoist Texts，Ethical，Political and Speculative*. Kelly and Walsh, Shanghai；Trubner, London.

发表时间	所涉经籍	译者	文献来源
1884	《道德经》	湛约翰	Chalmers, John. 1884. "The *Tao Te Ching*", *The Chinese Recorder and Missionary Journal*, Vol.15, p.475.
1885	《道德经》	艾约瑟	Edkins, Joseph. 1884 – 85. The *Tau Te Ching*. *ChRev* 13：10 – 19.
1886	《道德经》	翟理斯	Giles, Herbert A. 1885 – 86. "The Remains of Lao Tzu". *ChRev* 14：231 – 280；355 – 356.
1888	《道德经》	艾约瑟	Edkins, J. 1888. "*The Tau te king*", *China Review*. Vol.16, No.5.
1889	《道德经》	贾柏莲	von der Gabelentz, Georg. 1889. "The Life and Teachings of Lao-tse". *ChRev* 17：189 – 198.
1889	《道德经》	庄延龄	Parker, Edward Harper. 1889. "The Tao-te-king". *ChRev*. Vol. 18, No.1.
1891	《道德经》	理雅各	Legge, James. 1891. "*Tao-Teh King*", *Sacred Books of the East*, Vol. XXXIX, pp.47 – 124, London：Oxford University Press.
1894	《道德经》	华尔特·欧德	Old, Walter Gorn. 1894. *The Book of the Path of Virtue*, or a Version of the *Tao Teh King* of Lao-tsze. Madras： Theosophical Publishing Society.
1895	《道德经》	G.G.亚历山大	Alexander, G. G. 1895. *Lao-tsze, The Great Thinker*. London： K. Paul, Trench, and Trubner & Co.
1896	《道德经》	保罗·卡鲁斯	Carus, Paul. 1896. "Lao-tsze's *Tao-Teh-King*", *The Monist*, Vol. VII, pp.571 – 601.

发表时间	所涉经籍	译者	文献来源
1896	《道德经》	金斯密	Kingsmill, T. W. 1896. Notes on the *Tao Teh King*. *JNCBRAS* n. s. 31. 2：206 - 209.
1898	《道德经》	保罗·卡鲁斯	Carus, Paul. 1898. *Lao-tze's Tao-the-king：Chinese and English with Introduction, and Note.* Chicago：Open Court Publications.
1898	《道德经》	麦克兰根	Maclagen, P. J. 1898 - 99. "The *Tao Teh King*", The *China Review*, Vol. XXIII, pp. 1 - 14, 75 - 85, 125 - 142, 191 - 207, 261 - 264; Vol. XXIV, pp. 12 - 20, 86 - 92.
1899	《道德经》	金斯密	Kingsmill W. 1899 - 1900. "The *Taoteh King.* - A Translation, with Notes". *China Review.* Vol. 24, No. 3 - 4.
1899	《道德经》	麦都斯	Medhurst, C. Spurgeon. 1899 - 1900. The *Tao Teh King.* An appreciation. *ChRec* 30 (Nov. 1899) 540 - 551.
1903	《道德经》	海星格	Heysinger, I. W. 1903. A Chinese Philosopher.： THE LIGHT OF CHINA. The *Tao Teh King* of Lao Tsse, 604 - 504 B. C. Philadelphia：The Research Publishing Company.
1903	《道德经》	庄延龄	Parker, E. H. 1903. "*Tao Teh King*, or 'Providential Grace' Classic" *The Dublin Review*, July, 1903：360 - 376, and January, 1904：155 - 177; E. H. Parker, *China and Religion*, pp. 271 - 301, Dutton, New York, 1905; *Studies in Chinese Religion*, pp. 96 - 131, Dutton, New York, and Chapman and Hall, London, 1910.

发表时间	所涉经籍	译者	文献来源
1904	《道德经》	包雷	Borel, Henri. 1904. *Wu wei. A Phantasy Based on the Philosophy of Lao tse*. Tsl fr dutch, London: Meredith Ianson.
1904	《道德经》	华尔特·欧德	Old, Walter Gorn. 1904. *The Simple Way, Laotze, the "Old Boy", A New Translation of the Tao-Teh-King*, London: Philip Wellby.
1904	《道德经》	翟林奈	Giles, Lionel. 1904. *The Sayings of Lao Tzu: Translated from the Chinese, with an Introduction*. John Murray, London.
1905	《道德经》	麦都斯	Medhurst, C. Spurgeon. 1905. *Tao Teh King, A Short Study in Comparative Religion*. Theosophical Society, Chicago.
1916	《道德经》	密尔斯	Mears, Isabella. 1916. *Tao Teh King*. London: Theosophical Publishing House.
1919	《道德经》	德怀特·戈达德等	Goddard, Dwight. and Borel, Henri. 1919. *Lao Tsu's Tao and Wu Wei*. Brentano's New York.
1920	《道德经》	安德森	Anderson, A. E. 1920. "The *Tao Teh King*; A Chinese Mysticism". *University Chronicle*, Vol. XXII, pp. 395 - 403, University of California, Berkeley.
1923	《道德经》	韦斯	Weis, J. G. 1923. *Lao-Tze's Tao-Teh-King*. Typewritten copy in British Museum, London.
1924	《道德经》	佚名	*The Simple Way of Lao Tsze. the Shrine of Wisdom*, Fintry, Brook, Godalming, Surry, England, 1924, 1941, 1951.

发表时间	所涉经籍	译者	文献来源
1927	《道德经》	迈克因斯	MacInnes, T. 1927. *The Teachings of the Old Boy*. J. M. Dent, Toronto.
1928	《道德经》	奥斯卡·埃沃德	Ewald, Oscar. 1928. *Laotse*. München.
1928	《道德经》	史顿	Inouye, Shuten. 1928. *Laotse, Tao Teh King*. Tokoyo: Daitokaku.
1929	《道德经》	格雷斯·特布尔	Turnbull, Grace H. 1929. (comp) *Tongues of Fire. A Bible of Sacred Scriptures of the Pagan World*. N. Y. (1929) see *The book of Lao-tzu*, 157 – 166.
1930	《道德经》	阿尔弗雷德·马丁	Martin, Alfred W. 1930. (comp) *Seven Great Bibles*. N. Y. See chap 5, An older contemporary of confucius and his book; Lao-tze and the *Tao Teh-king*.
1931	《道德经》	毕恩来	Bisson, T.A. 1931. "Lao-tsu and the *Tao Te Ching*". CJ 15 (1931) 120 – 127.
1934	《道德经》	韦利	Waley, Arthur. 1934. *The Way and its Power: A Study of the Tao Te Ching and its Place in Chinese Thought*. Boston: Houghton Mifflin.
1936	《道德经》	德怀特·戈达德等	Goddard, Dwight Wai-Tao, Bhikshu. 1936. "*Tao-Teh-King: A Buddhist Bible*, Second Edition, pp. 407 – 436. Vermont: Thetford.
1936	《道德经》	胡泽灵	Hu Tse-ling. 1936. *Lao Tzu, Tao Teh Ching*. Chengdtu, Szechwan. Canadian Mission Press.
1936	《道德经》	基泽曼	Kitselman II, A. L. 1936. *Tao teh king (The Way of Peace) of Lao Tzu*. California. The School of Simplicity, Palo Alto.

发表时间	所涉经籍	译者	文献来源
1937	《道德经》	初大告	Ch'u Ta-kao. 1937. *Tao Te Ching*. New York：Routledge Chapoman & Hall.
1938	《道德经》	欧阳心农	Sum Nung Au-Young. 1938. *Lao Tze's Tao Teh King*. New York：March and Greenwood Publishers.
1939	《道德经》	吴经熊	Wu Ching-Hsiung. 1939. "Lao Tzu's Tao and Its Virture". *T'ien Hsia Monthly*, Nov., 1939, pp. 401 - 423, Dec., 1939, pp. 498 - 521, Jan., 1940, pp. 66 - 69, Shanghai；*Journal of Oriental Literature*, Vol. 4(1951), pp. 2 - 33, Oriental Literature Society, University of Hawaii, Honolulu, 1939.
1942	《道德经》	林语堂	Lin Yutang. 1942. "The Wisdom of Laotse". *Wisdom of India and China*, pp. 583 - 624, Random House, New York.
1942	《道德经》	修中诚	Hughes, Ernest R. "*Tao Te Ching*", *Chinese Philosophy in Classical Times*, pp. 141 - 164. J. M. Dent and Sons（Everyman Library No. 973）, London, 1942, 1950.
1944	《道德经》	宾纳	Bynner, Witter. 1944. *The Way of Life According to Lao-Tsu*. John Day, New York.
1946	《道德经》	赫尔曼	Ould, Herman. 1946. *The Way of Acceptance*, A New Version of Lao Tse's *Tao te ching*. A. Dakers, London.
1948	《道德经》	托马斯	Thomas, Frederick B. 1948. *The Tao Teh of Laotse*. Oaknand, California.

续　表

发表时间	所涉经籍	译者	文献来源
1949	《道德经》	奥德伯顿	Poynton, Orde. 1949. *The Great Sinderesis*, being a translation of the *Tao Te Ching*. The Hassell Press, Adlaide, Australia.
1953	《道德经》	程麟	Cheng Lin. 1953. *The Works of Lao Tzyy: Truth and Nature*. Taipei: World Book Co., Ltd.
1954	《道德经》	戴闻达	Duyvendak, Jan Julius Lodewijk. 1954. *Tao Te Ching: The Book of the Way and Its Virtue*. London: John Murray.
1955	《道德经》	布兰克尼	Blakney, R. B. 1955. *The Way of Life: Lao Tsu*. The New American Library (Mentor Book 129), New York.
1958	《道德经》	阿奇·巴姆	Bahm, A. 1958. *Tao Teh King: Interpreted as Nature and Intelligence*, New York: Ungar.
1959	《道德经》	史陶斯	Strauss, Victor von. 1959. *Lao-Tse Tao Te King*. Zurich: Manesse Verlag.
1963	《道德经》	陈荣捷	Chan, Wing-tsit. 1963. *A Source Book in Chinese Philosophy*. Princeton: Princeton University Press.
1963	《道德经》	刘殿爵	Lau, D. C. 1963. *Lao Tzu Tao Te Ching*, translated with an introduction. Baltimore, MD: Penguin Books Ltd.
1965	《道德经》	尉迟酣	Welch, Holmes. 1957. *Taoism: The Parting of the Way*. Boston: Beacon Press. Revised 1965.
1971	《道德经》	班尼特·西姆斯	Sims, Bennett. 1971. *Lao-Tzu and the Tao Te Ching*. New York: Franklin Watts.

发表时间	所涉经籍	译者	文献来源
1972	《道德经》	冯家富、简·英格利希	Feng, Gia-fu., and English, Jane. 1972. *Tao Te Ching/Lao Tzu*. Knopf, New York.
1975	《道德经》	阿莱斯特·克劳利	Crowley, Aleister. 1975. *The Tao Teh King*. Thelema Publications, Kings Beach, California.
1976	《道德经》	严灵峰	Yen, Ling-feng. 1976. *A Reconstructed Lao Tzu*, translated from Chinese by Chu Ping-yi and edited by Ho Kuang-mo. Taipei: Ch'eng Wen Publishing Co.
1977	《道德经》	陈鼓应	Ch'en, Ku-ying. 1977. *Lao Tzu: Text, Notes, and Comments*. Translated by Rhett Y. W. Young and Roger T. Ames. San Francisco: Chinese Materials Center.
1977	《道德经》	冯家富、简·英格利希	Feng, Gia-fu and English, Jane. 1977. *Lao Tsu*. New York: Random House.
1977	《道德经》	邢幼田	Hsuing, Y. T. *Lao Tze, Tao Te Ching*. *Chinese Culture*. Vol. 18, June, 1977, pp. 1 - 48. Institute for Advanced Studies, China Academy, Taiwan.
1979	《道德经》	倪清和	Ni, Hua-ching. 1979. *The Complete Works of Lao Tzu: Tao Teh Ching & Hua Hu Ching*. Malibu, California: Shrine of the Eternal Breath of Tao.
1980	《道德经》	约翰·里布里克	Leebrick, John, R. 1980. *Tao Teh Ching: Classic of the Way and Its Nature*. Urbana, Illinois: Afterimage Book Publishers.
1981	《道德经》	郑曼简	Cheng, Man-jan. 1981. *Lao-Tzu* (translated by Tam C. Gibbs). North Atlantic Books, Richmond, California.

发表时间	所涉经籍	译者	文献来源
1982	《道德经》	刘殿爵	Lau，D. C. 1982. *Chinese Classics*：*Tao Te Ching*. Hong Kong：The Chinese University Press.
1983	《道德经》	艾尔	Iyer，Raghaven. 1983. *Tao Te Ching*. *Lao Tzu*. Concord Grove Press，Santa Barbara，California.
1985	《道德经》	鲍则岳	Boltz，William G. 1985. "The Lao Tzu text that Wang Pi and Ho-shang Kung never saw". Bulletin of the School of Oriental and African Studies，University of London. 48. 3：493 - 501.
1985	《道德经》	莫尔	Maurer，Herrymon. 1985. *Tao，the Way of the Ways*：*Tao Te Ching*. New York：Schocken Books.
1985	《道德经》	约翰·海德	Heider，John. 1985. *The Tao of Leadership*：*Lao Tzu's Tao Te Ching，Adapted for a New Age*. Humanics New Age，Atlanta，Georgia.
1988	《道德经》	斯蒂芬·米歇尔	Mitchell，Stephen. 1988. *Tao Te Ching*：*A New English Version，with Foreword and Notes*. New York：Harper & Row.
1989	《道德经》	陈张婉莘	Chen，Ellen Marie. 1989. *The Tao Te Ching*：*A New Translation with Commentary*. New York：Paragon House.
1989	《道德经》	吴怡	Wu，Yi. 1989. *The Book of Lao Tzu (the Tao Te Ching)*. San Francisco：Great Learning Publishing Co.
1991	《道德经》	Huang，Shi F.	Huang，Shi F. 1991. *Tao Teh Ching*：The Taoists' New Library (Taoism Publications).
1991	《道德经》	陈金梁	Chan，Alan K. L. 1991. *Two Visions of the Way*：*A Study of the Wang Pi and the Ho-shang-kong Commentaries on the Laozi*. Albany：State University of New York Press.

发表时间	所涉经籍	译者	文献来源
1991	《道德经》	克利里	Cleary, Thomas. 1991. *The Essential Tao：An Initiation into the Heart of Taoism through the Authentic Tao Te Ching and the Inner Teachings of Chuang Tzu*. San Francisco：Harper San Francisco.
1992	《道德经》	托马斯·迈尔斯	Miles, Thomas, H. 1992. *Tao Te Ching：About the Way of Nature and Its Powers*. Avery Publishing Group, Garden City Park.
1992	《道德经》	迈克尔·拉法革	LaFargue, Michael. 1992. *The Tao of the Tao-te-ching：Translation and Commentary*. Albany：State University of New York Press.
1993	《道德经》	Addiss, Stephen & Lombardo, Stanley	Addiss, Stephen & Lombardo, Stanley. 1993. *Lao Tzu．Tao Te Ching*. Indianapolis：Hackett Publishing Company.
1994	《道德经》	迈克尔·拉法革	LaFargue, Michael. 1994. *Tao and Method：A Reasoned Approach to the Tao Te Ching*. Albany：State University of New York Press.
1999	《道德经》	林理彰	Lynn, Richard John. 1999. *The Classic of the Way and Virtue：A New Translation of the Tao-te Ching of Laozi as Interpreted by Wang Bi*. New York：Columbia University Press.
1999	《道德经》	齐思敏、艾文贺	Csikszentmihalyi, Marc, and Ivanhoe, Philip J., eds. 1999. *Religious and Philosophical Aspects of the Laozi*. Albany：State University of New York Press.
2001	《道德经》	罗慕士	Roberts, Moss. 2001. *Dao De Jing：The Book of the Way*. Berkeley and Los Angeles, Calif.：University of California Press.

续　表

发表时间	所涉经籍	译者	文献来源
2002	《道德经》	艾文贺	Ivanhoe, Philip J. 2002. *The Daodejing of Laozi*. Indianapolis: Hackett Publishing Company, Inc.
2003	《道德经》	罗伯特·芬利	Finley, Robert D. 2003. *Dao De Jing*: a Brief Illustrated Philosophy of Translation. *Revision*. 26. 1 (Summer 2003): p.12.
2003	《道德经》	安乐哲	Ames, Roger T. and Hall, David L. 2003. *Daodejing*: "*Making this Life Significant*": *a Philosophical Translation*. New York: Ballantine Books.
2007	《道德经》	穆勒	Moeller, Hans-Georg. 2007. *Daode jing*: *Translation and Commentary*. Chicago: Open Court.
1963	《道德经》	陈荣捷	Chan, Wing-tsit. 1963. *The Way of Lao Tzu (Tao-te ching)*. Indianapolis: Bobbs-Merrill.
1989	《道德经》-帛书	韩禄伯	Henricks, Robert. 1989. *Lao-Tzu*: *Te-Tao Ching*: *A New Translation Based on the Recently Discovered Ma-wang-tui Texts*. New York: Ballantine Books.
1990	《道德经》	梅维恒	Mair, Victor H. 1990. *Tao Te Ching*: *The Classic Book of Integrity and the Way*. *An Entirely New Translation Based on the Recently Discovered Ma-Wang-Tui Manuscripts*. New York, Toronto, etc.: Bantam Books.
2010	《道德经》	克利里	Cleary, Thomas. 2010. *Tao Te Ching*: *Zen Teachings on the Taoist Classic*. Boston: Shambhala.

发表时间	所涉经籍	译者	文献来源
1975	《道德经》-德文转译	卡尔-施密特	Schmidt, Karl Otto, *Tao-Teh-Ching*: *Lao Tzu's Book of Life* (translated from German by Leone Muller). CSA Press, Lakemont, Georgia, 1975.
2000	《道德经》	韩禄伯	Henricks, Robert. 2000. *Lao Tzu's Tao Te Ching*: *A Translation of the Startling New Documents Found at Guodian*. New York: Columbia University Press.
1945	《道德经》	何可思	Erkes, Eduard. 1945 – 49. "Ho-Shang-Kung's Commentary on Lao Tse." *Artibus Asiae*, Vol. VIII (1945), pp. 119 – 196, Vol. IX (1946), pp. 197 – 220, Vol. XII (1949), pp. 221 – 251. Ascona, Switzerland.
2001	《道德经》-双语版	刘殿爵	Lau. D. C. 2001. *Tao Te Ching*: *A Bilingual Edition*. Hong Kong: Chinese University Press.
1977	《道德经》	林发财	Lim, Paul Joseph. 1977. *A Translation of Lao-tzu's Tao-te-ching and Wang Pi's Commentary*. Ann Arbor: University of Michigan, Center for Chinese Studies.
2003	《道德经》	瓦格纳	Wagner, Rudolf G. 2003. *A Chinese Reading of the Daodejing*: *Wang Bi's Commentary on the Laozi with Critical Text and Translation*. Albany: State University of New York Press.
1981	《道德经》	本杰明·霍夫	Hoff, Benjamin. 1981. *The Way to Life at the Heart of the Tao Te Ching* (selections adapted from various translations.). New York: Weatherhill.

发表时间	所涉经籍	译者	文献来源
1985	《道德经》	卫礼贤	Wilhelm, Richard. 1985. *Tao Te Ching：The Book of Meaning and Life*, translated from German by H. G. Ostwald. Routledge and Kegam Paul, London.
2000	《道学传》	Bumbacher, Stephan Peter	Bumbacher, Stephan Peter. 2000. *The Fragments of the Daoxue zhuan：Critical Edition, Translation, and Analysis of a Medieval Collection of Daoist Biographies*. Frankfurt am Main：Peter Lang.
2007	《地镜图》	何丙郁	Ho Peng Yoke. 2007. *Explorations in Daoism：Medicine and Alchemy in Literature*. London, New York：Routledge.
2010	《定观经》	柯恩	Kohn, Livia. 2010. *Sitting in Oblivion：the Heart of Daoist Meditation*. Dunedin, FL：Three Pines Press.
2004	《洞玄灵宝三洞奉道科戒营始》	柯恩	Kohn, Livia. 2004. *The Daoist Monastic Manual：A Translation of the Fengdao Kejie*. New York：Oxford University Press.
2004	《洞玄灵宝天尊说十戒经》	柯恩	Kohn, Livia. 2004. *Cosmos and Community：The Ethical Dimension of Daoism*. Cambridge, Mass.：Three Pines Press.
1997	《度人经》	柏夷	Bokenkamp, Stephen R. 1997. *Early Daoist Scriptures*. With a Contribution by Peter Nickerson. Berkeley：University of California Press.
2007	《庚辛玉册》	何丙郁	Ho Peng Yoke. 2007. *Explorations in Daoism：Medicine and Alchemy in Literature*. London, New York：Routledge.

发表时间	所涉经籍	译者	文献来源
1997	《合阴阳》	王忆华	Wong, Eva. 1997. *Harmonizing Yin and Yang：The Dragon-Tiger Classic：A Manual of Taoist Yoga：Internal, External and Sexual*. Boston and London：Shambhala.
1997	《鹖冠子》	戴卡琳	Defoort, Carine. 1997. *Pheasant Cap Master（He Guan Zi）：A Rhetorical Reading*. Albany：State University of New York Press.
1998	《化书》	约翰·迪德	Didier, John C. 1998. "Way Transformation：Universal Unity in Warring States through Sung China-the Book of Transformation（*Hua Shu*）and the Renewal of Metaphysics in the Tenth Century". Ph. D. dissertation. Princeton University.
1969	《淮南子》	莫安仁	Morgan, Evan. 1969. *Tao the Great Luminant：Essays from Huai Nan Tzu with Introductory Articles Notes Analyses*. New York：Paragon Book Reprint.
1993	《淮南子》- 3、4、5章	马绛	Major, John S. 1993. *Heaven and Earth in Early Han Thought：Chapters Three, Four, and Five of the Huainanzi*. Albany：State University of New York Press.
1962	《淮南子》- 第11章	华立克	Wallacker, Benjamin. 1962. *The Huai-nan-tzu, Book Eleven：Behavior, Culture and the Cosmos*. New Haven：American Oriental Society.
1998	《淮南子》- 第15章	雷敦龢	Ryden, Edmund. 1998. *Philosophy of Peace in Han China：A Study of the "Huainanzi" Ch. 15, "On Military Strategy"*. Taipei：Taipei Ricci Institute.

发表时间	所涉经籍	译者	文献来源
1985	《淮南子》- 第6章	白光华	Le Blanc，Charles. 1985. *Huai-nan-tzu：Philosophical Synthesis in Early Han Thought. The Idea of Resonance（Kan-ying），With a Translation and Analysis of Chapter Six*. Hong Kong：Hong Kong University Press.
1884	《淮南子》-节译	巴尔福	Balfour，Frederic Henry. 1884. *Taoist texts，ethical，political and speculative*. Kelly and Walsh，Shanghai；Trubner，London.
1933	《淮南子》-节译	莫安仁	Morgan，Evan. 1933. *Tao，The Great Luminant：Essays from Huai Nan tzu*. Shanghai：Kelly and Walsh.
1963	《淮南子》-节译	陈荣捷	Chan，Wing-tsit. 1963. *A Source Book in Chinese Philosophy*. Princeton：Princeton University Press.
2010	《淮南子》- 首个英文全译本	马绛	Major，John S. Sarah A. Queen，Andrew S. Meyer，and Harold D. Roth. 2010. *The Huainanzi：A Guide to the Theory and Practice of Government in Early Han China*. Translations from the Asian Classics. New York：Columbia University Press.
1924	《淮南子》- 招隐士	何可思	Erkes，E. 1924.（tsl，ed，annot）The Chao-yin-shi. "Calling back the hidden scholar" by *Huai-nan-tzu*. *Asia Major* 1(1924)：119-124.
1994	《淮南子》- 主术训	安乐哲	Ames，Roger T. 1994. *The Art of Rulership：a Study of Ancient Chinese Political Thought*. Albany：State University of New York Press.
1997	《皇天上清金阙帝君灵书紫文上经》	柏夷	Bokenkamp，Stephen R. 1997. *Early Daoist Scriptures*. With a Contribution by Peter Nickerson. Berkeley：University of California Press.

续 表

发表时间	所涉经籍	译者	文献来源
2005	《黄帝九鼎神丹经诀》(第一章)	玄英	Pregadio, Fabrizio. 2005. *Great Clarity：Daoism and Alchemy in Early Medieval China*. Stanford：Stanford University Press.
1988	《黄帝内经》	基根	Keegan, David J. 1988. "*The Huangdi Neijing*：The Structure of the Compilation；the Significance of the Structure." Ph. D. dissertation. University of California, Berkeley.
1966	《黄帝内经》	艾尔莎·威斯	Veith, Ilza. 1966. *The Yellow Emperor's Classic of Internal Medicine*. Berkeley：University of California Press.
1997	《黄帝四经》	雷敦龢	Ryden, Edmund. 1997. *The Yellow Emperor's Four Canons：A Literary Study and Edition of the Text from Mawangdui*. Taipei：Ricci Institute and Kuangchi Press.
2013	《黄帝阴符经注》	康思奇	Komjathy, Louis. 2013. *The Way of Complete Perfection：A Quanzhen Daoist Anthology*. Albany, NY：SUNY Press.
2006	《黄帝阴符经注》	彼得·艾克	Acker, Peter. 2006. *Liu Chuxuan (1147 – 1203) and His Commentary on the Daoist Scripture Huangdi yinfu jing*. Wiesbaden：Harrassowitz Verlag.
1998	《慧命经》	王忆华	Wong, Eva. 1998. *Cultivating the Energy of Life：A Translation of the Hui-ming Ching and its Commentaries*. Boston and London：Shambhala.
2013	《渐悟集》	康思奇	Komjathy, Louis. 2013. *The Way of Complete Perfection：A Quanzhen Daoist Anthology*. Albany, NY：SUNY Press.

发表时间	所涉经籍	译者	文献来源
1940	《金丹四百字》	戴维斯、赵云从	Davis, Tenney L., and Chao Yün-ts'ung. 1940. "Four Hundred Word Chin Tan of Chang Po-tuan". *Proceedings of the American Academy of Arts and Sciences* 73: 371 - 76.
1986	《金丹四百字解》、《注疏四百字真义歌》、《学人二十四要》、《丹法二十四诀》；《象言破疑》；破疑诗七言绝句五十首、元牝真窍说、修真要诀	克利里	Cleary, Thomas. 1986. *The Inner Teachings of Taoism*. Boston and London: Shambhala.
2013	《金莲正宗记》	康思奇	Komjathy, Louis. 2013. *The Way of Complete Perfection: A Quanzhen Daoist Anthology*. Albany, NY: SUNY Press.
1980	《金阙帝君三元真一经》	安保罗	Andersen, Poul. 1980. *The Method of Holding the Three Ones: A Taoist Manual of Meditation of the Fourth Century A. D.* London and Malmö: Curzon Press.
1997	《金石簿五九数诀》	玄英	Pregadio, Fabrizio. 1997. "A Work on the Materia Medica in the Taoist Canon": *Instructions on an Inventory of Forty-Five Metals and Minerals*. *Asiatica Venetiana* 2: 139 - 60.
2013	《金玉集》	康思奇	Komjathy, Louis. 2013. *The Way of Complete Perfection: A Quanzhen Daoist Anthology*. Albany, NY: SUNY Press.
2013	《晋真人语录》	康思奇	Komjathy, Louis. 2013. *The Way of Complete Perfection: A Quanzhen Daoist Anthology*. Albany, NY: SUNY Press.

续　表

发表时间	所涉经籍	译者	文献来源
1996	《救世宝筏》	凯瑟琳·贝尔	Bell, Catherine M. 1996. "'A Precious Raft to Save the World': The Interaction of Scriptural Tradition and Printing in a Chinese Morality Book." *Late Imperial China* 17,1: 158 - 200.
1999	《老君变化无极经》	杜鼎克	Dudink, Adrianus. 1999. "The Poem *Laojun Bianhua Wuji Jing*: Introduction, summary, text, and Translation." In *Linked Faiths: Essays on Chinese Religions and Traditional Culture, in Honour of Kristofer Schipper*, edited by Jan A. M. de Meyer and Peter M. Engelfriet, 53 - 147. Leiden: E. J. Brill.
1994	《老君五戒》	柯恩	Kohn, Livia. 1994. "The Five Precepts of the Venerable Lord". *Monumenta Serica* 42: 171 - 215.
1996	《老君一百八十戒》	芭芭拉、裴凝	Hendrischke, Barbara, and Penny, Benjamin. 1996. "*The 180 Precepts Spoken by Lord Lao*: A Translation and Textual Study". *Taoist Resources* 6.2: 17 - 29.
2004	《老君一百八十戒》	柯恩	Kohn, Livia. 2004. *Cosmos and Community: The Ethical Dimension of Daoism*. Cambridge, Mass.: Three Pines Press.
1979	《老子化胡经》	倪清和	Ni, Hua-ching. 1979. *The Complete Works of Lao Tzu: Tao Teh Ching & Hua Hu Ching*. Malibu, California: Shrine of the Eternal Breath of Tao.
1986	《老子微旨例略》	瓦格纳	Wagner, Rudolf G. 1986. "Wang Bi: The Structure of the Laozi's Pointers (*Laozi Weizhi Lilüe*): A Philological Study and Translation". *T'oung Pao* 72: 92 - 129.

发表时间	所涉经籍	译者	文献来源
1997	《老子想尔注》	柏夷	Bokenkamp, Stephen R. 1997. *Early Daoist Scriptures*. With a Contribution by Peter Nickerson. Berkeley: University of California Press.
1934	《列仙传》	吴鲁强、戴维斯	Wu, Lu-ch'iang, and Davis, T. L., translation of Ko Hung's biography in *Lieh-hsien-chuan*, in *Journal of Chemical Education* (1934),517 - 520.
1912	《列子》	翟林奈	Giles, L. 1912. *Taoist Teachings: Translated from the Book of Lieh-Tzu*. London: John Murray.
1960	《列子》	葛瑞汉	Graham, A. C. 1960. *The Book of Lieh-tzu: A Classic of the Tao*. Reprint; New York: Columbia University Press, 1990.
1995	《列子》	王忆华	Wong, E. 1995. *Lieh-tzu: A Taoist Guide to Practical Living*. Boston: Shambhala.
1998	《列子》	Marshall, P.	Marshall, P. 1998. *Riding the Wind: A New Philosophy for a New Era*, London: Cassell.
1963	《列子》-节译	陈荣捷	Chan, Wing-tsit. 1963. *A Source Book in Chinese Philosophy*. Princeton: Princeton University Press.
2009	《列子》	张仁宁等	Littlejohn, Ronnie, and Jeffrey Dippmann, eds. 2009. *Riding the Wind: New Essays on the Daoist Classic the Liezi*. Albany: State University of New York Press.
1939	《列子》-杨朱篇	赖发洛	Lyall, Leonard E. "Yang Chu Chapter of *Lieh Tzu* ", *Tien-hsia Monthly* (September, 1939).

发表时间	所涉经籍	译者	文献来源
1989	《灵宝五符序》	山田利明	Yamada，Toshiaki．1989．"Longevity Techniques and the Compilation of the Lingbao wu fuxu". In Taoist Meditation and Longevity Techniquesc，99－124．
1996	《陆先生道门科略》	倪辅干	Nickerson，Peter S．1996．"Abridged Codes of Master Lu for the Daoist Community". In *Religions of China in Practice*，edited by Donald S. Lopez Jr.，347－59．Princeton：Princeton University Press.
2013	《鸣鹤余音》	康思奇	Komjathy，Louis．2013．*The Way of Complete Perfection：A Quanzhen Daoist Anthology*．Albany，NY：SUNY Press.
1889	《穆天子传》	埃特尔	Eitel，E. J．1889．"*Muh-T'ien-Tsze Chuen*"，*China Review*．Vol.17，No.4.
2010	《内观经》	柯恩	Kohn，Livia．2010．*Sitting in Oblivion：the Heart of Daoist Meditation*．Dunedin，FL：Three Pines Press.
1995	《青城山诸观功德记》	彼德森	Peterson，Thomas H．1995．"Recorded for the Ritual of Merit and Virtue for Repairing the Various Observatories of Ch'ing-ch'eng Mountain". *Taoist Resources* t.1：41－55.
2013	《青天歌注释》	康思奇	Komjathy，Louis．2013．*The Way of Complete Perfection：A Quanzhen Daoist Anthology*．Albany，NY：SUNY Press.
1881	《清静经》	巴尔福	Balfour，Frederic Henry．1880－81．*The Book of Purity and Rest*．ChRev 9：83－85.
1884	《清静经》	巴尔福	Balfour，Frederic Henry．1884．*Taoist texts，ethical，political and speculative*．Kelly and Walsh，Shanghai；Trubner，London.

发表时间	所涉经籍	译者	文献来源
1939	《清静经》	Tonn，W.	Tonn，W. 1939. "The book of eternal purity and rest". *CJ* 31 (1939)112 - 117.
2013	《全真集》	康思奇	Komjathy，Louis. 2013. *The Way of Complete Perfection：A Quanzhen Daoist Anthology*. Albany，NY：SUNY Press.
2013	《全真清规》	康思奇	Komjathy，Louis. 2013. *The Way of Complete Perfection：A Quanzhen Daoist Anthology*. Albany，NY：SUNY Press.
2013	《全真坐钵捷法》	康思奇	Komjathy，Louis. 2013. *The Way of Complete Perfection：A Quanzhen Daoist Anthology*. Albany，NY：SUNY Press.
1812	《三教源流搜神大全》之道教源流	马礼逊	Morrison，Robert. 1812. *Horae Sinicae：Translations from the popular literature of the Chinese*. London：Black and Parry.
1959	《三十六水法》	赵天钦、何丙郁等	Tshao Thien-chhin, He Bingyu, and Joseph Needham. 1959. "An Early Medieval Alcheimcal Text on Aqucous Solutions（the Sanshi Liu Shui Fa，early Sixth Century）.：*Ambix* 7：122.
1997	《三天内解经》	柏夷	Bokenkamp，Stephen R. 1997. *Early Daoist Scriptures*. With a Contribution by Peter Nickerson. Berkeley：University of California Press.
2002	《山海经》-首部英文全译本	宣立敦	Strassberg，Richard E. 2002. *A Chinese Bestiary：Strange Creatures from the Guideways Through Mountains and Seas*. Berkeley：University of California Press.

发表时间	所涉经籍	译者	文献来源
2004	《上清洞真智慧观身大戒文》	柯恩	Kohn, Livia. 2004. *Cosmos and Community: The Ethical Dimension of Daoism*. Cambridge, Mass.: Three Pines Press.
2008	《上清黄书过度仪》	李福	Raz, Gil. 2008. "The Way of the Yellow and the Red: Re-examining the Sexual Initiation Rite of Celestial Master Daoism". *NAN NU — Men, Women & Gender in Early & Imperial China*. Vol. 10 Issue 1, p. 86 - 120.
2002	《神仙传》	康儒博	Campany, Robert F. 2002. *To Live as Long as Heaven and Earth: A Translation and Study of Ge Hong's Traditions of Divine Transcendents*. Berkeley: University of California Press.
1948	《神仙传》等	翟林奈	Giles, Lionel. 1948. *A Gallery of Chinese Immortals: Selected Biographies Translated from Chinese Sources*. London: John Murray.
1990	《十洲记》	托马斯·史密斯	Smith, Thomas E. 1990. "Record of the Ten Continents". *Taoist Resources* 2, no. 2: 87 - 119.
1850	《搜神记》	裨治文	Bridgman, J. G. 1850. "Mythological account of some Chinese deities, chiefly those connected with the elements. Translated from the Siu Shin Ki". *The Chinese Repository*. Vol. xix, No. 6. pp. 312 - 317.
1996	《搜神记》	杜志豪等	De Woskin, Kenneth J., and J. I. Crump. Jr. 1996. *In Search of the Supernatural: The Written Record*. Stanford: Stanford University Press.
1881	《素书》	巴尔福	Balfour, Frederic Henry. 1880 - 81. The "su shu" or book of plain words. *ChRev* 9.3: 162 - 167.

发表 时间	所涉经籍	译者	文献来源
1884	《素书》	巴尔福	Balfour, Frederic Henry. 1884. (tsl) *Taoist texts, ethical, political and speculative*. Kelly and Walsh, Shanghai; Trubner, London.
1881	《胎息经》	巴尔福	Balfour, Frederic Henry. 1880 - 81. *The T'ai-hsi king; or the respiration of the embryo*. ChRev 9: 224 - 226.
1884	《胎息经》	巴尔福	Balfour, Frederic Henry. 1884. *Taoist texts, ethical, political and speculative*. Kelly and Walsh, Shanghai; Trubner, London.
2013	《太古集》	康思奇	Komjathy, Louis. 2013. *The Way of Complete Perfection: A Quanzhen Daoist Anthology*. Albany, NY: SUNY Press.
2005	《太极真人九转还丹经要诀》	玄英	Pregadio, Fabrizio. 2005. *Great Clarity: Daoism and Alchemy in Early Medieval China*. Stanford: Stanford University Press.
1979	《太平经》	芭芭拉	Kandel, Barbara. 1979. *Taiping Jing: The Origin and Transmission of the "Scripture on General Welfare": The History of an Unofficial Text*. Hamburg: Deutsche Gesellschaft für Natur-und Völkerkunde Ostansiens.
2006	《太平经》	芭芭拉	Hendrischke, Barbara. 2006. *The Scripture on Great Peace: The Taiping jing and the Beginnings of Daoism*. Daoist Classics Series, 3. Berkeley: University of California Press.
1989	《太清导引养生经》	倪清和	Ni, Hua-ching. 1989. *Attune Your Body with Dao-In: Taoist Exercises for a Long and Happy Life*. Malibu, Calif.: Shrine of the Eternal Breath of Tao.

发表时间	所涉经籍	译者	文献来源
2004	《太清五十八愿文》	柯恩	Kohn，Livia. 2004. *Cosmos and Community：The Ethical Dimension of Daoism*. Cambridge，Mass.：Three Pines Press.
2004	《太上洞玄灵宝三元品戒功德轻重经》	柯恩	Kohn，Livia. 2004. *Cosmos and Community：The Ethical Dimension of Daoism*. Cambridge，Mass.：Three Pines Press.
2004	《太上洞玄灵宝智慧罪根上品大戒经》	柯恩	Kohn，Livia. 2004. *Cosmos and Community：The Ethical Dimension of Daoism*. Cambridge，Mass.：Three Pines Press.
1880	《太上感应篇》	巴尔福	Balfour，Frederic Henry. 1879 – 80. *The book of recompences*. *ChRev* 8：341 – 352.（T'ai shang kan ying p'ien）
1884	《太上感应篇》	巴尔福	Balfour，Frederic Henry. 1884. *Taoist texts，ethical，political and speculative*. Kelly and Walsh，Shanghai；Trubner，London.
1891	《太上感应篇》	理雅各	Legge，James. 1891. *The sacred books of China*. *The texts of Taoism*. London（1891），2 vol. F. Max Muller，ed. *Sacred books of the east*.
1906	《太上感应篇》	保罗·卡鲁斯、铃木大拙	Teitaro Suzuki & Carus，Paul. 1906. *T'ai-Shang Kan-Ying P'ien：Treatise of the Exalted One on Response and Retribution*. Chicago，Ill：The Open Court Publishing Co.；London：Kegan Paul，Trench，Trubner & Co. Ltd.
1994	《太上感应篇》	王忆华	Wong，Eva. 1994. *Lao-Tzu's Treatise on the Response of the Tao：T'ai-shang Kan-ying P'ien*. San Francisco：Harper Collins.

发表时间	所涉经籍	译者	文献来源
2004	《太上老君戒经》	柯恩	Kohn，Livia. 2004. *Cosmos and Community：The Ethical Dimension of Daoism*. Cambridge，Mass.：Three Pines Press.
1997	《太上老君开天经》	薛爱华	Schafer，Edward H. 1997. "The Scripture of the Opening of Heaven by the Most High Lord Lao". *Taoist Resources* 7，no. 2：1 - 20.
2013	《太上老君说常清静经颂注》	康思奇	Komjathy，Louis. 2013. *The Way of Complete Perfection：A Quanzhen Daoist Anthology*. Albany，NY：SUNY Press.
1986	《太上老君说天妃救苦灵验经》	鲍菊隐	Boltz，Judith M. 1986. "In Homage to T'ien-fei". *Journal of the American Oriental Society* 106：211 - 32.
1948	《太上卫灵神化九转丹砂法》	王靖献、史普纳	Spooner，Roy C.，and C. H. Wang. 1948. "The Divine Nine Turn Tan Sha Method，a Chinese Alchemical Recipe". *Isis* 38：235 - 42.
1993	《太玄经》	戴梅可	Nylan，Michael. 1993. *The Canon of Supreme Mystery by Yang Hsiung：A Translation with Commentary of T'ai Hsuan Ching*. Albany：State University of New York Press.
1983	《太玄经》	德里克·华特斯	Walters，Derek. 1983. The *T'ai Hsuan Ching*：the hidden classic. Wellingsborough，Northam-ptonshire.
1967	《太乙金华宗旨》	目幸黙仙	Miyuki Mokusen. 1967. "The Secret of the Golden Flower：Studies and Translation". Inaugural Dissertation，Jung Institite (Zürich).

发表时间	所涉经籍	译者	文献来源
1931	《太乙金华宗旨》	卫礼贤	Wilhelm, Richard. 1931. Das Geheimnis der Goldenen Blüte, ein chinesisches Lebensbuch. Muchen (1929) enl ed Zürich and Leipzig (1939) Engl tsl Cary F. Baynes: The secret of the golden flower: a Chinese book of life. London (1931).
1991	《太乙金华宗旨》	克利里	Cleary, Thomas. 1991. *The Secret of the Golden Flower: The Classic Chinese Book of Life*. San Francisco: Harper Collins.
2010	《天隐子》	柯恩	Kohn, Livia. 2010. *Sitting in oblivion: the heart of Daoist meditation*. Dunedin, FL: Three Pines Press.
2004	《天尊说禁诫经》	柯恩	Kohn, Livia. 2004. *Cosmos and Community: The Ethical Dimension of Daoism*. Cambridge, Mass.: Three Pines Press.
2007	《外丹本草》	何丙郁	Ho Peng Yoke. 2007. *Explorations in Daoism: Medicine and Alchemy in Literature*. London, New York: Routledge.
2010	《五厨经》	柯恩	Kohn, Livia. 2010. *Sitting in oblivion: the heart of Daoist meditation*. Dunedin, FL: Three Pines Press.
1988	《悟道录》	克利里	Cleary, Thomas. 1988. *Awakening to the Tao*. Boston and Shaftesbury: Shambhala.

发表时间	所涉经籍	译者	文献来源
1939	《悟真篇》	戴维斯、赵云从	Davis, Tenney L., and Chao Yün-ts'ung. 1939. "Chang Po-tuan of T'ien'-t'ai, his Wu Chen P'ien, Essay on the Understanding of the Truth: A contribution to the Study on Chinese Alchemy". *Proceedings of the American Academy of Arts and Sciences* 73: 97 – 117.
2009	《悟真篇》	玄英	Pregadio, Fabrizio. 2009. *Awakening to Reality: The "Regulated Verses" of the Wuzhen pian, a Taoist Classic of Internal Alchemy*. Golden Elixir Press.
1987	《悟真直指》	克利里	Cleary, Thomas. 1987. *Understanding Reality: A Taoist Alchemical Classic by Chang Po-tuan*. Honolulu: University of Hawaii Press.
1991	《西升经》	柯恩	Kohn, Livia. 1991. *Taoist Mystical Philosophy: The Scripture of Western Ascension*. Albany: State University of New York Press.
2013	《仙乐集》	康思奇	Komjathy, Louis. 2013. *The Way of Complete Perfection: A Quanzhen Daoist Anthology*. Albany, NY: SUNY Press.
2010	《心目论》	柯恩	Kohn, Livia. 2010. *Sitting in oblivion: the heart of Daoist meditation*. Dunedin, FL: Three Pines Press.
1881	《心印经》	巴尔福	Balfour, Frederic Henry. 1880 – 81. Three brief essays. *ChRev* 9: 380 – 382.
1884	《心印经》	巴尔福	Balfour, Frederic Henry. 1884. *Taoist texts, ethical, political and speculative*. Kelly and Walsh, Shanghai; Trubner, London.
1970	《性命法诀明指》	卢观羽	Lu Kuan-yü. 1970. *Taoist Yoga: Alchemy and Immortality*. London: Rider.

发表时间	所涉经籍	译者	文献来源
2013	《修真后辨》	玄英	Pregadio, Fabrizio. 2013. *Cultivating the Tao： Taoism and Internal Alchemy*. Golden Elixir Press.
2004	《虚皇天尊初真十戒文》	柯恩	Kohn, Livia. 2004. *Cosmos and Community：The Ethical Dimension of Daoism*. Cambridge, Mass.： Three Pines Press.
1975	《养性延命录》	斯威特金	Switkin, Walter. 1975. *Immortality；a taoist text of microbiotics*. San Francisco.
1879	《阴符经》	道格拉斯	Douglas, Robert, Kennaway. 1879. *Confucianism and Tauism*, London： Society for Promoting Christian Knowledge.
1882	《阴符经》	巴尔福	Balfour, Frederic Henry. 1881–82. The "Yin-fu classic；or, clue to the unseen." *ChRev* 10：44–54.
1884	《阴符经》	巴尔福	Balfour, Frederic Henry. 1884. *Taoist texts, ethical, political and speculative*. Kelly and Walsh, Shanghai；Trubner, London.
1984	《阴符经》	常志静	Reiter, Florian C. 1984. "The 'Scripture of the Hidden Contract' (*Yin-fu Ching*)：a Short Survey on Facts and Findings". *Nachrichten der Gesellschaft für Natur- und Volkerkunde Ostasiens* 136：75–83.
1906	《阴骘文》	保罗·卡鲁斯、铃木大拙	Suzuki, D. T., and Paul Carus. 1906. *Yin chih wen：The Tract of the Quiet Way*. La Salle, IL：Open Court.
1879	《阴骘文》	道格拉斯	Douglas, Robert, Kennaway. 1879. *Confucianism and Tauism*, London： Society for Promoting Christian Knowledge.

发表时间	所涉经籍	译者	文献来源
1996	《阴骘文》	凯瑟琳·贝尔	Bell，Catherine M. 1996. "Stories from an Illustrated Explanation of the Tract of the Most Exalted on Action and Response". In *Religions of China in Practice*，437 - 45.
2006	《墉城集仙录》	柯素芝	Cahill，Suzanne E. 2006. *Divine Traces of the Daoist Sisterhood "Records of the Assembled Transcendents of the Fortified Walled City" by Du Guangting*（850 - 933）. Magdalena，NM：Three Pines Press.
1993	《玉皇心印经》	斯图尔特·奥尔森	Olson，Stuart A. 1993. *The Jade Emperor's Mind Seal Classic：A Taoist Guide to Health，Longevity and Immortality*. St. Paul，MN：Dragon Door Publications.
2013	《云光集》	康思奇	Komjathy，Louis. 2013. *The Way of Complete Perfection：A Quanzhen Daoist Anthology*. Albany，NY：SUNY Press.
2007	《造化指南》	何丙郁	Ho Peng Yoke. 2007. *Explorations in Daoism：Medicine and Alchemy in Literature*. London，New York：Routledge.
1982	《张三丰先生全集》	黄兆汉	Wong Shiu Hon. 1982. *Investigations into the Authenticity of the Chang San-feng Ch'uan-Chi：The Complete Works of Chang San-feng*. Canberra：Australian National University Press.
1931	《长春真人西游记》	韦利	Waley，Arthur. 1931. *The Travels of an Alchemist：The Journey of the Taoist Ch'ang Ch'un from China to the Hindukush at the Summons of Chingiz Khan Recorded by His Disciple Li Chih-Ch'ang，Translated with an Introduction*. London：George Routledge & Sons.

发表时间	所涉经籍	译者	文献来源
2013	《真仙直指语录》	康思奇	Komjathy, Louis. 2013. *The Way of Complete Perfection*：*A Quanzhen Daoist Anthology*. Albany, NY：SUNY Press.
1997	《正一法文天师教诫经》	柏夷	Bokenkamp, Stephen R. 1997. *Early Daoist Scriptures*. With a Contribution by Peter Nickerson. Berkeley：University of California Press.
1989	《中和集》	克利里	Cleary, Thomas. 1989. *The Book of Balance and Harmony*：*Chung He Chi*. San Francisco：North Point Press.
2013	《终南山祖庭仙真内传》	康思奇	Komjathy, Louis. 2013. *The Way of Complete Perfection*：*A Quanzhen Daoist Anthology*. Albany, NY：SUNY Press.
1984	《重阳立教十五论》	常志静	Reiter, Florian C. 1984 - 1985. "Ch'ung-yang Sets Forth His Teachings in Fifteen Discourses：A Concise Introduction to the Taoist Way of Life of Wang Che". *Monumenta Serica* 36：27 - 54.
1989	《重阳立教十五论》	克利里	Cleary, Thomas. 1988. "Fifteen Statements on the Establishment of a Teaching, by Wang Zhe (12th century)". *Taoist Resources*, 1 no 1 Spr 1989, pp. 13 - 17.
2013	《重阳立教十五论》	康思奇	Komjathy, Louis. 2013. *The Way of Complete Perfection*：*A Quanzhen Daoist Anthology*. Albany, NY：SUNY Press.
2007	《重阳真人金关玉锁诀》	康思奇	Komjathy, Louis. 2007. *Cultivating Perfection*：*Mysticism and Self-Transformation in Quanzhen Daoism*. Leiden：E.J. Brill.

发表时间	所涉经籍	译者	文献来源
1932	《周易参同契》	吴鲁强、戴维斯	Wu Lu-ch'iang, and Tenney L. Davis. 1932. "An Ancient Chinese Treatise on Alchemy Entitled Ts'an T'ung Ch'i". *Isis* 18：210 - 89.
2011	《周易参同契》	玄英	Pregadio, Fabrizio. 2011. *The Seal of the Unity of Three：A Study and Translation of the Cantong Qi, the Source of the Taoist Way of the Golden Elixir*. Golden Elixir Press.
1881	《庄子》-首个《庄子》英文译本	巴尔福	Balfour, Frederic Henry. 1882. *The Divine Classic of Nan-hua, Being the Works of Chuang Tsze, Taoist Philosopher*. Shanghai and Hong Kong：Kelly and Walsh.
1889	《庄子》	翟理斯	Giles, Herbert A. 1889. *Chuang Tzu：Mystic, Moralist, and Social Reformer*. London：Bernard Quaritch.
1891	《庄子》	理雅各	Legge, James. 1891. *The sacred books of China. The texts of Taoism*. London (1891) 2 vol. F. Max Muller, ed. Sacred books of the east；vol 39 (pt 1) The *Tao Teh King; the writings of Kuang-tze* [*Chuang-tzu*] books 1 - 17；vol. 40 (pt 2) The writings of Kuang-sze, books 18 - 33.
1964	《庄子》	华兹生	Watson, Burton. 1964. *Chuang Tzu, Basic Writings*. New York：Columbia University Press.
1965	《庄子》	托玛斯·默顿	Merton, Thomas. 1965. *The Way of Chuang Tzu*. New York：New Directions.
1986	《庄子》	葛瑞汉	Graham, A. C. 1986. *Studies in Chinese Philosophy and Philosophical Literature*. Singapore：Institute of East Asian Philosophies, National University of Singapore.

发表时间	所涉经籍	译者	文献来源
1990	《庄子》	爱莲心	Allinson，Robert E. 1990. *Chuang-Tzu for Spiritual Transformation：An Analysis of the Inner Chapters*. Albany：State University of New York Press.
1992	《庄子》	布莱安	Bruya，Brian. 1992. *Zhuangzi Speaks*. Princeton：Princeton University Press.
1994	《庄子》	梅维恒	Mair，Victor H. 1994. *Wandering on the Way：Early Taoist Tales and Parables of Chuang Tzu*. New York：Bantam Books.
1969	《庄子》-齐物论	葛瑞汉	Graham，A. C. 1969 - 70. "Chuang-tzu's Essay on Seeing Things as Equal." *History of Religion* 9：137 - 59. Reprinted in Roth 2003,104 - 29.
1890	《庄子》-盗跖	贾柏莲	Gabelentz，Georg von der. 1890. "Robber Tschik, a Satirical Chapter from *Tschuang-tsi*"，*China Review* 18，no. 6：365 - 373.
1974	《庄子》-郭象《庄子》注第一章	安仁德雷普	Arendrup，Birthe. 1974. "The First Chapter of Guo Xiang's Commentary to *Zhuang zi*：A Translation and Grammatical Analysis." *Acta Orientalia* 36：311 - 415.
1963	《庄子》-节译	陈荣捷	Chan，Wing-tsit. 1963. *A Source Book in Chinese Philosophy*. Princeton：Princeton University Press.
1963	《庄子》-节译	魏鲁男	Ware，James R. 1963. *The Sayings of Chuang Chou*. New York：The New American Library of World Literature，Inc.

续 表

发表时间	所涉经籍	译者	文献来源
1991	《庄子》内篇	克利里	Cleary, Thomas. 1991. *The Essential Tao: An Initiation into the Heart of Taoism through the Authentic Tao Te Ching and the Inner Teachings of Chuang Tzu*. San Francisco: Harper San Francisco.
1974	《庄子》-内篇	冯家富、简·英格利希	Feng Gia-fu, and English, Jane. *Chuang Tsu, Inner Chapters*. New York: Knopf, 1974.
1981	《庄子》-内篇	葛瑞汉	Graham, A. C. 1981. *Chuang-tzu: The Seven Inner Chapters and Other Writings from the Book of Chuang-tzu*. London: George Allen and Unwin.
1997	《庄子》-内篇	亨顿	Hinton, David. 1997. *Chuang Tzu: The Inner Chapters*. Washington D. C.: Counterpoint.
1968	《庄子》-秋水	方志彤	Fang, Achilles. " Chuang-tzu's Autumn Flood", *Origins*, 3rd ser., 11 (October 1968): 24 - 54.
1968	《庄子》-全译	华兹生	Watson, Burton. 1968. *The Complete Works of Chuang-tzu*. New York: Columbia University Press.
1934	《庄子》-天下篇	冯友兰、查平·波特	Fung, Yu-lan, and Porter, Lucius Chapin. " *Chuang Tzu* Chapter 33: T'ien hsia p'ien", in *Aids to the Study of Chinese Philosophy*, comp. Lucius Chapin Porter. Yenching University, 1934 (pp.43 - 48).
1939	《庄子》-天下篇	胡泽灵	Hu Tse-Ling. 1939. *The World* (Chuang-tzu, T'ien hsia p'ien). Ch'eng-tu: the author.
1906	《庄子》选译	翟林奈	Giles, Lionel. 1906. *Musings of A Chinese Mystic: Selections from the Philosophy of Chuang Tzu*. London: John Murray.

发表时间	所涉经籍	译者	文献来源
1933	《庄子》-选译	冯友兰	Fung, Yu-lan. 1933. *Chuang Tzu: A New Selected Translation with an Exposition of the Philosophy of Kuo Hsiang*. Shanghai: Commercial Press.
1939	《庄子》-选译	韦利	Waley, Arthur. 1939 (2nd 1946, 3rd 1953, 4th 1963). *Three Ways of Thought in Ancient China*. London: George Allen & Unwin Ltd.
1942	《庄子》-选译	林语堂	Lin, Yutang, "The Wisdom of Zhuangzi". *Wisdom of India and China*, pp. 583 – 624, Random House, New York, 1942.
1994	《梓潼帝君化书》	祁泰履	Kleeman, Terry F. 1994. *A God's Own Tale: The Book of Transformations of Wenchang, the Divine Lord of Zitong*. Albany: State University of New York Press.
1987	《坐忘论》	柯恩	Kohn, Livia. 1987. *Seven Steps to the Tao: Sima Chengzhen's Zuowanglun*. St. Augustin/Nettetal: Steyler Verlag.
2010	《坐忘论》	柯恩	Kohn, Livia. 2010. *Sitting in oblivion: the heart of Daoist meditation*. Dunedin, FL: Three Pines Press.
1993	道经选读-多部道经选读	柯恩	Kohn, Livia. 1993. *The Taoist Experience: An Anthology*. Albany: State University of New York Press.
1992	房中术有关道经	威利	Wile, Douglas. 1992. *Art of the Bedchamber: The Chinese Sexual Yoga Classics Including Women's Solo Meditation Texts*. Albany: State University of New York Press.

续　表

发表时间	所涉经籍	译者	文献来源
1989	孙不二女功内丹次第诗 14 首、《女丹诗集》、《女丹诀》、	克利里	Cleary，Thomas. 1989. *Immortal Sisters*：*Secret Teachings of Taoist Women*. Boston： Shambhala. (reprinted Berkeley：North Atlantic Books 1996).

附录二 英汉对照传教士及汉学家名录

Abel Rémusat	雷慕沙
Achilles Fang	阿基利斯·冯
Adrianus Dudink	杜鼎克
Alexander Wylie	伟烈亚力
Alfred Forke	佛尔克
Alvarez de Semedo	曾德昭
Andrew Meyer	麦安迪
Angus C. Graham	葛瑞汉
Anna Seidel	索安、石秀娜、安娜·塞德尔
Antoine Gaubil	宋君荣
Archie J. Bahm	阿奇·巴姆
Archimandrite Palladius	巴拉第
Arfredo M. Cadonna	卡多纳
Arthur Doak Barnett	鲍大可
Arthur H. Smith	明恩溥
Arthur Waley	阿瑟·韦利
Athanasius Kircher	基歇尔
Aurel Stein	斯坦因
Barbara Hendrischke	芭芭拉
Benjamin E. Wallacker	华立克

Benjamin I. Schwartz	史华慈
Benjamin Penny	裴凝
Bernard Karlgren	高本汉
Boris Riftin	李福清
Brigitte Berthier	贝桂菊
Brook A. Ziporyn	任博克
Burton Watson	华兹生
C. T. Hsia	夏志清
Caleb Cushing	顾盛
Carine Defoort	戴卡琳
Caroline Cyss-Vermande	贾洛琳
Catherine Despeux	戴思博
Ch'u Ta-kao	初大告
Chan Wing-tsit	陈荣捷
Chan，Alan K. L.	陈金梁
Charles Gutzlaff	郭实腊
Charles Le Blanc	白光华
Christine Mollier	穆瑞明
Claude de Visdelou	刘应
Crispin Williams	魏克彬
D. C. Lau	刘殿爵
D. L. McMullen	麦大维
Daisetz Taitaro Suzuki	铃木大拙
Daniel L. Overmyer	欧大年
David Dave Barrett	包瑞德
David Hinton	亨顿
David R. Knechtges	康达维
David T. Roy	芮效卫
Denis Crispin Twitchett	崔瑞德
Donald F. Lach	唐纳德·拉赫
Donald Jacques Munro	孟旦

Edmund Ryden	雷敦龢
Edouard Chavanners	沙畹
Eduard Erkes	何可思
Edward Cave	爱德华·凯夫
Edward H. Schafer	薛爱华
Edward Harper Parker	庄延龄
Edward L. Shaughnessy	夏含夷
Ellen Widmer	魏爱莲
Elijah Coleman Bridgman	裨治文
Emilii Bretschneider	薄乃德
Erik Zürcher	许理和
Ernest Richard Hughes	修中诚
Eva Wong	王忆华
Evan Morgan	莫安仁
Fabrizio Pregadio	玄英
Feng Gia-fu	冯家富
Ferdinand Verbiest	南怀仁
Florian C. Reiter	常志静
Fr. Gaspar da Cruz	克鲁斯
Francesca Bray	白馥兰
Francesco Pasio	巴范济
Franciscus Verellen	傅飞岚
Francois Noel	卫方济
Francois Xavier	沙勿略
François-Xavier d'Entrecolles	殷弘绪
Frederic Evans Wakeman Jr.	魏斐德
Frederic Henry Balfour	巴尔福
Friar Odoric	鄂多立克
Friedrich Hirth	夏德
Friedrich Max Müller	马克斯·穆勒
Fukunaga Mitsuji	福永光司

G. Dudbridge	杜德桥
Gabriel de Magalhães	安文思
George Leonard Staunton	斯当东
George Thomas Staunton	小斯当东
Gertrud Guentsch	古恩奇
Gil Raz	李福
Giulano Bertuccioli	白佐良
Gustaaf Schlegel	施莱格
Hampden Gait Du Rose	杜步西
Hans Georg von der Gabelentz	贾柏莲
Hans Steininger	石泰宁格
Harold D. Roth	罗浩
Helmut Martin	马汉茂
Henri Maspero	马伯乐
Henry Oldenberg	亨利·奥登伯格
Henry Thomas Colebrooke，	亨利·托马斯·科尔布鲁克
Herbert A. Giles	翟理斯
Herbert Franke	傅海波
Herrlee Glessner Creel	顾立雅
Ho Peng Yoke	何丙郁
Holmes Welch	尉迟酤
Hosea B. Morse	马士
Hsieh Mei-yu	谢美裕
Hsing You-tien	邢幼田
Hu Tse-ling	胡泽灵
Ignatius de Costa	郭纳爵
Isabelle Robinet	贺碧来
J.J. Clarke	柯杰明
J.J.M. de Groot	高延
K.L. Shuck	叔未士
Jacques Gernet	谢和耐

James A. Benn	贝剑铭
James Legge	理雅各
James Miller	苗建时（詹米勒）
James R. Ware	魏鲁男（威厄）
Jane English	简·英格里希
Jay Sailey	孙立哲
Jean Baptiste du Halde	杜赫德
Jean Baptiste Regis	雷孝思
Jean de Fontaney	洪若翰
Jean de Plan Carpin	柏朗嘉宾
Jean Grueber	白乃心
Jean Lévi	列维
Jean-Francois Foucquet	傅圣泽
Jean-François Gerbillon	张诚
Jean-Joseph-Marie Amiot	钱德明
Joachim Bouvet	白晋
Johann Adam Schall von Bell	汤若望
John Chalmers	湛约翰
John Francis Davis	德庇时
John Fryer	傅兰雅
John King Fairbank	费正清
John Lagerwey	劳格文
John S. Major	马绎
Joseph de Grammont	格拉蒙特
Joseph Edkins	艾约瑟
Joseph Needham	李约瑟
Joseph-Francois-Marie-Anne de Moyriac de Mailla	冯秉正
Joshua Marshman	马士曼
Juan González de Mendoza	门多萨
Judith M. Boltz	鲍菊隐

Judith T. Zeitlin	蔡九迪
Julian F. Pas	包如廉
Julius Grill	格里尔
Kenneth Dean	丁荷生
Kenneth J. De Woskin	杜志豪
Kristofer Schipper	施舟人
Lai Chi-tim	黎志添
Lauren F. Pfister	费乐仁
Laurence G. Thompson	谭维理
Léon Wieger	戴遂良
Lionel Giles	翟林奈
Lionello Lanciotti	兰乔蒂
Livia Kohn	柯恩(孔维雅)
Loius Aloys Pfister	费赖之
Louis Komjathy	康思奇
Louis le Comte	李明
Lu Kuan-yü	卢观羽
Marc Kalinowski	马克
Marc Csikszentmihalyi	齐思敏
Marcel Granet	葛兰言
Marco Polo	马可·波罗
Marina Carnoguska	黑山
Martin Buber	马丁·布伯
Martin de Rade	马丁·德·拉达
Martino Martini	卫匡国
Matteo Ricci	利玛窦
Matthew Raper	白立把
Max Kaltenmark	康德谟
Michael Francis Morris Lindsay	林迈可
Michael LaFargue	迈克尔·拉法革
Michael Loewe	鲁惟一

Michael Puett	普鸣
Michel Ruggieri	罗明坚
Michel Strickman	司马虚
Miguel de Loarca	米格尔·德·洛尔卡
Moss Roberts	罗慕士
Nathan Sivin	席文
Nicholas Trigault	金尼阁
Nicolas Longobardi	龙华民
Norman J. Girardot	吉瑞德
Nylan Michael	戴梅可
Otto Franke	福兰阁
P.J. Maclagen	麦克兰根
Patrice Fava	范华
Patrick Hanan	韩南
Paul Carus	保罗·卡鲁斯
Paul Demiéville	戴密微
Paul Pelliot	伯希和
Paul R. Katz	康豹
Peter K. Bol	包弼德
Peter Nickerson	倪辅干
Peter Parker	伯驾
Philip Clart	柯若朴
Philip J. Ivanhoe	艾文贺
Philippe Couplet	柏应理
Pierre Martial Cibot	韩国英
Piet van der Loon	龙彼得
Poul Andersen	安保罗
Prospero Intorcetta	殷铎泽
Raymond Dawson	雷蒙·道森
Reinhold von Plänckner	普兰克内尔
Richard E. Strassberg	宣立敦

Richard John Lynn	林理彰
Richard W. Hartzell	何瑞元
Richard Wilhelm	卫礼贤
Robert E. Allinson	爱莲心
Robert F. Campany	康儒博
Robert K. Douglas	道格拉斯
Robert Morrison	马礼逊
Robert Ross	陆伯彬
Robert Henricks	韩禄伯
Robin Yates	叶山
Roger T. Ames	安乐哲
Rolf Alfred Stein	石泰安
Ronnie Littlejohn	张仁宁
Rudolf G. Wagner	瓦格纳
Russell Kirkland	柯克兰,柯锐思
Samuel Beal	毕尔
Samuel Johnson	塞缪尔·约翰逊
Samuel Kidd	基德
Samuel W. Williams	卫三畏
Sarah Allan	艾兰
Sarah Queen	桂思卓
Scottx Cook	顾史考
Séraphin Couvreur	顾赛芬
St. Ignacio de Loyola	圣依纳爵·罗耀拉
Stanislas Julien	儒莲
Stephen Eskildsen	苏德朴
Stephen Mitchel	斯蒂芬·米切尔
Stephen R. Bokenkamp	柏夷
Steven M. Goldstein	戈迪温
Suzanne E. Cahill	柯素芝
Tenney L. Davis	戴维斯

Terry F. Kleeman	祁泰履
Thomas Cleary	克利里
Thomas Francis Wade	威妥玛
Thomas Hyde	托马斯·海德
Thomas P. Bernstein	白思鼎
Thomas W. Kingsmill	金斯密
Thomas Watters	华特斯、马华脱
Ute Engelhardt	恩格尔哈特
Victor Cousin	库辛
Victor H. Mair	梅维恒
Victor von Strauss	史陶斯
Vincent Goossaert	高万桑
Walter Gorn Old	华尔特·戈恩·欧德
Walter Henry Medhurst	麦都思
William A. P. Martin	丁韪良
William Charles Milne	美魏茶
William G. Boltz	鲍则岳
William H Nienhauser Jr.	倪豪士
William Hinton	韩丁
William Jones	威廉·琼斯
William Milne	米怜
William Theodore De Bary	狄百瑞
Yao Tao-chung	姚道中

附录三 汉英对照传教士及汉学家名录

阿基利斯·冯	Achilles Fang
阿奇·巴姆	Archie J. Bahm
阿瑟·韦利	Arthur Waley
艾兰	Sarah Allan
艾文贺	Philip J. Ivanhoe
艾约瑟	Joseph Edkins
爱德华·凯夫	Edward Cave
爱莲心	Robert E. Allinson
安保罗	Poul Andersen
安乐哲	Roger T. Ames
安文思	Gabriel de Magalhães
巴尔福	Frederic Henry Balfour
巴范济	Francesco Pasio
巴拉第	Archimandrite Palladius
芭芭拉	Barbara Hendrischke
白馥兰	Francesca Bray
白光华	Charles Le Blanc
白晋	Joachim Bouvet
白乃心	Jean Grueber
白思鼎	Thomas P. Bernstein

白佐良	Giulano Bertuccioli
柏朗嘉宾	Jean de Plan Carpin
柏夷	Stephen R. Bokenkamp
柏应理	Philippe Couplet
包弼德	Peter K. Bol
包如廉	Julian F. Pas
包瑞德	David Dave Barrett
薄乃德	Emilii Bretschneider
保罗·卡鲁斯	Paul Carus
鲍大可	Arthur Doak Barnett
鲍菊隐	Judith M. Boltz
鲍则岳	William G. Boltz
贝桂菊	Brigitte Berthier
贝剑铭	James A. Benn
毕尔	Samuel Beal
裨治文	Elijah Coleman Bridgman
伯驾	Peter Parker
伯希和	Paul Pelliot
蔡九迪	Judith T. Zeitlin
曾德昭	Alvarez de Semedo
常志静	Florian C. Reiter
陈金梁	Chan Alan K. L.
陈荣捷	Chan Wing-tsit
初大告	Ch'u Ta-kao
崔瑞德	Denis Crispin Twitchett
戴卡琳	Carine Defoort
戴梅可	Nylan Michael
戴密微	Paul Demiéville
戴思博	Catherine Despeux
戴遂良	Léon Wieger

戴维斯	Tenney L. Davis
道格拉斯	Robert K. Douglas
德庇时	John Francis Davis
狄百瑞	William Theodore De Bary
丁荷生	Kenneth Dean
丁韪良	William A. P. Martin
杜步西	Hampden Gait Du Rose
杜德桥	G. Dudbridge
杜鼎克	Adrianus Dudink
杜赫德	Jean Baptiste du Halde
杜志豪	Kenneth J. De Woskin
鄂多立克	Friar Odoric
恩格尔哈特	Ute Engelhardt
范华	Patrice Fava
费赖之	Loius Aloys Pfister
费乐仁	Lauren F. Pfister
费正清	John King Fairbank
冯秉正	Joseph-Francois-Marie-Anne de Moyriac de Mailla
冯家富	Feng Gia-fu
佛尔克	Alfred Forke
福兰阁	Otto Franke
福永光司	Fukunaga Mitsuji
傅飞岚	Franciscus Verellen
傅海波	Herbert Franke
傅兰雅	John Fryer
傅圣泽	Jean-Francois Foucquet
高本汉	Bernard Karlgren
高万桑	Vincent Goossaert
高延	J. J. M. de Groot

戈迪温	Steven M. Goldstein
格拉蒙特	Joseph de Grammont
格里尔	Julius Grill
葛兰言	Marcel Granet
葛瑞汉	Angus C. Graham
古恩奇	Gertrud Guentsch
顾立雅	Herrlee Glessner Creel
顾赛芬	Séraphin Couvreur
顾盛	Caleb Cushing
顾史考	Scottx Cook
桂思卓	Sarah Queen
郭纳爵	Ignatius de Costa
郭实腊	Charles Gutzlaff
韩丁	William Hinton
韩国英	Pierre Martial Cibot
韩禄伯	Robert Henricks
韩南	Patrick Hanan
何丙郁	Ho Peng Yoke
何可思	Eduard Erkes
何瑞元	Richard W. Hartzell
贺碧来	Isabelle Robinet
黑山	Marina Carnoguska
亨利·奥登伯格	Henry Oldenberg
亨利·托马斯·科尔布鲁克	Henry Thomas Colebrooke
亨顿	David Hinton
洪若翰	Jean de Fontaney
胡泽灵	Hu Tse-ling
华尔特·戈恩·欧德	Walter Gorn Old
华立克	Benjamin E. Wallacker
华特斯、马华脱	Thomas Watters

华兹生	Burton Watson
基德	Samuel Kidd
基歇尔	Athanasius Kircher
吉瑞德	Norman J. Girardot
贾柏莲	Hans Georg von der Gabelentz
贾洛琳	Caroline Cyss-Vermande
简·英格里希	Jane English
金尼阁	Nicholas Trigault
金斯密	Thomas W. Kingsmill
卡多纳	Arfredo M. Cadonna
康豹	Paul R. Katz
康达维	David R. Knechtges
康德谟	Max Kaltenmark
康儒博	Robert F. Campany
康思奇	Louis Komjathy
柯恩(孔维雅)	Livia Kohn
柯杰明	J.J. Clarke
柯克兰,柯锐思	Russell Kirkland
柯若朴	Philip Clart
柯素芝	Suzanne E. Cahill
克利里	Thomas Cleary
克鲁斯	Fr. Gaspar da Cruz
库辛	Victor Cousin
兰乔蒂	Lionello Lanciotti
劳格文	John Lagerwey
雷敦龢	Edmund Ryden
雷蒙·道森	Raymond Dawson
雷慕沙	Abel Rémusat
雷孝思	Jean Baptiste Regis
黎志添	Lai Chi-tim

李福	Gil Raz
李福清	Boris Riftin
李明	Louis le Comte
李约瑟	Joseph Needham
理雅各	James Legge
利玛窦	Matteo Ricci
列维	Jean Lévi
林理彰	Richard John Lynn
林迈可	Michael Francis Morris Lindsay
铃木大拙	Daisetz Taitaro Suzuki
刘殿爵	D. C. Lau
刘应	Claude de Visdelou
龙彼得	Piet van der Loon
龙华民	Nicolas Longobardi
卢观羽	Lu Kuan-yü
鲁惟一	Michael Loewe
陆伯彬	Robert Ross
罗浩	Harold D. Roth
罗明坚	Michel Ruggieri
罗慕士	Moss Roberts
马伯乐	Henri Maspero
马丁·布伯	Martin Buber
马丁·德·拉达	Martin de Rade
马汉茂	Helmut Martin
马可·波罗	Marco Polo
马克斯·穆勒	Friedrich Max Müller
马礼逊	Robert Morrison
马士	Hosea B. Morse
马士曼	Joshua Marshman
马绛	John S. Major

迈克尔·拉法革	Michael LaFargue
麦安迪	Andrew Meyer
麦大维	D. L. McMullen
麦都思	Walter Henry Medhurst
麦克兰根	P. J. Maclagen
梅维恒	Victor H. Mair
美魏茶	William Charles Milne
门多萨	Juan González de Mendoza
孟旦	Donald Jacques Munro
米格尔·德·洛尔卡	Miguel de Loarca
米怜	William Milne
苗建时(詹米勒)	James Miller
明恩溥	Arthur H. Smith
莫安仁	Evan Morgan
穆瑞明	Christine Mollier
南怀仁	Ferdinand Verbiest
倪辅干	Peter Nickerson
倪豪士	William H Nienhauser Jr.
欧大年	Daniel L. Overmyer
裴凝	Benjamin Penny
普兰克内尔	Reinhold von Plänckner
普鸣	Michael Puett
齐思敏	Marc Csikszentmihalyi
祁泰履	Terry F. Kleeman
钱德明	Jean-Joseph-Marie Amiot
任博克	Brook A. Ziporyn
儒莲	Stanislas Julien
芮效卫	David T. Roy
塞缪尔·约翰逊	Samuel Johnson
沙畹	Edouard Chavanners

沙勿略	Francois Xavier
圣依纳爵·罗耀拉	St. Ignacio de Loyola
施莱格	Gustaaf Schlegel
施舟人	Kristofer Schipper
石泰安	Rolf Alfred Stein
石泰宁格	Hans Steininger
史华慈	Benjamin I. Schwartz
史陶斯	Victor von Strauss
叔未士	J. L. Shuck
司马虚	Michel Strickman
斯当东	George Leonard Staunton
斯蒂芬·米切尔	Stephen Mitchel
斯坦因	Aurel Stein
宋君荣	Antoine Gaubil
苏德朴	Stephen Eskildsen
孙立哲	Jay Sailey
索安、石秀娜、安娜·塞德尔	Anna Seidel
谭维理	Laurence G. Thompson
汤若望	Johann Adam Schall von Bell
唐纳德·拉赫	Donald F. Lach
托马斯·海德	Thomas Hyde
瓦格纳	Rudolf G. Wagner
王忆华	Eva Wong
威廉·琼斯	William Jones
威妥玛	Thomas Francis Wade
伟烈亚力	Alexander Wylie
卫方济	Francois Noel
卫匡国	Martino Martini
卫礼贤	Richard Wilhelm
卫三畏	Samuel W. Williams

尉迟酣	Holmes Welch
魏爱莲	Ellen Widmer
魏斐德	Frederic Evans Wakeman Jr.
魏克彬	Crispin Williams
魏鲁男（威厄）	James R. Ware
席文	Nathan Sivin
夏德	Friedrich Hirth
夏含夷	Edward L. Shaughnessy
夏志清	C. T. Hsia
小斯当东	George Thomas Staunton
谢和耐	Jacques Gernet
谢美裕	Hsieh Mei-yu
邢幼田	Hsing You-tien
修中诚	Ernest Richard Hughes
许理和	Erik Zürcher
宣立敦	Richard E. Strassberg
玄英	Fabrizio Pregadio
薛爱华	Edward H. Schafer
姚道中	Yao Tao-chung
叶山	Robin Yates
殷铎泽	Prospero Intorcetta
殷弘绪	François-Xavier d'Entrecolles
翟理斯	Herbert A. Giles
翟林奈	Lionel Giles
湛约翰	John Chalmers
张诚	Jean-François Gerbillon
张仁宁	Ronnie Littlejohn
庄延龄	Edward Harper Parker

参考文献

Allan, Sarah, and Crispin Williams, eds. 2000. *The Guodian Laozi : Proceedings of the International Conference , Dartmouth College , May 1998*. Berkeley: The Society for the Study of Early China.

Allinson, R. E. 1989. *Chuang-Tzu for Spiritual Transformation* , Albany: State University of New York Press.

Ames, Roger T. 1983. *The Art of Rulership : A Study in Acient Chinese Political Thought*. Honolulu: University of Hawai'i Press.

Ames, Roger T. 1998. *Wandering at Ease in the Zhuangzi*. Albany: State University of New York Press.

Ames, Roger T. & Lau D. C. 1998. *Yuan Dao : Tracing Dao to Its Source*. New York: Ballantine Books.

Anderson, A. E. 1920. The *Tao Te King : A Chinese Mysticism*. University of California, *University Chronicle* 22,395 - 402.

Andersen, Poul. 1980. *The Method of Holding the Three Ones : A Taoist Manual of the Fourth Century A. D.* London: Curzon.

Andersen, Poul. 1991. "The Study of the Tao-tsang". *Studies in Central and East Asian Religions* 3: 81 - 94.

Arendrup, Birhte. 1974. "The First Chapter of Guo Xiang's Commentary to the *Zhuangzi*". *Acta Orientalia* 36: 311 - 416.

Au, Donna & Rowe, Sharon, 1977. "Bibliography of Taoist Studies", in M. Saso, D. Chappell, eds. , *Buddhist and Taoist Studies I*. Honolulu: University of Hawaii Press, pp. 123 - 48.

Bahm, Archie J. 1996. *Tao Teh King by Lao Tzu*: *Interpreted As Nature and Intelligence*, California: Jain Publishing Company.

Balfour, Frederic Henry. The Book of Recompences. *ChRev*. 8(1879 – 80)341 – 352 (*T'ai Shang Kan Ying P'ien*).

Balfour, Frederic Henry. The Book of Purity and Rest. *ChRev* 9(1880 – 81)83 – 85 (*Ch'ing Ching Ching*).

Balfour, Frederic Henry. The "Su Shu" or Book of Plain Words. *ChRev*. 9.3 (1880 – 81)162 – 167.

Balfour, Frederic Henry. The "T'ai-hsi King"; or the Respiration of the Embryo. *ChRev*. 9(1880 – 81)224 – 226 (T'ai Hsi Ching).

Balfour, Frederic Henry. Three Brief Essays. *ChRev* 9 (1880 – 81) 380 – 382 (Hsin Yin Ching, Ta T'ung Ching, Ch'ih Wen Tung).

Balfour, Frederic Henry. The "Yin-Fu Classic"; Or, Clue to the Unseen. *ChRev* 10(1881 – 82)44 – 54.

Balfour, Frederic H. 1884. *Taoist Texts*: *Ethical*, *Political*, *and Speculative*. London: Trubner.

Bahm, Archie J. 1986. *Tao teh king by Lao Tzu*; *interpreted as nature and intelligence*. Albuquerque: World Books.

Bareet, Timothy H. 1990. Towards a Date for the Chinese *Chin-so Liu-Chu Yin*. *Bulletin of the School of Oriental and African Studies* (Univ London) 53. 2: 292 – 294. Re text in Taoist canon revealed to Chang Tao-ling.

Barrett, T. H. 1995. "Taoism: History of the Study". In *Encyclopedia of Religion*, XIV. Mircea Eliade, ed., New York, MacMillan, 1995, pp. 329 – 332.

Beck, B. J. Mansvelt. The Date of the *Taiping Ching*. *TP* 66.4/5(1980)149 – 182.

Bokenkamp, Stephen. 1986. "Taoist Literature. Part I: Through the T'ang Dynasty". In *The Indiana Companion to Traditional Chinese Literature*, 138 – 52. Bloomington: Indiana University Press.

Bokenkamp, Stephen R. 1997. *Early Daoist Scriptures*. Berkeley: University of California Press.

Boltz, Judith M. 1986a. "Tao-tsang". In *The Indiana Companion to Traditional*

Chinese Literature, edited by William H. Nienhauser, 763 – 66. Bloomington: Indiana University Press.

Boltz, Judith M. 1986b. "Taoist Literature. Part II: Five Dynasties to the Ming". In *The Indiana Companion to Traditional Chinese Literature*, edited by William H. Nienhauser, 152 – 74. Bloomington: Indiana University Press.

Boltz, Judith M. 1986c. "In Homage to T'ien-fei". *Journal of the American Oriental Society* 106, pp. 211 – 232.

Boltz, Judith M. 1987a. *A Survey of Taoist Literature, Tenth to Seventeenth Centuries*. Berkeley: Institute of East Asian Studies, University of California.

Boltz, Judith M. 1987b. "Taoist Literature." In *Encyclopedia of Religion*, edited by Mircea Eliade, vol. 14,317 – 29. New York and London: MacMillan.

Boltz, Judith M. 1993. "Notes on Modern Editions of the Taoist Canon". *Bulletin of the School of Oriental and African Studies* 56: 87 – 95.

Boltz, Judith M. 1994. "Notes on the *Daozang tiyao*". *China Review International* 1.2: 1 – 33.

Boltz, Judith M., 1995. "Taoist Literature", *The Encyclopedia of Religion* XIV, Mircea Eliade, ed., New York, MacMillan, pp 317 – 29.

Boltz, William G., 1982. The Religious and philosophical significance of the "Hsiang erh" Lao tzu in the light of Ma-wang-tui silk manuscripts, *Bulletin of the School of Oriental and African Studies*, 45: 1, pp. 95 – 117.

Boltz, William G. 1984. "Textual Criticism and the Ma-wang-tui Lao tzu", *Harvard Journal of Asiatic Studies*, 44: 1, pp. 185 – 224.

Boltz, William G. 1985. "The Lao tzu text that Wang Pi and Ho-shang Kung never saw", *Bulletin of the School of Oriental and African Studies*, 48: 3, pp. 493 – 501.

Barrett, T. H. 1994. "The Daoist canon in Japan: some implications of the research of Ho Peng Yoke", *Daoist Resources*, 5.2: 71 – 7.

Barrett, T. H. 2003. "On the reconstruction of the *Shenxian zhuan*", *Bulletin of the School of Oriental and African Studies*, 66.2.

Boltz, William. 2005. "The Composite Nature of Early Chinese Texts". In *Text and Ritual in Early China*, ed. Martin Kern. 50 – 78. Seattle: University of Washington Press.

Borel, Henri. 1904 and 1907. *Wu wei. A phantasy based on the philosophy of Lao Tse*. Tsl fr Dutch Meredith Ianson. London.

Borel, Henri. 1919. *Lao Tzu's Tao and Wu-wei*. N. Y. Thetford, Vermont.

Boulton, H. Carrington. 1894. "Chinese Alchemical Literature". *Chemical News* 70: 53 – 54.

Bumbacher, Stephan Peter. 2000. *Dao xue zhuan. English & Chinese. Selections. Fragments of the Daoxue zhuan*. Frankfurt: Peter Lang.

Cahill, E. Suzanne. 1993. *Transcendence and Divine Passion: The Queen Mother of the West in Medieval China*. Standord: Stanford University Press.

Cahill, E. Suzanne. 2006. *Divine Traces of the Daoist Sisterhood: Records of the Assembled Transcendents of the Fortified Walled City by Du Guangting (850 – 933)*. Magdalena, New Mexico: Three Pines Press.

Campany, Robert Ford. 2002. *To Live as Long as Heaven and Earth: A Translation and Study of Ge Hong's Traditions of Divine Transcendents*. Berkeley: University of California Press.

Carus, Paul. 1900. "The authenticity of the *Tao-teh-king*". *The Monist* 11.3.

Chan, Alan K. L. 1991. *Two Visions of the Way: A Study of the Wang Pi and the Ho-shang Kung Commentaries on the* Lao-Tzu. Albany: State University of New York Press.

Chan, Alan K. L. 2000. "The *Daode Jing* and Its Tradition". In Livia Kohn (ed.), *Daoism Handbook*, 1 – 29. Leiden: Brill.

Chen, William Y. 1987. *A Guide to Tao-tsang chi-yao*(《道藏辑要指南》). Stony Brook: The Institute for Advanced Studies of World Religions.

Chen, William Y. 1984. A Guide to the *Taotsang Chinghua*. N. P.: Chinese Materials Center. Clarke, J. F. 1871. *Ten Great Religions*. Boston, Mass.: Osgood.

Clarke, J. J. 2000. *The Tao of the West: Western Transformations of Taoist Thought*. London and New York: Routledge.

Cleary, Thomas. 1986a. *The Taoist I ching*. Boston mass.: Shambhala.

Cleary, Thomas. 1986b. *The Inner Teachings of Taoism by Chang Po-tuan, Commentary by Liu I-ming*. Boston & London: Shambhala.

Cleary, Thomas. 1987. *Understanding Reality: A Taoist Alchemical Classic by*

Chang Po-tuan, *With a Concise Commentary by Liu I-ming*. Honolulu: University of Hawaii Press.

Cleary, Thomas. 1988a. *Awakening to the Tao*. Boston and London: Shambhala.

Cleary, Thomas. 1988b. "Fifteen Statements on the Establishment of a Teaching, by Wang Zhe (12th century)". *Taoist Resources*, 1 no 1 Spr 1989, pp. 13 – 17.

Cleary, Thomas. 1989a. *Immortal sisters: Secrets of Taoist women*. Boston mass.: Shambhala (reprinted Berkeley: North Atlantic Books 1996).

Cleary, Thomas. 1989b. *The Book of Balance and Harmony: Chung He Chi*. San Francisco: North Point Press.

Cleary, Thomas. 1989c. *I Ching Mandalas: A Program of Study for the Book of Changes*. Boston mass.: Shambhala.

Cleary, Thomas. 1990. *The Tao of politics: Lessons of the masters of Huainan: translations from the Taoist classics Huainanzi*. Boston mass.: Shambhala.

Cleary, Thomas. 1991. *The Secret of the Golden flower*. San Francisco, Calif: Harper Collins.

Cleary, Thomas. 1991a. *Vitality, Energy, Spirit; a Taoist Sourcebook*. Boston mass.: Shambhala Publications.

Cleary, Thomas. 1991b. *The Essential Tao: An Initiation into the Heart of Taoism through the Authentic Tao Te Ching and the Inner Teachings of Chuang-tzu: a Compendium of Ethical Wisdom*. New York: Harper San Francisco.

Cleary, Thomas. 1991c. *Wen-tzu: Understanding the Mysteries of Lao-tzu*. Boston & London: Shambhala.

Cleary, Thomas. 1992a. *I Ching: The book of change*. Boston, Mass: Shambhala Publications.

Cleary, Thomas. 1992b. *The Essential Confucius: The Heart of Confucius' Teachings in Authentic I Ching Order: a Compendium of Ethical Wisdom*. New York: Harper San Francisco.

Cleary, Thomas. 1992c. *The Tao of Politics: Lessons of the Masters of Huainan*. Kuala Lumpur: Eastern Dragon Books.

Cleary, Thomas. 1993. *The essential Tao: An initiation into the heart of Taoism through the authentic Tao te ching and the inner teachings of Chuang-Tzu*. San Francisco: Harper San Francisco.

Cleary, Thomas. 1993. *Thunder in the sky: On the acquisition and exercise of power*. Boston mass.: Shambhala.

Cleary, Thomas. 1993. *The spirit of Tao*. Boston mass.: Shambhala.

Cleary, Thomas. 1994. *Sex, health, and long life: Manuals of Taoist practice*. Boston mass.: Shambhala.

Cleary, Thomas. 1996a. *Immortal Sisters*. North Atlantic Books.

Cleary, Thomas. 1996b. *Practical Taoism*. Boston mass.: Shambhala.

Cleary, Thomas. 1999. *Ways of warriors, codes of kings: Lessons in leadership from the Chinese classics*. Boston mass.: Shambhala.

Cleary, Thomas. 2000. *Taoist meditation: Methods for cultivating a healthy mind and body*. Boston mass.: Shambhala.

Cleary, Thomas. 2003a. *The Art of War: Complete Texts and Commentaries*. Toronto: Shamhala.

Cleary, Thomas. 2003b. *The Taoist classics: Vol. 1*. Boston, Mass.: Shambhala.

Cleary, Thomas. 2003c. *The Taoist classics: Vol. 2*. Boston, Mass.: Shambhala.

Cleary, Thomas. 2003d. *The Taoist classics: Vol. 3*. Boston mass.: Shambhala.

Cleary, Thomas. 2003e. *The Taoist classics: Vol. 4*. Boston, Mass.: Shambhala.

Cleary, Thomas. 2009a. *Alchemists, mediums, and magicians: Stories of Taoist mystics*. Boston mass.: Shambhala.

Cleary, Thomas. 2009b. *The way of the world: Readings in Chinese philosophy*. Boston mass.: Shambhala.

Cleary, Thomas. 2011. *The Taoism reader*. Boston mass.: Shambhala.

Cohen, Alvin P. 1989. "Western Language Publications on Chinese Religions, 1981–1987". In *The Turning of the Tide: Religion in China Today*, edited by Julian F. Pas, 313–45. Hong Kong: Royal Asiatic Society.

Crowe, Paul. 1997. "An Annotated Translation and Study of Chapters on Awakening to the Real Attributed to Zhang Boduan". M.A. thesis, University of British Columbia.

Csikszentmihalyi, Mark and Ivanhoe, Philip J., eds. 1999. *Religious and Philosophical Aspects of the Laozi*. Albany: State University of New York.

Davis, Tenney L. and Chao Yun-ts'ung. 1939a. "An Alchemical Poem by Kao Hsiang hsien (14th century A. D.)", *ISIS*, 30: 236 - 40.

Davis, Tenney L. and Chao Yun-ts'ung. 1939b. "Chang Po-tuan of T'ien-t'ai: his Wu Chên P'ien [Essay on the Understanding of the Truth]; A Contribution to the Study of Chinese Alchemy", *Proceedings of the American Academy of Arts and Sciences*, 73: 97 - 117.

Davis, Tenney L. and Chao Yun-ts'ung. 1940a. "15th Century Chinese Encyclopaedia of Alchemy", *Proceedings of the American Academy of Arts and Sciences*, 73: 391 - 9.

Davis, Tenney L. and Chao Yun-ts'ung. .1940b. "The Four-hundred Word Chin Tan of Chang Po-tuan", *Proceedings of the American Academy of Arts and Sciences*, 73: 371 - 6.

Davis, Tenney L. and Chao Yun-ts'ung. 1940c. "Three Alchemical Poems by Chang Po-tuan", *Proceedings of the American Academy of Arts and* Sciences, 73: 377 - 9.

Davis, Tenney L. and Ch'en Kuo-fu. 1941. "*The Inner Chapters of the Pao P'u Tzu*", *Proceedings of the American Academy of Arts and Sciences*, 74: 297 - 325.

Davis, Tenney L. and Ch'en Kuo-fu. 1942. "Shang Yang Tzu, Taoist Writer and Commentator on Alchemy", *Harvard Journal of Asiatic Studies*, 7: 126 - 9.

Davis, Tenney L. and Wu Lu-ch'iang. 1935. "Ko Hung on the Gold Medicine and on the Yellow and the White", *Proceedings of the American Academy of Arts and Sciences*, 70: 221 - 84.

De Bary, Wm. Theodore, and Irene Bloom, eds. 1999. *Sources of Chinese Tradition*. Vol. 1. Revised edition. New York: Columbia University Press.

Decaux, Jacques. The *Huangdijing* [The Canon of the Yellow Emperor] CC 26. 4 (Dec. 1985)47 - 58.

Decaux, Jacques. The True Classic of the Original Word of Laozi by Master Guanyin. *CC* 31.1;31.2 (Mar. & June 1990)1 - 43;1 - 46.

De Meyer, Jan. 2006. *Wu Yun's Way: Life and Works of an Eighth-century Daoist Master*. Leiden: Brill.

Dippmann, Jeffrey. 2001. "The Tao of Textbooks: Taoism in Introductory World Religion Texts". *Teaching Theology & Religion* 4.1: 40 – 54.

Duyvendak, J.J.L., 1954, *Tao te ching: The Book of the Way and its Virtue*. London.

Edkins, Joseph. The *Tau Te Ching*. *ChRev* 13(1884 – 85)10 – 19.

Erkes, E. (tsl, ed, annot) The *Chao-yin-shi*. "Calling Back the Hidden Scholar" by *Huai-nan-tzu*. *AM* 1(1924),119 124.

Erkes, Eduard. 1950. *Ho-shang-kung's Commentary on Lao-tse*. Ascona: Artibus Asiae.

Eskildsen, Stephen. 2004. *The Teachings and Practices of the Early Quanzhen Taoist Masters*. Albany: State University of New York Press.

Feifel, E. 1944, "*Pao P'u Tzu (Nei P'ien)*, Chapter 4", *Monumenta Serica*, 9: 1 – 33.

Feng Chia-lo and H.B. Collier. 1937. "A Sung Dynasty Treatise; the Outline of Alchemical Preparations — *Tan-fang chien yuan* — by Tuku T'ao 10th century A.D.", *Journal of the West China Border Research Society*, 9: 199 – 209.

Foucault, M. 1977. *Discipline and Punish: the Birth of the Prison*. London: Tavistock.

Giles, Herbert A. The Remains of Lao Tzu. *ChRev* 14(1885 – 86)231 – 280;355 – 356. Separate work by same title, Hong Kong (1886)50 p in 2 col; only in part identical with above art. See further various criticisms and rebuttals in later issues of *ChRev*; esp. A Critical Notice of the *Remains of Lao Tsze*, retranslated, ibid 16(1887 – 88).

Giles, Lionel. 1905. *The Sayings of Lao Tzŭ*. London: John Murray.

Giles, Lionel. 1906. *A Gallery of Chinese Immortals: Selected Biographies*. London: John Murray.

Giles, Lionel. 1906. *The Musings of a Chinese Mystic. Selections from the Philosophy of Chuang Tzŭ*. London: John Murray.

Giles, Lionel. 1912. *Taoist Teachings from the Book of Lieh Tzŭ*. New York: E. P. Dutton and Company.

Giles, Lionel. 1948. *A Gallery of Chinese Immortals*, Selected Bibliographies Translated From Chinese Sources, London: J. Murray.

Giles, Lionel. 1982. "Forword", in Ch'u Ta-kao. *Tao Te Ching*. London: Unwin Paperbacks.

Girardot, Norman. 1977. "Myth and Meaning in the *Tao te ching*". *History of Religions* 16: 294 - 328.

Girardot, Norman. 1999. "'Finding the Way': James Legge and the Victorian Invention of Taoism". *Religion* 29.2: 107 - 21.

Girardot, Norman. 2002. *The Victorian Translation of China: James Legge's Oriental Pilgrimage*. Berkeley: University of California Press.

Graham, A. C. 1960. *The Book of Lieh-tzu*. London: John Murray.

Graham, A. C., 1961. "The Date and Composition of Liehtzyy". *Asia Major*, n. s. 8: 139 - 198.

Graham, A. C. 1980. "How Much of the *Chuang-tzu* did Chuang-tzu Write?" *Journal of the American Academy of Religion* 47: 459 - 501.

Graham, A. C., 1981. *Chuang-tzu: The Seven Inner Chapters and Other Writings*. London: Allen & Unwin.

Graham, A. C. 1989. *Disputers of the Tao: Philosophical Argument in Ancient China*. La Salle, IL: Open Court.

Graham, A. C. 1990, *Studies in Chinese Philosophy and Philosophical Literature*, Albany, NY: State University of New York Press.

Graham, A. C. 1998(1986). "The Origins of the Legend of Lao Tan". In *Lao-tzu and the Tao-te-ching*, ed. Kohn, Livia Kohn and Michael LaFargue, 23 - 41. Albany: State University of New York Press.

Greaves, Roger. 1969. *Translator's Note*. Lao Tzu and Taoism (translated from the French). Stanford: Stanford University Press.

Hansen, Chad. 1992. *A Daoist Theory of Chinese Thought*. New York: Oxford University Press.

Hardy, Julia. 1998. "Influential Western Interpretations of the *Tao-te-ching*". In *Lao-tzu and the Tao-te-ching*, edited by Livia Kohn and Michael LaFargue, 165 - 88. Albany: State University of New York Press.

Harper, Donald John. 1987. "The Sexual Arts of Ancient China as Described in a Manuscript of the Second Century B. C.", *Harvard Journal of Asiatic Studies*. 47.2: 539 – 593.

Harper, Donald. 1998. *Early Chinese Medical Literature: The Mawangdui Medical Manuscripts*. London and New York: Kegan Paul International.

Hendrische, Barbara. 1991 dec. "The Concept of Inherited Evil in the *Taiping Jing*". *EAH* 2: 1 – 30.

Hendrische, Barbara. 1992. "The Taoist Utopia of Great Peace". *Oriens Extremus* 35.2/1: 61 – 91.

Hendrischke, Barbara. 2006. *The Scripture on Great Peace: The Taiping Jing and the Beginnings of Daoism*. Berkeley: University of California Press.

Henricks, Robert G. 1979. "Examining the Ma-wang-tui Silk Texts of the *Lao-tzu*: With Special Note of their Differences from the Wang Pi Text", *T'oung-Pao*, 65: 166 – 169.

Henricks, Robert. 1989. *Lao-tzu Te-Tao Ching: A New Translation Based on the Recently Discovered Ma-wang-tui Texts*. New York: Ballantine.

Henricks, Robert. 2000. *Lao Tzu's Tao Te Ching: A Translation of the Startling New Documents Found at Guodian*. New York: Columbia University Press.

Herman. J. R. 1996. *I and Tao: Martin Buber's Encounter with Chuang Tzu*, Albany, NY: State University of New York.

Homann, R. 1976 *Pai Wen P'ien, or the Hundred Questions. A Dialogue Between Two Taoists on the Macrocosmic and Microcosmic System of Correspondences*. Leiden E.J. Brill.

Ho Peng Yoke. 1966. *The Astronomical Chapters of the Chin Shu*, Paris: Mouton.

Ho Peng Yoke. 1968. "Alchemy on Stones and Minerals in Chinese Pharmacopoeias", *Chung Chi Journal*, 7: 155 – 70.

Ho Peng Yoke. 1979. *On the Dating of Taoist Alchemical Texts* (Griffith Occasional Paper Monograph No.1), Brisbane: Griffith University Press.

Ho Peng Yoke. 1982. "The Ti-Ching-T'u: A lost manual on mining and geobotanical prospecting", in Austrina: Commemorative volume to celebrate the first twenty-five years of the Oriental Society of Australia, Sidney: Oriental Society of Australia: 77 – 92.

Ho Peng Yoke. 2007. *Explorations in Daoism: Medicine and Alchemy in Literature*. Edited by John P.C. Moffett and Cho Sungwu with a foreword by T.H. Barrett. Needham Research Institute Series, 6. London, New York: Routledge. pp.182 – 190.

Ho Peng Yoke and Lim Beda. 1972. "Ts'ui Fang, a Forgotten 11th Century Alchemist", *Japanese Studies in the History of Science*, 11: 103 – 12.

Ho Peng Yoke, Goh Thean Chye and Beda Lim. 1972. *Lu Yu, The Poet-Alchemist* (Asian Studies Occasional Paper 13), Canberra: Faculty of Asian Studies, Australian National University.

Ho Peng Yoke, Lim Beda and Francis Morsingh. 1973. "Elixir Plants: The *Ch'unyang Lü Chenjen yao shih chih*", in Nakayama and Sivin, *Chinese Science: Explorations of an Ancient Tradition*, Cambridge, MA: Harvard University Press.

Ho Ping-yü and Joseph Needham. 1959. "Theory of Categories in Early Mediaeval Chinese Alchemy", *Journal of the Warburg and Courtald Institute*, 22: 173 – 210.

Hsiao, Paul Shih-yi. 1987. "Heigegger and Our Translation of the Tao Te Ching". In *HET*: 93 – 103.

Huang, Jane. in collaboration with Michael Wurmbrand. 1987. *The Primordial Breath. An Ancient Chinese Way of Prolonging Life Through Breath Control*, vol.1. Torrance, California.

Huang, Jane. 1990. *The Primordial Breath: An Ancient Chinese Way of Prolonging Life through Breath Control*. Vol. 2. Torrance, Calf.: Original Books.

Hyland, Elizabeth W. 1984. "*Oracle of the True Ones: Scroll One*". Ph. D. diss., University of California, Berkeley.

Ivanhoe, Philip J. 2002. *The Daodejing of Laozi*. New York: Seven Bridges Press.

Johnson, S. 1873. *Oriental Religions and Their Relation to Universal Religions*. Vol.1. Boston, Mass.: Osgood.

Jung, C.G. 1961. *Modern Man in Search of a Soul*. London: Routledge & Kegan Paul.

Kaltenmark, Max. 1969. *Lao-tzu and Taoism*. Translated by Roger Greaves. Stanford: Stanford University Press.

Kaltenmark, Max. 1979. "The Ideology of the *T'ai-p'ing ching*". In Holmes Welch and Anna Seidel (eds.), *Facets of Taoism*, 19 – 52. New Haven: Yale University Press.

Kamitsuka, Yoshiko. 1998. "Lao-Tzu in Six Dynasties Taoist Sculpture". In *Lao-tzu and the Tao-te-ching*, ed. Kohn, Livia Kohn and Michael LaFargue, 63 – 89. Albany: State University of New York Press.

Kandel, Barbara. 1979. *Taiping Jing: The Origin and Transmission of the "Scripture on General Welfare"– The History of an Unofficial Text*. Hamburg, MDGNVO 75.

Kingsmill, T. W. "Notes on the Tao The King". *JNCBRAS* n.s. 31.2(1896)206 – 209.

Kleeman, Terry F. 1994. *A God's Own Tale: The Book of Transformations of Wenchang, the Divine Lord of Zitong*. Albany: State University of New York Press.

Knaul, Livia [Livia Kohn]. 1982. "Lost *Chuang-tzu* Passages". *Journal of Chinese Religions* 10: 53 – 79.

Knaul, Livia [Livia Kohn]. 1985. "Kuo Hsiang and the *Chuang tzu*". *Journal of Chinese Philosophy* 12: 429 – 47.

Kohn, Livia. 1986. "A Text Book of Physiognomy: The Tradition of the *Shenxiang quanbian*". *Asian Folklore Studies* 45: 227 – 58.

Kohn, Livia. 1987a. *Seven Steps to the Tao: Sima Chengzhen's Zuowanglun*. St. Augustin/Nettetal: Steyler Verlag. Review by Kleeman in *Asian Folklore Studies* 49(1990): 161 – 4.

Kohn, Livia. 1987b. "The Teaching of T'ien-yin-tzu". *Journal of Chinese Religions* 15: 1 – 28.

Kohn, Livia. 1988. "Mirror of Auras: Chen Tuan on Physiognomy". *Asian Folklore Studies* 47: 215 – 56.

Kohn, Livia. 1989a. "Guarding the One: Concentrative Meditation in Taoism". In *Taoist Meditation and Longevity Techniques*, 125 – 58.

Kohn, Livia. 1989b. ed. *Taoist Meditation and Longevity Techniques*. Edited in cooperation with Yoshinobu Sakade. Ann Arbor: University of Michigan, Center for Chinese Studies Publications.

Kohn, Livia. 1989c. "The Mother of the Tao". *Taoist Resources* 1.2: 37 – 113.

Kohn, Livia. 1991. *Taoist Mystical Philosophy: The Scripture of Western Ascension*. Albany: State University of New York Press.

Kohn, Livia. 1992. "Philosophy as Scripture in the Taoist Canon". *Journal of Chinese Religions* 20: 61 – 76.

Kohn, Livia. 1993. *The Taoist Experience: An Anthology*. Albany: State University of New York Press.

Kohn, Livia. 1994a. "Cosmology, Myth, and Philosophy in Ancient China, New Studies on the Huainanzi". *Asian Folklore Studies*, Vol. 53, No. 2(1994), pp. 319 – 336.

Kohn, Livia. 1994b. "The Five Precepts of the Venerable Lord". *Monumenta Serica* 42: 171 – 215.

Kohn, Livia, 1996. "Laozi: Ancient Philosopher, Master of Longevity, and Taoist God". In *Religions of China in Practice*, ed. Donald S. Lopez, 52 – 63. Princeton: Princeton University Press.

Kohn, Livia. 1997. "The Date and Compilation of the *Fendao Kejie*, the First Handbook of Monastic Taoism". *East Asian History* 13/14: 91 – 118.

Kohn, Livia. 1998. "The Lao-Tzu Myth". In *Lao-tzu and the Tao-te-ching*, ed. Kohn, Livia and Michael LaFargue, 41 – 63. Albany: State University of New York Press.

Kohn, Livia and LaFargue, Michael. 1998. *Lao-tzu and the Tao-te-ching*. Albany: State University of New York Press.

Kohn, Livia, ed. 2000. *Daoism Handbook*. Leiden: Brill.

Kohn, Livia. 2001. *Daoism and Chinese Culture*. Cambridge, Mass.: Three Pines Press.

Kohn, Livia and Roth, Harold. 2002. *Daoist Identity: History, Lineage, and Ritual*. Honolulu: University of Hawaii Press.

Kohn, Livia. 2004a. *Cosmos and Community: The Ethical Dimension of Daoism*. Cambridge, Mass.: Three Pines Press.

Kohn, Livia. 2004b. *Supplement to Cosmos and Community*. E-dao Publication.

Cambridge, Mass.: Three Pines Press.

Kohn, Livia. 2004c. *The Daoist Monastic Manual: A Translation of the Fengdao Kejie*. New York: Oxford University Press.

Kohn, Livia. 2008. "Laojun yinsong jiejing [Classic on Precepts of Lord Lao, Recited to the Melody in the Clouds]". In *Encyclopedia of Taoism*, ed. Fabrizio Pregadio. London: Routledge.

Kohn, Livia. 2010. *Sitting in Oblivion: the Heart of Daoist Meditation*. Dunedin, FL: Three Pines Press.

Komjathy, Louis. 2001. "Index to Taoist Resources". *Journal of Chinese Religions* 29: 233 – 42.

Komjathy, Louis. 2002a. "Changing Perspectives on the Daoist Tradition". *Religious Studies Review* 28.4: 327 – 34.

Komjathy, Louis. 2002b. *Title Index to Daoist Collections*. Cambridge, Mass.: Three Pines Press.

Komjathy, Louis. 2007. *Cultivating Perfection: Mysticism and Self-transformation in Early Quanzhen Daoism*. Leiden & Boston: Brill.

Komjathy, Louis. 2008. *Handbooks for Daoist Practice*. Hong Kong: Yuen Yuen Institute.

Komjathy, Louis. 2013. *The Way of Complete Perfection: A Quanzhen Daoist Anthology*. Albany, NY: State University of New York Press.

Lach, Donald F. 1965. *Asia in the Making of Europe*, Chicago: University of Chicago Press.

LaFargue, Michael. 1992. *The Tao of the Tao Te Ching*. Albany: State University of New York Press.

LaFargue, Michael, and Julian Pas. 1998. "On Translating the *Tao-te-ching*". In *Lao-tzu and the Tao-te-ching*, edited by Livia Kohn and Michael LaFargue, 277 – 301. Albany: State University of New York Press.

Lagerwey, John. 2001. "*Daoism Handbook*, Livia Kohn, ed. Leiden: Brill, 2000" (Review article). *Journal of Chinese Religions*, 29, 243 – 261.

Lau. D.C. *Lao Tzu Tao Te Ching*. Middlesex: Penguin Books. 1963.

Lau, D.C. 1989 (1982). *Chinese Classics: Tao Te Ching*. Hong Kong: The Chinese University Press.

Le Guin, Ursula K. *Lao Tzu Tao Te Ching: A Book about the Way and the Power of the Way*. Boston & London: Shambhala. 1997.

Legge, James. *The Sacred Books of China. The Texts of Taoism*. London (1891) 2 vol. F. Max Muller, ed. *Sacred Books of the East*; vol. 39 (pt 1) The Tao The King; The Writings of Kwang-sze [Chuang-Tzu] Books 1 - 17; vol. 40 (pt 2) The Writings of Kwang-sze, Books 18 - 33; The Thai-shang Tractate of Actions and Their Retributions; App 1 - 8 (Later repr as 2 vol in 1).

Legge, James. 1962(1891). *The Texts of Taoism*. 2 vols. New York: Dover.

Lin, Paul J. 1977. *A Translation of Lao Tzu's Tao Te Ching and Wang Pi's Commentary*. Ann Arbor: Center for Chinese Studies, University of Michigan.

Lin Yutang. 1942. *The Wisdom of China and India*. New York: Modern Library.

Liu Ts'un-yan. 1968. "Lu Hsi-hsing and his Commentaries on the Ts'an-t'ungch'i", *Ts'ing-Hua Journal of Chinese Studies*, 7.1: 71 - 98.

Liu Ts'un-yan. 1974. "The Compilation and Historical Value of the Tao-tsang", in Donald Leslie, Collin Mackerras, Wang Gungwu, eds. *Essays on the Sources of Chinese History*, Canberra: Australia National University Press, 104 - 19.

Lopez, Donald, ed. 1996. *Religions of China in Practice*. Princeton: Princeton University Press.

Loy, David. Chapter One of the *Tao Te Ching*: A New Interpretation. RS 21 (Sept. 1985)369 - 379.

Lu, K'uan-yu (Charles Luk). 1970. (tsl) *Taoist Yoga. Alchemy and Immortality. A Translation, with Introduction and Notes, of the Secrets of Cultivating Essential Nature and Eternal Life (Hsin Ming Fa Chueh Ming Chih) by the Taoist Master Chao Pi Ch'en, Born* 1860. London.

Lynass, Kathryn Rose. 2002. *Leading British Periodicals on East Asia: 1870—1911*, Doctoral dissertation, Arizona State University.

Lynn, Richard John. 1999. *The Classic of the Way and Virtue: A New Translation of the Tao-te ching of Laozi as Interpreted by Wang Bi*. New York: Columbia University Press.

Mair, Victor H. 1983a. "Wandering in and through the *Chuang-tzu*". *Journal of Chinese Religions* 11: 106 - 17.

Mair, Victor H. 1983b, ed. *Experimental Essays on Chuang-tzu*. Honolulu: University of Hawaii Press.

Mair, Victor. 1990. *Wandering on the Way: Early Taoist Tales and Parables of Chuang Tzu*. Honolulu: University of Hawaii Press.

Mair, Victor H. (tsl) 1994. *Wandering on the Way. Early Taoist Ideas and Parables of Chuang Tzu*. NY, Toronto etc. See rev by Jonathan R Herman in *JCR* 24(1996)217 - 219.

Major, John S. 1993. *Heaven and Earth in Early Han Thought: Chapters Three, Four and Five of the Huainanzi*. Albany: State University of NewYork Press.

Major, John S. , Sarah Queen, Andrew Meyer, & Harold Roth. 2010. *The Huainanzi: A Guide to Theory and Practice of Government in Early Han China*. New York: Columbia University Press.

Malden, Chris Williams. 2004. *A Companion to Nineteenth-Century Britain*. Hoboken: Blackwell Pub.

Mansvelt, -Beck, B.J. 1980. "The Date of the *Taiping jing*", *T'oung-Pao* 66.4 - 5(1980)149 - 182.

Marby, John R. 1994. *God, as Nature Sees Dod: A Christian Reading of the Tao Te Ching*. Rockport: Element.

Maspero, Henri. 1981. Kierman Jr, Frank A. trans. , *Taoism and Chinese Religion*, Amherst, MA: University of Massachusetts Press.

Medhurst, C. Spurgeon. The *Tao Teh King*: An Appreciation. *ChRec* 30 (Nov. 1899)540 - 551. (2) The *Tao Teh King*: An Analysis. *Ibid* 31 (Jan. 1900)20 - 33.

Medhurst, C. Spurgeon. 1905. *The Tao Teh King: A Short Study in Comparative Religion*. Chicago.

Miller, James. 2003. *Daoism: A Short Introduction*. Oxford: Oneworld.

Morgan, Evan. The Operations and Manifestations of the Tao Exemplified in History or the Tao Confirmed by History. 12th essay in *Huai Nan Tzu*. *JNCBRAS* 52(1921)1 - 39.

Morgan, Evan S. 1974(1933). *Tao, the Great Luminant: Essays form the Huai Nan Tzu*. Reprint, Taibei: Cheng Wen.

Needham, Joseph. 1969. *The Grand Titration: Science and Society East and West*, London: George Allen & Unwin.

Needhan, Joseph, with the research assistance of Wang Ling. 1956. *Science and Civilisation in China*, *Vol. 2: History of Scientific Thought*. Cambridge: Cambridge University Press.

Needham, Joseph, with the research assistance of Wang Ling. 1959. *Science and Civilisation in China*, *Vol. 3: Mathematics and the Sciences of the Heavens and Earth*, Cambridge: Cambridge University Press.

Needham, Joseph, with the research assistance of Wang Ling and the special cooperation of Kenneth Robinson. 1962. *Science and Civilisation in China*, *Vol. 4, Part 1: Physics*, Cambridge: Cambridge University Press.

Needham, Joseph, with the collaboration of Lu Gwei-Djen. 1974. *Science and Civilisation in China*, *Vol. 5, Part 2: Spagyrical Discovery and Invention: Magisteries of Gold and Immortality*, Cambridge: Cambridge University Press.

Needham, Joseph, with the collaboration of Lu Gwei-Djen and Ho Ping-Yu. 1976. *Science and Civilisation in China*, *Vol. 5, Part 3: Spagyrical Discovery and Invention: Historical Survey, from Cinnabar Elixirs to Synthetic Insulin*, Cambridge: Cambridge University Press.

Needham, Joseph, with the collaboration of Lu Gwei-Djen, Ho Ping-Yu and N. Sivin. 1980. *Science and Civilisation in China*, *Vol. 5, Part 4: Spagyrical Discovery and Invention: Apparatus and Theory*, Cambridge: Cambridge University Press.

Needham, Joseph, with the collaboration of Lu Gwei-Djen. 1983. *Science and Civilisation in China*, *Vol. 5, Part 5: Spagyrical Discovery and Invention: Physiological Alchemy*, Cambridge: Cambridge University Press.

Needham, J., A. R. Butler and C. Glidewell. 1980. "Solubilisation of Cinnabar-Explanation of a Sixth-century Chinese Alchemical Recipe", *Journal of Chemical Research* (S) 47, (M) 0817 – 32.

Needham, Joseph et al. 1976. *Science and Civilisation in China. Volume V, Part 3: Spagyrical Discovery and Invention: Historical Survey, From Cinnabar Elixirs to Synthetic Insulin*. Cambridge: Cambridge University Press.

Needham, Joseph. 1983. *Science and Civilisation in China. Volume V, Part 5:*

Spagyrical Discovery and Invention : Physiological Alchemy. Cambridge: Cambridge University Press.

Nienhauser, William H. Jr. 1986. *The Indiana Companion to Traditional Chinese Literature*. Indiana: Indiana University Press.

Ni, Hua-ching. 1979. (tsl & comm.) *The Complete Works of Lao Tzu*. *Tao Teh Ching and Hua Hu Ching*. Malibu and Los Angeles.

Ōfuchi Ninji 大淵忍爾. 1979. "The Formation of the Taoist Canon". In *Facets of Taoism*, cdited by Holmes Welch and Anna Seidel, 253 - 67. New Haven: Yale University Press.

Olson, Stuart. 2003. *The Jade Emperor's Mind Seal Classic*. Rochester, VT: Inner Traditions.

Organ, T. W. 1975. *Western Approaches to Eastern Philosophy*. Athens, Ohio: Ohio University Press.

Ostwald. H. G. 1985. *Tao Te Ching : The Book of Meaning and Life*. London: Routledge & Kegan Paul.

Palmer, M. 1991. *The Elements of Taoism*. Shaftesbury: Element.

Parker, Edward Harper, 1910. *Studies in Chinese Religions*. London: Chapman and Hall, Ltd.

Partington, J. R. 1935. "An Ancient Chinese Treatise on Alchemy". *Nature*, August 24: 287 - 288.

Pas, Julian. 1997 (1988). *A Select Bibliography of Taoism*. Saskatoon: China Pavilion.

Pas, Julian F. Recent Translations of the *Tao Te Ching*. *JCR* 18 (1990) 127 - 141. Rev art on works by Robert Henricks, Ellen M. Chen, Cictor Mair.

Pas, Julian, with Man Kam Leung. 1998. *Historical Dictionary of Taoism*. Lanham, MD: The Scarecrow Press, Inc.

Peerenboom, R. P. 1993. *Law and Morality in Ancient China : The Silk Manuscripts of Huang-Lao*. Albany: State University of New York Press.

Penny, Benjamin. A System of Fate Calculation in Taiping Jing. *PFEH* 41 (1990) 1 - 8.

Penny, Benjamin. ed. 2006, *Daoism in History : Essays in Honour of Liu Ts'un-yan*. Richmond, Surrey: Routlege Curzon.

Penny, Benjamin. 2008. "Laojun bashiyi huatu [Eighty-one Transformations of Lord Lao]". In *Encyclopedia of Taoism*, ed. Fabrizio Pregadio. London: Routledge.

Penny, Benjamin. 2008. "Laojun shuo yibai bashi jie [The 180 Precepts Spoken by Lord Lao]". In *Encyclopedia of Taoism*, ed. Fabrizio Pregadio. London: Routledge.

Petersen, Jens Ostergard. 1989. "The Early Traditions Relating to the Han Dynasty Transmission of the *Taiping jing*, Part 1", *Acta Orientalia* 50(1989) 133 - 171; Part 2 *Acta Orientalia* 51(1990).

Petersen, Jens Ostergard. 1990. "The Anti-Messianism of the *Taiping jing*", *Studies in Central & East Asian Religions* 3: 1 - 41.

Pohl, Harl-Erinz. 2003. "Play-thing of the Times: Critical Review of the Reception of Daoism in the West". *Journal of Chinese Philosophy 30: 3 & 4 (September/December 2003)* 469 - 486.

Pregadio, Fabrizio. 1985. *An Index to Shih yao erh ya, A Chinese "Lexicon Alchhemiae" of A.D. 806*. Rome: Mimeograph edition.

Pregadio, Fabrizio. 1995. "The representation of time in the *Cantongqi*". *Cahier d'Extrême-Asie*, 8: 155 - 73.

Pregadio, Fabrizio. 1996. "Chinese Alchemy: An Annotated Bibliography of Works in Western Langauges". *Monumenta Serica*, 44: 439 - 76.

Pregadio, Fabrizio. 1997. "The Taoist Canon: A Guide to Studies and Reference Works". Golden Elixir Website.

Pregadio, Fabrizio. 2000. "The Elixirs of Immortality", in Livia Kohn, ed., *Handbook of Taoism*, Leiden: E.J. Brill, 169 - 95.

Pregadio, Fabrizio. 2002. "The Early History of the *Zhouyi cantong qi*", *Journal of Chinese Religions*, 30: 149 - 76.

Pregadio, Fabrizio. 2006. *Great Clarity: Alchemy and Taoism in Early Medieval China*, Stanford, CA: Stanford University Press.

Pregadio, Fabrizio. ed. 2008. *The Encyclopedia of Taoism*. London and New York: Routledge-Curzon.

Pregadio, Fabrizio. 2009. *Index of Zhonghua Daozang*（中華道藏書目總錄）Golden Elixir Press.

Pregadio, Fabrizio. 2009. *Chinese Alchemy: An Annotated Bibliography of Works in Western Languages*. Golden Elixir Press.

Pregadio, Fabrizio. 2009. *Awakening to Reality: The "Regulated Verses" of the Wuzhen pian, a Taoist Classic of Internal Alchemy*. Golden Elixir Press.

Reiter, Florian C. "The Scripture of the Hidden Contracts (Yin-fu Ching), a Short Survey on Facts and Findings". *NachrDGNVO* 136(1984)75 – 83.

Robinet, Isabelle. 1993. *Taoist Meditation: The Mao-shan Tradition of Great Purity*. Translated by Julian Pas and Norman Girardot. Albany: State University of New York Press.

Robinet, Isabelle. 1999. "The Diverse Interpretations of the *Laozi*". In Mark Csikszentmihalyi and Philip J. Ivanhoe (eds.), *Religious and Philosophical Aspects of the Laozi*, 127 – 59. Albany: State University of New York Press.

Roth, Harold, ed. 2003. *A Companion to A. C. Graham's Chuang Tzu*. Honolulu: University of Hawaii Press.

Roth, Harold D. 1990. *The Textual History of the Huai-nan-tzu*. Phoenix, Arizona: Association of Asian Studies Monograph.

Roth, Harold and Sarah Queen. 1999. "The *Huang-Lao Silk Manuscripts* (Huang-Lao boshu)". In Wm. Theodore de Bary and Irene Bloom (eds.), *Sources of Chinese Tradition*, vol.1,241 – 56. New York: Columbia University Press.

Rump, Ariane, with Wing-tsit Chan. 1979. *Commentary on the Lao-tzu by Wang Pi*. Honolulu: University of Hawaii Press.

Russell, Terry. 1987. "Secret Anatomic Terminology in the Mao Shan Scriptures". *B. C. Asian Review* 1.83 – 89.

Sailey, Jay. 1978. *The Master Who Embraces Simplicity: A Study of the Philosopher Ko Hung, A. D. 283 – 343*. San Francisco: Chinese Materials Center.

Saso, Michael. 1995. *The Gold Pavilion: Taoist Ways to Peace, Healing, and Long Life*. Boston: Charles E. Tuttle.

Saso, Michael. 1975. *Chuang-Lin HsüTao-tsang: An Encyclopedia of Taoist Ritual*, 25 vols. Taipei: Ch'eng-wen Press.(成文书局)

Saso, Michael. 1978. *The Teachings of Taoist Master Chuang*. New Haven,

Conn.: Yale University Press.

Saso, Michael. 1983. "The Chuang-tzu Nei-p'ien: A Taoist Meditation". In Victor H. Mair (ed). *Experimental Essays on Chuang-tzu*, University of Hawaii:140 – 157.

Schipper, Kristofer. 1993. *The Taoist Body*. Translated by Karen C. Duval. Berkeley: University of California Press.

Schipper, Kristofer. 1995. "The History of Taoist Studies in Europe". In Ming Wilson and John Cayley (eds.), *Europe Studies China*, 467 – 91. London: Floating World Editions.

Schipper, K, & F. Verellen, eds. 2004. *The Taoist Canon: A Historical Companion to the Daozang*. Chicago: University of Chicago Press.

Schwartz, B. J. 1985. *The World of Thoughts in Ancient China*. Cambridge, MA: Harvard University Press.

Seaman, Gary, Laurence G. Thompson and Zhifang Song. 2002. *Chinese Religions: Publications in Western Languages. Volume 4: 1996 through 2000* (The Association of Asian Studies Resources for Scholarship on Asia, No. 1), Ann Arbor, HI: The Association of Asian Studies.

Seidel, Anna. 1989 – 90. "Chronicle of Taoist Studies in the West, 1950 – 1990". *Cahiers d'Extrzme Asie* 5: 223 – 347.

Sellman, James D. "The 'Cosmic Talisman' of Liturgical Taoism: An Analysis of the Structure and Content of the Ling Pao Chen Wen". *Chinese Culture*, 24.3 (Sept. 1983)57 – 69.

Sellmann, James D. "The *Huainanzi* and The Essential *Huainanzi* of Liu An, King of Huainan". *DAO*, 2013(12): 4, pp.267 – 270.

Sivin, Nathan. 1968. *Chinese Alchemy: Preliminary Studies*, Cambridge, MA: Harvard University Press.

Sivin, Nathan. 1978. "On the Word 'Taoist' as a Source of Perplexity: With Special Reference to the Relations of Science and Religion in Traditional China". *History of Religions* 17: 303 – 30.

Sivin, Nathan. 2011. "A New View of the *Huainanzi*", *China Review International* 4: 436 – 443.

Smith, Kidder 2003. "Sima Tan and the Invention of Daoism, 'Legalism,' et cetera". *The Journal of Asian Studies* 62.1: 129 - 156.

Strickmann, Michel. 1978. "The Longest Taoist Scripture", *History of Religions* 17.3/4(Feb-May 1978)331 - 354.

Strickmann, Michel. 1979. "On the Alchemy of T'ao Hung-ching". In *Facets of Taoism*, edited by Holmes Welch and Anna Seidel, 123 - 92. New Haven: Yale University Press.

Strickmann, Michel, ed. , 1983. *Tantric and Taoist Studies in Honour of R. A. Stein*, vol.2. Melanges chinoise et bouddhique, vol.21. Brussels.

Switkin, Walter. 1975. *Immortality: A Taoist Text of Microbiotics*. San Francisco.

Thompson, Laurence G. , 1976. *Studies in Chinese Religion: A Comprehensive and Classified Bibliography of Publications in English, French, and German through 1970*. Encino, California & Belmont, California: Dickenson Publishing Company, Inc.

Thompson, Laurence G. 1985. *Chinese Religion in Western Languages: A Comprehensive and Classified Bibliography of Publications in English, French, and German through 1980* (The Association of Asian Studies Monograph No. XLI), Tucson, AZ: The University of Arizona Press.

Thompson, Laurence G. and Gary Seaman. 1993. *Chinese Religions: Publications in Western Languages, 1981 through 1990* (The Association of Asian Studies Monograph No.47), Ann Arbor, MA: The Association of Asian Studies.

Thompson, Laurence G. 1998. *Chinese Religions: Publications in Western Languages. Volume 3: 1991 - 1995* (The Association of Asian Studies Monograph No.58), Ann Arbor, MA: The Association of Asian Studies.

Thompson, Laurence G. 2002. *Chinese Religions: Publications in Western Languages, Volume 4, 1996 -2000*. Ann Arbor, Mich. : Association for Asian Studies, Inc.

Tonn, W. 1939. "The Book of Eternal Purity and Rest". *CJ* 31: 112 - 117.

Toropov, Brandon, and Chad Hansen. 2002. *The Complete Idiot's Guide to Taoism*. New York: Alpha Books.

Towler, Solala. 1997. *Embarking on the Way: A Guide to Western Taoism*.

Eugene, Ore.: Abode of the Eternal Tao.

Ts'ao T'ien-ch'in, Ho Ping-Yu and J. Needham. 1959. "An Early Mediaeval Chinese Alchemical Text on Aqueous Solutions", *Ambix*, 7: 122 - 58. Translated into Chinese by Wang Kuike (1963), *Kexueshi jikan* 5.

van der Loon, Piet. 1984. *Taoist Books in the Libraries of the Sung Period*. London: Ithaca Press.

Verellen, Franciscus. 1995. "Chinese Religions-The State of the Field: Taoism". *The Journal of Asian Studies* 54.2: 322 - 46.

Wagner, Rudolf G. 2000. *The Craft of a Chinese Commentator: Wang Bi on the Laozi*. Albany: State University of New York Press.

Wagner, Rudolf G. 2003a. *Language, Ontology, and Political Philosophy in China: Wang Bi's Scholarly Exploration of the Dark (Xuanxue)*. Albany: State University of New York Press.

Wagner, Rudolf G. 2003b. *A Chinese Reading of the Daodejing: Wang Bi's Commentary on the Laozi with Critical Text and Translation*. Albany: State University of New York Press.

Waley, Arthur. 1931. *The Travels of an Alchemist: The Journey of the Taoist Ch'ang-ch'un from China to the Hindukush at the Summons of Chingiz Khan*. London: Routledge and Kegan Paul.

Waley, Arthur, 1934. *The Way and Its Power*. London. Reprint New York: Grove Press, 1958.

Wallacker, Benjamin E. 1962. *The Huai-nan-tzu, Book Eleven: Behaviour, Culture and the Cosmos*. New Haven: American Oriental Society.

Walters, Derek. 1983. The *T'ai Hsuan Ching: The Hidden Classic*. Wellingsborough, Northamptonshire.

Ware, James R. 1966. *Alchemy, Medicine and Religion in the China of A. D. 320: the ' Nei P'ien ' of Ko Hung*. Cambridge, MA: The Massachusetts Institute of Technology Press. Reprinted, New York 1981.

Watson, Burton. 1964. *Chuang Tzu: Basic Writings*. New York: Columbia University Press.

Watson, Burton. 1968. *The Complete Works of Chuang Tzu*. New York: Columbia University Press.

Welch，Holmes and Seidel，Anna，eds. 1979. *Facets of Taoism*. New Haven：Yale University Press.

Welch，Holmes. 1965（1957）. *Taoism：The Parting of the Way*. Rev. ed. Boston：Beacon Press.

Wong，Eva（tsl & intro）. 1992. *Cultivating Stillness：A Taoist Manual for Transforming Body and Mind. With a commentary by Shui-ch'ing Tzu*. Boston & London.

Wong，Eva. 1995. *Lieh-tzu；a Taoist Guide to Practical Living*. Boston.

Wu Lu-ch'iang. 1932. "An Ancient Chinese Treatise on Alchemy Entitled *Ts'un T'ung Ch'i*，written by Wei Po-yang about 142 AD"，*ISIS*，18(2)：210‑89.

Wylie，A. 1867. *Notes on Chinese Literature*. Shanghai：American Presbyterian Mission Press.

Yates，Robin. 1997. *Five Lost Classics：Tao，Huang-Lao，and Yin-yang in Han China*. New York：Ballantine.

柯杰明著,于闽梅,曾祥波译.《东方启蒙：东西方思想的遭遇》,上海：上海人民出版社,2011 年。

安平秋、[美]安乐哲主编.《北美汉学家辞典》,北京：人民文学出版社,2001 年。

[德]阿塔纳修斯·基歇尔著,张西平、杨慧玲、孟宪谟译.《中国图说》,郑州：大象出版社,2010 年。

[美]鲍则岳（William G. Boltz）、[英]鲁惟一（Michael Loewe）编,李学勤等译.《中国古代典籍导读》,沈阳：辽宁教育出版社,1997 年。

陈鼓应.《老子注译及评介》,北京：中华书局,1984 年。

陈鼓应注译.《黄帝四经今注今译——马王堆汉墓出土帛书》,北京：商务印书馆,2007 年。

陈国符.《道藏源流考》,北京：中华书局,1963 年。

陈国符.《道藏源流续考》,台湾：明文书局,1983 年。

陈国符.《中国外丹黄白法考》,上海：上海古籍出版社,1997 年。

陈国符.《陈国符道藏研究论文集》,上海：上海古籍出版社,2004 年。

陈国庆、张爱东(注译).《道德经》,西安：三秦出版社,1995 年。

陈士强主编.《中国学术名著提要·宗教卷》,上海：复旦大学出版社,1997 年。

陈耀庭.《道教在海外》,福州：福建人民出版社,2000 年。

崔仁义.《荆门郭店楚简〈老子〉研究》,北京：科学出版社,1998 年。

戴黍.国外的《淮南子》研究,《哲学动态》,2003(2)：第 44—47 页。

代欣,俞森林.康儒博的《神仙传》译介,《华西语文学刊》,2014,(01)：38—43。

《道藏》,北京、上海、天津：文物出版社、上海书店、天津古籍出版社,1988 年。

丁培仁.《道教典籍百问》,北京：今日中国出版社,1996 年。

邓各泉.《郭店楚简〈老子〉释读》,长沙：湖南人民出版社,2005 年。

樊昕.《道藏通考》：欧洲的"《道藏》"工程",《文史知识》,2008(7)：71—76。

方汉奇.《中国近代报刊史》,太原：山西人民出版社,1981 年。

冯友兰.《中国哲学史新编》,北京：人民出版社,1995 年。

福井康顺等著,朱越利等译.《道教》,上海：上海古籍出版社,1992 年。

高亨.试谈马王堆汉墓帛书老子.《文物》,1974(11)。

[荷]高罗佩著,李零、郭晓惠等译.《中国古代房内考》,上海：上海人民出版社,1990 年。

高明.《帛书老子校注》,北京：中华书局,1996 年。

古棣.《老子校诂》,长春：吉林人民出版社,1998 年。

辜正坤译.《老子道德经》(*Lao Tzu: The Book of Tao and Te*),北京：北京大学出版社,1995 年。

国家文物局古文献研究室编.《马王堆汉墓帛书》[壹],北京：文物出版社,1980 年。

郭沂.《郭店竹简与先秦学术思想》,上海：上海教育出版社,2001 年。

何寅、许光华主编.《国外汉学史》,上海：上海外语教育出版社,2000 年。

胡道静.《道藏》和李约瑟的道教研究(上),《上海道教》,2002(2)：20—22。

胡道静.《道藏》和李约瑟的道教研究(下),《上海道教》,2002(3)：17—19。

胡孚琛.《魏晋神仙道教——抱朴子内篇研究》,北京：人民出版社,1989 年。

胡孚琛、吕锡琛著.《道学通论——道家·道教·丹道(增订版)》,北京：社会科学文献出版社,2004 年。

黄鸣奋.《英语世界中国古典文学之传播》,上海：学林出版社,1997 年。

江晓原.被中国人误读的李约瑟——纪念李约瑟诞辰 100 周年,《自然辩证法通讯》,2001(1)：55—64。

荆门市博物馆.《郭店楚墓竹简》,北京：文物出版社,1998 年。

雷铭.孔丽维与道经译介.傅勇林编.《华西语文学刊》(第十辑),四川文艺出版社,2014 年,第 55—62 页。

利玛窦、金尼阁著.何高济等译.《利玛窦中国札记》,北京：中华书局,1983 年版。

李约瑟.《中国科学技术史》(第一卷,导论),北京：科学出版社、上海古籍出版社,

1990 年。

李约瑟.《中国科学技术史》(第二卷,科学思想史),北京:科学出版社、上海古籍出版社,1990 年。

刘树勇.李约瑟与道教.中国中外关系史学会、华侨大学.《中外关系史论丛第 19 辑——多元宗教文化视野下的中外关系史》,2010:60—65.

刘一明.《道书十二种》,北京:中国中医药出版社,1990 年。

刘一明.《道书十二种》,北京:大众文艺出版社,2005 年。

鲁惟一著,李学勤等译.《中国古代典籍导读》,沈阳:辽宁教育出版社,1997 年。

马祖毅、任荣珍.《汉籍外译史》,武汉:湖北教育出版社,1997 年版。

潘吉星主编.《李约瑟文集》,沈阳:辽宁科学技术出版社,1986 年。

潘雨廷著.《道藏书目提要》,上海:上海古籍出版社,2003 年。

彭浩(校编).《郭店楚简〈老子〉校读》,武汉:湖北人民出版社,2001 年。

强昱.百年道教学研究的反思.《首都师范大学学报》(社会科学版),2001 年 05 期,第 68—74 页。

卿希泰主编.《中国道教史(修订本)》,成都:四川人民出版社,1996 年。

饶宗颐.《老子想尔注校笺》,香港:东南书局,1956 年版。

任继愈主编.《中国道教史》,上海:上海人民出版社,1990 年。

任继愈主编.《道藏提要》,北京:中国社会科学出版社,1991 年。

任继愈主编.《道藏提要》(修订本),北京:中国社会科学出版社,1995 年。

荣新江.《敦煌学十八讲》,北京:北京大学出版社,2001 年。

沈继成.试论十九世纪在华传教士的报刊活动.《华中师范大学学报(人文社会科学版)》,2002(06):79。

萨梅尔·约翰逊,帕特里夏·普利杰特尔著,王海译.《杂志产业》,北京:中国人民大学出版社,2006 年。

守一子(即丁福保)编纂.《道藏精华录》,杭州:浙江古籍出版社,1989 年影印本。

[法]索安著,吕鹏志、陈平等译.《西方道教研究编年史》,北京:中华书局,2002 年。

谭树林.早期来华基督教传教士与近代中外文期刊.《世界宗教研究》,2002 年第 2 期,第 85—86 页。

[日]丸山宏.欧洲的道教研究成果——《道藏通考》的完成及其意义.《国外社会科学》,2007(6)。

王传富、汤学锋.荆门郭店一号楚墓.《文物》,1997(7):35—48。

王剑凡.中心与边缘——初探《道德经》早期英译概况.《中外文学》,2001 年第 3
　　期,第 114—115 页。

王明.《太平经合校》,北京:中华书局,1980 年。

王明.《道家和道教思想研究》,北京:中国社会科学出版社,1984 年。

王明.《抱朴子内篇校释》(增订本),北京:中华书局,1980 年。

翁独健.《道藏子目引得》,哈佛燕京引得处,1935 年,上海古籍出版社 1986 年 9 月
　　重印。

辛红绢.《〈道德经〉在英语世界:文本旅行与世界想象》,上海:上海译文出版社,
　　2008 年。

[意]玄英著,韩吉绍译.《太清:中国中古早期的道教和炼丹术》,济南:齐鲁书社,
　　2016 年。

熊文华.《英国汉学史》,北京:学苑出版社,2007 年。

熊文华.《美国汉学史》,北京:学苑出版社,2015 年。

徐来.《〈庄子〉英译研究》,复旦大学博士论文,2005 年。

许明龙.《欧洲十八世纪"中国热"》,北京:外语教学与研究出版社,2007 年。

严灵峰.《中外老子著述目录》,台北:中华丛书委员会,1957 年版。

俞森林.《中国道经在十九世纪英语世界的译介研究》,成都:巴蜀书社,2015 年。

曾德昭著,何高济译:《大中国志》,北京:商务印书馆,2012 年。

查海敏、黄建荣.近三十年国内《淮南子》研究述评.《哈尔滨学院学报》,2013(5):
　　65—69.

张继禹主编.《中华道藏》,北京:华夏出版社,2004 年。

[宋]张君房编,李永晟点校.《云笈七籤》,北京:中华书局,2003 年。

张孟闻主编.《李约瑟及其〈中国科学技术史〉》,上海:华东师范大学出版社,
　　1989 年。

张西平.《传教士汉学研究》,郑州:大象出版社,2005 年。

郑天星.国外的道藏研究.《国外社会科学》,2002(03)。

朱谦之.《老子校释》,北京:中华书局,1984 年。

朱越利.《道经总论》,沈阳:辽宁教育出版社,1991 年。

图书在版编目(CIP)数据

道经英译史/俞森林著.—上海:上海三联书店,2020.11
ISBN 978-7-5426-7002-1

Ⅰ.①道… Ⅱ.①俞… Ⅲ.①道教-宗教经典-英语-翻
译-语言史-中国 Ⅳ.①B95②H315.9-09

中国版本图书馆 CIP 数据核字(2020)第 058408 号

道经英译史

著　　者 / 俞森林

责任编辑 / 殷亚平
装帧设计 / 一本好书
监　　制 / 姚　军
责任校对 / 张大伟　王凌霄

出版发行 / 上海三联书店
　　　　　(200030)中国上海市漕溪北路 331 号 A 座 6 楼
邮购电话 / 021-22895540
印　　刷 / 上海惠敦印务科技有限公司

版　　次 / 2020 年 11 月第 1 版
印　　次 / 2020 年 11 月第 1 次印刷
开　　本 / 640×960　1/16
字　　数 / 350 千字
印　　张 / 25
书　　号 / ISBN 978-7-5426-7002-1/H·90
定　　价 / 88.00 元

敬启读者,如发现本书有印装质量问题,请与印刷厂联系 021-63779028